高等职业教育"十二五"规划教材

旅游类专业教材系列

中国旅游地理
——旅游资源篇
（第二版）

万剑敏　主编

冯　静　王　炎　副主编
陈金龙　朱　廉

科学出版社

北　京

内 容 简 介

　　本书共分为十二章，以高职高专院校旅游专业学生为对象，简化了中国旅游地理教材中的旅游客源地理、旅游规划、旅游环境容量等内容，突出了旅游行业实践中应用最为广泛的旅游资源部分，全面分析了中国旅游资源的成因及特征，介绍了其分类、分布和区域特征概况，并归纳了各省的旅游地理环境特征、旅游资源类型，对各行政区重点旅游景区、民俗风物等进行了分区描述。此外，本书每章章首还结合旅游行业实践设置了引导问题，增强了教材的实用性。

　　本书既可作为高职高专院校旅游专业的教学用书，也可供行业培训或相关从业人员参考。

图书在版编目（CIP）数据

中国旅游地理：旅游资源篇/万剑敏主编. —2 版. —北京：科学出版社，2013

（高等职业教育"十二五"规划教材·旅游类专业教材系列）

ISBN 978-7-03-038578-9

Ⅰ. ① 中… Ⅱ. ① 万… Ⅲ. ①旅游地理学-中国-高等职业教育-教材　Ⅳ. ①F592.99

中国版本图书馆 CIP 数据核字（2013）第 215113 号

责任编辑：朱大益 / 责任校对：马英菊
责任印制：吕春珉 / 封面设计：子时文化

科 学 出 版 社 出版
北京东黄城根北街 16 号
邮政编码：100717
http://www.sciencep.com

三河市骏杰印刷有限公司 印刷
科学出版社发行　　各地新华书店经销

*

2007 年 10 月第 一 版　　开本：787×1092 1/16
2013 年 9 月第 二 版　　印张：22 1/2
2016 年 11 月第六次印刷　字数：536 000

定价：39.00 元
（如有印装质量问题，我社负责调换〈骏杰〉）

销售部电话 010-62134988　编辑部电话 010-62138978-2018

第二版前言

《中国旅游资源概况》自 2007 年出版以来,被多所高职院校选为"中国旅游地理"课程的教材。对此,编者心怀感激,也深感责任重大。近年,教育部对高等职业教育提出了新的要求,制定了新的规划和行动纲领,旅游行业有了新发展,旅游资源也呈现出许多新的特点。为了满足旅游教育事业的新需要,编者决定对原有教材进行修订。

长期以来,"中国旅游地理"作为高职院校旅游专业的基础理论课,教学一直以理论讲述为主。如何与学生的职业技能和就业岗位相结合,是广大教师在教学中应该深思的问题。编者在多年教学实践中深入思考,认真研究该课程的知识体系和教学内容,以及高职院校学生的心理特点和学习规律,根据国务院《国家中长期教育改革和发展规划纲要(2010~2020 年)》及《教育部关于推进高等职业教育改革创新引领职业教育科学发展的若干意见》,以就业为导向,尝试对原教材进行修订,力争体现"工学结合"的特点。为方便教师选用,将书名变更为"中国旅游地理——旅游资源篇",书中具体修订如下。

一是创新编写体例,增加问题引导,紧扣职业能力和就业岗位。

在各章章首增加了"学习目标",明确本章的学习重点、难点;增设了"引导问题",问题的设计紧扣学生将来就业可能遇到的工作场景,引导学生探究本节主要学习的内容,并且理解这门课程在将来的旅游实践中将会如何运用。每章章后设置"思考题"、"自测题"和"实训题","思考题"帮助学生整理归纳该章知识体系,"自测题"有助于学生自我巩固该章的知识要点,"实训题"方便教师组织课堂训练,提高学生的实践技能。

二是修改调整章节内容,增加了附录。

本书仍然保留了中国旅游资源总述和分区论述两大部分。总述部分全面介绍了中国旅游资源的分类、分布和区域特征概况。各区的重要旅游景点不是单纯罗列,而是根据旅游资源的类型和地理环境的特点划分了游览区,便于学生进行线路组合。景点涉及的历史、文化、民俗等知识,以"小资料"的形式进行补充,进一步拓展教材的涵盖面,丰富内容,增强可读性。此外,本书还增加了附录,方便学生查询。

三是更新数据,锤炼文字,打造精品。

本书统一采用了《中国统计年鉴(2012)》的数据,文字内容基本采用有可靠来源的最新资料,增补行业发展动态,使教材与时俱进,充分反映旅游行业的最新发展和业内最新的研究成果。进一步精雕细琢,锤炼文字,使行文更加流畅、精准,符合精品要求。

本书修订的具体分工如下:江西师范大学万剑敏负责编写第一、第二、第五、第六和第十二章及附录,唐山职业技术学院王炎负责编写第三和第四章,江西现代职业学院万田户负责编写第七章,三峡旅游职业技术学院陈金龙负责编写第八章,江西旅游商贸职业学院冯静负责编写第九和第十章，江西旅游商贸职业学院朱廉负责编写第十一章。江西旅游商贸职业学院王光亮参与了第五～第七章和第十二章及附录的部分资料搜集、整理、核对工作。书中涉及山西、新疆、甘肃、宁夏的插图由王健拍摄，广东及澳门的照片由杨海标拍摄，其他插图若无特别注明，均由万剑敏拍摄。

编者在编写本书的过程中参考了不少专家、学者的著述和文献，力求使所引述的内容更具准确性。在此谨向有关作者表示敬意和感谢！同时，对于负责本书出版的科学出版社及相关工作人员，致以深切的谢意。

由于时间有限，书中疏漏之处在所难免，恳请各位同仁和广大读者批评指正，并将意见及时反馈给编者（wjane868@163.com），以便修订完善。

编 者

2013 年 8 月

目　　录

第一章

中国旅游资源概述

📖 **学习目标**

　　旅游资源是旅游业产生和发展的基础。通过对本章的学习，学生应掌握旅游资源的概念、分类，了解并掌握中国旅游资源所处的地理环境及中国旅游资源的总体特征、中国旅游资源的分区及各区域的总体特点。

📖 **引导问题**

　　1. 导游小李在首都机场迎接一批来自美国的游客，这些游客都是第一次来到中国。那么，小李在进行概况讲解时需要介绍哪些方面的内容？

　　2. 一名来自新加坡的商务客人到上海一家五星级酒店的前台进行咨询，他有一周时间，想对中国的石窟艺术进行考察。假如你是前台工作人员，你将为他提供怎样的建议呢？

　　3. 林玲游完杭州西湖后，感到眼前所看到的景色与诗文中的"西湖十景"相差甚远，如果你是她的导游，你将如何引导她欣赏"西湖十景"并缓解她的失落感呢？

第一节　旅游资源的概念及其分类

一、旅游资源的概念

　　旅游资源是旅游业产生和发展的基础。旅游资源的概念伴随现代旅游活动的产生而出现，并随着旅游业的不断发展而深化。目前，我国学术界对旅游资源尚未有统一的定义，看法上存在分歧，在定义的表述上各有侧重，但在以下几方面有着一致的理解。

1. 旅游资源是客观存在的

旅游资源同其他资源一样，是一种客观存在，是旅游业发展的物质基础。旅游资源有在自然进化中天然形成的，如高山、溶洞、雾凇、瀑布等，也有人类社会创造的，如宫殿、桥梁、园林等；有具象的，如风景名胜、文物古迹、购物场所等，也有抽象的，如社会风气、文明程度等，这些都是客观存在的。有人认为，诗词歌赋、故事传说、未解之谜等都是无形的，不可感知，不可触摸，因而不应该算作旅游资源的范畴。但实际上，它们产生于客观世界，并依附于物质基础而存在。若没有歌曲《太阳岛上》的广为传唱，哈尔滨的太阳岛恐怕很难被外地游客熟知；若没有陆游的《钗头凤》，绍兴的沈园恐怕也只能淹没在江南众多的园林当中；若没有鲁迅笔下的"孔乙己"，咸亨酒店（图1-1）恐怕要另辟蹊径创出自己的品牌。正是由于这些"精神"的产物同物质景观相结合，才使得单纯的物质景观得以升华，产生了巨大的美感和旅游吸引力。因此，无论是具体形态的物质景观，还是源自物质景观的精神文化，其实质都是客观存在的。

图 1-1　咸亨酒店

2. 旅游资源对旅游者具有吸引力

对旅游者不能产生吸引力的自然和人文资源，不可能催生旅游活动，也就不能算作旅游资源。对旅游者具有吸引力是确定旅游资源概念的前提条件。当然，这里所说的有吸引力是指对相当一部分人有吸引力，而不是对个别人，否则探亲访友的对象也要被列入旅游资源。有些资源对游客有吸引力，但限于目前的科学技术条件，暂时无法让普通游人到达的，如太空、深海、极高山等，可称其为"潜在的旅游资源"。而一些对游人有很大吸引力，但不对外开放的资源，如濒危物种的核心保护区、私家园林和个人收藏品，也不能算作旅游资源。

3. 旅游资源能够为旅游业开发和利用，并产生经济效益

旅游资源伴随人类的旅游活动而出现，是可以被开发和利用的。资源一词，本身属于经济学范畴，离开资源的经济价值来谈资源是毫无意义的。例如，一条啤酒生产线，当它只用于生产啤酒时，不能算是旅游资源，而当经营者推出一个"啤酒之旅"项目，让讲解员引导人们来参观并品尝新鲜的生啤，向人们讲解该厂的历史和企业为民服务的宗旨时，这条生产线就变成了旅游资源。因为它被旅游业所开发利用了，并产生了经济效益和社会效益。

在不同的历史发展阶段和不同条件下，对旅游者能够产生吸引力的资源是不同的，能够被开发和利用的旅游资源也不尽相同，这也是旅游资源的定义尚不能统一的原因之一。随着旅游业的不断发展和旅游理论研究的深入，人们对旅游资源的认识将会不断明晰，最终将会形成一个较为通用可行的旅游资源概念。

本书采用的旅游资源的概念源自国家质量监督检验检疫总局 2003 年 2 月 24 日发布，从 2003 年 5 月 1 日起实施的国家标准 GB/T 18972—2003《旅游资源分类、调查与评价》。旅游资源（tourism resources），指的是自然界和人类社会凡能对旅游者产生吸引力，可以为旅游业开发利用，并可产生经济效益、社会效益和环境效益的各种事物和因素。

二、旅游资源的分类

中国国土广袤、山川锦绣、文化灿烂、民族众多、风俗迥异、物产丰饶，因而形成了无比丰富的旅游资源。中国的旅游资源种类繁多、形态多样。依据 GB/T 18972—2003，中国旅游资源可分为 8 个主类、31 个亚类和 155 个基本类型，见表 1-1。

表 1-1　旅游资源分类

主类	亚类	基本类型
A（地文景观）	AA（综合自然旅游地）	AAA（山丘型旅游地）、AAB（谷地型旅游地）、AAC（沙砾石地型旅游地）、AAD（滩地型旅游地）、AAE（奇异自然现象）、AAF（自然标志地）、AAG（垂直自然地带）
	AB（沉积与构造）	ABA（断层景观）、ABB（褶曲景观）、ABC（节理景观）、ABD（地层剖面）、ABE（钙华与泉华）、ABF（矿点矿脉与矿石集聚地）、ABG（生物化石点）
	AC（地质地貌过程形迹）	ACA（凸峰）、ACB（独峰）、ACC（峰丛）、ACD（石/土林）、ACE（奇特与象形山石）、ACF（岩壁与岩缝）、ACG（峡谷段落）、ACH（沟壑地）、ACI（丹霞）、ACJ（雅丹）、ACK（堆石洞）、ACL（岩石洞与岩穴）、ACM（沙丘地）、CAN（岸滩）
	AD（自然变动遗迹）	ADA（重力堆积体）、ADB（泥石流堆积）、ADC（地震遗迹）、ADD（陷落地）、ADE（火山与熔岩）、ADF（冰川堆积体）、ADG（冰川侵蚀遗迹）
	AE（岛礁）	AEA（岛区）、AEB（岩礁）

续表

主类	亚类	基本类型
B（水域风光）	BA（河段）	BAA（观光游憩河段）、BAB（暗河河段）、BAC（古河道段落）
	BB（天然湖泊与池沼）	BBA（观光游憩湖区）、BBB（沼泽与湿地）、BBC（潭池）
	BC（瀑布）	BCA（悬瀑）、BCB（跌水）
	BD（泉）	BDA（冷泉）、BDB（地热与温泉）
	BE（河口与海面）	BEA（观光游憩海域）、BEB（涌潮现象）、BEC（击浪现象）
	BF（冰雪地）	BFA（冰川观光地）、BFB（长年积雪地）
C（生物景观）	CA（树木）	CAA（林地）、CAB（丛树）、CAC（独树）
	CB（草原与草地）	CBA（草地）、CBB（疏林草地）
	CC（花卉地）	CCA（草场花卉地）、CCB（林间花卉地）
	CD（野生动物栖息地）	CDA（水生动物栖息地）、CDB（陆地动物栖息地）、CDC（鸟类栖息地）、CDE（蝶类栖息地）
D（天象与气候景观）	DA（光现象）	DAA（日月星辰观察地）、DAB（光环现象观察地）、DAC（海市蜃楼现象多发地）
	DB（天气与气候现象）	DBA（云雾多发区）、DBB（避暑气候地）、DBC（避寒气候地）、DBD（极端与特殊气候显示地）、DBE（物候景观）
E（遗址遗迹）	EA（史前人类活动场所）	EAA（人类活动遗址）、EAB（文化层）、EAC（文物散落地）、EAD（原始聚落）
	EB（社会经济文化活动遗址遗迹）	EBA（历史事件发生地）、EBB（军事遗址与古战场）、EBC（废弃寺庙）、EBD（废弃生产地）、EBE（交通遗迹）、EBF（废城与聚落遗迹）、EBG（长城遗迹）、EBH（烽燧）
F（建筑与设施）	FA（综合人文旅游地）	FAA（教学科研实验场所）、FAB（康体游乐休闲度假地）、FAC（宗教与祭祀活动场所）、FAD（园林游憩区域）、FAE（文化活动场所）、FAF（建设工程与生产地）、FAG（社会与商贸活动场所）、FAH（动物与植物展示地）、FAI（军事观光地）、FAJ（边境口岸）、FAK（景物观赏点）
	FB（单体活动场馆）	FBA（聚会接待厅堂/室）、FBB（祭拜场馆）、FBC（展示演示场馆）、FBD（体育健身馆场）、FBE（歌舞游乐场馆）
	FC（景观建筑与附属型建筑）	FCA（佛塔）、FCB（塔形建筑物）、FCC（楼阁）、FCD（石窟）、FCE（长城段落）、FCF（城/堡）、FCG（摩崖字画）、FCH（碑碣/林）、FCI（广场）、FCJ（人工洞穴）、FCK（建筑小品）
	FD（居住地与社区）	FDA（传统与乡土建筑）、FDB（特色街巷）、FDC（特色社区）、FDD（名人故居与历史纪念建筑）、FDE（书院）、FDF（会馆）、FDG（特色店铺）、FDH（特色市场）
	FE（归葬地）	FEA（陵区陵园）、FEB（墓/群）、FEC（悬棺）
	FF（交通建筑）	FFA（桥）、FFB（车站）、FFC（港口渡口与码头）、FFD（航空港）、FFE（栈道）
	FG（水工建筑）	FGA（水库观光游憩区段）、FGB（水井）、FGC（运河与渠道段落）、FGD（堤坝段落）、FGE（灌区）、FGF（提水设施）

续表

主类	亚类	基本类型
G（旅游商品）	GA（地方旅游商品）	GAA（菜品饮食）、GAB（农林畜产品与制品）、GAC（水产品与制品）、GAD（中草药材及制品）、GAE（传统手工产品与工艺品）、GAF（日用工业品）、GAG（其他物品）
H（人文活动）	HA（人事记录）	HAA（人物）、HAB（事件）
	HB（艺术）	HBA（文艺团体）、HBB（文学艺术作品）
	HC（民间习俗）	HCA（地方风俗与民间礼仪）、HCB（民间节庆）、HCC（民间演艺）、HCD（民间健身活动与赛事）、HCE（宗教活动）、HCF（庙会与民间集会）、HCG（饮食习俗）、HGH（特色服饰）
	HD（现代节庆）	HDA（旅游节）、HDB（文化节）、HDC（商贸农事节）、HDD（体育节）
数 量 统 计		
8个主类	31个亚类	155个基本类型

第二节　中国旅游资源的地理环境和总体特征

一、中国旅游资源所处的地理环境

1. 广袤的国土疆域

中国位于亚洲大陆东部，东南濒临太平洋，向西北绵延至亚洲大陆内部。中国整个陆地疆域面积约960万平方千米，位居世界第三，仅次于俄罗斯和加拿大。除陆地之外，中国还有海域面积约473万平方千米，海上分布着7 600多个岛屿。中国海岸线总长度3.2万多千米，其中大陆海岸线1.8万多千米，岛屿海岸线1.4万多千米。

2. 多样的自然地带

中国的陆地疆域北起黑龙江省的漠河，南至南沙群岛曾母暗沙，纵跨约5 500千米，从南到北分布了赤道带、热带、亚热带、暖温带、中温带、寒温带共6个温度带，并相应地呈现出热带雨林与季雨林、亚热带常绿林、暖温带落叶阔叶林、中温带针叶林与落叶林、寒温带针叶林植被景观。当北国千里冰封、万里雪飘之时，在南方的海南岛仍是一派鸟语花香的夏日景象。在东西跨度上，陆地疆域西起新疆帕米尔高原，东至黑龙江与乌苏里江汇流处，横跨约5 200千米，跨5个时区。当乌苏里江迎来旭日东升之时，帕米尔高原还是漆黑寂静的午夜。由于大气环流的控制与距海洋远近的差异，加上青藏高原的影响，我国由东南及东北沿海地带向西北内陆依次形成了湿润的森林地带、半湿润森林草原地带、半干旱的草原地带和干旱的荒漠地带。

中国的地形整体上呈现两个基本特征：一是总体地势西高东低，呈三级阶梯分布；二是地貌类型复杂多样，山地、高原、丘陵、平原等地貌类型齐全，以山地为主。我国是世界上山地最多、分布最广的国家，而且也是地势最高、高差起伏最大的国家。山地高原的屏障作用，不仅造成了局部自然环境的非地带性差异，还间接阻碍了人类社会不同聚落之间的交流融通，形成了民族种类的多样性。

3. 悠久的历史文化

中国是世界最大的文明古国，是人类历史文明的主要发源地之一。从原始社会氏族公社时期算起，中华民族拥有 5 000 余年的文明发展史，在漫长的历史长河中，在不同时期的政治、经济、社会制度背景下，形成了风格各异、内容丰富的历史文化，留下了丰富多彩的古迹和文化艺术。

4. 多彩的民俗风情

中国是世界上人口最多的国家，拥有 56 个民族。同一地区甚至分布着不同民族，由于其所在的地理环境的差异和特有的历史发展过程，形成了不同的风俗民情，构成了一道道多姿多彩的民族民俗风景线。

广袤的国土疆域和多样的自然地带、深厚的历史文化和多彩的民俗风情构成了中国旅游资源所处的最基本的地理环境。

二、中国旅游资源的总体特征

旅游资源作为一种特殊资源，既有世界上一般资源的共同属性，也有与其他资源所不同的自身的特性。旅游资源是地理环境的一部分，具有地理环境组成要素的时空分布特征和动态分布特征；旅游资源是旅游现象的载体，作为旅游业不可或缺的一部分，具有经济特征；旅游现象随着人们物质文化生活水平的提高而产生，因而旅游资源还具有文化属性。

（一）旅游资源的空间特征

1. 广泛性

旅游资源不仅品种多样，类型复杂，而且广泛分布于众多领域。其中既有看得见的自然风光和文物古迹，又有看不见、摸不着，只能体验感受的风俗民情、传说典故。有史前的生物进化遗址和地质剖面，也有现代化的摩天大楼和时尚的购物街区；有物质的，也有精神的；有经济的，也有文化的。在表 1-1 中可以看到，旅游资源可分为 8 个大类、31 个亚类和 155 个基本类型。这些种类繁多、内容丰富的旅游资源存在于极为广泛的空间，它们以不同的形式，渗透于各个领域、各个地区。有的在天上，有的在地下，有的在海洋，有的在陆地，有的在都市，有的在乡村。总之，几乎所有领域都有旅游资源的存在。

2. 区域性

旅游资源的分布具有明显的区域性特征，即不同的旅游资源具有其存在的特殊条件和相应的地理环境，其总特征、景观基调、色彩都具有区域特色。例如，植被的分布随着纬度的升高而逐渐由热带雨林向荒漠苔原过渡；中国的自然风光被归纳为"北雄南秀"；文物古迹多分布在人类文明发展较早、人类活动较频繁的地区，而现代城市、娱乐项目则多分布于经济较发达的地区，等等。这些都是旅游资源区域性特征的体现。区域性是旅游资源的最本质特征。正是由于不同地域的旅游资源之间存在明显差异，旅游资源才能对不同地域的旅游者产生巨大的吸引力，从而产生旅游活动。也正是由于一个特定区域的自然景物或人文风情能够吸引异地旅游者，这些自然景物或人文风情才能成为旅游资源。

3. 综合性

绝大部分旅游资源不是单一存在的，而是呈现综合性分布的特点。任何富有吸引力的旅游资源都是由复杂多样、相互联系、相互依存的单个资源要素综合而成的。例如，"革命摇篮"井冈山既是"红色胜地"，革命遗址遍布全山，又是"绿色宝库"，珍稀动植物十分丰富，同时还有飞瀑流泉等绝美的自然风光，是一个资源综合性非常好的旅游胜地。此外，还有山清水秀的村落保存了大量明清古建筑，融合了佛教、道教文化的风景名山等，都体现了旅游资源的综合性特征。

（二）旅游资源的时间特征

1. 季节性

旅游资源随季节变化而变化，主要是由自然地理条件，特别是气候的季节性变化决定的，同时也受人为因素的影响。最为典型的季节性旅游资源有吉林雾凇、钱塘江潮、香山红叶等，这些驰名中外的景观都只有在特定的季节才能观赏到。同一个旅游景区在不同的季节呈现不同的面貌，如"西湖十景"当中的"苏堤春晓"、"曲院风荷"、"平湖秋月"、"断桥残雪"等，分别是春、夏、秋、冬的代表性景观，不可能同时欣赏。

2. 时代性

在不同的历史时期、不同的社会经济条件下，旅游资源的含义也不尽相同。在某一时期被禁止的、不提倡的活动，有可能成为另一个时期的旅游项目。故宫在明清时代是皇帝和王孙大臣才能出入的场所，而今这里游人如织。江西上饶集中营、重庆歌乐山渣滓洞在解放前是囚禁革命志士的法西斯监狱，如今却成为红色旅游景点，游人在这里参观，接受爱国主义教育。

3. 变异性

随着时间的推移，由于人类旅游活动对环境的影响及人们旅游需求的变化，原先不是旅游资源的事物和因素可以成为新时代的旅游热点，也有一些旅游资源会失去对游客的吸引力。航空母舰在战争年代是保家护国的重要军事装备，退役后可以成为游客猎奇的参观对象；台风是一种危害性极强的天气现象，但在宁波岱山县的中国台风博物馆，爱"追风"的人们却以观赏台风造成的惊天巨浪为乐。

（三）旅游资源的经济特征

1. 价值不确定性

图1-2　天门山景区

由于人类的认识水平、审美需要、开发能力的不同，对旅游资源价值的认识也不尽相同。目前尚无统一标准来衡量旅游资源的价值，不同的人可以从不同的角度评估旅游资源的价值，但无法用数字来计算。在一些人眼中不足为奇的事物，可能正是另一些人苦苦追求的目标，如在少数民族村寨中的一项日常劳动，可能成为对汉族居民产生吸引力的民俗旅游活动。另外，同一旅游资源的价值也会由于资源开发利用方式及开发利用的外部条件不同而产生天壤之别。曾经是名不见经传的张家界天门山景区（图1-2），在1999年策划了"穿越天门洞"国际特技飞行表演之后成为热点旅游景区。2011年9月，美国人杰布·科里斯在该景区内成功进行翼装飞行穿越天门洞表演，再次使天门山景区成为世界瞩目的焦点，其旅游价值也大幅攀升。

2. 重复利用性

重复利用性是指旅游资源可被重复开发利用。矿产资源会在利用过程中不断减少，森林资源需要人工种植持续补充，但旅游资源开发成的产品是一种无形产品，旅游者付出的金钱所购买的是一种经历和感受，而不是旅游资源本身。游客花钱参观一个景点，但并不拥有景点的所有权，旅游行程结束，却不能带走景点的一砖一瓦、一草一木，因此旅游资源可以被重复开发利用。

3. 不可再生性

虽然旅游资源可被重复开发利用，但如果利用不当则会引起资源质量下降，甚至完全被破坏，而这些资源一旦遭到破坏，很难完全恢复，即使进行人工复原，也无法完全恢复原貌。黄山十大名松之一的"送客松"，曾经是黄山的形象名片，吸引了无数游人。而今，送客松已死亡，即使现在景区重新栽种或另外发现一棵类似的送客松，其文化内涵与价值都无法替代原先的那棵送客松。

（四）旅游资源的文化特征

1. 审美性

旅游资源与其他资源最主要的区别，就是其有美学价值，具有审美性。不论人们以何种动机、何种形式旅游，审美活动几乎在所有的旅游活动当中占据主要内容，有时甚至是全部旅游活动的核心内容。旅游活动中的"游"，本身就是对旅游地吸引物的观赏和审美体验的过程。不论是雄、奇、险、秀的形象美，还是或动或静的形态美；不论是蓝天白云、红瓦绿树的色彩美，还是惊涛怒号、驼铃叮当的声音美；不论是美味佳肴的色香味美，还是"月照松林"的意境美，都带给游客生理和心理上美的享受。对于探险和极限运动爱好者来说，惊险的体验可以带给他们实现自我价值的满足感和成就感。所有这些都是旅游资源的审美价值的体现。

2. 陶冶性

旅游者对旅游资源的审美和体验，不仅可以得到一般意义上的愉悦或痛快的娱乐感受，而且还能开阔眼界、增长知识、寄寓情怀、陶冶情操。高大雄浑的山脉、奔腾咆哮的江河、蔚蓝宁静的海洋，让人感受祖国大好河山的富饶壮阔；古老神秘的遗址、巧夺天工的器物、寓意深刻的雕饰，令人惊叹中国传统文化的博大精深，游客在旅游的同时获得了心灵的净化、感情的升华。

3. 吸引定向性

旅游资源的核心是其吸引力。由于旅游者个体和群体旅游需求的表现形式及旅游动机的多样性，旅游资源的吸引力在某种程度上是旅游者的主观反映。同样的旅游资源对不同的旅游者，其吸引程度是不一样的。这一方面是由于地理空间具有差异性。旅游需求的产生是基于人们渴望了解居住地以外的世界，体验与日常生活不同的经历，如农村的田园风光对于城市人，城市的高楼大厦对于农村人都是具有吸引力的旅游资源。另一方面是由于旅游需求具有差异性。同一旅游资源吸引的旅游者具有区域性分布特征，对某些国家或地区的旅游者吸引力大，对某些国家或地区的旅游者吸引力不大，对另一些国家或地区的旅游者根本就不具有吸引力。例如，中国游客对国外旅游资源偏好集中在主题公园、城市旅游与购物等方面，而只有少部分人对国外的历史文化感兴趣。欧美等发达国家的游客对中国的自然美景、传统文化更偏好，对主题公园等兴趣不大。

第三节　中国旅游资源的区域分布

中国旅游资源分布非常广泛。受自然地理环境和人类历史发展等因素的影响，中国旅游资源的分布又相对集中，并且呈现一定的地域性分布规律。例如，风景名山主要集中在东部季风区；壮阔的冰川雪域、沙漠戈壁、草原草甸大多分布在西部和北部地区；历史古迹主要集中于黄河流域及长江流域；少数民族风情比较丰富的是大西南、大西北、南方部分山地及东北边陲；皇家建筑、帝王陵寝以北京、西安为代表；园林风光主要以江南为经典；现代建筑和人造主题公园主要集中在区位优越、经济发达的京津地区、长江三角洲和珠江三角洲地区等。

从各类旅游资源的综合情况来看，目前我国旅游资源比较集中连片分布的区域主要有环渤海地区、黄河中下游沿线地区、长江中下游沿线地区、浙闽沿海地区、珠江三角洲地区、四川中西部地区、云贵高原与横断山区、西北古丝绸之路沿线地区等。

本书根据气候、地貌旅游资源和人文旅游资源的宏观特征，结合我国现有的各级行政区划，以自然风光加文化景观特色的命名法，将全国分成 10 个旅游资源区，即林海雪原火山生态旅游区（黑吉辽）、华夏文明名山古迹旅游区（京津冀鲁豫晋陕）、草原大漠蒙古族风情旅游区（内蒙古）、沙漠绿洲丝绸之路旅游区（新甘宁）、高原雪域宗教文化旅游区（青藏）、山川峡谷巴楚文化旅游区（川渝鄂湘）、岩溶地貌民族风情旅游区（滇黔桂）、江南水乡都市园林旅游区（沪苏浙皖赣）、椰风海韵侨乡城市旅游区（闽粤琼）、海岛都会中西文化旅游区（港澳台）。

一、林海雪原火山生态旅游区（黑吉辽）

该区位于我国东北部，是我国纬度最高的旅游区。其范围包括黑龙江、吉林和辽宁 3 省。

该区地貌呈现山环水绕、沃野千里的盆地态势。北、东两面分别以黑龙江、乌苏里江、鸭绿江和图们江与俄罗斯、朝鲜两国为界。南面濒临黄海与渤海。河流环绕的内部，西、北、东分别横亘着大兴安岭、小兴安岭和长白山脉，山地略呈弧形。在这些山地之间是广阔肥沃的东北大平原，由三江、松嫩和辽河三大平原组成。该区位于太平洋板块向欧亚大陆板块的俯冲地带，深大断裂发育，火山活动频繁，是我国火山熔岩地貌类型最丰富、数量最多、分布最广的区域。全区有火山锥 230 座，组成了 20 多个火山群，主要集中分布于吉林和黑龙江两省。

该区气候是冷湿的温带大陆性季风气候，冬季一般长达半年以上，降雪日多，积雪期长，形成"千里冰封，万里雪飘"的北国风光。在"北极村"漠河可观看到极光现象。该区春夏秋三季都比较短暂，春天多大风，夏季温暖，秋季天高气爽。

受气候与地形的影响，该区以针叶林和针阔混交林为主，茂密的温带森林形成的茫茫林海的景观，是我国最重要的野生动物产地和狩猎区，是东北虎、紫貂、熊、梅花鹿、金钱豹、丹顶鹤、大天鹅等珍稀野生动物的家园。

该区是我国北方少数民族的发祥地和聚居地，各民族都保存着自己特有的民族风情，形成了多元复合的关东文化，既有汉族和朝鲜族等传统的农耕民族，也有达斡尔族、鄂伦春族、鄂温克族等以狩猎为主的民族，还有以捕鱼为主的赫哲族和曾经以游牧为主、后逐渐转向农耕的满族等。

该区名胜古迹众多，上至春秋、下及清代的历史古迹皆有，其中主要是渤海国、高句丽国，以及辽、金、明、清时的遗迹，以清代遗迹保存最完整，且数量众多，历史价值和旅游价值也最高，如清朝"关外三陵"（福陵、昭陵、永陵）和沈阳故宫等。此外，该区在近现代革命史上也具有重要影响，保留了抗日战争时期、解放战争时期的许多遗存。

二、华夏文明名山古迹旅游区 (京津冀鲁豫晋陕)

该区位于我国中北部，黄河中下游地区，包括北京、天津两个直辖市和河北、山东、河南、山西、陕西5个省。

该区地跨第二级阶梯和第三级阶梯，东临渤海、黄海，自西向东分别是黄土高原、华北平原、山东丘陵三大地带，地貌形态复杂多样，各具特色。该区地处中纬度，季风气候显著，同时，由于纬度和地形的影响，气候差异明显。秦岭—淮河以南的小部分地区属北亚热带湿润性季风气候，其他大部分地区属于典型的暖温带大陆性季风气候，四季分明，夏季炎热多雨，冬季寒冷干燥，春、秋短促。区内有长江、淮河、黄河、海河四大水系，还有京杭大运河纵贯南北，水系比较发达。

该区历史悠久，是黄河文明和华夏民族的重要发祥地，更是中国古代长期的政治、经济、文化中心。从传说中的三皇五帝到夏商周时期，从秦汉魏晋到隋唐宋，中华民族数千年的主流历史和文化长期在此发展延续，人文活动对自然景观影响强烈，无论是山地、平原还是河川，无不积淀了厚重的历史文化，融入了大量的人文景观。这里集中了以万里长城、北京故宫、承德避暑山庄、秦陵兵马俑、曲阜"三孔"、平遥古城、白马寺、泰山、嵩山、五台山为代表的名山古迹旅游资源，数量多、质量高、分布集中，是中华民族源远流长的文明的历史见证。中国七大古都，该区占其五，"五岳"占其四，重要的古代陵墓绝大部分也位于该区。

该区平原广阔，交通发达，区位优势明显，对外交流频繁。适中的地理位置、发达的地方经济、便捷的立体交通和具有国际垄断性的旅游资源，使该区成为我国最为重要的旅游区之一。

三、草原大漠蒙古族风情旅游区 (内蒙古)

该区主要包括内蒙古自治区。该区地处我国北部边疆，蒙古高原东南部，地跨三北（东北、华北、西北），东西跨度很大。其北部与蒙古国和俄罗斯接壤，地形以高原为主体，平均海拔在1 000米左右，自东北向西南横亘着大兴安岭、阴山、贺兰山等山脉。该区气候复杂多变，从东到西依次出现湿润、半湿润、半干旱和干旱气候，形成东北部森林向西过渡为草原和荒漠的三大景观带。区内河流水系主要有黄河、海拉尔河、洮儿河、老哈河、西拉木伦河等。大小湖泊星罗棋布，达1 000多个，其中最大的是北部的呼伦贝尔湖。

本区聚居的民族众多，有汉族、蒙古族、回族、满族、朝鲜族、达斡尔族、鄂温克族等49个民族，其中汉族和蒙古族人口居多。

该区的主要旅游资源特色为草原、大漠风光和蒙古族风情。草原景观（图1-3）集中在东部，广袤无垠，夏季千里绿海，彩蝶纷飞，牛羊成群，是我国优质的天然牧场。大漠主要分布于西部，如巴丹吉林沙漠、腾格里沙漠、毛乌素沙地等，形成了独特的沙漠景观。世代居住于此的马背上的民族——蒙古族，热情豪放，能歌善舞，能骑善射，其歌舞、饮食、服饰、礼仪、起居等风俗，都令旅游者神往。

图 1-3　内蒙古呼伦贝尔草原

四、沙漠绿洲丝绸之路旅游区（新甘宁）

该区位于我国西北部，包括新疆维吾尔自治区、甘肃省和宁夏回族自治区两区一省。

该区地处亚欧大陆腹地，深居内陆，其北部和西部分别与蒙古国、俄罗斯、哈萨克斯坦、吉尔吉斯斯坦、塔吉克斯坦、阿富汗、巴基斯坦、印度等国接壤。其地形以高山、盆地为主。西部从北向南依次分布着阿尔泰山脉、准噶尔盆地、天山山脉、塔里木盆地和昆仑山脉。甘肃省境内在祁连山脉和北山山脉之间有一条狭长低地，东西长约 1 200 千米，因位于黄河以西，被称为河西走廊，它是历史上连接东部与西域的必经之路，是举世闻名的"丝绸之路"的重要地段。

该区远离海洋、气候干旱，属温带大陆性气候，日照充分、热量丰富、气温变化大、干旱少雨、多风沙。浩瀚的沙漠戈壁、美丽的绿洲、高山森林、雪峰冰川，构成了瑰丽、奇特、雄险的自然景观。

该区文物古迹丰富，古老的丝绸之路从这里经过，大量古城、烽燧、驿站、古寺、石窟、壁画，为该区增添了神秘的色彩。该区还是一个少数民族聚集的地区，有维吾尔族、回族、哈萨克族、乌孜别克族、裕固族、东乡族、保安族、锡伯族等，边塞风情和少数民族风情浓郁。

五、高原雪域宗教文化旅游区（青藏）

该区位于我国西南部的青藏高原上，包括青海省和西藏自治区。

其西部和南部毗邻印度、尼泊尔、不丹、缅甸等国。青藏高原平均海拔 4 000 米以上，有"世界屋脊"之称，是我国面积最大、世界海拔最高的高原。世界最高峰珠穆朗玛峰横亘于高原南缘，被誉为"世界第三极"，高原、高山和盆地是该区域的主要地形。其边缘和内部雪山绵延、雪峰耸峙，现代冰川广泛发育，又是大江、大河的源头。高原上湖泊众多，草原广阔，河谷地带阡陌纵横，田园风光旖旎。青南藏北人迹罕至，野生动物出没频繁。

青藏高原气候高寒、空气稀薄、人烟稀少、交通落后、工业和城市经济很不发达，因而受到的污染和外界文化干扰较少，保持了原始独特的自然和人文生态环境。

该区是藏族集中分布区，也是藏传佛教的起源地和传播地。藏传佛教的形成和发展，对青藏高原地区传统社会文化产生了长期、广泛而深刻的影响，甚至与当地政治、经济乃至整个社会历史的发展进程密切相关。政教合一的宗教体制使藏传佛教成为该区整个社会意识形态的统领，成为藏族价值观、人生观乃至整个精神世界的核心。这里的许多风俗习惯和民族节日都或多或少与宗教有关。在这里，佛教圣地、圣迹比比皆是，城乡各地佛塔、佛寺遍布，宗教氛围浓烈。布达拉宫（图 1-4）、哲蚌寺、甘丹寺和色拉寺、扎什伦布寺和塔尔寺等宗教建筑庄严宏伟，是藏民心中的圣地。

图 1-4　布达拉宫转经长廊

六、山川峡谷巴楚文化旅游区（川渝鄂湘）

该区位于我国中部，属于长江中上游地区，包括四川省、重庆市、湖北省和湖南省，共三省一市。

该区横跨我国地貌的三级阶梯，地表结构的基本格局是高原山地环绕盆地，低山丘陵环绕平原，地表起伏变化较大。在三大阶梯的交接地带及高原山地向盆地、平原过渡地带，河流峡谷地貌特别明显。著名的长江三峡即是山川峡谷地貌的典型代表。该区绝大部分地域属于温暖湿润的亚热带季风气候，具有冬暖夏热、四季分明、降水丰沛但季节分配不够均匀的特点，加之山地以中低山和丘陵为主，植被繁茂，山林秀美。

该区是我国唯一既不靠海又不沿边的旅游区，但历史上却一直是九省通衢之地，以水运交通便利著称。区内河湖胜景众多，山川峡谷特色鲜明，巴楚文化古迹丰富多彩。"山水画廊"长江三峡构成了本区最为亮丽的峡谷风景线，峨眉山、乐山、武当山、九寨沟、黄龙、武陵源、大足石刻、青城山、都江堰等世界遗产突显了该区旅游资源品味高的特色，以三国胜迹、名楼、书院、西汉古墓、名人故里等为代表的人文景观体现了巴楚文化的丰富内涵。

七、岩溶地貌民族风情旅游区（滇黔桂）

该区位于我国西南边陲，包括云南省、贵州省和广西壮族自治区两省一区。

该区既沿海又沿边，其西南、南部与缅甸、老挝、越南接壤，具有发展跨国旅游和边境旅游的优势。广西南部濒临北部湾，气候冬暖夏凉，是良好的海滨浴场和避寒度假胜地。该区地跨横断山脉、云贵高原、广西丘陵盆地三大地貌单元，岩溶地貌广泛发育，堪称世界岩溶地貌发育最典型、最完美的自然博物馆，以桂林山水、阳朔风光、云南石林、九乡溶洞、黄果树瀑布、安顺龙宫等为代表的岩溶地貌景观在国内乃至世界闻名。该区山高谷深，地势起伏颇大，三江并流、虎跳峡、玉龙雪山、苍山洱海、马岭河峡谷等令人叹为观止。

该区为热带-亚热带季风气候，气候普遍温暖湿润，一年四季皆可旅游。该区气候有利于植物生长，加之地形复杂、温差大，局部环境千差万别，为多种动植物的生长提供了适宜条件，同时还保留了一些亚热带动植物物种，因此，动植物资源十分丰富。

该区是我国人类的起源地之一，早在 170 万年前，云南元谋猿人就在这里生息繁衍。此外，从古至今，该区一直是中国少数民族种类和人口最多的地区，如广西壮族、侗族、云南西双版纳傣族、大理白族、丽江纳西族、迪庆藏族、贵州苗族等，多民族共居，形成了习俗迥异、信仰不同、节庆不断的浓郁的少数民族风情，对中外游客有巨大的吸引力。

八、江南水乡都市园林旅游区（沪苏浙皖赣）

该区位于我国东部，包括上海市、江苏省、浙江省、安徽省、江西省，共四省一市。

该区地处长江下游地区，濒临东海、黄海，具有近海区位优势。整个区域分布在我国地形的第三级阶梯，以平原为主，兼有低山丘陵。区内河道纵横，湖泊棋布，江南水乡的特征十分突出。

该区气候以亚热带湿润季风气候为主，冬温夏热、四季分明、降水丰沛且较为均匀，气候宜人、风景优美、土地肥沃、物产丰富。该区在历史上向为人口稠密、经济发达的地区，人文景观与自然景观相映生辉，园林荟萃，名山众多。

该区旅游资源以江南水乡（图 1-5）、古典园林和都市风貌为突出特色，有以苏州、扬州等地园林为代表的中国古典风景园林，以鄱阳湖、太湖和长江、钱塘江、楠溪江为代表的河湖交织的水乡风光，以上海、南京、杭州为代表的现代都市和历史文化名城，以江苏周庄、同里、木渎为代表的水乡古镇，以及风光秀美的黄山、庐山等历史文化名山，是一个自然山水风光和人文景观兼优，旅游资源密集、类型多样的旅游区。

图 1-5　浙江绍兴柯岩

九、椰风海韵侨乡城市旅游区（闽粤琼）

该区位于我国东南部，包括福建省、广东省、海南省 3 个省。

该区位于我国的东南沿海，东临台湾海峡，南濒南海，与菲律宾、马来西亚、印度尼西亚、文莱等国隔海相望，处于我国东南前哨的位置。海南岛是我国第二大岛屿，海滨资源丰富。区域内部地表起伏不平，山地和丘陵占总面积的 3/4 以上，东部花岗岩地貌广泛分布，著名的有清源山、太姥山、万石山等，西部南岭及武夷山一带，丹霞地貌景观十分突出，峰奇水秀。

该区绝大部分地区处于长夏无冬的南亚热带和热带，3个省又都濒临海洋、岛屿众多、海岸线曲折漫长，故而形成了迷人的南国热带海滨风光。椰风海韵醉游人的海南岛，碧水金沙的深圳、珠江海滨，海上花园鼓浪屿，水清沙白的平潭、东山诸岛，各具其诱人的阳光海滩风情。

该区为我国最主要的侨乡，向为众多海外华人华侨归国和港澳台同胞返乡的首到和必经之地，因此形成了受外来文化影响的岭南文化特色，园林建筑雕塑都呈现出本土文化与外国文化相结合的特点。该区是我国经济最繁荣的地区，也是改革开放的先行地区，对外贸易十分发达，商贸旅游和购物旅游蓬勃发展，形成了众多经济发达、时尚现代的繁荣城市景观。

十、海岛都会中西文化旅游区（港澳台）

该区位于我国南部热带、亚热带地区，包括香港、澳门两个特别行政区和台湾省。这三地互不相接，但在自然地理上却具有相对一致性，与闽粤琼旅游区联系密切，但因行政管理体制的特殊性而单独列为一个旅游区。

该区地处东南海滨地带，岛屿、半岛众多，海岸线较长，气候终年温暖湿润。台湾位于亚欧板块和太平洋板块接触地带，是环太平洋火山地带的一部分，火山地貌与地热景观十分丰富，是我国温泉密度最高的省份。该区是远东若干国际航线的汇合地，兼具有优良海港和丰富的海滨旅游资源。

由于历史原因，三地均与西方文化融合甚多，形成了中西文化合璧的人文景观。该区的3个地区中除台湾面积较大、旅游资源较丰富外，香港和澳门地域狭小，旅游资源相对贫乏，但其凭借各自优越的条件，如优越的地理位置、活跃的进出口贸易、自由港地位和便利的交通等方面的优势，形成了各自独特的旅游业特色，会展商务、美食购物及各种娱乐活动是其对游客的主要吸引力。

思　考　题

1. 什么是旅游资源？
2. 旅游资源是如何分类的？
3. 中国旅游资源所处的地理环境是什么？
4. 中国旅游资源总体上有哪些基本特征？

自 测 题

1. _____旅游区是唯一既不靠海又不沿边的旅游区。

2. 旅游资源指的是自然界和人类社会凡能_____，可以为_____，并可产生_____的各种事物和因素。

3. 绝大部分旅游资源不是单一存在的，而是呈现_____分布的特点。

4. 下列旅游资源属于自然变动遗迹的是（　　　）。
   A. 岛礁　　　　　B. 泥石流堆积　　　C. 地震遗迹　　　D. 火山与熔岩
   E. 冰川堆积体

5. 旅游资源的经济特征是（　　　）。
   A. 价值不确定性　B. 重复利用性　　　C. 不可再生性　　D. 持续发展性
   E. 利润丰厚性

6. 我国火山熔岩地貌类型最丰富、数量最多、分布最广的区域是（　　　）。
   A. 黑吉辽　　　　B. 闽粤琼　　　　　C. 新甘宁　　　　D. 青藏
   E. 川渝鄂湘

7. 中国古典园林分布最为集中的区域是（　　　）。
   A. 黑吉辽　　　　B. 闽粤琼　　　　　C. 沪苏浙赣皖　　D. 港澳台
   E. 川渝鄂湘

8. 简述华夏文明名山古迹旅游区旅游资源的主要特点。

9. 简述江南水乡都市园林旅游区旅游资源的主要特点。

10. 简述椰风海韵侨乡城市旅游区旅游资源的主要特点。

实 训 题

老李是筷子收藏爱好者，他收藏了2 000多双来自不同国家的各式各样的筷子。请问，这些筷子如果只是作为个人收藏品，是旅游资源吗？如果不是，怎样才能转化成旅游资源呢？

第二章

中国旅游资源的基本特征及其旅游价值

中国旅游资源类型多样，数量丰富。通过本章学习，学生应掌握地文景观、水域风光、生物景观、天象与气候景观、遗址遗迹、建筑与设施、旅游商品、人文活动 8 类旅游资源的形成原因和基本特征及其旅游价值，能够掌握其主要分布区域，并能够理解各类旅游资源在旅游业中的开发利用。

🔔 引导问题

1. 江西三清山以神奇的花岗岩峰林地貌被列入了《世界遗产名录》，其最为著名的景观有"东方女神"和"巨蟒出山"，假如你是导游，除了向游客讲述这两处象形景观的传说，你能否解释其形成的原因呢？

2. 小闻跟随导师到一个古村进行旅游资源调查，古村依山傍水，后山有一片高大茂密的樟树林，导师问："这些樟树有没有旅游价值？可否进行旅游开发？"小闻应如何回答呢？

3. 小田正带领一个高校教师团参观苏州园林，她事先认真背诵了每个园林的导游词，把每个园林都讲解得很详细，可是忽然有游客提问："苏州园林有什么总体特点呢？这些园林和北京颐和园、承德避暑山庄有什么区别呢？"小田却答不上来，你能帮小田回答这个问题吗？

第一节　地文景观旅游资源

地文景观是指在地球内外营力作用下形成的独特的地质体和地表形态。其中具有观赏、体验、科考价值的景观称为地文景观旅游资源。地文景观决定了一个地区风景的总体特征，其本身具有观赏性，可开展参与性旅游体验活动及科考活动。

一、综合自然旅游地

1. 山丘型旅游地

山丘型旅游地指山地丘陵区内可供观光游览的整体区域或个别区段。我国广义的山地丘陵占国土面积的 2/3 以上，山丘型旅游地资源十分丰富。山地丘陵中海拔超过 5 000 米的为极高山，3 500～5 000 米的为高山，1 000～3 500 米的为中山，500～1 000 米的为低山。

世界著名的极高山多数分布在中国境内或边境地区，主要在青藏高原及其周围。其中有 8 000 米以上的高峰 14 座，包括世界第一高峰珠穆朗玛峰（8 844.43 米），第二高峰乔戈里峰（8 611 米）等。新疆北部和部分内陆地区也有分布。高山和极高山通常人迹罕至，其高峻壮阔的雪峰和气势磅礴的冰川是世间罕见的奇景，其原始自然风光保存较为完整。同时，艰险的攀登路线、变化不定的气候条件和高寒恶劣的缺氧环境也激励着人们不畏艰险去征服它们。因此高山和极高山是登山探险和科学考察的胜地。

中低山介于平原和高山之间。通常山地随着海拔升高而气温降低，雨量增大，因而多数中低山是避暑胜地。而且由于空气清新、紫外线强、负离子浓度高，有利于健康，山地也常常成为疗养佳地。

中低山既不像平原那样已被人类充分开发利用，而是仍保留着许多大自然的鬼斧神工所形成的奇观，也不像高山和极高山那样高峻崎岖，难以企及，并保存了一定的历史人文印迹，因此，中低山特别适宜开展旅游活动，也是最受青睐的旅游地。在我国目前已公布的国家重点风景名胜区中，50%以上是以山地风光为主的，而且绝大部分为中低山。我国著名的"五岳"、四大佛教名山、四大道教名山全都属于中低山。

📎 小资料

花岗岩地貌

花岗岩是地球上分布最广、最常见的火成岩，它是地下深处的岩浆侵入到地壳中冷凝所形成的，深度通常在地表以下 5～30 千米处，所以又称深成岩。花岗岩主要由石英、长石和云母 3 种造岩矿物所组成，而这些矿物通常呈浅灰、淡白、淡粉色，所以花岗岩的颜色都较浅。花岗岩形成部位较深，有充分的冷凝结晶时间，硬度也较大。花岗岩是坚硬的代名词，有时人们用"花岗岩脑袋"形容某人冥顽不化。花岗岩在冷凝过程中因体积收缩，常常产生不同方向的裂隙，这种裂隙称为节理。花岗岩经风化出露地面，坚硬且多节理，山岩陡峭险峻，气势雄伟，岩石裸露，多奇峰、深壑、怪石等。

我国花岗岩地貌分布广泛，是世界上拥有花岗岩景区（包括世界遗产、国家公园、世界地质公园、国家地质公园及旅游区）最多的国家之一。其中以黄山、华山、泰山、三清山等最为著名。花岗岩地貌景观已成为重要的旅游资源。

2. 谷地型旅游地

谷地型旅游地，指河谷地区内可供观光游览的整体区域或个别区段。谷地主要由河流的侵蚀、搬运、堆积作用而形成。在谷地型旅游地，既能够顺河沿江观赏沿岸峡谷峭壁的壮丽景色或河岸上田园瓦舍的秀美风光，也可以河流为依托，沿河开发有价值的综合旅游景观。例如，长江三峡，不仅有以雄著称的瞿塘峡、以幽著称的巫峡和以险著称的西陵峡，沿岸还有黄陵庙、古代悬棺、古栈道、诸葛亮水陆八阵、屈原故里、昭君故里、三游洞等古迹，同时还有三峡大坝、葛洲坝等现代水利工程，众多景观综合而形成了一条"黄金旅游线"。辽宁鸭绿江国家重点风景名胜区，沿岸也开发了九国连城、鹿岛、凤凰山、五龙背温泉等旅游胜地。

3. 沙砾石地型旅游地

沙砾石地型旅游地，指沙漠、戈壁、荒原内可供观光游览的整体区域或个别区段。这一类旅游资源主要集中在干旱或内陆地区，由强风、流沙和间歇性地表水的风化、侵蚀、搬运、堆积作用而形成。沙砾石地型旅游地由于自然环境较为恶劣，人迹罕至，因而大部分地区保留了较为原始古朴的自然面貌，无论是对普通旅游者还是科考探秘人员都有较强的吸引力。强烈日照下的沙地，还是人们开展沙疗、沙浴的可选场所。甘肃敦煌鸣沙山、宁夏中卫沙坡头、新疆罗布泊洼地、乌尔禾将军戈壁滩等都是著名的沙砾石地型旅游地。

4. 滩地型旅游地

滩地型旅游地，指的是缓平滩地内可供观光游览的整体区域或个别区段。滩地型旅游地大部分位于海滨或大河之滨，平缓细腻的沙滩与周围壮阔的水景、奇特的滨海地貌、河谷地貌结合在一起，既可赏景，又可开展沙滩体验旅游项目，构成了迷人的综合景观地，如辽宁大连金石滩公园、老虎滩公园、广西北海银滩、浙江宁波松兰山沙滩群等。

5. 垂直自然地带

垂直自然地带指山地自然景观及其自然要素（主要是地貌、气候、植被、土壤）随海拔高度变化而呈现递变规律的现象。例如，吉林长白山，海拔500米以下为以杨、桦、栎为主的落叶阔叶林景观，500~1 100米为针叶、落叶阔叶混交林景观，1 100~1 800米为红皮云杉、沙冷杉、臭冷杉等组成的暗针叶林景观，1 800～2 100 米为以岳桦林为主的亚高山灌丛景观，2 100 米以上则是高山苔原景观，呈现非常典型的垂直自然带谱。世界最深的大峡谷——雅鲁藏布大峡谷，其最深处下切达 6 009 米，平均深度 2 268 米，也呈现出垂直递变规律。山顶高山雪线之下是高山灌丛草甸带，再向下是高山、亚高山常绿针叶林带，继续向下便是山地常绿、半常绿阔叶林带，进入低山、河谷是季风雨林带。这里的季风雨林不同于赤道附近的热带雨林，它是在热带海洋性季风条件下形成的有明显季节变化的雨林生态系统。这里是世界上山地垂直自然带最齐全丰富的地方，也是全球气候变化的缩影之地。游客通过登山或下到峡谷底部，在短暂的时间内观赏"一山有四季"的自然现象，是一种非常特殊的旅游体验。

6. 自然标志地

自然标志地，指标志特殊的地理、自然区域的地点。我国有一些地点、界线，具有特殊的天文地理含义。例如，中国大陆的地理中心，位于秦川腹地的泾阳县，在这个被称为"中国心脏"的地方，其主建筑地下室中心地坪上，有一块方形红色标石，其上嵌以红玛瑙凿成的圆形原点标志，在标志上用隶书刻着"中华人民共和国大地原点"。建立中国原点，可以此测算出"大地基准数据"，为祖国河山定位。北回归线经过我国的台湾、广东、广西和云南 4 个省（区），我国分别在嘉义、从化、汕头、封开等地建立了北回归线标志，是建立北回归线地理标志最多的国家。"亚洲中心地理标志"（简称"亚心"）的位置在乌鲁木齐市西南 30 千米处的永丰乡包家槽子村。"亚心"海平面标志位于新疆吐鲁番盆地托克逊县，这里海拔 0 米。在新疆艾丁湖边有一处纪念碑上刻着"海拔－155 米"，是中国海拔最低的标志。这些自然标志地，适宜开展科普旅游。

7. 奇异自然现象旅游资源

奇异自然现象旅游资源，指的是发生在地表、一般还没有合理解释的自然界奇特现象。探幽猎奇是人们普遍的心理，越是神秘的、不可名状的事物人们越是想探个究竟，从而引发探索之旅，如神农架野人之谜、喀纳斯湖水怪之谜、鄱阳湖老爷庙水域沉船之谜、长白山天池怪兽之谜等，至今仍在科学家和自然爱好者的探索之中，吸引了无数游客前往探秘。

二、沉积与构造旅游资源

1. 褶曲、节理、断层景观

地壳自形成以来，各个部分和各个质点都不断运动着，这种由地球内营力作用产生的运动，控制着地表海陆分布的轮廓，影响各种地质作用的发生和发展，同时改变着岩层的原始产状，并形成各种各样的构造形态。在强大的地球内营力作用下，地壳不同部位受到强烈的挤压、拉伸或扭动，产生褶皱、断裂或扭曲。

　　褶曲是地层在各种内力作用下形成的褶皱或扭曲变形。褶曲景观表现为隆起的山岭或下陷的低谷。南北向挤压造成东西向山脉，如秦岭；东西向挤压形成南北走向的山脉，如太行山；挤压不均产生扭动，产生东北—西南或西北—东南走向的山脉和弧形山脉，如武夷山等都属于褶曲景观。著名的喜马拉雅山脉是巨型的褶皱山脉，杭州的飞来峰也是褶皱形成的。

　　岩层受到压力时断裂，断裂面两边的岩层产生了明显位移，这种构造称为断层。在断层构造带中，由于岩石破碎，易受风化侵蚀，常常发育成沟谷、河流，规模较大的断层则往往形成巨大的裂谷和陡峭高峻的悬崖。例如，台湾省花莲县的清水断崖，是我国目前最大、最险，也是唯一的海岸断崖，并且还是世界第二大断崖。

　　除最潮湿而疏松的现代沉积物之外，几乎在所有的岩石中都可以发现裂隙，如果其两侧的岩层没有发生显著的位移，这种裂隙称为节理。节理的长度、密度往往相差悬殊，有的节理仅几厘米长，有的长几米、几十米，节理之间的距离大小也不等。节理加速了各种外营力对岩石的侵蚀作用，使之形成姿态万千的奇特地貌。例如，湖南张家界石英砂岩峰林（图 2-1）、云南路南石林等是沿垂直节理发育的产物，黄山的"仙人晒靴"、"仙人指路"、"天狗望月"等各种奇石的形成，也是节理发育和各种风化因素综合作用的结果。

图 2-1　湖南张家界石英砂岩峰林

2. 地层标准剖面

　　地层标准剖面，指地层中具有科学意义的典型剖面。这些地层剖面被誉为"天然地质博物馆"，并含有丰富的古生物化石，是研究特定地质年代的地质发展历程、探索生命起源及寻找蕴藏在地层中的矿产资源的重要依据，具有较高的科学考察价值和科普教育功能，适宜开展科普旅游。我国有许多保存完整的地质剖面，如云南晋宁震旦系—寒武系剖面，这是我国第一个国际地层剖面，还有天津蓟县中上元古界地层剖面、长江三峡震旦纪至第三纪的地层剖面等。

3. 钙华与泉华

　　钙华与泉华是岩石中的钙质等化学元素溶解后沉淀形成的形态。在碳酸盐类岩石分布的地区，地下水和地表水对岩石产生溶解和沉淀作用，会产生两种景观，一种是以溶蚀作用为主的，水流将溶解后形成的碳酸钙等可溶性物质带走，岩石被侵蚀成了溶沟、石芽、峰林、峰丛、落水洞等，如云南石林和广西桂林的岩溶景观；另一种是以沉淀作用为主的，溶解在水中的碳酸钙沉淀下来，形成钙华、泉华的堆积景观。四川省黄龙风景名胜区内有 8 处钙华彩池群，被上海大世界吉尼斯总部认定为"规模最大的钙华彩池群"。如果钙华失水，所含藻类生物炭化，就会变黑退化。因此，必须加强对钙华泉的保护。

小资料

岩溶地貌

岩溶地貌是可溶性岩石（主要是石灰岩等碳酸盐类岩石）受水和二氧化碳的溶解作用及相伴随的机械侵蚀或堆积作用共同形成的各种地貌形态，如石芽、峰丛、峰林、溶蚀漏斗、落水洞、暗河、溶蚀洼地等，堆积作用形成的钟乳石、钙华、边石坝等。国际上将这种地貌称为"喀斯特"地貌（喀斯特是欧洲巴尔干半岛西部一个岩溶高原的地名，此地现属斯洛文尼亚）。中国明代大旅行家、地理学家徐霞客早在约 400 年前就对这种地貌进行了大规模考察、详细记录和深入研究，并为其取名为"岩溶"，是世界上第一个研究岩溶地貌的人。

岩溶发育地区，往往形成奇峰林立、山石嶙峋的奇景。世界上许多岩溶地区都成为了旅游胜地。中国是世界上岩溶发育较完全、分布较广的国家之一，以西南的广西、贵州和云南东部地区最为集中。此外，湖北和湖南两省西部、重庆、江苏等地区分布面积也广，只是由于气候、岩性等条件各地不同，岩溶发育程度差异较大。一般在南方湿热条件下，岩溶地貌会得到最典型的发育。广西东北部风景如画的桂林山水就是岩溶地貌的典型代表。

4. 矿点矿脉与矿石积聚地

矿点矿脉与矿石积聚地，指矿床矿石地点和由成景矿物、石体组成的地面。在矿物岩石中，部分岩石经过加工，可成为具有观赏价值和收藏价值的景观或工艺品。例如，大理石，特别是汉白玉（纯白色的大理石），从中国古代起，就被用于制作宫殿中的石阶和护栏，也就是所谓的"玉砌朱栏"，华丽如玉。各类宝石，如钻石、玛瑙、玉石、水晶等，则具有较强的装饰性和较高的收藏价值，这类宝石矿产地的珠宝首饰加工和购物旅游通常很发达。矿石积聚地还可开发成科考旅游地，我国许多典型的矿石积聚地每年要接待大量科学考察者，如江西的钨矿、广西的铅矿等。

5. 生物化石点

生物化石点指保存在地层中的史前地质时期的生物遗体、遗骸及活动遗迹的发掘地点。主要包括各种植物、无脊椎动物、脊椎动物等的化石及其遗迹化石。著名的古植物化石景观有浙江新昌的硅化木国家地质公园、北京延庆下德龙湾的硅化木林、湖北阳逻第四纪地层中的硅化木区等；古动物化石景观有四川自贡恐龙博物馆、以三趾马和铲齿象化石而著称的甘肃和政古动物化石博物馆等；古生物遗迹景观有河南南阳西峡的恐龙蛋化石群等，这里埋藏的恐龙蛋化石多达 2.5 万枚，其数量之多、保存之好，被国内外专家称为"世界第九大奇迹"。生物化石是地球历史的见证，是研究生物起源及其进化的科学依据，同时还是重要的地质遗迹及宝贵的不可再生的自然遗产。

三、地质地貌过程形迹

地表岩石在构造运动、流水、岩溶、风沙、冰川、熔岩等地球内营力和外营力的共同作用下，被塑造成变化万千的形态与结构，并且不断地发展变化。由于内外营力在各地区及不同时间内的组合、作用强度和表现形式不同，各地区的地质构造、岩性不同，因而形成千差万别的地质地貌形态。

1. 凸峰、独峰、峰丛、石（土）林

凸峰指在山地或丘陵地区突出的山峰或丘峰。独峰指平地上突起的独立山丘或石体。峰丛，指基底相连的成片山丘或石体。石（土）林，指成片的、林立的石（土）质凸峰、独峰或峰丛。地表水流在岩石表面流动，溶蚀和侵蚀出许多凹槽，随着侵蚀作用加剧，凹槽不断扩大，原先完整的山峰变成基座相连而上部分离的山峰集合体，成为峰丛。侵蚀进一步向深处发展，峰丛基座被切开，相互分离成峰林。在地壳长期稳定的条件下，峰林继续遭受侵蚀，发育成独峰。广西桂林独秀峰是一座典型的独峰，云南路南石林、元谋土林是石（土）林景观的代表，贵州兴义万峰林则号称"天下山峰何其多，唯有此处峰成林"。这些独特的地貌形态具有观赏性，部分地区可开展参与性的旅游体验活动，如登山、攀岩等。

2. 峡谷段落、沟壑地

峡谷段落指两坡陡峭、中间深峻的"V"字形谷、嶂谷、幽谷等段落。沟壑地，是由内营力塑造或外营力侵蚀形成的沟谷、劣地。峡谷和沟壑以其"峻、险、秀、幽"的特色为旅游者所向往。其"峻"表现在深切峡谷、壁立千仞、气势磅礴；其"险"表现在坡陡流急、危石压顶、河道曲折；其"秀"指山色青葱、花草争妍；其"幽"指谷曲林茂、蔽日遮天。虎跳峡，位于云南省丽江境内，迂回线长约 20 千米，落差 213 米，江面最窄处仅 30 余米，峡口海拔 1 800 米，与两岸的玉龙雪山、哈巴雪山海拔高差 3 900 米。金沙江在这个峡谷中形成了 18 处险滩，以上虎跳、中虎跳、下虎跳闻名于世。

3. 堆石洞、岩石洞与岩穴

堆石洞，是由岩石块体塌落堆砌成的石洞。岩石洞与岩穴，指位于基岩内和岩石表面的天然洞穴，如溶洞、落水洞与竖井、穿洞与天生桥、火山洞、地表坑穴等。

洞穴景观幽深、神秘，局部小气候清凉、湿润，内部景观奇特，引人遐想，还有些洞穴内有题刻、壁书、人类活动遗迹、古建筑等，适宜开展洞穴探秘旅游及科考活动。

4. 丹霞

丹霞，由红色砂砾岩组成的一种顶平、坡陡、麓缓的山体或石体，是红色砂砾岩层在近期地壳运动间歇抬升作用下，受流水切割与侵蚀形成的独特丘陵地貌。其相对高度

常在 300 米以内。丹霞地貌是早在 1928 年我国地质学家在广东韶关考察时，根据该地"丹霞山"的特征命名的。其山色丹红如朝霞，山体形状如柱、如壁、如塔，拔地而起，给人以奇异、俊秀、挺拔之感，奇、险、秀、美的丹崖赤壁及千姿百态的造型，有很高的游览与观赏价值。我国的丹霞地貌分布较广，主要集中在广东、福建、江西、云南、四川、甘肃等地。已发现的 350 多处丹霞地貌，除广东丹霞山、金鸡岭以外，比较著名的还有江西龙虎山、龟峰（图 2-2）、湖南武陵源、福建武夷山、河北承德棒槌山、甘肃麦积山等。由于红色砂砾岩具有较好的整体性，又可塑可雕，为凿窟造龛提供了理想的场所，故大量的石窟、石刻，如麦积山石窟、云冈石窟、大足石刻、乐山大佛等均创作于丹霞地区。

图 2-2　江西龟峰三叠龟

5. 雅丹

雅丹，主要在风蚀作用下形成的土墩和凹地（沟槽）的组合景观。雅丹，维吾尔语的原意为"有陡壁的小丘"。雅丹地貌通常发育在干旱地区的湖积平原上，由于湖水干涸，黏性土因干缩裂开，盛行大风沿裂隙不断吹蚀，裂隙逐渐扩大，使原来平坦的地面演变成许多不规则的垄岗（墩台）和沟槽，沟槽宽浅不一，其间有沿盛行风向平行延伸的陡壁，如风蚀城堡、蜂窝石、蘑菇石、风动石等。雅丹地貌在新疆罗布泊的楼兰古城、乌尔禾"风城"、将军戈壁中的"魔鬼城"发育很典型，其形态千奇百怪，蔚为壮观，地面崎岖起伏，支离破碎。雅丹地貌是干旱荒漠中一种最具观赏价值的风景地貌景观。

6. 沙丘地

沙丘地是由沙堆积而成的沙丘、沙山，主要分布在西北干旱地区，由强劲风力的侵蚀、搬运和堆积作用而形成。沙丘可有许多形态，其中以新月形沙丘和金字塔形沙丘最为常见，也最具观赏价值。新月形沙丘呈弧状，如月牙，高 20～30 米，迎风面缓，背风面陡，多条新月形沙丘相连可构成十至数十千米的沙丘链；金字塔形沙丘呈锥状，高 50～100 米，因形似金字塔而得名。沙丘中有一种奇特的鸣沙，又名响沙，每天午后，人的行进或风吹造成流沙，常发出轰鸣声，被称为"会唱歌的沙子"。鸣沙以内蒙古鄂尔多斯市的银肯、宁夏中卫的沙坡头、甘肃敦煌的鸣沙山最为著名，并称"中国三大鸣沙"。

四、自然变动遗迹

1. 地震遗迹

地震遗迹，指地球局部震动或颤动后遗留下来的痕迹。地震遗迹旅游资源的分布与地震发生地相一致，即发生破坏性地震的地方，才可能产生地震遗迹旅游资源。地震遗迹旅游资源不仅包括地震对自然景观和人文景观造成的破坏遗迹，还包括人类改造地震遗迹而形成的震后建设新貌及各种纪念性的地震标志，如地震纪念塔、纪念碑、展览馆等。将地震遗迹旅游资源开发成景点，可以普及地震预防知识，推广抗震措施，开展地震科学考察。已开发的地震遗迹有海南琼州海底村庄、河北唐山地震遗址等。

2. 火山与熔岩

火山与熔岩，指地壳内部溢出的高温物质堆积而成的火山与熔岩形态。地下深处的岩浆冲破上覆岩层，喷出地表，这种作用称为喷出作用或火山活动。喷出地表的岩浆快速冷凝，形成熔岩。火山喷发宏伟壮观、惊心动魄。火山在猛烈喷发时，喷出地表的岩浆和其他喷出物往往堆积在火山口周围，形成锥形高地；火山宁静式喷发时，岩浆宁静地流淌，依不同地形而凝固成熔岩瀑布、熔岩隧道、绳状熔岩等。常见的火山地貌有火山口、流纹岩、熔岩洞、火口湖、地下森林及温泉等。火山同其他山相比，缺少脉络层次，但具有山圆、拔地而起、点点分布、排列成阵、错落有致的特色。

我国火山地貌主要分布在 3 个主要地带：环内蒙古高原带、环青藏高原带、环太平洋带，其中以五大连池、长白山、大同、腾冲及台湾大屯火山群最为著名。

3. 冰川侵蚀与堆积遗迹

冰川侵蚀与堆积遗迹，指冰川后退或消失后遗留下来的侵蚀或堆积地形。冰川在运动和融化时，发生侵蚀和堆积作用。侵蚀作用形成冰斗、冰窖、角峰、刃脊、冰川槽谷、峡湾、羊背石等地貌；堆积作用形成冰川漂砾、冰碛丘陵、鼓丘和冰砾扇等地貌。此外，冰川融化所形成的冰桌、冰桥、冰兽、冰蘑菇等特殊形状也具有较大的观赏价值。中国西部许多高山都有冰川侵蚀和堆积遗迹，如四川贡嘎山海螺沟冰川、新疆天山一号冰川及布尔津喀纳斯湖等。第四纪冰川在江西庐山留下了大量遗迹，由此形成了"横看成岭侧成峰"的奇特地貌。

五、岛礁

岛礁包括岛区和岩礁。岛区指小型岛屿上可供游览休憩的区段；岩礁指江海中隐现于水面上下的岩石及由珊瑚虫的遗骸堆积成的岩石状物。岛屿和岩石在地质构造运动、波浪与潮汐冲刷侵蚀和堆积、生物作用及气候因素等共同作用下形成各种地貌形态。

在堆积作用下，海岸边岛屿可形成砂砾质海岸地貌、生物海岸地貌和淤泥质海岸地貌等。其中砂砾质海岸地貌最适于开发海滨浴场。如果沙滩坡度相宜、沙质纯净、沙粒粗细相宜，一般都能成为良好的浴场，如河北秦皇岛的北戴河海滨浴场、广西北海银滩等。

生物海岸又有红树林海岸、珊瑚海岸之分。红树林既是天然的防浪堤，又是很好的游赏景观，广西山口、广东湛江、海南三亚都有大片红树林区。珊瑚礁既可保护海滩海岸，又是鱼类理想的繁衍生息场所，因而珊瑚海岸往往成为价值极高的潜水旅游胜地。珊瑚形状独特如花，有鹿角状的、枝状的、板状的、球状的、沟叶状的，色彩丰富，有白色、红色、绿色、黄色等，极富观赏价值，自古被视为宝玩。海南三亚亚龙湾、大东海都是著名的观赏珊瑚礁和潜水的旅游胜地。由于珊瑚又是烧制石灰的极好原料，因此我国许多珊瑚礁被过度开采，遭到严重破坏，保护珊瑚礁已刻不容缓。

波浪和潮汐对岩石产生侵蚀作用形成的海蚀洞、海蚀崖、海蚀柱、海蚀蘑菇等，造型奇特，亦不失为观光游览的好去处，如山东青岛海滨的"石老人"、辽宁大连金石滩的"大鹏展翅"、海南万宁日月湾的"海门"等，由于其特殊的造型而引人遐想。

第二节 水域风光旅游资源

水是生命形成和发展的最基本条件之一，也是自然界最活跃的物质之一，同时也是构成旅游资源重要的物质基础。水体不仅为工农业生产、交通运输和人民生活提供了良好的条件，更能调节气候、构景添色、供人游览、参与体验，因而具有极大的旅游价值。水域风光旅游资源包括河流、湖泊、瀑布、泉水、海洋、冰雪等。

一、河段

1. 观光游憩河段

观光游憩河段，指可供观光游览的河流段落。河流乃是沿地表低洼部分集中的经常性或周期性水流，较大的称"江"或"河"，较小的则称为"溪"。河流的补给来源主要有雨水、冰雪融水和地下水。河流发源地称为"河源"，注入海洋、湖泊或另一条河流汇入之处称为"河口"。河流通常可分为河源段、上游、中游、下游和河口段，这些河段各自都有其独特的形态和景观。一般来说，江河的河源段往往为雪山、冰川或溪涧，这里人迹罕至，拥有原始神秘的景观特征；江河上游多为山地，河流深切形成峡谷，河床狭窄，两侧山石壁立，景观特征以雄伟险峻为主；中下游河段，地势低平、河谷宽阔、水流平缓，两岸多为经济文化发达、人文景观丰富的地区；河口段，若河海交汇，常常有波澜壮阔的海潮，若汇入湖泊，则多有"泾渭分明"的清浊水流交汇的奇观。

中国河流众多，大小河流总长度达 42 万千米以上，流域面积超过 1 000 平方千米的河流有 1 500 多条。中国第一大河——长江，其干流流经我国 11 个省、自治区和直辖市，沿河旅游资源丰富、景点星罗棋布、交通便利，是著名的"黄金水道"和"黄金旅游线"。中国第二大河——黄河，其流域孕育了古老的中华文明，文化古迹众多，高原风光、"塞上江南"、黄土风貌、平畴沃野、"地上悬河"等，都对游客有吸引作用。其他，如黑龙江、珠江、塔里木河、淮河、湘江、钱塘江、闽江、澜沧江等，都蕴藏有丰富的旅游资源。许多河流因其风光优美、激流壮阔，被列为国家重点风景名胜区，成为人们向往的旅游胜地，如长江（三峡段）、漓江、富春江—新安江、楠溪江、瑞丽江、雅砻河等，还有穿行于国家重点风景名胜区的主要河段风光，如江西龙虎山的泸溪河、福建武夷山的九曲溪、湖南张家界的猛洞河等。

2. 暗河河段

在干旱地区，有些河流最后没于沙漠；石灰岩地区，有些河流经溶洞和裂隙而没于地下，成为地下河，也称"暗河"或"伏流"。据《中国岩溶水文地质图》[1]的统计，我国碳酸盐岩区地下河流量在 50～500 升/秒的地下河（含伏流）有 1 891 条，500～1 000 升/秒的有 284 条，1 000～2 000 升/秒的有 285 条，大于 2 000 升/秒的有 67 条，合计 2 527 条，分布在广西、云南、贵州、湖南、湖北、广东、江西、浙江、辽宁和西藏等省区。暗河具有神秘、幽深、奇绝的特点，可开发具有神秘吸引力的乘船旅游项目。我国著名的暗河景区有广东英德仙桥地下河、广东清远连州地下河、广西桂林冠岩地下河等。

3. 古河道河段

古河道是地质历史时期形成，后因河流他移而废弃的河道。构造运动抬升或下降，冰川运动、山体崩塌、滑坡将河道堰塞，或因人工另辟新河等原因都可引起河流改道。构造运动可使河流大规模改道，构造抬升可使废弃河道露出地面，而下降时堆积作用旺盛，将河道掩埋，形成埋藏型古河道，如中国华北平原地下埋藏着古黄河、古海河等古河道。河流本身流水作用引起的改道多发生在平原地区，由于堆积作用旺盛，河床逐渐淤浅升高成为地上河，当河流决口后，河流循新槽流去，原河道被废弃成为古河道，在地表留下条带状高地，形成裸露型古河道。古河道一般适宜开发考古旅游，如新疆孔雀河古河道、江苏南京六朝古河道考古探秘等。

二、天然湖泊与池沼

1. 观光游憩湖区

观光游憩湖区，指湖泊水体的观光游览区域段落。湖泊是在自然地理因素综合作用下形成的，地球的内外营力作用都可以形成湖盆。湖盆的积水部分称为"湖泊"，湖泊的体积大小不一，大的如内陆咸海，小的如池塘。

---

[1] 李国芬. 1992. 中国岩溶水文地质图. 北京：中国地图出版社.

湖泊类型多样。从成因上划分：由地壳运动产生断裂凹陷形成构造湖，其中以断层湖最为常见，如青海湖、云南昆明滇池等；火山口可以形成火口湖，如吉林长白山天池、云南腾冲大龙潭火口湖等；山崩、熔岩流或冰川阻塞河谷可形成堰塞湖，如黑龙江的镜泊湖、五大连池等；冰川作用形成冰蚀（碛）湖，如西藏的帕桑错、布托错等；干旱地区风蚀盆地积水可形成风蚀湖，如甘肃敦煌月牙泉、内蒙古居延海等；浅水海湾或海港被沙堤或沙嘴分开形成潟湖，如太湖、杭州西湖等；石灰岩地区由岩溶作用形成的溶蚀洼地或岩溶漏斗积水而成岩溶湖，如贵州的威宁草海、云南昆明的黑龙潭等；河流自行裁弯取直改道，原河道变成河迹湖，又称牛轭湖，如洞庭湖、鄱阳湖、洪泽湖、巢湖等。

湖泊还可以按湖水与径流的关系分为内陆湖和外流湖，按湖水矿化度分为淡水湖、咸水湖和盐湖。

我国湖泊分布广泛，但又相对集中，主要集中在青藏高原、东部平原、蒙新高原、东北平原、云贵高原等五大湖区。

湖泊含有丰富的旅游资源，不仅适宜开展观光游憩活动及水上参与性活动，而且由于湖泊的滋养，其周边环境往往温和湿润，人文景观丰富。著名的观光游憩湖区有西湖、千岛湖、长白山天池、镜泊湖、五大连池、白洋淀、洞庭湖、太湖、滇池、洱海、青海湖、纳木错、羊卓雍错（图2-3）等。

图2-3 羊卓雍错

2. 沼泽与湿地

沼泽与湿地，指地表常年湿润或有薄层积水，生长湿生和沼生植物的地域或个别段落。沼泽与湿地是人类最重要的环境资本之一，也是自然界富有生物多样性和较高生产力的生态系统。它不但具有丰富的资源，还有巨大的环境调节功能和生态效益。各类湿地在提供水资源、调节气候、涵养水源、促淤造陆、降解污染物、保护生物多样性和为人类提供生产、生活资源方面发挥了重要作用。我国著名的沼泽与湿地景观有四川甘南若尔盖、新疆巴音布鲁克、黑龙江三江平原、山东黄河三角洲、黑龙江扎龙保护区、辽宁辽河三角洲等。

3. 潭池

潭池，指四周有岸的小片水域。一般来说，潭池面积较小，常常与其他景观配合而产生旅游吸引功能。水与山石、花木的关系极为密切，水也是极为活跃的造景要素，我国古典园林非常讲究水的应用，大都以水面为中心，展开供人们观赏的山水画面，由此而创造了众多著名的潭池景观，如北京颐和园昆明湖、北京大观园花溆、苏州拙政园荷花池等。

三、瀑布

瀑布旅游资源可分为悬瀑和跌水。悬瀑指从悬崖处倾泻或散落下来的水流，跌水是从陡坡上跌落下来落差不大的水流。瀑布的形成与地形和气候因素有密切关系。雨量丰沛的山区，或河流流经地形复杂或高低起伏较大的区域时，产生瀑布的可能性比较大。

形成瀑布的原因很多：有的是地层抬升、断裂或沉降凹陷而成，若地壳多次抬升或沉降，还可能形成多级瀑布，如江西庐山三叠泉（图2-4）；有的是火山爆发、熔岩流堰塞河道而成，如黑龙江镜泊湖吊水楼瀑布；有的是石灰岩地区，岩溶作用形成落水洞崩塌而成，如贵州黄果树瀑布，若地面未完全崩塌，则形成"地下暗瀑"，如贵州安顺龙宫的龙门飞瀑；有的是地层岩石软硬不一，长期流水侵蚀，使河床断裂面发生明显的高差变化而成，如黄河壶口瀑布；有的是泉水喷涌，越过断崖山洞，飞流直下而成，如湖南衡山水帘洞瀑布；有的是分水岭两侧的河流溯源侵蚀，发生袭夺而成，如贵州灞陵河瀑布（又称滴水滩瀑布）；还有人造瀑布，如桂林大瀑布饭店的人造瀑布等。

图2-4　江西庐山三叠泉

瀑布是自然山水结合的产物，具有声音美、色彩美、形态美、动态美的特点。我国国土辽阔，地质构造复杂，成瀑条件优越，南北各地分布有众多的、举世闻名的、不同类型的瀑布，最为著名的贵州黄果树瀑布、黄河壶口瀑布、黑龙江吊水楼瀑布，并称"中国三大瀑布景观"。此外，西藏的藏布巴东瀑布群、广西德天瀑布、云南罗平九龙瀑布、四川九寨沟诺日朗瀑布都以气势壮观、景色优美而闻名。

四、泉

泉是地下水流出地表的天然露头。泉水旅游资源可分为冷泉、地热和温泉。冷泉指水温低于20℃或低于当地年平均气温的出露泉；地热和温泉指水温超过20℃或超过当地年平均气温的地下热水、热汽和出露泉，根据水温的高低，又可分为微温泉（20～33℃）、温泉（34～37℃）、热泉（38～42℃）、高热泉（43～99℃）、沸泉（100℃以上）等。从形成过程看，只有在气候、地形、地质条件、水文条件适当结合的情况下才会有泉出露，因而，地质构造复杂的山区多泉，大气降水充沛、地表水丰富的地区多泉，地表容易渗水的地区多泉。

泉水具有观赏功能。不断喷涌的泉水不仅给所在环境带来生机与活力，其特殊的性状，如水质、水色、溢出状态等，也吸引人们前来观赏。泉水具有医疗保健功能。矿化度在1克/升以上的泉称为矿泉，泉水中通常含有多种对人体有益的矿物质或微量元素，能起到预防和治疗某些疾病的作用。温泉大部分含有康体疗身的有益成分，许多温泉都被开发成疗养地，再逐渐发展成为旅游地。泉水具有品茶酿酒功能，正所谓"地有名泉，必有佳酿"。泉由于其功能众多而深受人们喜爱，中国有五大名泉：济南趵突泉、杭州虎跑泉、镇江中冷泉、无锡惠山泉、苏州观音泉。

五、河口与海面

1. 观光游憩海域

观光游憩海域，指可供观光游憩的海上区域。海洋是世界上最大的水体，占地球表面积的 2/3 以上。现代旅游的"3S"所指的阳光（sun）、海水（sea）、沙滩（sand），实际是以海洋为中心的。目前，观光游憩海域主要集中在滨海和近海。那里空气清新、开阔洁净、舒适宜人，而且沙滩、海岸、珊瑚、水生鱼类和植物丰富了旅游内容，因此成为理想的旅游场所。观光游憩海域适宜开展观光、休闲、度假、疗养等项目，还可进行海水浴、阳光浴、帆板、冲浪、潜水、垂钓、水上摩托艇、水上跳伞、沙滩排球等娱乐和体育运动。我国著名的观光游憩海域有辽宁大连海滨的星海公园、老虎滩、金石滩等，河北秦皇岛北戴河海滨的鸽子窝、老虎石等，山东青岛海滨的栈桥、小青岛、石老人等，海南三亚的亚龙湾、大东海、天涯海角等，深圳的大、小梅沙等。

2. 涌潮和击浪现象

涌潮指海水涨潮时潮水涌进的景象。海水在月球和太阳引潮力的作用下产生的周期性的涨落运动形成潮汐。在一个周期内，海水会发生两次涨潮和两次落潮。在一些喇叭形的河口地区，受海底地形、气象气候条件的影响，常出现来势凶猛、潮端陡立、水花飞溅、潮流上涌的特殊潮汐现象，称为涌潮或怒潮。我国有多处著名的涌潮景观，其中以浙江钱塘江潮最具有代表性。

击浪指海浪推进时的击岸现象。海水无时无刻不在运动之中，因而形成"无风三尺浪"的景象。当海岸边悬崖危倾，礁岩壁立时，常常能欣赏到"惊涛拍岸，卷起千堆雪"的壮观景色。

六、冰雪地

1. 冰川观光地

冰川观光地指现代冰川存留区域。现代冰川既是一种固体淡水资源，又是一种具备特殊形态特征和地貌景观特征的水域风光类旅游资源。冰川通常形成于雪线以上的常年积雪区。所谓雪线，是指山岳地区当年的降雪和融雪达到平衡时的高度。冰川在形成之后，还会在重力和压力的作用下沿山坡向雪线以下的地区运动。我国是世界上中低纬度地区现代冰川发育最多的国家，北起阿尔泰山，南至云南丽江玉龙雪山，西自帕米尔高原，东到四川贡嘎山的范围内都有分布。著名的冰川有四川甘孜贡嘎山海螺沟冰川、新疆天山一号冰川、云南丽江玉龙雪山冰川等。

2. 常年积雪地

常年积雪地指长时间不融化的降雪堆积地面。高纬度地区和中低纬度的高山、极高山地区常有长年积雪分布。常年积雪地的纯洁、壮观和神秘，吸引着无数游人前去观光、探险，同时由于冰雪运动参与性极强，富有趣味性和刺激性，常年积雪地正日益成为探险、体育健身的旅游胜地。我国著名的常年积雪地有云南玉龙雪山、青藏高原上的格拉丹东雪山等。

第三节 生物景观旅游资源

生物是地球上有生命物体的总称，按其性质可分为动物、植物和微生物三大类。作为旅游资源的生物景观，主要由前两者构成。生物景观具有观赏功能，其色彩、形态、声音、习性、运动等都可吸引人们前来观览；生物具有文化科研价值，某些生物具备人们推崇的精神象征，还有些生物的物种和群落是研究生物进化的佐证；生物能够美化、净化环境，给游人以感官和精神的愉悦，有益于人们的身心健康。

一、树木

树木旅游资源可分为林地、丛树和独树。我国树木旅游资源丰富，其中不乏具有观光疗养、休闲娱乐、生态养生、科研教育等旅游价值的树木。

林地为生长在一起的大片树木组成的植物群体。我国的天然林地主要分布在东北的大小兴安岭和长白山地区、西南的横断山区和藏东南地区，以及长江中下游的山地丘陵地区。其中，东北林区、西南林区、秦岭及江淮以南林区的森林面积和木材蓄积量最大，是我国的三大林区。主要林地景观有长白山原始森林、张家界国家森林公园、西双版纳原始森林、千岛湖森林公园、蜀南竹海等。交通条件较好的林地适合开展大众观光、康乐度假、生态养生及科普求知性的旅游活动。而在以东北山区和西南山区为代表的原始林区，往往地形复杂、交通不便，动植物种类保存完好，在科学考察、探险猎奇及采集狩猎方面具有较高的旅游价值。

图 2-5　生死依恋松

丛树为生长在一起的小片树木组成的植物群体。丛树景观又以某种特殊植物的群落最具观赏和科考价值，如江西井冈山的杜鹃林、云南大理苍山的冷杉林、贵州赤水的桫椤群落等。

独树则是指单株树木。据我国环保部门规定，一般树龄在百年以上的大树即为古树，而那些树种稀有、名贵，或具有历史价值、纪念意义的树木则可称为名木。具有旅游价值的独树或是名人所栽，或是树龄悠久，或是造型奇特，如陕西黄帝陵的"轩辕柏"，四川成都杜甫草堂的"罗汉松"，安徽黄山的"迎客松"、"连理松"，江西三清山的"生死依恋松"（图 2-5），云南临沧县的"白菜树"等。

二、草原与草地

草原是在干旱、半干旱气候条件下，由旱生或半旱生草本植物组成的植被类型。草地是以多年生草本植物或小半灌木组成的植物群落构成的地区。草原和草地除了是发展现代化畜牧业的基地，是调节气候、涵养水源、保持水土、防风固沙、维护大自然生态平衡的重要因素外，更是理想的旅游环境，适宜开展观光、野营、骑马、狩猎等旅游活动。

我国草原有温带草原，暖温带草原和高山草甸、草原等类型。内蒙古、新疆、青海、西藏、甘肃南部和四川西北部都有分布，总面积达 53 亿亩（1 亩≈666.67 平方米）。另外，长江以南少数地区也有高山草甸或草原分布，如江西武功山草甸。

中国最典型的温带草原是内蒙古草原，也是中国最大的草原，由呼伦贝尔、锡林郭勒、科尔沁、乌兰察布、鄂尔多斯和乌拉特 6 个天然草原共同组成。高山草原则主要分布在新疆天山南北山坡和青藏高原（甘南和川西北）等地，如新疆巴音布鲁克草原，它是中国的第二大草原。

三、花卉地

我国有花卉近 6 000 种，约占世界总量的 3/4，种类繁多、自成体系。花卉可以美化环境、供人观赏，给人以朝气蓬勃、生机盎然的感受。花卉具有许多传统文化的寓意，人们可以用花卉表达情感和愿望。还有很多花卉具有与众不同的特征，如最高、最古老、花最大等，或者是珍稀濒危植物，是人类保护的对象。它们都具有极高的旅游价值，颇受游客的青睐。

我国古代人民常常借竹表示刚直、虚心；以梅表达清高、冷傲；以荷表示洁身自好；

以苍松表示高洁、刚强、长寿；以玫瑰代表爱情。松、竹、梅被誉为"岁寒三友"；玫瑰、蔷薇、月季为"园中三杰"；报春花、杜鹃花、龙胆草则是"三大名花"；山茶花、梅花、水仙花、迎春花被称为"花中四友"；兰花、菊花、水仙、菖蒲则为"花中四雅"；梅、兰、竹、菊被誉为花中"四君子"。著名的花卉地有盛产牡丹的河南洛阳和山东菏泽、盛产杜鹃的江西井冈山、遍布野生花卉的吉林长白山、以荷花闻名的河北白洋淀以及盛产梅花的浙江杭州超山等。

小资料

我国十大传统名花

我国十大传统名花如表 2-1 所示。

表 2-1　我国十大传统名花

名　　称	誉　　称	主要观赏地
牡丹	花中之王、国色天香	洛阳、菏泽
月季	花中皇后	北京、石家庄、常州、南昌
山茶	花中妃子、花中珍品	云南
杜鹃	花中西施	井冈山、云南、西藏
桂花	金秋娇子、九里飘香	江苏、湖北
荷花	水中芙蓉、花中仙子	杭州、洪湖、白洋淀、江西广昌
菊花	寒秋之魂、花中隐士	北京、上海、开封
梅花	雪中高士、群花之魁	杭州、南京、武汉、无锡、梅州
兰花	花中君子、王者之香	广州、绍兴
水仙	凌波仙子、寒冬仙女	漳州、上海

四、野生动物栖息地

野生动物栖息地包括水生动物栖息地、陆生动物栖息地、鸟类栖息地和蝶类栖息地等。我国面积仅占全球陆地总面积的 6.5%，但所产兽类种数约占全世界总数的 11.2%，鸟类种数约占 75.3%，两栖、爬行类动物约占 8%，野生动物资源十分丰富。

野生动物不仅具有经济、科学、文化教育等各方面的重要价值，而且以其奇特性、珍稀性和表演性成为深受人们喜爱的旅游景观。野生动物中最具旅游开发价值的，一是观赏动物，部分动物的身形、色彩、姿态、声音等方面具有观赏性，如孔雀、百灵、水母（图 2-6）等；二是迁徙动物，某些动物会定期迁徙，如藏羚羊、大雁等，其规模之浩大、跋涉之艰辛、毅力之顽强，无不令人折服；三是珍稀动物，我国有许多特有的珍稀动物，如四大珍稀动物——金丝猴、大

图 2-6　香港海洋公园水母

熊猫、白鳍豚、白唇鹿，它们数量稀少，分布地区极其有限，亟待人类保护。著名的水生动物栖息地有湖北的长江新螺段白鳍豚、江豚和中华鲟保护区，吉林鸭绿江上游的冷水性鱼类保护区，广东珠江口中华白海豚保护区等；陆生动物栖息地有四川卧龙大熊猫自然保护区、贵州麻阳河黑叶猴自然保护区、云南白马雪山滇金丝猴自然保护区等；鸟类栖息地有黑龙江扎龙丹顶鹤自然保护区、江西鄱阳湖候鸟自然保护区、青海湖鸟岛等；蝶类栖息地有云南西双版纳地区、江苏南京牛首山中华虎凤蝶自然保护区、广东车八岭等。

第四节　天象与气候景观旅游资源

天象、气候与人类生活、生产的关系极为密切，是各类自然风景和人文风景旅游资源形成和发育的条件和基础。天象与气候不仅能直接造景、育景，形成各种景观，而且还直接或间接地影响着人们的旅游活动。宜人的气候本身就是一项旅游资源。我国幅员辽阔、气候类型多样，具有丰富的天象与气候景观旅游资源。

一、光现象

光通过大气时，当大气的密度分布不均匀或含有水粒、冰晶时，光会被大气折射、反射、衍射或辐射，由此产生一些特殊的光现象，如虹、佛光、蜃景、日（月）晕、华、极光等。这些特殊的光学现象由于其绚烂华丽的色彩和飘忽不定的神秘踪迹引人遐想，因此对游客具有较强的吸引力。

1. 日月星辰观察地

自古以来，人们通过观察日月星辰的运行，感知四季的变化，并创造了天文历法。观察日月星辰是人们认识宇宙的重要方式，也是天文爱好者喜爱参与的一项活动。观察日月星辰的运行规律，可以在天文台进行，如南京紫金山天文台、河南登封观星台等。还有一些特殊的日月星辰运行现象对旅游者有极大的吸引力，如日出、日落，月色，日食、月食，日月并升，流星雨等。日出、日落奇景，只有在天地交界的地平线处才能见到，因此最佳观景点大都在可以见到地平线的海滨和前无视线障碍的中低山地峰顶。著名的日出、日落景观有山东泰山的"旭日东升"、"晚霞夕照"，安徽九华山的"天台晓日"，浙江杭州西湖的"雷峰夕照"，台湾省的"平安夕照"等。在我国的浙江海盐县云岫山、杭州市葛岭初阳台、苏州天平山和洞庭西山山顶，在每年农历十月初可以见到日月并升奇观，又称"日月合朔"，这种现象目前还没有科学定论。赏月景点遍布全国各地，如北京的"卢沟晓月"，杭州西湖的"平湖秋月"，江西庐山的"月照松林"，扬州瘦西湖的"二十四桥明月夜"等。日食、月食和流星雨发生的时间和地点不固定，因此最佳观察地也是变化的。

2. 光环现象观察地

光环现象观察地,指观察虹霓、极光、佛光等光现象的地点。

虹霓是光线以一定角度照在天空中的小水滴上所发生的折射、分光、内反射、再折射等造成的大气光学现象。虹由外圈至内圈依次呈红、橙、黄、绿、蓝、靛、紫7种颜色,并且一般出现在与太阳相对的方向。霓是虹的再反射现象,其色带的排列顺序正好和虹相反,内红外紫。一般来说,这两种现象在下午和傍晚时分常见,而在夏天雨后及一些瀑布附近也经常可以看到这种现象,如江西井冈山水口彩虹瀑。

极光是在太阳黑子、耀斑活动剧烈时,太阳发出大量强烈的带电粒子流,在进入地球大气的上层时碰撞空气中的原子,使原子外层的电子释放能量,从而产生迷人色彩的光现象。极光通常有带状、弧状、幕状或放射状等多种形状。由于空气中含有氢、氧、氮、氦、氖、氩等气体,在带电粒子流的作用下,各种不同气体便发出不同的光,如氖气发出红光,氩气发出蓝光……因此极光的颜色也是丰富多彩、变幻无穷的。极光往往突然出现,持续一段时间以后又突然消失。极光通常在高纬度地区出现,在我国最北部的黑龙江省漠河地区,人们常常可以看到五彩斑斓的北极光。

佛光又称宝光,是阳光在斜射的条件下,由云雾中的小水滴对光线产生衍射作用造成的光现象。当阳光从人背后呈45°斜射照射过来时,人前方茫茫云海深处的云层就会把阳光反射回来,经浅层云层中的云雾颗粒的衍射分化,形成一个巨大的彩色光环,进而出现"光环随人动,人影在环中"的奇妙佛光景观。我国庐山、泰山、黄山、峨眉山都有佛光出现,以峨眉山的"金顶佛光"最为著名。

3. 海市蜃楼现象多发地

海市蜃楼奇景是由于气温在垂直方向上的剧烈变化,使空气密度的垂直分布产生显著变化,从而引起光线的折射和全反射现象,导致远处的地面景物出现在人们眼前的一种奇异景观。海市蜃楼常见于海湾、沙漠、山顶及江河湖泊的上空,在春夏之交,雨过天晴之后出现的可能性最大。我国江苏连云港、海州湾,山东蓬莱和长岛县,浙江普陀山等地,都有海市蜃楼出现。

二、天气与气候现象

1. 云雾多发地

云雾多发地是指云雾及雾凇、雨凇出现频率较高的地方。云雾所构成的气象奇观是温暖湿润地区或暖湿季节出现的气象景观。云雾、细雨使所见景物若隐若现,捉摸不定,恍若仙境,虚幻、玄妙而神秘,令人遐想。流云飞雾变化莫测、气势磅礴,是云雾赋予大自然的另一种景观。我国各地云雾奇景颇多,如山东蓬莱的"漏天银雨"、"狮洞烟云"，泰山的"云海玉盘"，杭州西湖的"双峰插云"等，再如黄山、泰山、峨眉山、齐云山、三清山（图2-7）、阿里山的云海，庐山的云瀑等，都是享誉国内外的奇景。云雾的旅游吸引力在于其本身具有观赏性，而且瞬息万变，能够使静止的山水等景物产生动态变化，从而增加静止景物的神秘色彩。

图 2-7　三清山

雾凇又称"树挂"，是一种附着于地面物体（如树枝、电线）迎风面上的不透明冰层，由过冷水滴凝结而成，呈白色。雾凇轻盈洁白，附着在树木物体上，宛如玉树银花，清秀雅致，又称雪挂。雾凇现象在我国北方很普遍，在南方高山地区也较为常见，最为著名的雾凇景观在吉林省吉林市的松花江畔，"吉林雾凇"每年可出现60余天。

雨凇是过冷却的液态降水（冻雨）碰到地面物体后直接冻结而成的毛玻璃状或透明的坚硬冰层，外表光滑或略有隆突。雨凇又称冰凌、树凝，形成雨凇的雨称为冻雨。中国大部分地区雨凇都在12月至次年3月出现。雨凇以山地和湖区多见，雨凇最多的地方是四川的峨眉山。

2. 避暑和避寒气候地

气温随着纬度的升高和海拔高度的增加而下降。当气温在10～22℃时，人体会感觉比较舒适，所以在炎热的夏季，人们向往到中低山地、海滨地区或高纬度地区去避暑，而在寒冷的冬季，则趋向低纬度地区避寒。局部小气候有时由于特殊的地理环境也能造就宜人气候。

我国有许多避暑胜地，著名的有"一庄一河十四山"，"庄"指承德避暑山庄，"河"为河北北戴河，"十四山"则依次是河南鸡公山，江西庐山，浙江莫干山、普陀山、天目山、雁荡山，安徽黄山、九华山，山西五台山，四川峨眉山，新疆天山，山东崂山，福建武夷山，宁夏钟铃山，其中河北北戴河、河南鸡公山、浙江莫干山、江西庐山为我国四大避暑胜地。

避寒胜地多分布在热带、亚热带等低纬度地区，如我国最南端的海南省的三亚、海口，云南西双版纳，广西北海等。

3. 极端与特殊气候显示地

极端与特殊气候显示地，指易出现极端与特殊气候的地区或地点，如风区、雨区、热区、寒区、旱区等典型地点。我国著名的风区有新疆的达坂城、小草湖及内蒙古的辉腾锡勒、克什克腾等；我国年雨量最大的地方在台湾基隆火烧寮，大陆年雨量最多的地方是西藏东南部雅鲁藏布江下游河谷中的巴昔卡，四川雅安（古称雅州）则有"雅州天漏"之称；我国最干旱的地区在吐鲁番盆地、塔里木盆地和柴达木盆地，吐鲁番盆地西缘的托克逊年降雨量只有 6.9 毫米，也是亚洲年降雨量最少的地方。素有"火洲"之称的吐鲁番以炎热干燥闻名于世，被公认为我国气温最高的地方。我国最冷的地方在最北部的黑龙江漠河。

第五节　遗址遗迹旅游资源

人类社会在漫长的发展演化过程中，其生活、生产、商贸、政治、军事、宗教、文化等众多的社会实践活动创造了纷繁复杂的物质世界，遗存至今成为分布广泛、种类多样、内容丰富的遗址遗迹。这些遗址遗迹形成于不同的历史发展阶段，是人类活动的产物，真实地记录了人类各时期的历史，凝聚着人类智慧，昭示着特定的历史特征，是当地历史文化的反映。遗址遗迹是历史文化的精华和综合体，具有丰富的文化内涵，它们既是历史的见证、美的观赏对象，又是民族科学历程的展现。

一、史前人类活动场所

史前人类活动场所是指从人类产生到有文字记载历史以前的人类活动场所。其内容包括史前人类生产和生活的一切方面，如史前人类化石、原始聚落遗址、生产工具和生活用品等。史前人类在二三百万年前就出现了，而人类文字的产生仅有四五千年的历史。在这段漫长的人类进化历程中，人类究竟过着怎样的生活？今天的人类期待得到圆满的答案，这也是史前人类活动场所富有吸引力的原因之一。古代的文明与江河的哺育密不可分，我国史前人类活动场所分布于全国各地，但黄河流域和长江流域是两处集中的分布地，被誉为"中华民族的摇篮"，是华夏灿烂文明的发祥地。

1. 人类活动遗址

人类活动遗址，曾经是史前人类聚居、活动的场所，主要是旧石器时代的人类活动遗址。旧石器时代是指距今 250 万年到距今 1 万年的历史时期，这一时期人类主要以天然岩洞穴居，并结合成一定的社会群体。根据考古发现，在我国遗留下来的旧石器时代的古人类遗址主要有 180 万～170 万年前的云南元谋县"元谋人"遗址、115 万～80 万年前的陕西蓝田县"蓝田人"遗址、70 万～50 万年前的北京周口店"北京人"遗址。

此外，还有 20 万年前的陕西大荔县"大荔人"，10 万年前的湖北长阳"长阳人"，21 万～16 万年前的山西襄汾"丁村人"、1.8 万年前的北京周口店龙骨山"山顶洞人"等古人类遗址。北京周口店是我国境内发现的最早的猿人住所，也是当今世界上发现的古人类遗址化石数量最多、材料最丰富、最齐全的一处。

2. 原始聚落遗址

原始聚落遗址包括史前人类居住的房舍、洞窟、地穴及公共建筑等，主要是人类进化到新石器时代以来的遗址。新石器时代大约开始于距今一万年左右至四五千年以前，这一时期人类以使用磨制石器为主，从事农耕、畜牧业，制陶、铸铜等工艺亦较发达，出现了原始聚落。我国目前发现的原始聚落遗址有河南渑池仰韶村的仰韶文化遗址、浙江余姚河姆渡村的河姆渡遗址、陕西西安市半坡村的半坡遗址、浙江余杭县的良渚文化遗址等，其中西安半坡遗址是古人类居住区规模最大、功能最全、人类文化层最多的一处原始聚落遗址。

🔍 小资料

中华历史歌

中国历史百万年，元谋猿人首开端。

蓝田、北京人继后，双腿直立大地走。

大荔、丁村、（广东）马坝人，早期智人举世闻。

（广西）柳江、（四川）资阳、山顶洞，晚期智人最著名。

河姆渡、半坡村，母系氏族财产均。

龙山、良渚、大汶口，男子掌权生私有。

3. 文化层

文化层指史前人类活动留下来的痕迹、遗物和有机物所形成的堆积层。每一层次代表一定的时期。考古工作即是从地层上正确划分出上下文化层的叠压关系。根据文化层的包含物和叠压关系，可以确定遗址各层的文化内涵和相对年代。河南龙山遗址的文化堆积层厚达 4 米，为龙山、西周、春秋、战国、汉、宋、明、清 8 个时期连续叠压，为研究龙山文化向夏文化过渡、史前城址聚落形成、我国文明起源、国家的形成等提供了重要的实物资料。四川三星堆遗址（图 2-8）发掘出 4 个文化层，据此可以研究古蜀之地在新石器时代晚期，夏、商、周初时期不同的政治、经济、文化形态，为探索古代文明的起

图 2-8　三星堆遗址展品

源和发展提供了实证。

4. 文物散落地

文物散落地，指在地面和表面松散地层中有丰富文物碎片的地方。文物有历史、艺术、科学价值，是一个历史时期综合的艺术、科学发展水平的体现。至 2012 年，我国共先后公布 6 批全国重点文物保护单位，总数为 2 350 处。山西省现有全国重点文物保护单位 271 处，列全国第一位。其他依次为河南 189 处、河北 168 处、陕西 139 处、浙江 131 处……陕西省由于是西周、汉、隋、唐等几个封建时代的都城所在地，皇帝和王孙、士大夫的墓葬较多，陪葬品因而也较为丰富，存留至今成为大量价值珍贵的地下文物，所以民间有"地面文物看山西，地下文物看陕西"的说法。

二、社会经济文化活动遗址遗迹

1. 历史事件发生地

历史事件发生地，指历史上发生过重要贸易、文化、科学、教育事件的地方。重要历史事件，往往对一个时期的政治、经济、文化产生重大的历史影响，对后世有激励、启迪、借鉴、警示作用。人们为了纪念并教育后人，在这些重大历史事件发生地多建有纪念地，并且这些纪念地通常尽可能地利用原有建筑物，保持原来环境，以增强真实感和感染力。例如，丝绸之路重镇——甘肃敦煌、武威，"海上丝绸之路"的起点——福建泉州，南宋时期朱熹和陆九渊兄弟进行"鹅湖之会"的所在地——江西铅山鹅湖书院，"九一八"事变的发生地——辽宁沈阳、"卢沟桥事变"的发生地——北京卢沟桥畔宛平城等。这类旅游资源具有延续民族传统文化、宣传民族历史、张扬爱国主义精神和鼓舞人民革命斗志等作用，是我国重要的爱国主义教育基地。

2. 军事遗址与古战场

军事遗址与古战场，指发生过军事活动和战事的地方。重大军事战役，以及相关联的军事事件、人物、传说和战场遗址，是人们缅怀历史、抒发思古之幽情的重要载体，因而对旅游者有巨大的吸引力。三国时期著名的"赤壁之战"，一战而天下三分，至今在湖北宜昌、江陵、江西九江一带，留有众多当年的军事遗迹，如火烧赤壁的战场——湖北蒲圻赤壁、庞统献连环计的凤雏庵和赤壁山、诸葛亮借东风的七星台、赵云和张飞大战曹军的长坂坡当阳桥，还有与关羽有关的麦城、回马坡、玉泉的关陵，以及 800 年后苏东坡缅怀这场战争而欣然作赋的黄冈赤壁等胜迹。又如，发生于 100 多年前的中日甲午海战，以我北洋舰队的全军覆没而告终，如今，在山东威海风景秀丽的刘公岛保留了旗顶山炮台、公所后炮台、迎门洞炮台、东泓炮台等 28 处甲午战争遗址。古战场遗址犹如长鸣的警钟，时时提醒国人，"前事不忘，后世之师"。此外，炎黄联盟与蚩尤的河北涿鹿之战、"武王伐纣"的牧野之战、齐魏桂陵之战（史称围魏救赵）、秦赵长平之战，以及山西雁门关、甘肃玉门关、河南函谷关、河北山海关等都是著名的军事遗迹和古战场遗址。

在军事遗址中，还有一类近现代革命遗址和纪念地。中国自鸦片战争以来的近现代历史，是一部不断反抗外来侵略和封建统治、争取民族独立和民族解放的历史，是一部不屈不挠的革命斗争史。这些革命斗争所遗存的旧址如今被妥善保护，形成了革命遗址和革命纪念地。其中有广西桂平金田起义遗址、广州黄花岗七十二烈士墓、武昌起义军政府旧址、云南陆军讲武堂旧址、南昌八一起义指挥部旧址（图2-9）、井冈山革命遗址、泸定桥、卢沟桥、平型关战役遗址、冉庄地道战遗址等。

图 2-9　南昌八一起义总指挥雕像

3. 废城与聚落遗址

废城与聚落遗址，指已经消失或废置的城镇、村落、屋舍等居住地建筑及设施。废城与聚落遗址有的是某种重大的突发性灾害事件造成的，如海南琼州海峡的海底村庄，在明万历年间，一场突如其来的地震使这一片陆地顷刻间被海水淹没，72 个村庄沦陷海底。如今在水下仍然可以看到村庄中的水井、坟墓、牌坊和石桥等生活设施和建筑物。也有的废城与聚落遗址是为适应当代经济生产发展的需要而人为造成的，如江西新余分宜县的钤阳古镇，原镇沿河建街，东西长约 3 华里（1 华里＝500 米），南北宽约 2 华里。镇内有 2 街 4 巷，360 余家店房，有城隍庙、崇圣殿、魁星阁、黄忠悫公祠等名胜古迹。1958 年，由于该地兴建水库（即现今的国家重点风景名胜区——新余仙女湖水库），县城迁往新址，从此，钤阳古镇带着千百年来的沧桑没入水底，在枯水季节，仍依稀可见古镇的断壁残垣、路基瓦砾。这些遗址反映了某个历史阶段城镇村落的规划发展情况，以及当时人民生产、生活和社会的发展情况，具有较高的学术科研价值。

4. 废弃生产地

废弃生产地，指已经消失或废置的矿山、窑、冶炼场、工艺作坊等。湖北黄石铜绿山古铜矿遗址是在铜绿山矿露天开采中发现的。矿区已探明的 12 个矿体，古代曾进行过不同程度的开采。根据遗留的炼渣推算，约产铜 8 万～10 万吨。1974 年春至 1985 年夏，考古部门配合矿山生产有重点地进行了科学发掘，清理出西周至西汉延绵一千多年间的数百个（条）不同结构的木支架维护的采矿井巷和一批西周晚期至春秋早期的炼铜竖炉，同时还出土了手工开采所需要的各种生产工具。部分有代表性的古矿遗存将被长期保留，所压矿藏不予开采。江西景德镇湖田古瓷窑址，是我国古代著名窑场。该窑场兴烧于唐五代时期，历宋、元至明代隆庆、万历之际结束，历时 700 年。主要烧造产品有青、白釉瓷和青花瓷等。湖田窑内尚存葫芦、马蹄、龙窑 3 处古遗址，遗迹遗物堆积面积约为 40 万平方米。废弃生产地反映了特定时期社会生产力的发展水平，适宜开发科普旅游。

第六节　建筑与设施旅游资源

建筑与设施是人们在一定区域、一定时期所创造的，具有鲜明的地域性、民族性、时代性、科学性和艺术性的特点，反映了特定历史时期的社会发展和文化意识，是人类文化的物质结晶和凝聚。建筑与设施具有历史价值、艺术价值、科技价值，并且类型多样，能够满足游客怀古、审美、求奇、求异的心理。

一、综合人文旅游地

1. 康体游乐休闲度假地

康体游乐休闲度假地，指具有康乐、健身、消闲、疗养、度假条件的地方。康体游乐休闲度假是现代旅游发展的新趋势。传统的观光旅游已不能满足人们追求舒适、体验、享受、健康的愿望，因而在一些宁静祥和、空气清新、环境优美之地，旅游经营者开发出具有保健、疗养、游乐、休闲设施的度假旅游地，以便获得旅游者的青睐。我国有大连金石滩、青岛石老人、苏州太湖、无锡太湖、浙江之江、上海佘山、福建武夷山、福建湄州岛、广州南湖、广西北海、海南亚龙湾、云南滇池等国家级旅游度假区。此外，云南昆明春城湖畔度假村、江西庐山天沐温泉、四川峨眉山灵秀温泉、广东肇庆广新农业生态园等也都是康体游乐休闲度假的好去处。

2. 宗教与祭祀活动场所

宗教与祭祀活动场所，指进行宗教、祭祀、礼仪活动的地方。佛教、道教、伊斯兰教和基督教是我国四大宗教，均具有丰富的宗教内涵、历史渊源和艺术遗存。尤其是佛教和道教在中国历史悠久、影响深远，又极其重视偶像崇拜，因而留下了大量的名胜古迹、建筑雕塑等，今天都成为了重要的旅游资源，成为了我们了解古人的宗教意识、民俗文化和艺术追求的重要媒介，成为了我们接受和继承古代遗产的桥梁。

佛教进行宗教活动的主要场所是寺庙。佛寺布局主要有 3 种形式。一种是廊院式，中心部位是一座佛殿或一座塔，四周围以廊屋形成独立院落。大的寺庙可由多个院落组成，如北魏洛阳景乐寺、唐代长安慈恩寺、宋代苏州报恩寺等。第二种为纵轴式，有明显的中轴对称，中轴线上为主要殿堂，每个殿堂旁边有配殿，统称伽蓝七堂。纵轴式是汉地寺庙的主要形式。其主要殿堂有山门（或称三门）、钟、鼓楼、天王殿、大雄宝殿、东西配殿、法堂、罗汉堂、方丈室、藏经楼等。第三种为自由式，这种布局是随着藏传佛教的兴起，在西藏青海等地创立的。其特点是没有明显的主轴线，而是因地制宜，根据地形自由布局。一般除了佛殿与经堂之外，还有保存活佛遗体的灵塔殿，以及转经廊、喇嘛塔、活佛公署、札仓（经学院）、康村（喇嘛住宅）等。

道教修道祀神和举行仪式的场所称作宫观，规模较大的场所称为宫，较小的场所称为观，又称道院。道教是多神教，除了主祀三清、四御、各类尊神，还奉祀雷公、门神、财神等俗神，这一类奉祀俗神的宗教建筑统称作庙，殿宇繁杂、规模宏大。道教建筑基本上为木构院落式，其总体布局与佛寺大致相似，主要的神殿布置在主轴线上。道教宫观主要分布于一些道教名山及名城内外，如湖北武当山、四川青城山、安徽齐云山、江西龙虎山（一说山东崂山）被称为我国四大道教名山，其中武当山为最大的道教道场。北京的白云观、山西芮城永乐宫、苏州玄妙观、成都青阳宫、沈阳太清宫等都是著名的道教宫观。

✎ 小资料

中国的佛教与道教

中国佛教由三大系构成，分别是汉地佛教、藏传佛教和上座部佛教。汉地佛教分布于我国东部的广大地区，藏传佛教主要分布于西藏、青海、内蒙古和甘南、川西、滇西北部，上座部佛教主要分布于云南南部。

道教是中国土生土长的宗教，历史上曾形成多个派别，如今以两大派别为主：全真道和正一道。全真道主要分布于中国北方，而正一道则分布于南方及港、澳、台地区。

伊斯兰教主要分布于我国西北回族、维吾尔族、哈萨克族、柯尔克孜族、塔吉克族、乌孜别克族等聚居的地区。清真寺是伊斯兰教进行宗教活动的场所，主要由邦克楼和礼拜殿组成。回族建筑的邦克楼多为楼阁式，维吾尔族建筑的邦克楼多为圆柱形尖塔。礼拜大殿是清真寺的主体建筑，具有确定的朝向。按伊斯兰教规定，穆斯林礼拜时须面向圣地麦加，而中国在麦加的东面，所以中国清真寺的礼拜大殿一律坐西朝东。回族的礼拜殿堂为殿宇式纵向长方形大厅，由多种屋顶构搭而成。维吾尔族的礼拜殿多为横向敞厅式的平顶房屋，分成内、外拜殿。大殿内不设偶像，仅在西壁设立装饰精致华丽的圣龛，作为礼拜朝向的标志。此外还有望月楼、水房、经堂、教长室等建筑。中国重要的清真寺建筑有阿拉伯风格清真寺，如广州怀圣寺、泉州清净寺、杭州真教寺、扬州仙鹤寺等；回族风格清真寺，如北京牛街清真寺、北京东四清真寺、西安化觉巷清真寺等；维吾尔族风格清真寺，如喀什艾提尕尔清真寺、喀什阿帕克和加麻扎大礼拜寺、莎车加曼清真寺等。

基督教的宗教活动场所称为教堂，亦称礼拜堂，主要形式有罗马式、拜占庭式、哥特式、文艺复兴式、巴洛克式等。罗马式教堂主体建筑为一长方形大厅，大厅内被两行柱子分隔成中殿和侧廊。中殿末端为一半圆形圣所，祭台设在圣所前沿。大厅外正前方为一排粗大的大理石圆柱。拜占庭式教堂大厅以圆形、八角形或希腊式正十字形为主，在中央部分有一个硕大无比的圆形穹窿，其前后又各有一个半圆的穹窿，3 个穹窿联成一体，雄伟壮观，格调一新。哥特式的特点是尖塔高耸，在设计中运用尖拱券、小尖塔、飞扶壁和修长的立柱，以及新的框架结构来加大支撑券顶的力量，整个教堂显得巍峨高耸。新教的教堂简单朴素，一般为方形礼堂，不用廊柱间隔，便于容纳会众。我国重要的基督教教堂有罗马式教堂，如北京天主教东堂、天津老西开教堂、上海佘山圣母大教堂等；拜占庭式教堂，如哈尔滨圣索菲亚教堂、上海新乐路圣母大堂等；哥特式教堂，如北京北堂、上海徐家汇天主堂、广州圣心大教堂、上海国际礼拜堂、上海圣三一堂等；巴洛克式教堂，如北京南堂等；基督新教堂，如上海景灵堂、上海怀恩堂等。

3. 园林游憩区域

园林游憩区域，指园林内可供观光游览休憩的区域。园林是由山石、水体、生物、建筑、文学艺术等构景要素组成的具有生活、游憩和观赏功能的综合性艺术品，人们在其中观光游憩，可以获得美妙的观感和精神的陶冶。园林有东方园林和西方园林之分，中国的古典园林是东方园林的典范。中国古典园林融建筑、绘画、雕塑、文学、书法、金石等艺术为一体，达到了完美的境界，被公认为世界"风景式"园林的渊源，被誉为"园林之母"。中国古典园林是对空间进行整体设计的建筑艺术，通过筑山、理池、植物配置、建筑营造和艺术利用，形成空间的形、神、气的统一，创造一个能与人的思想感情产生共鸣的建筑群体空间环境。北京颐和园（图 2-10）、承德避暑山庄、苏州拙政园、苏州留园并称"全国四大古典名园"。

图 2-10 颐和园

中国古典园林按占有者身份可分为皇家园林、私家园林、宗教园林等。皇家园林是专供帝王休憩享乐的园林。其特点是规模宏大，以真山真水为主，园内建筑宏伟壮观、装饰富丽堂皇，如北海、中南海、圆明园、承德避暑山庄、颐和园等。私家园林亦称"宅园"，是供皇帝的外室宗亲、官僚贵族、文人名士等起居、休闲的园林。私家园林大都规模较小，山水、建筑体型小巧，个性鲜明，装饰淡雅素净，如北京的恭王府花园，苏州的拙政园、留园，上海的豫园，扬州的个园、何园等。宗教园林亦称"寺观园林"，是附属于寺庙道观、祭祀场所和陵寝的园林。宗教园林布局严谨，主体建筑庄严肃穆，常采用对称和自然相结合的手法建园，并广植松柏、银杏等，如北京的潭柘寺、佛山祖庙、西藏的罗布林卡等。

按园林所处地域，可分为北方园林、江南园林和岭南园林等。北方园林主要集中在北京、西安、洛阳、开封、承德等地，其中以北京为代表。这类园林的特点是风格粗犷、多自然野趣，各种建筑厚重有余而柔媚不足。江南园林以私家园林为主，主要分布在苏州、扬州、无锡、南京等地。其中以苏州园林为代表，有拙政园、留园、沧浪亭、狮子林四大名园。岭南园林主要集中在珠江三角洲地区，具有明显热带、亚热带风光特点。广东佛山梁园、顺德清晖园、东莞可园、番禺余荫山房被称为"岭南四大名园"。

4. 教学科研实验场所

教学科研实验场所，指各类学校和教育单位、开展科学研究的机构和从事工程技术实验场所的观光、研究、实习的地方。例如，四川西昌卫星发射基地，过去是绝密的军事基地，近年来随着我国航天事业取得举世瞩目的成就，西昌也逐渐走入了公众的视野，成为对外开放的旅游景区，向来自世界各地的游人展示中华民族几千年来的智慧结晶和集众多精华于一身的航天高科技成果，振军威、壮国威，激发爱国热情。再如，清华大学、北京大学等中国著名的高等学府，不仅有优美的校园、古老的建筑，更由于其具有深厚的文化底蕴和浓郁的学术氛围吸引了无数莘莘学子慕名前来参观游览，由此形成大学校园旅游热潮。

5. 建设工程与生产地

建设工程与生产地，指经济开发工程和实体单位，如工厂、矿区、农田、牧场、林场、茶园、养殖场、加工企业及各类生产部门的生产区域和生产线。当一个企业在市场上树立了良好的品牌形象，取得了良好的发展业绩时，其他的单位、组织就会希望了解其生产过程、学习其企业文化，于是这个企业就具备了开发旅游的条件，如青岛海尔工业旅游、北京首钢工业旅游等。人们对一些瓷器、玉器、工艺品的加工工艺产生好奇，于是这些生产企业开放其加工车间、作坊，使之成为游览、购物之地。在江西景德镇的古窑瓷厂（图 2-11），人们可以亲自参与瓷器烧造的每一道工序，并将自己亲手烧制的瓷器署名作为纪念品带回。此外，酒厂、茶场、咖啡园等也是可以让人们参观、游览并现场购买产品的场所。

图 2-11　游客在江西景德镇古窑瓷厂烧瓷

6. 动物与植物展示地

动物与植物展示地，指饲养动物与栽培植物的场所。动物的外貌、形态、色彩、动作和声韵，是生动活泼的旅游景观素材；植物具有美化环境、装饰山水、分割空间、塑造意境的功能。它们对丰富自然景观，衬托人文景观，保护生态环境，美化旅游景区，增添游人游兴，陶冶游人情操，以及开展科普考察、科学研究和生态旅游等方面，都有着十分重要的作用。

人们根据生物习性，通过人工营造环境，将各地的动植物活体汇集一起形成动植物园，即创造出新的动植物展示地，使之具有较高的科学考察和观赏娱乐的价值。例如，北京植物园、新疆吐鲁番沙漠植物园、海南兴隆热带植物园、黑龙江东北虎林园、广州番禺野生动物园、云南昆明蝴蝶园等都属此类。

7. 边境口岸

边境口岸，指边境上设立的过境或贸易的地点。边境口岸具有旅游价值，一是由于其处于两国或两地区交界处，游人在此可观赏异国的风光、建筑、民间生活场景；二是边境口岸在交通方面十分重要，是出入两国、两地区的必经之地；三是在边境从事某些贸易活动，能够因两国、两地的经济差异而获得比内地更大的利益。我国主要的边境口岸有云南西双版纳边境口岸，广西崇左边境口岸，黑龙江满洲里边境口岸，新疆巴克图、红旗拉甫边境口岸等。

二、单体活动场馆

这一类旅游资源是较小的旅游资源单体，作为组织各项单体活动的场所，或者由于其是举行某些重大活动的固定场所，或者由于其经典传统（或时尚前卫）的外观造型，或者由于其内部配备了高精尖的活动设施，或者由于其举办某项活动形成了自己的独特风格，达到了行业领先水平，享誉全国甚至享誉世界，因而成为人们的向往之地。单体活动场馆旅游资源包括以下几种。

聚会接待厅堂（室），指公众场合用于办公、会商、议事和其他公共事物所设的独立宽敞房舍，或家庭的会客厅室，如北京人民大会堂、海南琼海博鳌亚洲永久论坛会址等。

祭拜场馆，为礼拜神灵、祭祀故人所开展的各种宗教礼仪活动的馆室或场地，如北京的天坛、地坛、日坛、月坛，各地寺庙宫观等。

展示演示场馆，为各类展出演出活动开辟的馆室或场地，如北京音乐厅、北京长安大戏院、广州星海音乐厅、上海大剧院等。

体育健身场馆，开展体育健身活动的独立馆室或场地，如北京奥运场馆、青岛奥运场馆、广州天河体育中心等。

歌舞游乐场馆，开展歌咏、舞蹈、游乐的馆室或场地，如深圳世界之窗景区内的环球舞台、香港环球嘉年华等。

三、景观建筑与附属型建筑

1. 佛塔

佛塔，通常为直立、多层的佛教建筑物，是佛教的标志性建筑。佛塔原本是印度的一种坟冢。释迦牟尼故世后，藏置佛祖舍利的佛塔便成为信徒顶礼膜拜的圣物。佛塔一般由台基、覆钵、宝匣和相轮 4 部分构成。著名的佛塔有陕西西安大雁塔、小雁塔，河北应县佛宫寺释迦塔，浙江杭州六和塔，河南登封嵩岳寺塔，云南大理崇圣寺三塔，宁夏银川海宝塔，北京妙应寺白塔、北海白塔、真觉寺金刚宝座塔、碧云寺金刚宝座塔等。

2. 塔形建筑物

塔形建筑物是指为纪念、镇物、表明风水和某些实用目的的高层直立建筑物。我国有许多著名的塔形建筑物，式样千姿百态，蔚为奇观。有的端庄肃穆，有的巍峨挺拔，有的玲珑俏美，有的简洁匀称，充分体现了我国劳动人民的聪明智慧和高超的建筑技术。塔的功能很多，有为纪念某个特殊事件而建造的纪念塔，如江苏徐州淮海战役烈士纪念塔、黑龙江哈尔滨防洪纪念塔、河南郑州"二七"纪念塔、江西南昌八一起义纪念塔等；有为镇水镇火而建造，如广东潮州江东镇的急水塔、河北涿鹿镇水塔、江西南昌绳金塔等；有为聚集天地之灵而建造的风水塔，如我国现存最早的文塔——湖北钟祥文峰塔、贵州紫云苗族布依族自治县文笔塔、陕西韩城县文星塔、安徽省旌德县文昌塔、河南安阳文峰塔等。

3. 楼阁

楼阁，用于藏书、远眺、巡更、饮宴、娱乐、休憩、观景等目的而建的两层或两层以上的建筑。楼和阁在建筑形制上无多大差异，阁通常是建造在高台或城墙之上的楼，但二者的功能不同。楼的用途极为广泛，按其功能可分为藏经楼、钟楼、鼓楼、观景楼、箭楼、城楼、敌楼、戏楼、茶楼、酒楼等，而阁的用途主要为珍藏图书、佛经、佛像和观景等。

我国名楼分布广泛，形制多样，如承德避暑山庄烟雨楼、山西永济鹳雀楼、浙江嘉兴烟雨楼、广东广州镇海楼、湖北武汉黄鹤楼、湖南岳阳岳阳楼、江西南昌滕王阁、四川成都望江楼、云南昆明大观楼、贵州贵阳甲秀楼等。其中黄鹤楼、岳阳楼、滕王阁、鹳雀楼被称为"中国四大名楼"。另外，河北正定开元寺钟楼（建于唐代）、甘肃陇西县城威远楼（建于元代）、北京城内的钟楼和鼓楼（建于明代）、西安城中心的钟楼（建于明代），以及南京市中心的鼓楼、宁波鼓楼、兴城鼓楼、山海关城楼、嘉峪关城楼等，造型别致、绮丽壮观。名阁有天津蓟县独乐寺的观音阁（我国现存最古老的阁，始建于唐代，重修于辽圣宗统和二年，即 984 年）、北京颐和园的佛香阁、山东蓬莱阁、广西容县真武阁、北京故宫文渊阁、沈阳故宫文溯阁、承德避暑山庄文津阁、扬州大观堂文汇阁、镇江金山文宗阁、杭州文澜阁，以及齐云阁、云汉阁、天一阁、倚天阁等，这些建筑物造型精美绝伦，具有很高的观赏价值、历史文化价值和科考价值。

4. 石窟

石窟，指临崖开凿，内有雕刻造像、壁画，具有宗教意义的洞窟。石窟是中国佛教寺庙建筑的一种，洞窟内陈示佛教雕刻、彩塑或壁画。石窟本身及窟外的建筑处理和石窟中的艺术品都是中国历史上各时代建筑艺术面貌的反映。

佛教石窟寺首见于印度，随着佛教的传入，中国也进行建造。中国最早凿建的石窟寺位于今新疆地区，有可能始于东汉，十六国和南北朝时经由甘肃到达中原，形成高潮，唐宋时除在原有的某些石窟群中续有凿建外，又出现了一些新的窟群，元明以后凿窟之风才逐渐停息下来。现存石窟寺的分布范围西至新疆西部、甘肃、宁夏，北至辽宁，东至江苏、浙江、山东，南达云南、四川。最著名的有"四大石窟"——甘肃敦煌莫高窟、山西大同云冈石窟、河南洛阳龙门石窟和甘肃天水麦积山石窟。此外，新疆拜城克孜尔石窟、甘肃永靖炳灵寺石窟、河南巩县石窟、河北峰峰南北响堂山石窟、山西太原天龙山石窟、四川大足石窟和云南剑川石窟等也是比较重要的几处石窟开凿地。

5. 长城段落

长城段落，指古代军事防御工程段落。长城是由绵延伸展的一道或多道城墙，一重或多重关堡，巧妙借助自然险要地势而组成的巨型防御体系。由于这种防御体系沿线密布烽燧及各种附属设施，而且长达千里甚至万里，故而称之为"长城"。长城通常由关隘、城墙、城台、烽火台 4 部分组合而成，在古代的边疆防御体系中发挥了巨大的作用。

长城是我国古代最大的防御工程，也是堪称世界奇迹的伟大工程之一。其修筑历时之长、规模之大、保存之完好、影响之深远，为世界罕见。长城是中华民族的象征和骄傲。

长城始建于春秋战国时期，一是诸侯国相互防御，二为抵御北方游牧民族的入侵。最早修筑的长城是楚国的"方城"，修建于公元前657年。随后齐、燕、赵、秦、魏、韩各诸侯国相继修筑长城。秦统一中国后，秦始皇动用大量人力、物力，将秦、赵、燕等国原来的边墙连接起来，筑成西起甘肃临洮、东达朝鲜半岛的第一条万里长城。汉代为抗击北方匈奴入侵，在秦长城以北修筑外长城，西起新疆罗布泊，东至鸭绿江，绵延1万多千米，是历史上规模最大的长城。明长城为最后一次修建也是最坚固的万里长城，西起嘉峪关，东至辽东鸭绿江，总长6 350余千米。

图2-12 山海关老龙头长成

目前我国保留的长城主要是明长城的遗迹，分布在17个省、自治区、直辖市，其中著名的长城景点有北京的八达岭、居庸关、慕田峪、司马台长城，河北金山岭长城、紫荆关长城、"天下第一关"山海关和老龙头长城（图2-12），天津黄崖关长城，山西雁门关长城，辽宁鸭绿江边的虎山长城和甘肃嘉峪关长城等。

6. 城（堡）

城（堡），用于设防的城体或堡垒。城（堡）是人类为了自身安全、防御外侵而修筑的护卫性工程。古代的"城"通常和"池"连在一起。"城"指墙，"池"指城外环绕城墙的河池，俗称"护城河"。城池的设计首先要非常坚固，高墙深池，所谓"固若金汤"即为如此；其次，在城墙上建造敌台、敌楼、角楼、垛口、射孔、堡垒等，以作瞭望、守卫、御敌之用；最后，城门是防御重点，城门上设置瓮城（即二道门）、箭楼、城楼、屯兵洞、马道等。河南偃师商代早期都城遗址，是迄今发现的年代最早、规模最大、保存最好的古代都城遗址。目前保存较完整的城墙有江苏南京城、陕西西安城、湖北江陵城、山西平遥城、云南大理城、辽宁兴城、山东蓬莱水城等，具有很高的建筑艺术、军事研究和历史文化价值。

7. 摩崖字画

摩崖字画，指在山崖石壁上镌刻的文字，绘制的图画。山崖上镌刻的字称为"摩崖石刻"，绘制的图画称为"岩画"。一方面，摩崖字画具有历史文献价值。许多山崖上镌刻的文字体裁多样，有诗词、碑记、对联、契约、题名题记等，内容丰富多彩，涉及一个地区的历史、地理、军事、宗教、社会风俗等各方面，为研究特定时期的历史发展状况提供了珍贵的资料。另一方面，摩崖字画具有珍贵的艺术价值。不同年代、不同民族风格的摩崖字画，或富于天然之意趣，或体量巨大、气势恢宏，或为名家手笔，为秀美的自然风景增加了深厚的人文内涵。许多摩崖字画本身就是一道美丽的风景，成为人们寻古探幽的绝好去处。我国著名的摩崖字画有山东泰山摩崖石刻、福建武夷山摩崖石刻、安徽齐云山摩崖石刻、陕西汉中褒斜道摩崖石刻、江西赣州通天岩摩崖石刻，以及宁夏贺兰山岩画、广西左江花山岩画、内蒙古桌子山岩画、新疆阿尔泰山岩画、江苏连云港将军崖岩画等。

8. 碑碣（林）

碑碣（林），为纪事颂德而筑的刻石。碑碣（林）内容丰富，记事、记人、歌功颂德等，为人们研究各朝代的政治、经济、文化提供了宝贵的文字资料。碑碣本身也是造型艺术的展现，不仅碑上的文字是书法艺术的体现，而且碑额、碑身与碑座的雕刻纹饰，如人物、蟠龙、凤凰、麒麟、花草、祥云、日月等，种类繁多，精美绝伦。纹饰各异的图案，旨趣各异的装饰艺术，也呈现不同时代的精神象征。四川成都武侯祠内的唐碑，记载了诸葛亮的一生功德，由唐宰相裴度撰文，著名书法家柳公绰书写，著名石刻匠人鲁建刻字。后人将诸葛亮的功绩和裴度的文章、柳公绰的书法、鲁建的刻字合称"四绝"。陕西西安碑林收藏碑石近 3 000 方，是我国收藏古代碑石墓志时间最早、名碑最多的一座艺术宝库，它不仅是中国古代文化典籍刻石的集中地点之一，也是历代著名书法艺术珍品的荟萃之地，有着巨大的历史和艺术价值。

9. 广场

广场，指用来进行休憩、游乐、开展礼仪活动的城市内的开阔地。广场通常具备一定的功能，如集会、休闲、运动及各种文化活动，有单一功能，也有综合功能。著名的广场都有其特定的内涵。广场的功能越多，其内涵越深，与人的关系越密切，逐渐形成了特定的广场文化，久之，演化成一种习惯或传统，构成建筑人文性格，成为游人向往之地。我国有世界上最大的广场——天安门广场，各地大大小小的城镇几乎都有广场，如辽宁大连有 80 多个广场，海之韵广场、希望广场、胜利广场、华乐广场等，广场文化十分丰富。云南丽江四方街广场，纳西人不仅在此举行庆典，也在此举行祭祀、歌会和集会，是一个体现典型纳西文化的场所。

10. 建筑小品

建筑小品，指用以纪念、装饰、美化环境和配置主体建筑物的独立建筑物，如雕塑、牌坊、戏台、台、阙、廊、亭、榭、表、舫、影壁、经幢、喷泉、假山与堆石、祭祀标记等。

雕塑是雕、刻、塑 3 种制作方法的总称。以各种可塑或可雕可刻的材料，制作出各种具有实在体积的形象，如云冈石窟、龙门石窟的佛像，秦始皇兵马俑、唐三彩俑，霍去病墓前的"马踏匈奴"圆雕（图 2-13），井冈山烈士陵园的众

图 2-13　马踏匈奴雕塑

多烈士雕像，天安门人民英雄纪念碑的浮雕，南京莫愁湖公园中的莫愁女像等。雕塑由于其具有纪念性、象征性、装饰性和立体直观性而成为审美对象。

牌坊是我国传统的门洞式建筑，大量应用于世俗建筑、寺观神庙建筑和宫殿陵园建筑之中，富有特定时代的文化积淀和封建色彩，也是太平盛世的产物。部分牌坊由于其造型、刻饰、匾额、楹联、书法等显示了高超的艺术水准，或由于其历史悠久、含义深刻而成为旅游资源，如安徽歙县许国石坊、棠樾鲍氏牌坊群、山东单县百寿坊、北京明十三陵牌坊等。

戏台是供演戏使用的建筑。在不同的历史时期有不同样式、特点和建造规模。最原始的演出场所是广场、厅堂、露台，进而有庙宇乐楼、瓦舍勾栏、宅第舞台、酒楼、茶楼、戏园及近代剧场和众多的流动戏台。江西乐平现存412座古戏台，始建于宋、明的戏台各4座；建于清代的有70余座，建于民国年间的有60余座，最早一座皋二公古戏台，始建于宋徽宗宣和二年（1120年），距今已有800余年的历史。

台始筑于奴隶社会（如商纣的鹿台）。在古代，建台是为通神求仙、登高远望、观赏乐舞的，台亦可成边御敌、观测天象等，后来发展成为台座，以抬高建筑的气势。河南洛阳汉魏故城南郊的灵台，是已确认的最早的观象台遗址，建于东汉，使用长达250多年。河南登封观星台，台顶有测量日影的景表、石圭，元代郭守敬曾在此亲自测日报时。北京古观象台为明代建筑，是世界上保存有完整天文仪器的最古老的天文台，如经纬仪、天体仪等。

阙是建立在宫殿、庙宇或陵墓甬道、神道两旁的一种表示官爵、功绩的象征性装饰建筑，其式样和牌坊相似，只是没有横梁。阙有木制，也有石制，木制易朽，难以长久保存。现存比较古老的阙都是石阙，其中年代最久的是河南省登封县的汉代三阙。汉代三阙分别叫做太室阙、少室阙、启母阙，是著名的嵩山中岳庙的建筑之一。

廊指纵长、有顶的建筑，又称廊子。附在主体建筑外侧的称为廊庑，独立设置、连接各栋房屋的称游廊。廊可以围成院落，组织观景路线，创造各种有趣味的空间环境，在宫殿、坛庙、寺观、园林、民居中使用很多，其中尤以园林中的廊形式最多，有单廊、复廊、暖廊、半廊等。

亭是游览观赏性的小建筑，数量众多，内容丰富。其平面多为几何形式，如圆形、方形、长方形、多边形等。屋顶以攒尖顶最多，也有其他形式及其组合变化，如歇山顶、十字脊顶、双圆相套攒尖顶等，还有单檐与重檐之别。亭的艺术风格在北方和南方有所差别：北方的亭檐厚实、翼角和缓、体态端庄，南方的亭檐轻灵、翼角高耸、造型活泼秀丽。古亭还与文学名篇、诗句有多种联系，使亭成为了重要的文化遗迹。我国有四大名亭：安徽滁县醉翁亭、浙江杭州西湖湖心亭、湖南长沙岳麓山爱晚亭和北京陶然亭。其他的名亭还有浙江绍兴兰亭鹅池碑亭（图2-14）、江苏扬州瘦西湖吹台亭、江西九江琵琶亭等。

榭一般指建于水边的观景建筑。战国时期建于高台之上的敞屋被称为榭，汉以后，建于高台的榭就移到花间水际，成为园林中供人休息的游观建筑。水榭多从驳岸突出，以立柱架于水上，建筑多为单层，平面为方形或长方形，结构轻巧，四面开敞，以获取宽广的视野。

图2-14 鹅池碑亭

表又称华表、桓表，从我国历史上来看，华表起源甚早。相传尧舜时，人们喜欢在交通要道竖立木牌，在上面写谏言，名曰"诽谤木"，或简称"谤木"，也叫"华表木"。最初这种"谤木"多竖立在交通要道，供人们写谏，评论时政，同时也能起到路标作用。到了汉代，华表木就发展演变为通衢大道的标志。后来，华表逐渐发展成为装饰建筑品，多设在桥梁、宫殿、城垣或陵墓前作为标志。立在陵墓前的叫"墓表"，如北京明十三陵的华表，多数为石造，柱身雕有蟠龙等纹饰，顶端是云板或蹲兽，表上的蹲兽叫"望天犼"。著名的卢沟桥，其两头也有华表4座，高4.65米，石柱上端横贯着云板，柱顶有莲座圆盘，圆盘上雕有石狮子，庄严秀美、气势非凡。明永乐年间建造承天门（即今天安门）时也建有两对汉白玉华表。华表的用途和内涵非常丰富，它既在一定意义上象征着权力，还有标志、装饰、计时之用，可谓是实用性与艺术性的完美结合。

舫是水里游玩的小船，又名"不系舟"。一些古典园林在水池岸边设置木舫或石舫，供人游玩饮宴，但是舫本身不能动，只是取其形态和象征意味。例如，北京颐和园中的石舫，长36米，船体用大块青石雕砌而成，舱楼部分是木结构，但为了上下效果统一，舱楼部分都油饰成大理石花纹，和船身浑然一体。舱楼顶部用雕砖贴面，雕工精细，显得玲珑剔透，在颐和园的建筑群中，别具一格。

影壁是中国古代院落大门内（或大门前）的一种屏障，又称照壁。其建筑材料包括砖、木、石和琉璃等不同的类型。影壁中最精美的是中国著名的三大彩色琉璃九龙壁，分别是山西大同明太祖朱元璋的第十三子朱桂代王府前的九龙壁、北京北海的九龙壁和故宫皇极门前的九龙壁。这三座九龙壁都是中国古代的珍贵建筑，都建在院落的前面，既是整个建筑物的一个组成部分，又显示了皇家建筑的富丽堂皇。

经幢源于古代的旌幡，随着印度佛教、特别是唐代中期佛教密宗而传入我国。起先人们将佛经或佛像书写在丝织的幢幡上，为保持经久不毁，后来改为刻在石柱上，因刻的主要是《陀罗尼经》，因此称为经幢。经幢一般由幢顶、幢身和基座3部分组成，主体是幢身，刻有佛教密宗的咒文或经文、佛像等，多呈六角或八角形。在我国五代两宋时最多，一般安置在通衢大道、寺院等地，也有安放在墓道、墓中、墓旁的。现存最高大的经幢是河北赵县陀罗尼经幢，高16.44米，建造于北宋景祐五年（1038年）。

其他，如喷泉、假山与堆石、祭祀标记等，作为小品建筑，既具有独立的观赏价值，又可以对主体景观起到美化、装饰、衬托的作用，提高整体景观的旅游吸引力。

四、居住地与社区

1. 传统与乡土建筑

传统与乡土建筑，指具有地方建筑风格和历史色彩的单个居民住所。我国各族人民由于居住的地理环境、气候条件、生产方式及生活水平的不同，不同民族的居所各具特色。传统与乡土建筑的旅游功能主要体现在造型丰富的建筑艺术美、合理实惠的建筑实用美和与周围环境协调的和谐美。

在我国汉族的传统与乡土建筑中，历史比较悠久，应用最为广泛的是单层四合院住宅，而其中又以北京的四合院最为典型。四合院的基本形式是由四面房屋围成的、南北稍长的矩形封闭庭院，包括正房、南房和东西厢房。其主要特点：四向闭合、坐北朝南、中轴对称、东尊西卑、群体组合。四合院的"四合"表现出儒教文明及思想，是中国传统建筑形式的集中表现。其坐北朝南是天地定位，南为乾，北为坤。其中轴对称是稳定、严肃，饱含伦理。其东尊西卑孕育了"尊东贬西"、"尊左贬右"的文化。其建筑群体的组合功能，由四合院到几进四合院，暗喻了变化，对应了"四世同堂"的理念。其院墙高耸，房屋对外不开窗，表现出强烈的防范心理和内向文化。四合院的其他主要构件还有垂花门、照壁、游廊、院庭等。

小资料

中国古代民居特点

中国现存古代居民指的是明清时代的民居，其中又以清代民居为主体。在明清民居建筑中向来有"北山西，南皖南"的说法。明清时代晋商、徽商名动天下，他们以雄厚的经济资本为后盾，创造了同样知名的民居建筑艺术。

1. 山西民居

山西民居主要分布于祁县、平遥、太谷县、襄汾丁村、阳城润城镇等处。其主要特点：①外墙高，巷子两旁不开窗的砖实墙有四五层楼高，防御性强；②房屋多采用一面坡顶，让雨水可以向院子里流，是"肥水不外流"的商家民俗的表现；③窄天井，东西窄，南北长，便于防风沙和日晒；④看家楼，乡间大宅通常都会采用，为瞭望与观景之用。

2. 皖南民居

皖南民居的代表为徽州民居，故又称徽派民居，主要分布于皖南的黟县、歙县、休宁、绩溪，江西婺源等地。其建筑形式中表现出儒家、道家和徽商文化，被称为"中国传统民居建筑的精彩华章"。其主要特点：①"四水归堂"表现了儒家与商家二重思想，天井为中心，四周高墙围护，仅以狭长的天井采光、通风，天井与山西民居相反，为东西长、南北窄；②楼上厅，徽派建筑自古无平房，楼上层多采用"跑马楼"形式，通廊环绕，栏柱雕饰精美；③精美的三雕，即木雕、石雕、砖雕。

少数民族的传统与乡土建筑有以下几种。①帐篷型和蒙古包型民居，这是游牧民族的居住方式,最大的特点是容易拆卸、搬运,如达斡尔族、鄂温克族、蒙古族居住的蒙古包,哈萨克族居住的毡房,藏族居住的帐篷等。②干栏式民居,这类民居多见于我国南方傣族、苗族、壮族等少数民族地区,其结构有两种形式,即纯木结构和土木结构。纯木结构建筑多建于平地,以西双版纳傣族的竹楼最为典型,竹楼分上下两层,底层用木柱支撑,屋顶呈"人"字形,上面覆盖片瓦或茅草,楼上住人,楼下用来养牲畜、家禽或存放工具。土木结构的干栏式居室多建于山区,依靠自然山势用木柱支撑,铺上楼板,上面建造房屋。③上栋下宇式民居,这是我国北方和南方各民族通行的样式。依屋顶样式又分平顶形、一面坡形和"人"字形。在干旱地区多平顶房,而在雨水较多的地区多坡顶房。此外还有农区藏族和羌族的碉楼,云南白族和纳西族的"一颗印"民居,陕北和豫西的靠崖式窑洞、下沉式窑洞和独立式窑洞等都属于此类。

2. 特色街巷和社区

特色街巷,指能反映某一时代建筑风貌,或经营专门特色商品和商业服务的街道。黑龙江哈尔滨的中央大街,全街建有欧式及仿欧式建筑 71 栋,并汇集了文艺复兴式、巴洛克式及现代式多种风格,是国内罕见的一条建筑艺术长廊,现为哈尔滨市最繁华的步行商业街。北京王府井大街,以悠久的历史、博大精深的传统文化和丰富的商品、繁华的商业建筑而成为集购物、休闲、文化、娱乐、旅游、餐饮、商务、住宿为一体的综合性商业步行街,号称"中华第一商业街"。上海南京路、淮海路,汇集了数百家现代化商厦、中华老字号商店及名特产品商店,堪称"购物天堂"的形象代表,成为外地人到沪必去之地。

特色社区,指建筑风貌或环境特色鲜明的居住区。江西庐山牯岭镇、山东青岛八大关因汇聚了俄、英、法、德、美等世界各国建筑,而有"万国建筑博览会"之称,江苏苏州老城区,其小桥流水、"人家尽枕河"的特色景观和巧夺天工的苏州园林成为人们心中最美的居住区之一。

此外,销售某类特色商品的场所及批发零售兼顾的特色商品供应场所形成了一定的知名度后,也能成为旅游者喜爱光顾之地,如满洲里中俄互市贸易区、义乌小商品城等。

3. 名人故居与历史纪念建筑

名人故居与历史纪念建筑,是有历史影响的人物的住所或为历史著名事件而保留的建筑物。为纪念历史名人和许多历史重大事件,全国有众多的名人故居、纪念馆和纪念性建筑。例如,为纪念重大战役而建立的、位于北京的中国人民抗日战争纪念馆,纪念重大历史事件的上海中共一大会址、贵州遵义会议地址、广西金田的太平天国起义纪念馆等,纪念历史名人的浙江绍兴鲁迅故居和三味书屋、上海的孙中山故居、北京的郭沫若故居等。名人故居和历史纪念建筑,不仅由于其集文化、教育、纪念意义为一体,也由于现代建筑艺术风格的多样化,现代技术手段的应用,使其变得更加生动、易于被接受,日渐获得旅游者的青睐。

4．书院

我国的书院源于唐代，盛于宋代，是旧时地方上设立的供人读书或讲学的处所。书院建筑讲究风景环境的选址和经营，尤以山环水绕、清秀之地最为理想，一般由讲学、藏书和供礼 3 部分建筑组成。中国封建时代重视科举，重视教育，官办、官私合办、官助私办和私办的书院、学馆遍布城乡各地，如江西庐山白鹿洞书院（图 2-15）、湖南长沙岳麓书院、河南嵩山嵩阳书院（一说为湖南石鼓山石鼓书院）、河南商丘睢阳书院（又名应天府书院）被称为我国的"古代四大书院"。

图 2-15　白鹿洞书院

5．会馆

会馆，是旅居异地的同乡人共同设立的馆舍，主要以馆址的房屋供同乡、同业聚会或寄居。会馆是中国古代城市公共建筑的一种，内部有会场、剧院、宴会厅等，并具有办公和居住等综合功能，如河南开封的山陕甘会馆、河南洛阳的潞泽会馆、天津南开区的天津广东会馆、山东聊城山陕会馆等。这些书院和会馆曾经培养过许多杰出的人才，或者是重大事件开展的场所，或者其建筑本身保存到现在成为文物，其深厚的历史文化价值吸引人们前去参观。

五、归葬地

丧葬习俗是人类重要的生活习俗。在崇尚孝道的封建时代，"事死如事生"，"厚葬以明孝"，生、婚、丧被看作人生三大事，因而形成了厚葬之风。不同民族、不同时期的丧葬方式不同，这些葬俗本身一般不会构成旅游项目，即使有人对某些特殊的葬俗有兴趣，主人通常不希望在进行仪式时有外人打扰。但归葬地，特别是帝王墓葬，不仅地上地下建筑辉煌，具有观赏价值，而且随葬品丰富，这些随葬品出土之后都成为珍贵的文物，又具有考古、科研价值。同时归葬地多选址于风景优美、形胜壮观之所，因而还具有游憩价值。

1. 陵寝陵园

陵寝陵园，指帝王及后妃的坟墓及墓地的宫殿建筑，以及一般以墓葬为主的园林。帝王陵寝中，以秦、汉、唐、明、清帝陵规模宏大、保存较好，其中，秦、汉、唐代帝陵，如秦始皇陵及兵马俑陪葬坑、汉阳陵和汉茂陵、唐昭陵和唐乾陵等，都集中在陕西西安附近。明十三陵选址北京昌平。清代皇帝除"关外三陵"之外，分葬于河北遵化的清东陵和河北易县的清西陵。其他帝王陵有宁夏的西夏王陵、河南巩县北宋皇陵、浙江绍兴的南宋陵等。

以墓葬为主的园林，如山东曲阜孔林，埋葬着孔子及其嫡系后裔，延续 2 000 余年而无间断，面积达 3 000 余亩，成为中国规模最大、历史最久、保存最完整的家族陵园。还有近现代为纪念死难烈士而修建的陵园，多选址于青松翠柏掩映的山林之中，肃穆幽静，如山东徐州淮海战役烈士陵园、江西井冈山革命烈士陵园等。

🔍 **小资料**

古代陵墓的历史演变

远古时代的殡葬颇为简易，据《易·系辞下》载：仅"厚衣之以薪，葬之中野，不封不树"，无坟丘的建制。当时对于生死一体化的厚葬观念，主要在于殉葬品的多寡而不在建筑物的设置。大约从周代开始，出现了"封土为坟"的做法，据《周礼·春官》载："以爵为封丘之度"，可见其时已按等级来决定封土的大小，天子、诸侯的陵墓当然是最大的。

1. 秦汉陵墓

秦汉之时，皇陵由地宫、封土、寝殿等构成。地宫上以封土堆做陵冢，形如方锥而截去上部，称为"方上"，旁设寝殿。汉代废弃杀殉制度，实行帝后合葬和功臣贵戚陪葬制，东汉陵冢前建祭殿，并开创了后世陵寝前建神道石像生建制的先例。代表者有秦始皇陵、汉武帝茂陵。

2. 唐代陵墓

魏晋之时，始有以山为陵者，至唐李世民认为平地堆山陵太劳民伤财，同时也为了防止水土流失和盗墓，即改为"以山为陵"的形式。陵墓除山陵、地宫外，还有上下两宫，上宫为献殿，是朝拜、祭祀之处。下宫为寝宫，为墓主神灵起居生活处。代表者有唐昭陵、乾陵。

3. 宋代陵墓

宋代陵墓气势远不及汉唐。宋陵恢复了汉陵"方上"的规制，但规模较小，又先后遭金兵、元兵盗掘，破坏殆尽。

4. 明清陵墓

明清陵寝集古代陵寝制度之大成，形成了陵寝史上终结性的格局，成为足以与秦汉、唐宋不相轩轾的一个高峰。

明代对陵寝制度的改革体现于3个方面，其一，陵冢形制由以前的方形改为圆形；其二，取消了原供帝王灵魂起居的下宫，扩展了供谒拜祭奠的上宫；其三，整个陵园由从前的方形改为长方形，由南向北，分为碑亭、神厨和神库，祭殿和配殿，宝城和明楼3个院落，从而使陵墓建筑的规制更加井然有序。

清承明制，建立了清东陵、清西陵，仅在陵冢上增设了月牙城。

2. 墓（群）

墓（群），指单个坟墓、墓群或葬地。能够成为旅游资源的墓（群），或是纪念性陵墓，如太昊陵、黄帝陵、炎帝陵、女娲陵等。这些墓葬根据传说而建，并无遗骸在内，但因其在历史上的重要地位，迄今祭祀活动不断。或是领袖、名人墓葬，有纪念意义，可供后人瞻仰，如北京的毛主席纪念堂、江苏南京中山陵、陕西韩城司马迁墓、浙江杭州岳坟、内蒙古呼和浩特昭君墓等；或是由于其特殊的建筑形式及艺术成就，具有考古价值和文化价值，如山东长清孝堂山郭氏墓祠、河南南阳汉画像石墓、山东嘉祥武氏墓群石刻等。

3. 悬棺

悬棺，是在悬崖上停放的棺木。悬棺葬法流行于我国古代一些少数民族地区，利用自然崖壁平台、洞穴、缝隙安放棺木，或打孔设棺柱悬吊棺木，多分布在江河之滨、峭壁之上。棺木高悬，充满神秘和悬念，颇具旅游吸引力。据研究，这种葬法使用时间漫长，早至商周，晚达明清，广布于南方各省，以福建武夷山区，江西龙虎山，四川珙县、兴文县和贵州西北部，湖南西部和长江三峡一带的崖墓最为有名。福建武夷山九曲溪两岸的崖墓，悬棺如船形，又称船棺，经测定距今3 800多年，被视为悬棺发源地。江西龙虎山崖墓群位于泸溪河两岸悬崖绝壁之上，距地面30～50米，为春秋战国墓葬，距今2 600多年。

六、交通建筑

1. 桥

桥，是跨越河流、山谷、障碍物或其他交通线而修建的架空通道。桥梁不仅是重要的交通建筑，而且具有高超的科技、艺术成就。我国造桥历史悠久，最早的桥梁建筑可见于5 000～6 000年前的半坡遗址中。随着工程技术的发展，古代工匠们创造了各种结构、材料、造型的桥梁。从结构和形式上看，有梁桥、拱桥、索桥、浮桥、廊桥、铁桥、竹藤桥、网桥等。其中历史悠久、技术独特、艺术价值高的桥有河北赵州桥、北京卢沟桥、福建泉州洛阳桥、晋江安平桥、山西太原晋祠的"鱼沼飞梁"、广西三江程阳风雨桥等。随着当代经济发展和桥梁工程技术的提高，一批宏伟壮观的桥梁成为新的风景线，如南京长江大桥，上海黄浦大桥、杨浦大桥，兰州黄河大桥等。

2. 车站，港口、渡口与码头，航空港

车站，是为了装卸客货停留的固定地点。港口、渡口与码头，指位于江、河、湖、海沿岸进行航运、过渡、商贸、渔业活动的地方。航空港，是供飞机起降的场地及其相关设施。

铁路、公路、航空、水运是现代交通的四大主要运输方式，不仅为人们出行提供便捷、及时、舒适的交通服务，而且部分车站、港口渡口码头、航空港等的建筑外观造型奇特、服务设施达到国际先进水平、环境特别幽雅、吞吐量巨大，这些都可以成为吸引人们前来参观游览的因素，如首都国际机场、海口美兰国际机场、上海浦东国际机场、北京南火车站等。

3. 栈道

栈道，指悬崖绝壁上凿孔架木而成的窄路，以其奇、险、绝的特征吸引游人。陕西汉中石门栈道，始建于春秋而兴盛于西汉隋唐。早在战国时代，就有"栈道千里通于蜀汉"的记载。其中"褒斜道"是我国历史上开凿最早、规模最大的一条栈道。据传其盛时"五里一阁、十里一亭、三十里一驿"，共修有各类建筑 6 000 余座，且路面平阔，可行车马，其恢宏壮观，令人叹服。华山的长空栈道，虽然只有五六十米长，但由于栈道是在几乎垂直的绝壁上悬空凿出的，其绝险令人胆战心惊，十分具有挑战性。湖南天门山鬼谷玻璃栈道、贵州南江大峡谷栈道、甘肃麦积山石窟栈道、江西明月山青云栈道（图 2-16）、福建太姥山观海悬空栈道等，同样以险著称。

图 2-16 青云栈道

七、水工建筑

1. 水库观光游憩区段

水库观光游憩区段，指供观光、游乐、休憩的水库、池塘等人工集水区域。人类在江河上兴修水利、拦河筑坝而形成人工湖泊，大的称水库，小的称堰塘。水库多利用丘陵、山地自然起伏的地形筑坝蓄水，群山逶迤、草木葱茏，与清澈辽阔的水面相互映衬，形成风光秀丽的人工湖泊景观，人们乐意前来观光游憩，如浙江淳安千岛湖、江西新余仙女湖、吉林松花湖等。

2. 运河与渠道段落

运河与渠道段落，指正在运行的人工开凿的水道段落。我国历史上先后修建大小运河、水渠等多条，为加强不同地域的交通，促进经济、文化的交流和发展起了重要作用。其中京杭大运河是世界上开凿最早、路线最长的人工运河，在古代使南粮北运得以借助漕运之便，成为沟通南北交通的大动脉。京杭大运河不仅在古代是交通命脉，如今依然发挥着重要作用，而在运河上乘龙舟，观览沿途的杭州、苏州、无锡、扬州、镇江等城市的风景园林及江南水乡风光，品尝各种湖鲜船菜，也是极受旅游者欢迎的旅游项目。另一条重要的古代运河——灵渠，又叫湘桂运河，是秦始皇为统一岭南而开凿的古运河。灵渠把湘江和漓江二水连通，沟通了长江与珠江两大水系，而且解决了在水程 30 千米、落差达 32 米的河道中航运的问题，促进了中原和岭南地区的物资与文化交流。灵渠附近是旅游胜地桂林风景区，为其发展旅游带来了极大的便利。京杭大运河、灵渠、都江堰并称"中国古代三大水利工程"。

3. 水井

水井，指向下开凿到饱和层并从饱和层中抽水的深洞。能够成为旅游资源的水井，通常具有一定的人文历史，如江西瑞金沙洲坝的红井（图 2-17），是当年红军在此驻扎时，毛泽东同志为解决当地百姓喝水困难而带领红军挖的井，这口井成为井冈山革命根据地军民鱼水情深的见证，有歌谣唱道："吃水不忘挖井人，时刻想念毛主席。"在古代，井是百姓生活饮用水的主要来源，遍布城乡各地。井因此成为家乡的代名词，离开家乡就是所谓"背井离乡"。各地很多与井有关的地名保留至今，如湖南长沙有白沙井和鸳鸯井，湖北恩施利川市有个大水井乡，山西大同有四眼井、清泉井等。

图 2-17 江西瑞金红井

4. 堤坝段落

堤坝段落，是防水、挡水的构筑物段落。堤坝虽然是水利设施，但有些堤坝修筑得宏伟壮观，或是由名人设计建造，或是具有特别高的科技含量而成为旅游的对象。例如，四川都江堰，虽然修筑于 2 200 多年前的战国时期，但是至今仍在发挥作用。它不仅是中国水利工程技术的伟大奇迹，也是世界水利工程的璀璨明珠。这项中国古代伟大的水利工程与四川青城山一道被列为世界文化遗产。浙江杭州西湖的苏堤和白堤，分别是由著名文学家苏东坡和白居易主持修筑的，其深厚的人文历史与优美的自然环境融合在一起，成为杭州闻名遐迩的美景。其他，如湖北宜昌三峡大坝、四川葛洲坝、湖北荆江大堤、河南三门峡黄河大坝等，则以其恢宏的气势和在政治经济社会生活当中的重要性而著称于世。

5. 提水设施和灌区

提水设施，指提取引水的设施，主要用于工农业生产和生活。某些提水设施由于其具有较高的科技含量和巨大的经济价值也能够成为旅游资源。新疆的坎儿井就是一项有着 2 000 多年历史的提水设施，与万里长城、京杭大运河并称为"中国古代三大工程"。在新疆吐鲁番地区有近千条坎儿井，全长约 5 000 千米，集中分布在吐鲁番盆地和哈密盆地。这里气候干旱，地表径流缺乏，但是有附近山上融化的雪水和雨水流下山谷，潜在戈壁滩下。为发展农业，当地劳动人民利用自然地形，开挖出一条条地下水渠和竖井，引来地下潜流灌溉农田。坎儿井所灌溉的地区形成一片片沙漠绿洲，培育出世界上有名的吐鲁番葡萄和哈密瓜。

灌区，指引水浇灌的田地。灌区通常有灌溉系统，这些重要的农田水利工程使一些自然条件本来较为恶劣的地区也能大规模发展农业，形成与周边自然景观差异较大的绿色农田，因而吸引游人的注意。著名的灌区有新疆坎儿井培育的沙漠绿洲、宁夏的"塞上江南"、陕西宝鸡峡灌区等。

第七节　旅游商品旅游资源

旅游商品旅游资源主要是指各地方的特产和饮食。我国地大物博、资源丰富，各地的饮食和传统产品种类繁多、特色突出，能够观赏、品尝或体验其制作过程，还有收藏或纪念价值。吃和购是旅游活动的六要素之一，饮食和特产是旅游地重要的旅游资源，具有鲜明的地方特色，可开发特色体验旅游项目及购物旅游。

一、菜品饮食

菜品饮食，指具有跨地区声望的地方菜系、饮食。中华民族的"食文化"源远流长，不同的地理、气候、历史、民族，造就了差异极大的饮食习俗，形成了许多风格迥异的菜系。在我国汉族地区有四大菜系（川、扬、鲁、粤）、八大菜系（四大菜系加上湘、徽、浙、闽）、十大菜系（八大菜系加上京、沪）之说。它们的烹调技艺各具风韵，菜肴特色各有千秋，构成旅游特色餐饮的重要内容。

小资料

中国四大菜系

1. 鲁菜

鲁菜亦称山东菜，是山东地方风味菜肴的总称，可分为济宁、济南、胶东 3 种地方风味。鲁菜讲究丰满实惠，至今仍有大盘大碗的饮食特点。鲁菜烹调方法全面，特别精于制汤，十分讲究"清汤"、"奶汤"的调制，清浊分明，取其滑鲜。另外，鲁菜善于以葱香调味。

2. 川菜

川菜是四川地方风味菜肴的总称。川菜素有"七味"（甜、酸、麻、辣、苦、香、咸），"八滋"（干烧、酸、辣、煸、怪味、鱼香、椒麻、红油）之说和"一菜一格，百菜百味"的美誉。川菜有鱼香味型、怪味型、红油味型、麻辣味型等，今以成都风味为正宗，亦融合了重庆、乐山、江津、自贡、合川等地风味。川菜调味料多样，取材广泛，并善于取各方之长，融为己有。例如，明末清初辣椒自南美洲传入我国后，川菜很快应用，使其锦上添花。

3. 粤菜

粤菜是广东地方风味菜肴的总称，主要由广州、潮汕、东江3种地方风味构成，其中以广州菜为正宗，素有"食在广州"之誉。粤菜取材广博，其烹调技法兼采中外之长，擅长煮、炙、炸、炒、烩、生拌等传统技术。口味具有清鲜、嫩滑、脆爽等特色。

4. 扬菜

扬菜是江苏地方风味菜肴的总称，由南京、扬州、苏州3种地方风味构成。扬菜选料严谨，加工精细，以炖、蒸、烩、烧、炒等技法见长，风味清鲜、浓而不腻、清而不淡，滑爽脆嫩而不失其味。

除了上述菜系，我国还有品种繁多的地方风味小吃，极富地方特色，深受广大旅游者青睐。少数民族则更具有他们的独特烹饪方法和食品。藏族特有的食俗是吃糌粑，维吾尔族则喜食烤馕。生活在西南地区的部分少数民族以米食为主，如傣族的香竹饭、黎族的竹筒饭、苗族的糯米饭等。这些风味独特的民族饮食深受游客喜爱，也为旅游者就餐提供了方便。

二、中草药材及制品

中草药材及制品，指具有跨地区声望的当地生产的中草药材及制品。中医中药，与国画、京剧并称中国的三大国粹。中药在中国古籍上统称"本草"，中药以植物为主，但也包括动物和矿物。中药按加工工艺分中药材和中成药。中药材指经加工炮制可直接供药房配剂及药厂制剂使用的半成品药。主要的名贵中药材有人参、冬虫夏草、鹿茸、阿胶、麝香、三七等。中成药指经过加工可直接使用的成品药，它是医药学家根据各种验方、秘方确定的方剂配伍，制成的各种携带、服用方便的剂型的统称。中成药可分为丸、散、膏、丹、片、口服液、药酒等，如安宫牛黄丸、人参再造丸、漳州片仔癀、云南白药、山西龟龄集等。

三、传统手工产品与工艺品

传统手工产品与工艺品，是指具有跨地区声望的当地生产的传统手工产品与工艺品。我国主要的传统手工产品与工艺品有以下几种。

1. 陶瓷

陶瓷是陶器和瓷器的总称。中国陶瓷制造历史悠久，早在七八千年前的新石器时期，原始先民就已能制造和使用陶器。我国陶器以江苏宜兴、广东石湾、安徽界首、山东淄博、湖南铜官、云南建水、甘肃天水、河北唐山等地所产最为著名。其中江苏宜兴素有"陶都"之称，以生产均釉陶器和紫砂陶而闻名。山东淄博以生产名贵色釉——雨点釉、茶叶末釉等美术陶瓷而著称。中国瓷器产地众多，当代产地主要在江西景德镇、湖南醴陵、福建德化、浙江龙泉、山东淄博、河北唐山等。其中景德瓷有"白如玉、明如镜、薄如纸、声如磬"的特点，青花瓷、青花玲珑瓷、粉彩瓷、高温颜色釉瓷为景德镇四大名瓷。湖南醴陵瓷器以白瓷和釉下五彩瓷见长，被誉为"美中藏秀，媚而不俗"。福建的德化瓷以俗称"建白"的德化白瓷著名，它在世界陶瓷史上被誉为"中国白"。浙江龙泉以产青瓷出名，其产青瓷有"青如玉、明如镜、声如磬"的特点，被誉为"瓷器之花"。河南禹县钧瓷有"进窑一色，出窑万粉"、"十窑九不成"、"钧不成双"的特点，人称"黄金有价钧无价"，有"中国宝瓷"之誉。

2. 文房四宝

笔、墨、纸、砚自古被称为文房四宝。安徽泾县（古称宣州）的宣纸，浙江湖州善琏镇的湖笔，安徽歙县、休宁县的徽墨，广东肇庆（古称端州）的端砚为中国文房四宝的首选精品。砚当中又有中国四大名砚——端砚、歙砚（安徽）、洮河砚（甘肃）、澄泥砚（山西）。

3. 丝织刺绣品

丝织刺绣品是以蚕丝为原料的纺织品和刺绣品的总称。丝绸起源于我国，并于汉代之后经"丝绸之路"远销中亚、西亚、地中海沿岸的欧洲各地。我国著名的丝织刺绣品有织锦，中国古代传统的用彩色提花织成各种图案花纹的熟丝织品。云锦、蜀锦、宋锦并称"三大名锦"。缂丝，又称"克丝"或"刻丝"，产于江苏苏州。刺绣，是用针引线在绣料上穿刺出一定图案和色彩花纹的装饰织物。苏绣、湘绣、粤绣、蜀绣被誉为中国"四大名绣"。

4. 漆器

漆器是用天然生漆涂在各种器物表面，制成具有透明、发亮、防酸、耐酸、耐碱等特点的各种制品。现今产地主要在北京、江苏扬州、四川成都、山西平遥、贵州大方、甘肃天水等地。其中以北京雕漆（与江西景德镇瓷器、湖南长沙湘绣并称中国工艺美术"三长"）、福州脱胎漆器（与北京景泰蓝、江西景德镇瓷器并称中国传统工艺"三绝"）、扬州镶嵌漆器、贵州大方漆器最为著名。

5．金属工艺品

金属工艺品是用金、银、铜、锡、铁等金属，分别采用掐、錾、点轴、烧制、镶嵌等技艺，制成各种富丽堂皇或清雅实用的工艺品。著名的金属工艺品有北京景泰蓝、云南斑铜、四川成都银丝制器、浙江龙泉剑、安徽芜湖铁画等。

6．玉石木竹雕刻

玉器原料以新疆和田玉最为有名，玉雕工艺则以北京玉雕、扬州玉雕、苏州玉雕见长。印石雕刻中，福建寿山田黄石、浙江青田冻石、浙江昌化鸡血石并称我国三大佳石。木雕主要分布在浙江的东阳（木雕之乡）、乐清（黄杨木雕）、福建（龙眼木雕）、江苏（苏州红木雕）、广东（潮州金漆木雕）、湖北（木雕船）、山东（曲阜楷木雕）等地。竹刻以湖南邵阳翻簧竹刻、浙江黄岩翻簧竹刻、上海嘉定竹刻、四川江安竹簧器最为出名。

7．工艺画

工艺画包括内画壶、年画、木版水印画等。内画壶原是鼻烟壶的一种，主产地在北京、山东博山、河北衡水等地。木版年画内容多是恭贺新年，描绘农事场面。著名的年画产地有天津杨柳青、江苏苏州桃花坞、山东潍坊杨家埠（以上被誉为中国三大木版年画产地）、四川绵竹、广东佛山、河北武强、河南开封朱仙镇、江西九江、福建漳州等地。木版水印画是根据活版印刷原理，先将绘画原作勾画成底稿，再分成若干块刻版，以水调色印制而成，故称"木版水印"。著名的木版水印画有北京荣宝斋木版水印画和上海朵云轩木版水印画。

8．风筝

风筝是集彩扎与绘画为一体、以线牵拉、借助风力升空的传统玩具和艺术欣赏品。山东潍坊的风筝最为出名。相传山东为风筝的发祥地，潍坊市从1980年开始，每年4月1日举行国际风筝赛。此外，北京风筝（"风筝哈"）、天津风筝（"风筝魏"）也很著名。

9．剪纸

剪纸起源甚早，在汉唐，民间妇女便用金银铂和彩锦剪成花鸟贴在鬓角为饰，后来发展成在节日中用彩色纸剪成花草、人物、动物等各种图案，贴在窗户、门楣、箱柜上作为装饰。我国主要的剪纸产地在河北蔚县（以制作装饰窗户的剪纸闻名）和山东黄岛（不用刀刻，以剪刀为工具）。

除了传统手工产品和工艺品外，各地还有一些具有跨地区声望的当地生产的日用工农业产品，如北京内联升布鞋、王麻子剪刀，杭州张小泉剪刀，贵州茅台酒，云南烤烟，新疆葡萄、哈密瓜，山东烟台苹果等都是旅游者喜爱的具有跨地区声望的物产。

第八节　人文活动旅游资源

一、人事记录

人事记录包括历史和现代著名的人物和事件。历史上的帝王、政治家、教育家、文学家、科学家、英雄、宗教人士等，他们以自己的奋斗精神、聪明才智、辉煌成就、优秀品质，在特定的社会环境、特定的历史时期写下了一篇篇辉煌传奇的历史故事，令人崇拜、仰慕。重大的政治、军事、经济、社会事件，在特定时期对人们生活产生重大影响，左右着历史发展的进程，还有一些悬疑事件，一直悬而未决，这些都吸引着旅游者去寻访、探究，从而产生旅游的动机。与人事记录相关的名人生活、活动遗址遗迹和事件发生地则成为满足游客探究欲望的载体。

二、艺术

艺术是人类精神文明的重要组成部分，其内涵相当丰富。旅游本身就是一种大规模的文化交流活动，它与艺术有着密不可分的联系。旅游业可以开发利用的艺术旅游资源主要有文艺团体与文学艺术作品。文艺团体指表演戏剧、歌舞、曲艺杂技和地方杂艺的团体。文学艺术作品，指对社会生活进行形象的概括而创作的文学艺术作品。它们是一种特殊的旅游资源，与其他旅游资源相比，艺术在内容上更接近客观现实，更易引起人们的共鸣；在形式上更直观，更易被广大群众所接受。

优美的景观刺激，产生优秀的文学作品，而优秀的文学作品，对旅游资源具有烘托映衬的作用，可以丰富旅游资源的内涵，增强旅游资源的魅力。另外，由于文学作品易于传诵，广为传播，大大提高了旅游资源的知名度和吸引力，使无数游人向往和憧憬。杨朔的散文《香山红叶》，赋予普通的植物景观以深刻的文化内涵，使秋天到香山观红叶成为北京经典的旅游活动。著名作家莫言获得了诺贝尔文学奖之后，他的家乡山东高密成为全世界文学爱好者向往之地。由此可见，文学艺术在旅游的形象传播中巨大的影响力。此外，我国独有的楹联、书法、刻石等艺术，不但使多姿多彩的景观增添韵味，而且对这些景观起着点睛、寄情的作用，产生了很强的艺术感染力。

三、民间习俗

1. 地方风俗与民间礼仪

地方风俗与民间礼仪，指地方性的习俗和风气，如待人接物礼节、仪式等。其中比较具有吸引力的是我国各民族千姿百态的婚恋方式。部分少数民族采用开放式择偶，如壮族的歌圩，仫佬族的走坡，苗族的芦笙会、跳花场等，这些大型集会为青年男女通过对歌找配偶提供了方便。此外，苗族的游方，布依族的赶表，侗族的行歌坐月，傣族的碾房对歌、丢包等，也都是以歌为媒，表达男女青年之间的爱情。这些盛大的集会都吸引游客纷纷前往。

在民间礼仪中，最重要的有诞生礼、成年礼、婚礼和丧礼，4种重大礼仪都有各个特定的仪式。例如，换装，每次换装都有不同的方式、不同的内容，体现了中国的礼仪伦常与崇宗敬祖观念，如婴儿挂银圈、玉锁之类的佩物；汉族男子成年"加冠"，女子成年"加笄"；少数民族，如彝族、普米族、纳西族摩梭人的少女成年时要举行"穿裙仪式"，而后由穿裤改为穿裙，以示成年。民族婚俗更是五花八门，如汉族结婚有相亲、迎娶等繁文缛节，土家族有长达 20 天～1 个月的哭嫁仪式，仫佬族有"打亲"习俗，傣族、彝族有"抢亲"的习俗等。考察各种民间风俗、礼仪，人们可以发现其中含有深刻的历史、社会学的内容。

2. 民间节庆

民间节庆，指民间传统的庆祝或祭祀的节日和专门活动。中国民族节庆活动丰富多彩，其中汉族的传统节日有春节、元宵节、清明节、端午节、中秋节、重阳节等，少数民族的年节有藏历新年、傣族泼水节、苗族新年等，以及许多特有的民族节日，如壮族、黎族、瑶族等民族的"三月三"，蒙古族的"那达慕"、藏族的"望果节"、纳西族的"三朵节"等，此外少数民族还有许多祭祀的节日，包括祭神、祭祖、禳灾等内容，如彝族的火把节，蒙古族的敖包会，回族和维吾尔族等信仰伊斯兰教民族的开斋节、宰牲节等。

这些丰富多彩的民间节庆活动，有固定的传统仪式、程序，同时穿插着各种表演和娱乐活动，如元宵节的龙灯队、彩莲船表演等；民间健身活动与赛事，如那达慕大会上的摔跤、射箭、赛马等竞技，端午节的赛龙舟等；宗教活动，如穆斯林在开斋节和宰牲节都要举行有关的宗教仪式。在有些节日或规定日子里在寺庙附近或既定地点还会举行集会，参加集会者在此期间可以进行购物和文体活动，如北京春节期间的地坛庙会，等等。这些民间节庆活动既有观赏性，又有参与性，还能够让游客了解各民族的历史文化和传统，是旅游资源的重要组成部分。

3. 特色饮食风俗

特色饮食风俗，指各具特色的餐饮程序和方式。品尝风味饮食，是旅游不可或缺的内容。各地独具特色的餐饮，不仅在原料选配、烹饪技术、享用方式上给人独特的物质和精神享受，而且与各民族的历史、传说、社会生活状况及生活地区的气候、物产等有密切关系，是一种特色文化的反映。例如，在我国东北地区，由于气候寒冷，农作物以小麦、玉米、高粱为主，当地人以面粉为主食，喜食粗粮，有挖窖储存蔬菜和腌制酸菜、咸菜的习惯。西南地区气候湿热，当地人有食酸的习俗（侗族是食不离酸的代表），擅长饮酒，喜喝茶。另外，傣族、景颇族、哈尼族有互敬嚼烟的习俗，壮族、黎族有嚼槟榔片的习俗。西北地区的哈萨克牧民以奶制品为主食，米、面为副食，马奶酒为主要饮料。维吾尔族以面粉、大米为主食，馕是特色食品，喜食抓饭，喜喝奶茶、红茶。东南地区气候温热，当地人有喝汤、饮茶的习俗，如潮州的工夫茶等，日常以大米、玉米为主食。青藏高原地区多为藏民，饮食以青稞、小麦为主粮，糌粑是农区主食，奶制品是牧区主食，青稞酒和酥油茶是藏民日常生活离不开的饮料，也是待客佳品。

4. 特色服饰

特色服饰，是具有地方和民族特色的衣饰。服饰是人类特有的劳动成果，生活习俗、审美情趣、色彩爱好，以及种种文化心态、宗教观念，都积淀于服饰之中。中国是一个多民族国家，绚丽多彩的民族服饰既相互渗透、相互影响，又自成体系。很多时候，单凭服饰便可判断其民族、身份，如蒙古族的蒙古袍和蒙古靴，藏族的氆氇和褚巴，维吾尔族的袷袢和四楞小花帽，彝族女子的百褶裙和男子的"英雄结"，满族的旗袍和坎肩，苗族的银饰（图 2-18），纳西族的"披星戴月"，傣族的筒裙等。中华民族多姿多彩的服饰，品种之多、款式之奇、色彩之艳、花样之繁，无不让人惊叹，成为了引人入胜的旅游资源。

图 2-18　苗族银饰

四、现代节庆

除了民间传统节庆，如春节、端午节、中秋节和少数民族的泼水节、雪顿节等，以及政治性的或国家规定的庆典性活动，如国庆节、劳动节、妇女节、儿童节等，还有许多地区性的节日或由某一组织、某一企业举办的现代节庆活动。这些节庆活动不仅有丰富多彩的活动项目，还有较高的文化品位和较强的参与性，成为引人入胜的旅游项目。

主要的现代节庆有旅游节，如上海旅游节、哈尔滨冰雪节、海南旅游节、四川自贡国际恐龙灯会、山东潍坊国际风筝节等；文化节，如山东曲阜国际孔子文化节、江西景德镇国际陶瓷节、甘肃天水伏羲文化节、浙江绍兴古城风情节、四川乐山国际大佛节等；商贸农事节，如广州迎春花会、山东青岛国际啤酒节、江苏苏州国际丝绸节、辽宁大连国际服装节、新疆葡萄节、浙江湖州含山蚕花节等；体育节，如国际少林武术节、湖南岳阳国际龙舟节、河北保定敬老健身节等。

思 考 题

1. 地文景观旅游资源有哪几类？其代表性景观是什么？
2. 水域风光旅游资源有哪几类？其代表性景观是什么？
3. 生物景观旅游资源有哪几类？其代表性景观是什么？
4. 天象与气候景观旅游资源有哪几类？其代表性景观是什么？
5. 遗址遗迹旅游资源有哪几类？其代表性景观是什么？
6. 建筑与设施旅游资源有哪几类？其代表性景观是什么？
7. 旅游商品旅游资源有哪几类？其主要物产是什么？
8. 人文活动旅游资源有哪几类？其代表性活动是什么？

自 测 题

1. 地文景观是指在地球内、外营力作用下形成的独特的_____和_____。
2. 史前人类活动场所是指从人类产生到_____以前的人类活动场所。
3. 青海湖、云南昆明滇池是由地壳运动产生断裂凹陷形成_____。
4. 中国四大名砚是（   ）。
   A. 端砚   B. 歙砚   C. 洮河砚   D. 松花砚
   E. 澄泥砚
5. 下列节庆对应关系正确的是（   ）。
   A. 蒙古族泼水节   B. 纳西族三朵节   C. 傣族歌圩节
   D. 苗族芦笙节   E. 彝族开斋节
6. 中国火山地貌主要分布在（   ）。
   A. 环渤海湾   B. 环内蒙古高原带   C. 环青藏高原带
   D. 环太平洋带   E. 环天山带
7. 下列说法正确的是（   ）。
   A. 景德瓷有"白如玉、明如镜、薄如纸、声如磬"的特点
   B. 湖南醴陵瓷器以白瓷和釉下五彩瓷见长，被誉为"美中藏秀，媚而不俗"
   C. 福建的德化瓷以白瓷最为著名，它在世界陶瓷史上被誉为"中国白"
   D. 浙江龙泉以产青瓷出名，被誉为"瓷器之花"
   E. 山东淄博以盛产紫砂陶而闻名

8. 北京四合院的主要特点是（   ）。
   A. 四向闭合   B. 坐南朝北   C. 中轴对称   D. 东尊西卑
   E. 群体组合

9. 我国印石雕刻中的三大佳石是（   ）。
   A. 福建寿山田黄石   B. 和田玉石   C. 浙江青田冻石
   D. 赤峰巴林石   E. 浙江昌化鸡血石

10. 我国迄今发现的年代最早、规模最大、保存最好的古代都城遗址是（   ）。
    A. 河南偃师商代早期都城遗址   B. 安阳殷墟
    C. 秦代阿房宫   D. 汉代未央宫

11. 我国的三大林区是（   ）。
    A. 华南林区   B. 中南林区   C. 东北林区   D. 西南林区
    E. 秦岭及江淮以南林区

12. 我国湖泊分布广泛，但又相对集中，主要集中在（   ）地区。
    A. 青藏高原   B. 东部平原   C. 蒙新高原   D. 东北平原
    E. 云贵高原

13. 山丘型旅游地具有哪些旅游价值？

14. 归葬地具有哪些旅游价值？

15. 中国古典园林按所有者身份可分为哪几类？它们各有什么特点？

实 训 题

在校园内开展一次旅游资源调查，统计旅游资源类型和数量，评估其旅游价值，并针对新生设计一条校园游览线路，以展示校园特色和文化。

第 **3** 章

林海雪原火山生态旅游区
（黑吉辽）

本区位于我国东北边疆，包括黑龙江、吉林、辽宁 3 个省。通过本章学习，学生应了解本区旅游地理环境特征及旅游资源类型，掌握各省资源概况及特色民俗风物旅游资源，熟悉本区主要旅游景点的具体特点，能够根据旅游资源的不同特点推荐特色旅游项目。

引导问题

1. 王芳是一家旅游杂志的专栏记者，她想写一篇关于火山景观的专题报道，假设你是一名旅游专业人士，在采访景区的选择上，你能给她一些建议吗？

2. 李想夫妇是城市的工薪阶层，他们想利用暑假时间，带 10 岁的女儿到东北地区休假避暑，假如你是一位当地旅行社的工作人员，将会向李想一家推荐什么样的旅游线路呢？

3. 小路是一位鸟类爱好者，目前正在计划安排一次对丹顶鹤的观察研究活动，你认为有哪些地方能够让小路实现他的计划呢？

林海雪原火山生态旅游区位于我国东北，西起大兴安岭，东达长白山地，北自黑龙江，南抵辽东半岛，包括黑龙江、吉林、辽宁 3 个省，总面积 80.21 万平方千米。全区人口超过 1 亿，其中少数民族占总人口的 10.7%，主要包括满族、朝鲜族、蒙古族、柯尔克孜族、鄂温克族、鄂伦春族、赫哲族等，是我国少数民族相对比较多的区域。林海、雪原、黑土地的天然魅力，农耕、渔猎文化交织的民族风情，使本区旅游特色鲜明，是我国旅游业发展潜力很大的区域。

第一节　旅游地理环境特征与旅游资源类型

一、旅游地理环境特征

1. 山环水绕，平原中开

本区地貌分布很有规律，由自北向南敞开的 3 个半环状地带组成，最北的环状带为黑龙江、乌苏里江、鸭绿江等河谷谷地；中间地带为大兴安岭、小兴安岭、长白山和千山山地所组成的山地丘陵，海拔在 500～1 000 米；在山地丘陵环抱中的是由三江平原、松嫩平原和辽河平原所组成的肥沃的东北平原。

东北地区河流分布广，水资源丰富。大兴安岭和小兴安岭北侧是黑龙江干流，黑龙江是区内最大的河流，也是中俄界河。东部有乌苏里江、图们江和鸭绿江等水系，平原南部是辽河水系。东北区的河流冬季冰封时间长，北部一般可达半年，南部也在 3 个月左右。松花江、辽河、黑龙江、鸭绿江沿岸景色秀美，旅游资源丰富，如哈尔滨松花江畔的太阳岛是著名的避暑疗养胜地。东北地区河湖众多，湿地、沼泽广泛分布，水库、瀑布较多，吉林的松花湖、长白山天池、长白山瀑布，辽宁本溪水洞，黑龙江的五大连池、镜泊湖等都是著名的水体旅游资源。

2. 温带大陆性季风气候，野生动植物资源丰富

东北地区除南部辽东半岛附近属暖温带和北部大兴安岭属寒温带外，大部分属中温带，气候特征为冬长夏短。每年 1 月的平均气温为 -30～-12℃，是世界上同纬度陆地气温最低的地方。漠河绝对最低气温为 -52.3℃，被称为"中国寒极"，夏季气温不高，一般在 20～24℃，大兴安岭则低于 18℃，没有夏季。本区年温差也居世界同纬度地区之冠。东北大部分地区冬季长达 6～8 个月，千里冰封、万里雪飘、银装素裹、玉树琼花，形成了独特的北国"雪原"自然风光。

东北地区的大、小兴安岭和长白山地区拥有我国最大的原始森林，是我国第一大林区，有大面积的针叶林和针叶、落叶阔叶混交林，植被以红松、冷杉和兴安落叶松为主，素有"林海"之称，为开展森林旅游创造了极好的条件。

受气候与地形影响，东北地区成为我国温带森林与野生动植物的主要分布区，植被具有明显的南北与东西过渡性。大面积针阔混交林及茂密如茵的草甸草原，为多种多样的温带野生动物提供了生长和繁殖的条件，由此使东北地区成为我国目前最重要的野生动物产地和狩猎区。

3. 重工业发达，交通便利

东北地区有丰富的煤、铁、石油等矿产资源，使其成为我国第一个重工业基地。土

地资源丰富、耕地面积大、土质肥沃，是我国重要的商品粮基地和木材生产基地。

东北地区是我国较早发展铁路运输的区域，现已形成了以铁路为主干，包括公路、航空、内河航运及海上运输的交通网络。全区有铁路 70 多条，总长度达 1.42 万千米，是我国各旅游区中铁路长度和密度最大的一个。全区公路也十分发达，有南北干线与东西交叉的多条高速公路，每个县都通高等级的公路，所有乡、村都通车。航空业也很发达，主要机场有沈阳、大连、哈尔滨、长春、佳木斯、齐齐哈尔、牡丹江等，有多条航线通往全国各大城市，还有多条国际航线，通往俄罗斯、日本、韩国及香港特别行政区。本区内河运输具有直接连接国外、方便区内的功能，其中黑龙江、松花江的不少河段都可以通航千吨级以上的轮船。海上运输以大连、营口、丹东、锦州为主要港口，开辟有沿海航线和通往世界的货运航线。其中，大连港吞吐量在全国居第二位，是我国北方条件最好、最重要的海运港口。目前本区已建成全国最发达的交通网络，为旅游业的发展奠定了坚实的基础。

4. 多民族聚居，典型的多元文化复合区

本区是我国北方少数民族的发祥地和聚居地，主要少数民族有满族、朝鲜族、蒙古族、柯尔克孜族、鄂温克族、鄂伦春族、赫哲族等。其生产方式既有汉族、朝鲜族等传统的农耕方式，也有达斡尔族、鄂伦春族、鄂温克族等以狩猎为主的方式。我国仅有的两个以捕鱼为主的少数民族之一——赫哲族也在本区，还有曾经以游牧为主，以后逐渐转向农耕的满族等。众多的民族及多样的生产和生活方式，既互相融合，又相对保持一定的特色，从而形成了本区复合型的民族风情。

二、旅游资源类型

本区处于我国纬度最高的东北部地区，以北方雄奇的自然风光为主，林海雪原、火山遗迹、黑土沃野、河流湖泊散发出淳厚的天然魅力。本区拥有历史上保留下来的以清代古迹为主的不同时代的丰富历史遗迹、融合了多种建筑风格的近现代建筑。本区的民族风情、多元文化及城市发展呈现出多彩的人文面貌。

1. 火山遗迹、地热旅游资源

东北地区是我国大陆火山景观最丰富、典型的地区之一。全区有火山 230 多座，已发现的火山群有 32 个。著名的有五大连池、长白山天池、镜泊湖等火山群。这些火山群被誉为"中国火山博物馆"，成为东北著名的火山遗迹游览区。在火山活动地区地热资源丰富，东北地区分布着五大连池、长白山温泉、本溪温泉等众多的温泉。另外，熔岩堰塞形成的镜泊湖、吊水楼瀑布及地下森林等火山熔岩景观引人入胜。

2. 冰雪旅游资源

"冰城"哈尔滨的冰灯、冰雕闻名海内外，江城吉林的雾凇"树挂"千姿百态。东

北冬季积雪期长、积雪深，有利于开展冰雪观光、冰雪体育等旅游活动。冰雪体育活动主要有滑冰、滑雪、冰橇、冰球、冰帆、溜冰等。这里夏季气候凉爽，成为闻名的避暑胜地。

3. 森林及野生动植物旅游资源

大面积的原始森林为野生动物提供了生长和繁殖的条件，在原始森林中栖息着东北虎、梅花鹿、紫貂、金钱豹、丹顶鹤、大天鹅、熊、狐等珍稀野生动物。扎龙、向海、莫莫格是以丹顶鹤为主的自然保护区。

4. 文物古迹旅游资源

东北地区历史悠久、古迹众多，从春秋时期到清代的古迹都有，主要有渤海国，高句丽国，辽、金、明、清时的遗迹。清代遗迹数量众多、保存完整，最为著名的是融合满、汉两族建筑风格的沈阳故宫及保存完好、规模宏大的清代"关外三陵"。此外，还保存着大量始建于辽、金或更早时代的佛教、道教寺观，以及著名的明代古城——宁远卫城、兴城城墙、辽阳白塔、六顶山古墓群、渤海国上京龙泉府遗址等类型众多的历史古迹。

5. 城市风貌旅游资源

东北地区的近现代建筑融合了多种建筑风格。哈尔滨是融多种建筑风格于一体的典型城市，素有"东方莫斯科"、"东方小巴黎"之称，现保存下来的早期建筑达500多座，绝大部分为欧式建筑。长春则遗存有伪满洲国时期兼具中国宫殿和日式建筑风格的"八大部"建筑及伪满洲国皇宫。大连市集中于中山广场周围的低层庭院式住宅区，也是伪满洲国时期遗留下来的典型建筑。

6. 丰富多彩的民族文化旅游资源

东北地区有丰富多彩的文化艺术，著名的有东北秧歌、辽宁的杂技、吉林的"吉剧"、黑龙江的"龙江剧"和"冰上芭蕾舞"等。"二人转"是东北土生土长并受到广大群众，尤其是当地农民欢迎的一种艺术形式。

小资料

东北秧歌

东北地区的民间舞蹈有秧歌、龙灯、旱船、扑蝴蝶、二人摔跤、打花棍、踩高跷等，多在一起配合演出，统称为"秧歌"。秧歌旋律流畅，节奏欢快简洁，其红红火火的场面、丰富的舞蹈语汇、情趣盎然的姿态和灵动活泼的表演风格，历来深受人们的喜爱。

东北秧歌有悠久的历史，是北方劳动人民长期创造积累的艺术财富。它起源于插秧耕田的劳动生活，又和古代祭祀农神祈求丰收、祈福禳灾时所唱的颂歌、禳歌有关，并在发展过程中不断吸收农歌、菱歌、民间武术、杂技及戏曲的技艺与形式，从而由一般的演唱秧歌发展为现在广大群众喜闻乐见的一种民间歌舞。

现在的东北秧歌形式诙谐、风格独特，广袤的黑土地赋予了它淳朴而豪放的灵性和风情，融泼辣、幽默、文静、稳重于一体，将东北人民热情质朴、刚柔并济的性格特征挥洒得淋漓尽致。稳中浪、浪中梗、梗中翘，踩在板上，扭在腰上，是东北秧歌的最大特点。同时，花样繁多的"手中花"，节奏明快、富有弹性的鼓点，哏、俏、幽、稳、美的韵律，都是东北秧歌的特色。

东北地区少数民族的民俗文化也独具特色，如朝鲜族能歌善舞，节日期间，男女老少纵情歌舞，压跳板、打秋千、打球、摔跤、拔河等体育竞技表演吸引着千万观众，热闹非凡。老人节也是朝鲜族人民的传统节日，60岁以上的老人在老人节这一天会受到特殊的尊敬和款待。长期生活在大森林中的鄂伦春族、鄂温克族，他们吃兽肉穿兽皮、骑烈马、坐驯鹿拉的雪橇。世世代代劳作在乌苏里江上的赫哲族人，是我国少有的靠打鱼为生、使用狗拉爬犁的民族，也是我国人口最少的民族之一。

7. 滨海旅游资源

东北地区南濒渤海和黄海，有漫长的海岸线，夏季海滨凉爽宜人，是避暑胜地，如大连、旅顺、兴城等地早已成为全国著名的滨海旅游和避暑胜地。

第二节　重点旅游资源

一、黑龙江省

黑龙江省位于我国的最东北部，是我国位置最北、纬度最高、经度最东的省份，由境内最大河流黑龙江而得名，简称"黑"，总面积约47.3万平方千米（列全国第6位），总人口3 834万（2011年），省会为哈尔滨市。虽然黑龙江省开发历史较晚，但古迹遗址等人文景观别具特色。黑龙江省金代称女真，元属岭北和辽宁行省，明为女真地，清代始称满洲，清初为黑龙江将军辖区，清末置黑龙江省。

黑龙江地形复杂，山地平原交叉分布，西北部有大兴安岭山地，北部有小兴安岭山地，东南部有张广才岭、老爷岭、太平岭和完达山等山地，西南有嫩江，东北部和西南部有三江平原及松嫩平原。地势西北高，东南略低，西南、东北低平。黑龙江省属于寒温带大陆性季风气候，是我国气温最低的省份。林场面积19万平方千米，绝大多数为天然林，是开展森林旅游的好地方。全省江河纵横，有黑龙江、松花江、乌苏里江等五大水系。主要湖泊有镜泊湖、五大连池等。

黑龙江省旅游资源特色鲜明，冰雪资源堪称全国之最，冰雕艺术自20世纪60年代初在哈尔滨发展以来，至今已产生广泛影响。滑雪期长达 120～140 天，雪质好、降雪多、山体坡度适中，适于建大型滑雪场的地方有 100 多处。

（一）重点旅游景区

1. 黑龙江南部旅游区

该区从黑龙江省西部齐齐哈尔向南向东，沿滨洲线和滨绥线经哈尔滨至牡丹江，包括齐齐哈尔游览区、哈尔滨游览区、牡丹江游览区。本区的旅游资源丰富多样，尤以冰雪旅游资源享誉全国。该旅游线上分布有冰城哈尔滨、五大连池、镜泊湖等著名旅游点。

哈尔滨市是黑龙江省省会，位于东北平原北部、松花江中游。哈尔滨是满语"晒网场"的意思。此地原为一渔村，修建铁路后逐渐发展起来。哈尔滨是一座美丽且具有俄罗斯风情的城市，有"东方莫斯科"之称。同时也是东北地区重要的工业城市和铁路交通枢纽、东北北部航空运输中心。哈尔滨冬季冰上活动丰富多彩，冰灯游园活动尤为突出，素有"冰城"之称。夏季的哈尔滨气候凉爽、风景秀丽，是著名的旅游避暑胜地。

（1）太阳岛

太阳岛风景区，位于哈尔滨市区松花江北岸。太阳岛是松花江江心的一个沙岛，全岛面积 38 平方千米，岛上有水阁云天、仙鹤群、母子鹿、长堤垂柳等 20 余个风景点。

太阳岛冬季冰雪游乐活动丰富多彩，滑冰橇、乘冰帆、溜冰、打冰球等令人神往。闻名遐迩、一年一度的哈尔滨雪雕游园会和群众性的冰雕比赛会（图 3-1）相继展开，雪雕塑、冰建筑、冰雕塑、雪建筑，千变万化，精彩纷呈。

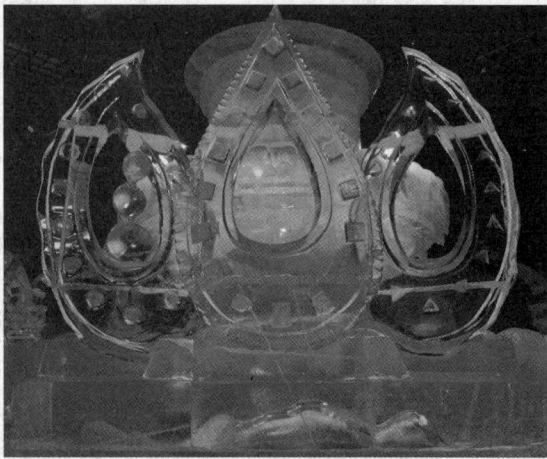

图 3-1　太阳岛冰雕

小资料

哈尔滨国际冰雪节

哈尔滨国际冰雪节是我国历史上第一个以冰雪活动为内容的区域性节日，创办于

1985 年 1 月 5 日。哈尔滨人化严寒为艺术，赋冰雪以生命，将千里冰封、万里雪飘的北国冬天，创造成融文化、体育、旅游、经贸、科技等多领域活动为一体的黄金季节。中国·哈尔滨国际冰雪节与日本札幌的雪节、加拿大魁北克的冬季狂欢节、挪威奥斯陆的雪节并称世界四大冰雪节。

每年一度的哈尔滨冰雪节，以"主题经济化、目标国际化、经营商业化、活动群众化"为原则，集冰灯游园会、大型焰火晚会、冰上婚礼、摄影比赛、图书博览会、经济技术协作洽谈会、物资交易大会、专利技术新产品交易会于一体，吸引游客多达千余万人次。不仅是中外游客旅游观光的热点，而且还是国内外客商开展经贸合作、进行友好交往的桥梁和纽带。

（2）中央大街

中央大街，始建于 1898 年，是哈尔滨最为著名的步行商业街。中央大街南起于道里区新阳广场，北止于松花江边的防洪纪念塔广场，全长 1 450 米，宽 21.34 米。整条街由方石铺成，俗称"面包石"。中央大街全街区现有欧式、仿欧式建筑 75 栋，各类保护建筑 36 栋，其中主街 17 栋。在这些建筑中，汇集了欧洲 15～16 世纪的文艺复兴风格，17 世纪的巴洛克风格，18 世纪的折中主义风格和 19 世纪的新艺术运动风格等在西方建筑史上最具影响力的建筑流派。如今，中央大街集旅游、购物、娱乐、休闲功能于一体，既是建筑艺术街、繁华商业街，又是旅游休闲街、公众文化街。

（3）圣索菲亚教堂

圣索菲亚教堂（图 3-2）位于哈尔滨市内，始建于 1907 年，重建于 1923 年，是当时入侵的沙俄军队为了稳定军心而修建的一座教堂，也是远东地区最大的东正教堂。其建筑高 53.35 米，占地面积 721 平方米，是拜占庭式建筑的典型代表。1997 年 6 月，圣索菲亚教堂修复并更名为哈尔滨市建筑艺术馆。

图 3-2　圣索菲亚教堂

（4）阿城金源文化旅游区

阿城金源文化旅游区，位于阿城市区南 2 000 米处。阿城是金朝 1115～1234 年间的都城，是迄今保存较为完好的唯一的金代都城遗址。1115 年，女真人首领完颜阿骨打在这里建立了声威显赫的大金帝国，历经金太祖、太宗、熙宗、海陵王四帝，历时 38 年。至今，皇城午门及宫殿建筑遗址，均保存完好，外城城墙、瓮城、马面、角楼及护城河遗址尚存。旅游区内有金源历史博物馆，是目前全国唯一的集中收藏和展览金代文物的博物馆。现馆藏金代文物 2 000 余件，其中国家一级保护文物达 19 件。

（5）亚布力滑雪场

亚布力滑雪场地处尚志市亚布力镇，位于长白山系余脉张广才岭西麓的大锅盔山脚下，占地面积 2 255 万平方米。亚布力原名"亚布洛尼"，即俄语"果木园"之意，清朝时期曾是皇室和贵族的狩猎围场。这里山高林密，海拔 1 374 米，冬季山下积雪深度为 30～50 厘米，山上积雪厚达 1 米左右，雪质优良，硬度适中。亚布力滑雪场始建于 1980 年，是目前我国最大的综合性滑雪训练和比赛基地及南极训练基地。

（6）镜泊湖风景名胜区

镜泊湖风景名胜区位于黑龙江省东南部张广才岭与老爷岭之间，总面积 1 200 平方千米，是我国北方著名的风景区和避暑胜地。主要包括镜泊湖、吊水楼瀑布、"地下森林"等。

1）镜泊湖。意为清平如镜。镜泊湖形成于大约一万年前，火山爆发的玄武岩浆堵塞牡丹江河道，形成大型火山熔岩堰塞湖。镜泊湖湖面海拔 351 米，湖深平均为 40 米，由南向北逐渐加深，最深处达 62 米。全湖为西南至东北走向，呈"S"形，湖岸多港湾，湖中大小岛屿星罗棋布。

2）吊水楼瀑布。位于镜泊湖水泻入牡丹江的出口，是火山喷发后形成的，名列"全国三大瀑布景观"。瀑布高约 20 米，宽约 45 米，湖水飞流直下，具有很大的冲击力，年长日久，竟将瀑底砸出了一个 60 米深的水潭。由于流水落差大、水流急，瀑布发出雷鸣般的轰响，距瀑布 1 000 米外就能听到响声。环潭的黑石壁，是一个天然的回音壁，石壁回音的效果可与北京天坛公园的"回音壁"相媲美。

3）火山口森林。又称"地下森林"，位于宁安县沙兰乡境内，镜泊湖西北 45 千米处。在 10 多个火山口中，7 个火山口内已长出茂密的原始森林，树龄多在 600 年以上，有红松、紫椴、水曲柳等珍贵树种。从火山口往下望，但见密林丛生于脚下，形成罕见的"地下森林"奇观。

（7）扎龙国家级自然保护区

扎龙湿地，位于黑龙江省西部松嫩平原，总面积 21 万公顷，是我国最大的以鹤类等大型水禽为主体的珍稀鸟类和湿地生态类型的国家级自然保护区。据统计，这里生活着 260 多种禽鸟，尤以鹤类最为著名，素有"鹤的故乡"之称。其中，丹顶鹤、白枕鹤、白头鹤、闺秀鹤、白鹤和灰鹤均为国家重点保护的一、二级动物。丹顶鹤又称"仙鹤"，是十分珍贵的名禽，扎龙的丹顶鹤数量约占全世界丹顶鹤总数的 1/4。每年 4～5 月 200 余只丹顶鹤及其他水禽来此处栖息繁衍，白鹤数量近 1 000 只，来此栖息逗留后继续北迁至俄罗斯境内，为迁徙性停歇鸟。保护区内的野生经济鸟类每年繁殖数量达 10 万只以上。

2. 黑龙江北部旅游区

黑龙江北部旅游区主要以黑河市和大兴安岭地区为中心，包括五大连池和漠河景区。

（1）五大连池

五大连池风景区位于黑龙江省西北部的五大连池市、小兴安岭西南侧山前台地上。1719～1721 年爆发的最新期的两座火山——黑龙山和火烧山，巨量熔岩阻断了白河发源地及古河道，形成了 5 个串珠状湖泊，五大连池由此而得名。五大连池周围分布着 14 座火山体，喷发年代跨越 200 多万年，海拔为 400～600 米。五大连池火山群以火山锥的特殊结构、各种火山熔岩流动形迹、结满冰霜的熔岩隧道，构成了独特而典型的火山景观，被科学家称为"天然火山博物馆"和"打开的火山教科书"。此外，还有闻名于世的冷碳酸矿泉。五大连池是我国著名的火山游览胜地，位列联合国人与生物圈保护组织成员单位，也是我国首批世界地质公园之一。

（2）漠河

漠河是我国大陆最北端的村镇，被称为"中国的北极"，历史上曾在此测量到了绝对最低气温−52.3℃，因此又被称为"中国寒极"。漠河以极光和极昼极夜的自然现象著称于世。此外，漠河资源丰富，黄金开采有百余年的历史，曾被慈禧定为"胭脂沟"。距漠河 82 千米的洛古村是黑龙江的发源地。强悍的鄂温克族游牧于大兴安岭上，保留着北方游牧民族的原始文化和习俗。

（二）特色民俗风物旅游资源

1. "北大荒"

黑龙江旧日被称作"北大荒"，现在已有了沧海桑田的变化，人们用朴实的歌谣描绘这片土地的富有："棒打獐子瓢舀鱼，野鸡飞到饭锅里。"在黑龙江极具特色的少数民族中，有以捕鱼为生的赫哲族，有以狩猎为业的鄂伦春族和以牧业为主的达斡尔族等。

2. 风物特产

黑龙江主要特产有以黑龙江特产的亚麻布或棉布做底，用棉线织绣而成的江编结绣，用麦秸为原料制成的麦秸工艺画，用牛角、羊角合制而成的牛角画。宁安县渤海镇的响水村出产的响水大米颗粒饱满、清白透明。

3. 风味饮食

黑龙江菜系也称"龙江菜"，以烹制山蔬野味为特点，讲究口味的香醇、鲜嫩、爽润，咸淡相宜。

4. 民间艺术

黑龙江二人转的语言通俗易懂、幽默风趣、生活气息浓厚、富有地方特色。其表演细腻，唱腔优美，以唱功取胜。龙江剧是新中国成立后在二人转基础上形成的新剧种，乡土味浓郁。

二、吉林省

吉林省位于中国东北地区中部，处于东北亚的腹地，简称"吉"，与俄罗斯、朝鲜接壤，边境线总长 1 438.7 千米。全省总面积 18.74 万平方千米（列全国第 13 位），总人口 2 750 万（2012 年），省会为长春市。有汉族、满族、蒙古族、朝鲜族等主要民族。古时因东北是清朝的发祥地，故为满族独占的禁区，不设行省，而设盛京（后改为奉天）、吉林、黑龙江 3 个辖区。吉林省历史上长期是满族、蒙古族、朝鲜族等少数民族活动和聚居之地。

吉林省的地势由东南向西北倾斜，构成了山地、丘陵、平原三大地貌。东部是长白山区，是一座立体资源宝库和世界著名的生态环境保护区；中部是肥沃的松辽冲积平原，以盛产优质玉米、大豆、水稻而闻名；西部是科尔沁大草原，水草肥美，遍地牛羊。松花江从长白山发源，蜿蜒千里，贯穿吉林省全境。

吉林省现有的世界文化遗产高句丽王城王陵与贵族墓葬，雄山托天池、林海藏珍奇的长白山自然保护区，中国四大自然奇观之一的吉林雾凇，碧波荡漾的松花湖，载入《国际重要湿地名录》的通榆县向海自然保护区，都吸引着游人前往。

（一）重点旅游景区

1. 东部长白山自然生态-朝鲜族-边境风情旅游区

该旅游区包括延边朝鲜族自治州、通化市和白山市。旅游资源以长白山自然生态、朝鲜族风情、边境风情、高句丽史迹为主。

（1）长白山自然保护区

长白山自然保护区位于吉林省东南部，以白头山天池为中心，地跨白山、延边两个地区的抚松、长白、安图 3 个县，是我国目前最大的自然保护区之一。

长白山是东北地区海拔最高、喷口最大的火山体，形成约有 200 万年。当火山爆发喷射出大量熔岩之后，火山口处形成盆状，时间一长，积水成湖，便成了现在的天池。而火山喷发出来的熔岩物质则堆积在火山口周围，成了屹立在四周的 16 座山峰，其中 7 座在朝鲜境内，9 座在我国境内。最高峰将军峰在朝鲜境内，海拔 2 750 米，中国境内最高峰白云峰海拔 2 691 米，是中国东北第一高峰。长白山因山顶多白色浮石与积雪而得名，有"关东第一山"之称，是中朝两国的界山。1980 年 1 月长白山自然保护区加入了联合国教科文组织"人与生物圈保护网"。

长白山自然保护区以温带森林生态系统为主要保护对象，素有"长白林海"之称。由于山地地形垂直变化的影响，长白山从山脚到山顶，随着高度的增加形成了由温带到寒带的 4 个景观带，这种自然多彩的垂直景观带在世界上是罕见的，这就是所谓的"一山有四季，十里不同天"。长白山自然保护区是一座天然的大博物馆，稀有生物资源的储藏库，为地球上很少遭到人类破坏的原始生态保留地，林中还栖息着名贵的珍禽异兽，著名的东北虎、梅花鹿、紫貂、金钱豹等都分布在这里。长白山又被称为"药材之山"，有人参、党参、黄芪、木灵芝等 300 余种中药材。长白山是"东北三宝"的产地。

天池是长白山最引人注目的风景，它是中朝两国的界湖，也是我国最高的火口湖和最深的高山湖泊。水面海拔2 150米，最深处达373米。天池水质清澈，湖面成蓝宝石色，是松花江源头。天池周围峭壁百丈，发源于天池的长白山瀑布（图3-3）从天池北口的悬崖峭壁上飞流直下，十分壮观。

长白山多温泉，有长白山温泉群、天池湖滨温泉群等多处温泉。长白山温泉群有几十处，"聚龙泉"是其中水量最大、分布最广、水温最高的，被誉为"长白山第一泉"。长白温泉含硫化氢，可治疗关节炎、皮肤病，而且水流量、水温、水质常年恒定，有很高的医疗效果。

🔍 小资料

长白山"三奇"

石头浮水面、木头沉水底、蓼草倒着长被称为长白山"三奇"。

浮于水面的石头叫浮石，或浮岩，是一种白、灰或暗黄色的石头，多孔而质轻，当地人称之为"不沉底儿的石头"，在天池方圆70千米范围都能拣到，其大小不一、形状各异。浮石是长白山火山喷发后的产物，可用来擦磨刀锈，制作盆景或轻型保温建材等。

图3-3　长白山瀑布

沉于水底的木头即石崩，是一种矮棵明条灌木，最高不过两米，但质地坚如石材，多生长于山崖、河边和石窝之中，比重大于水。石崩多用于制成箭杆、拐杖、烟袋杆和篆刻印章等。

蓼草又称倒根草，属蓼科多年生草本植物，呈黑、褐色，开粉色花。其生长地土层极薄，根遇岩石返出地面后，又生出叶片，令人称奇。蓼草结三棱形果实，根状茎可以入药，能治疗肠炎、痢疾、痔疮、气管炎等症。

（2）防川风景名胜区

防川风景区位于延边自治州珲春市南部。风景区位于中朝俄三国交界的地带，面积为20平方千米，涉江临海，依山傍水，自古就有"鸡鸣闻三国，犬吠惊三疆"之称。该区以其独特的"一眼望三国"，以及区内的自然湖泊、森林、珍稀植物、鸟类等闻名于世，是国家级森林公园、远东豹保护区的核心地带。"土字牌"是中国与俄罗斯两国界标之一，也是中俄边境线上的第一座界碑，从土字牌顺图们江而下到日本海仅15千米。它是1886年清政府派吴大澄与俄谈判时而立的。

（3）集安市

集安市位于吉林省南部鸭绿江边，与朝鲜一江之隔，为历史文化名城。集安原是我国古代少数民族政权高句丽的都城（3~427年），现在仍为保留高句丽文物古迹最多的地方。现有高句丽遗址 36 处，古代城址 8 处，古墓群 75 处、8 000 余座，碑石刻 7 处。其中，丸都山城、洞沟古墓群最具历史价值，"东方金字塔"——将军坟、"东方第一碑"——好太王碑最为著名。"世界遗产高句丽、长白山下小江南、中朝界河鸭绿江"是集安市的三大旅游品牌。

集安市内的"国内城"与"丸都山城"分别坐落在平原与附近的山上，形成了高句丽的一对"附合式都城"。城西北的丸都山城是高句丽的都城，山城周长 7 千米，城垣用方形整石块垒砌，高达 6 米，为全国重点文物保护单位。城东北的好太王（高句丽第 19 代王）墓碑建于 414 年，碑文记载了高句丽神话般的起源，称颂了好太王的文治武功业绩。城东的将军坟是高句丽第 20 代王长寿王的陵墓，这座"方坛阶梯古墓"由 7 层巨石修砌而成，呈截尖方锥体，号称"东方金字塔"。

2. 东部长春-吉林城市-冰雪-历史旅游区

该旅游区包括长春市、吉林市、四平市、辽源市等。该区城市发达，除了有丰富的山林、湖泊、冰雪、雾凇等自然旅游资源，还有大量的伪满遗迹、辽金历史和满族风情等人文旅游资源。

长春市位于吉林省中部，松辽平原腹地，伊通河畔，为吉林省省会。长春市素有"汽车城"、"电影城"、"科技文化城"、"森林城"的美誉。这里冬季寒冷漫长，夏季湿润短促。长春工业发达，为中国汽车制造基地之一。市区整齐清洁、风景秀丽，有"塞外春城"之称。长春形成了以净月潭森林、冰雪为主打产品的生态旅游，以伪满皇宫、"八大部"为代表的伪满遗迹游，以长影世纪城、电影城为主的影视文化游，以一汽、汽车城为龙头的汽车工业游等四大旅游名牌。

（1）长春伪满皇宫博物院

伪满皇宫博物院是建立在伪满皇宫旧址上的宫廷遗址博物馆，坐落在长春市光复北路 3 号，占地面积约 13.7 万平方米。伪满皇宫从 1937 年开始修建，1938 年年末竣工，是中国清朝末代皇帝爱新觉罗·溥仪充当伪满洲国皇帝时居住的宫殿。

伪满皇宫主体建筑分为东西不对称的两个院落。西院所有正房都是二层青砖小楼。中和门以北为外廷，主要建筑有溥仪用于办公、处理政务、举行大典的勤民楼及用于供奉列祖列宗的怀远楼和用于举行大型宴会的嘉乐殿、清宴堂；中和门以南则是内廷，是溥仪及其后妃日常生活的区域，有寝宫缉熙楼、球场、花园等。东院的主要建筑是伪满时期增建的，是在旧盐仓遗址基础上改建的，主要建筑有 1938 年日本给溥仪修建的宫殿——同德殿，此外还有假山、游泳池、书画库、建国神庙、防空洞等其他附属建筑。

（2）"八大部"景区

"八大部"景区位于长春市新民大街附近，是伪满洲国的八大统治机构，即治安部（军事部）、司法部、经济部、交通部、兴农部、文教部、外交部、民生部的统称。"八大部"于 1936 年基本建成，各幢大楼的建筑风格都不相同，集中西方风格为一体，既有外观宏伟的大楼，又有垂花拱门的庭院。这些政治机构同伪国务院、综合法衙（司法检察机关）等大型建筑保存完好，分布于市中心地带，形成了以地质宫为中心的建筑群。这些遗迹已成为日本侵华罪恶史和民族耻辱历史的见证。

（3）长影世纪城

长影世纪城位于长春市净月潭西侧，是我国首家电影制片工业与旅游业相结合的电影主题公园，堪称"东方好莱坞"，是借鉴美国好莱坞环球影城和迪斯尼游乐园的精华建造而成的、以电影文化艺术为主要特色的旅游场所和影视拍摄基地。

（4）净月潭风景区

净月潭风景区位于长春市东南部，始建于 1934 年，是一处群山环抱，森林茂密的水库游览区。净月潭因筑坝蓄水呈弯月状而得名。净月潭森林面积逾 100 平方千米，有"亚洲第一大人工林海"之称。景区包括净月潭国家重点风景名胜区、净月潭国家森林公园和净月潭旅游度假区 3 个部分。这里冬季积雪深度约 30 厘米，银装素裹，一派北国风光，是天然的滑雪场。

（5）北大湖滑雪场

北大湖滑雪场地处长白山余脉，松花湖自然保护区。北大湖滑雪场三面环山，滑雪场风速很小，气温适中，冬季近似静风区，有利于保存积雪，积雪期从每年 11 月开始至第二年的 4 月。积雪深度达 0.5～1.5 米。雪质松散，呈颗粒状，很适合开展滑雪运动。北大湖滑雪场雪道最大高差达 870 米，具备承办国际赛事的自然条件。

（6）松花湖景区

松花湖景区位于吉林市东南郊，地处长白山山脉的西侧，湖区面积 554 平方千米，是吉林省最大的人工湖。

松花湖是拦截松花江水建设丰满水电站，叠坝成湖形成的，湖面狭长，绵延 200 多千米，水域辽阔、湖汊繁多、状如蛟龙。松花湖沿岸森林面积达 2 100 平方千米，山林中盛产人参、五味子等药材，还有山葡萄、榛子、蘑菇等特产。

松花江水经丰满水电站排出，温度较高，即使冬天也不封冻，流经到下游吉林市，不冻的江水腾起来的雾气，遇到寒冷的树枝或电线，凝结为霜花，气象学称之为"雾凇"，当地群众称为"树挂"。吉林雾凇（图3-4，梁欢摄）以其出现天数长、分布密集、造型丰富而闻名海内外，被誉为"中国四大自然奇观"之一。

图 3-4　吉林雾凇

3. 西部湿地草原旅游区

该旅游区包括白城、松原两市，以湖泊湿地景观、草原风光和蒙古族风情为主要特色。

向海国家级自然保护区位于通榆县境西北部，总面积 105 467 公顷，是以丹顶鹤等珍稀鸟类和蒙古黄榆等稀有植物为主要保护对象的内陆湿地水域生态系统类型自然保护区。

向海自然保护区内湿地面积达 3.6 万公顷，草原 3.04 万公顷，林地 2.9 万公顷，其中天然林面积达 1.9 万公顷。保护区主要有四大生态景区：沙丘榆林、湖泊水域、蒲草苇荡、羊草草原，构成了典型多样性的湿地物种基因库。我国动物地理区划中的华北松辽平原亚区和蒙新区东部草原亚区的动植物资源均在这里分布。保护区内共有国家重点保护的野生动物 52 种，其中国家一级保护动物 10 种：大鸨、东方白鹳、黑鹳、丹顶鹤、白鹤、白头鹤、金雕、白肩雕、白尾海雕、虎头海雕。吉林省省鸟丹顶鹤主要在此过冬。

（二）特色民俗风物旅游资源

1. 民间艺术

吉剧是吉林省具有代表性的地方剧种，流行于长白山、松花江一带，生活气息浓郁，表演朴实逼真。二人转在东北秧歌、民歌基础上，吸收借鉴了莲花落、评剧、皮影等艺术，逐渐发展起来。一年一度的药王庙会，已成了吉林市传统的、独具地方特色的民间"节日"。吉林冰灯已有 300 多年的历史，是中国冰灯起源最早的地区，现今已远播到哈尔滨、北京乃至广州等地。吉林冬季长、结冰早，自然而然形成了独特的在春节前后制作冰灯的地方传统风俗。

2. 风味饮食

吉林地处北方寒冷地区，冬季以含热量较高的食物为主。吉林菜是采用当地天然原料与特有的烹饪工艺，集吉林省满族、朝鲜族、蒙古族饮食文化和习俗而形成的具有特殊风味的系列菜系。

3. 风物特产

吉林省著名的土特产有长春人参烟、通化葡萄酒、珲春木耳等。

三、辽宁省

辽宁省地处我国东北地区南部，简称"辽"。辽东半岛伸入渤海与黄海之间，大陆海岸线长 2 178 千米，约占中国海岸线总长的 12%。辽宁省东南隔鸭绿江与朝鲜为邻，国境线长 200 多千米。东、北、西三面与吉林、内蒙古、河北等省区接壤，陆地面积 14.8 万平方千米（列全国第 21 位），海域面积 15.02 万平方千米，人口 4 383 万（2011 年），省会为沈阳市。辽东半岛因其地理位置与自然条件，被称为东北"金三角"。

辽宁地势由北向南，自东西两侧向中部倾斜，东部山地丘陵属于长白山脉向西南的延伸部分，为辽宁省主要林区；西部山地丘陵由松岭、黑山、医巫闾山等组成，其中东缘的临海狭长平原，习惯上称为"辽西走廊"；中部属于冲积平原，由辽河支流冲积而成，是东北平原的一部分，地势由东北向西南缓倾，土壤肥沃、水源充足，是辽宁省主要农业区和商品粮基地。本区岩溶地貌分布虽不广，但发育典型，本溪水、旱二洞景色瑰丽，其中水洞为中国北方罕见的有地下河的溶洞。辽宁省有多处地热活动遗迹，如宽甸火山群、鞍山汤岗子温泉等。辽宁省是东北地区降水量最多的省份，雨量不均，东湿西干。

辽宁在中国悠久的历史上占有漫长而辉煌的篇章。辽宁是满族发祥地，清代遗存在人文旅游资源中居首要地位。辽宁省现有世界文化遗产两处，分别是明清故宫拓展项目——沈阳故宫和明清皇陵拓展项目——盛京三陵。

（一）重点旅游景区

1. 辽东旅游区

辽东旅游区已形成了以大连-千山-沈阳-本溪水洞-凤凰山为主线的辽东旅游环线。该线拥有辽宁省唯一的一座历史文化名城沈阳，以及大连海滨-旅顺口、金石滩、千山、本溪水洞、凤凰山、鸭绿江6个国家级风景名胜区。

（1）沈阳市

沈阳市是辽宁省省会，位于辽河平原中部、浑河北岸，是国家历史文化名城。"沈阳"一名源于元代元贞二年（1296年）设置的沈阳路，因地处沈水之北而得名。明置沈阳中卫，清称盛京。1934年设沈阳市，沿用至今。沈阳市是东北地区最大的城市、工业中心和交通枢纽。沈阳是一座具有2 000多年历史的文化古城。满清入关占领北京之前，这里作为清都近20年，所以留有许多名胜古迹和历史文物，较著名的有沈阳故宫、昭陵、福陵等。沈阳盛夏凉爽宜人，是旅游最佳季节。

1）沈阳故宫。沈阳故宫位于沈阳市旧城中心，为清初皇宫，原名盛京宫阙，清入关后称奉天行宫，占地面积6万多平方米，宫内建筑物保存完好，有300多间房屋，是我国现存仅次于北京故宫的最完整的皇宫建筑。

沈阳故宫建于1625年，清崇德元年（1636年）基本建成，是清太祖努尔哈赤和他的继承人清太宗皇太极营建的皇宫。清世祖福临（顺治帝）也在这里即位称帝。清乾隆、嘉庆时又有增建。沈阳故宫的规模虽然比北京故宫要小得多，但是，它在建筑上有自己的特色。沈阳故宫以崇政殿为核心，从大清门到清宁宫为中轴线，将故宫分为东路（大政殿、十王亭）、中路（大清门、崇政殿、凤凰楼、清宁宫等）、西路（戏台、嘉荫堂、文溯阁、仰熙斋）三大部分。

东路正中为大政殿（图 3-5），大政殿是一座八角重檐亭子建筑，正门有两根盘龙柱，以示庄严。大政殿是用来举行大典，如颁布诏书，宣布军队出征，迎接将士凯旋和皇帝即位等的地方。其两侧由北向南各排列着 5 座亭子。大政殿和成八字形排开的 10 座亭子，其建筑格局乃脱胎于少数民族的帐殿。这 11 座亭子就是 11 座帐篷的化身。帐篷是可以流动、迁移的，而亭子就固定起来了。这也显示了少数民族文化的发展。

图 3-5 沈阳故宫大政殿

2）昭陵。昭陵位于沈阳北郊，故又称"北陵"，是清入关前的清太宗皇太极和孝端文皇后（博尔济吉特氏）的陵墓，总占地面积为 450 多万平方米，是清朝关外三陵（昭陵、福陵、永陵）中规模最大、结构最为完整、风景最佳的一个，也是我国保存最好的古代王陵之一。

昭陵始建于清崇德八年（1643 年），其建筑直接建在平地上，并没有依山傍水，四周护以缭墙（围墙），极似一座小城。全陵主体建筑都建在中轴线上，由南至北依次为神桥、牌楼、正红门、碑亭、隆恩门、隆恩殿、明楼、宝顶。两侧呈对称布局，建有辅助建筑。牌楼是前部主体建筑，系青石建成，四柱三层，雕刻得玲珑剔透、精美无双，为罕见的艺术珍品。

3）福陵。福陵位于沈阳东郊，故有"东陵"之称，建于后金（清）天聪三年（1629 年），其规模在清朝"关外三陵"中居于第二位。它是清太祖努尔哈赤和他的皇后叶赫那拉氏（清太宗的生母）的陵墓，占地约 19.5 万平方米。

陵园坐北面南，四周绕以矩形红墙，南面正中为正红门。门前两侧分布有对称的石狮、华表、石坊，以及用汉、满、蒙古、回、藏 5 种文字刻成的下马碑。由于地势北高南低，形成一个自然的斜坡，沿坡用青砖修成 108 级的砖垛，晋谒此陵时，由正红门到碑楼，必须登上这引人入胜的"一百零八蹬"，这是福陵的一大特点。沿着台阶步步登高，满山青松翠柏，使人眼界开阔、心旷神怡。

4）沈阳怪坡。神奇的沈阳怪坡，位于沈阳市新城子区境内的帽山西麓。怪坡长 80 余米，宽为 20 米，是一条呈西高东低走势的斜坡，发现于 1990 年 4 月。汽车开到坡下熄火停车后，车会自动地向坡上滑行。骑自行车上坡不用蹬，车会飞快地滑向坡顶，下坡却要用力蹬。牛顿的万有引力理论在这儿好像是失灵了。究其原因，众说纷纭，有的说是磁场作用，有的是重力位移，有的说是视觉差，但各种说法都不能自圆其说。怪坡的神奇之处有待进一步探秘。

5）张氏帅府博物馆。张氏帅府博物馆原为张学良旧居（图 3-6），位于沈河区朝阳街少帅府巷 48 号，是张学良将军及其父亲张作霖的宅邸。张氏帅府始建于 1914 年，由张作霖开始建造，1916 年入住，后经多次扩建，形成了现在由 74 间房舍组成的建筑体系，总占地面积 3.6 万平方米，建筑面积 2.76 万平方米。整个宅邸融合了中国、北欧、罗马、日本等建筑风格，是我国优秀的近代建筑群。张氏帅府可分为东院、西院两部分。东院是帅府的早期建筑，包括四合院、小青楼、大青楼、关帝庙及东墙外的赵四小姐楼等。西院则是后期建筑，在"九一八"事变前尚未竣工，后由日本人继续建造。

图 3-6　张氏帅府

（2）大连市

大连市位于辽东半岛南端，东濒黄海、西临渤海，与山东半岛隔海相望。大连古称青州，1905 年始称大连。19 世纪末清政府辟旅顺口为北洋海军基地，大连逐渐发展成为城市，曾称旅大市，现大连市是旅顺、大连的合称。大连市属暖温带海洋性气候，终年温和、四季分明、气候宜人。2006 年，大连市入选首批"中国最佳优秀旅游城市"。

1）大连老虎滩海洋公园。位于大连南部海滨的中部，是我国第一座海洋主题公园，占地 118 万平方米，有着 4 000 余米的海岸线。公园坐落于海拔在 30～40 米的丘陵地带，因其似猛虎卧滩，伸入海中，故名，是大连八景之一。公园三面环山，一面是临海的海水浴场。整个景区由老虎滩公园、珊瑚馆、极地馆、欢乐剧场、海兽馆、鸟语林等几部分景区组成。

2）金石滩。位于大连市北郊的金县境内的凉水湾，因为海滩上遍布晶莹圆润的五色石，故名金石滩。金石滩风景区面积达 20 平方千米，拥有海滨浴场和海上石林的双绝景色。

金石滩是一处罕见的生物灰岩海蚀喀斯特景区。震旦纪、寒武纪的地质地貌，沉积岩石，古生物化石形成了近百处景点，各种海蚀岸、海蚀洞、海蚀柱，千姿百态，"石猴观海"、"大鹏展翅"、"恐龙探海"等栩栩如生，被专家学者称为"海上石林"、"天然的地质博物馆"、"凝固的动物世界"。"玫瑰园"中的龟裂石形成于 6 亿年前，是目前世界上块体最大的奇石。这是由于泥沙质的岩石在形成过程中受太阳曝晒、干缩而发生裂缝，再沉入水中，裂缝被其他物质充填而成。金石滩以其奇特的地质景观被誉为中国独一无二的、世界极其罕见的、地球不能再生的"神力雕塑公园"。

3）旅顺口。位于辽东半岛最南端，地处黄海、渤海要冲。旅顺口历史悠久，原称

"狮子口"，明初收复辽东时，大军于狮子口登陆。为纪念平安抵达辽东，取"旅途平顺"之意，改"狮子口"名为"旅顺口"。旅顺口是我国历史上的海上门户，著名的军港。中日甲午战争和日俄战争都发生在这里。

① 旅顺蛇岛。位于大连市旅顺口区西北部的渤海湾中，距旅顺区 20 多海里。蛇岛面积 120 万平方米，岛长 1.5 千米、宽 0.8 千米，主峰海拔 216.9 米。蛇岛自然条件独特，有 1.5 万余条蝮蛇和无数的南来北往的各种候鸟。这里是世界蝮蛇的王国，是探险旅游的好去处。

② 旅顺老铁山。位于大连市旅顺口区西南部，地处辽东半岛最南端，与山东庙岛群岛隔海相望。老铁山景区面积 172.8 万平方米，山上遍布灌木与乔木林。陡崖上的洞穴里，栖息着成千上万的候鸟，这里是秋季候鸟过境理想的停歇站，现已划定为国家级自然保护区。此外，登临老铁山的百年灯塔，观看黄、渤海交界处的胜景，也是游人的一大快事。

③ 旅顺万忠墓。位于旅顺白玉山的东北麓，是 1894 年中日甲午战争中惨遭日本侵略军血腥屠杀的我国 2 万死难同胞的合葬墓地。

④ 旅顺日俄监狱旧址。位于旅顺口区元宝坊向阳街 139 号，为国家级重点文物保护单位。该监狱原由俄国建于 1902～1904 年，在日俄战争期间曾临时改作俄军骑兵营地和战地医院。1907 年由日本侵略军逐步改扩建为监狱，成为日伪时期我国东北地区最大的一座法西斯监狱。

⑤ 旅顺苏军烈士陵园。位于大连市旅顺口区城郊三里桥村西山脚下。该陵园始建于 1945 年，占地面积 4.8 万平方米，是我国最大的一座外籍烈士陵园，墓园安葬着苏军解放东北时牺牲的官兵及其驻守旅顺期间病故的官兵及家属。

4）圣亚海洋世界。坐落在星海湾旅游区星海公园内。圣亚海洋世界拥有亚洲最长的 118 米海底透明通道，是中国第一座海底通道式水族馆。圣亚主池水体 4 000 吨，放养鱼种 200 余种，7 000 余尾。

5）冰峪。位于大连市东北 160 千米处的庄河市北部山区，属长白山系千山余脉，总面积为 103 平方千米。冰峪素有"辽南小桂林"、"东北九寨沟"、"东方小瑞士"的美称。

冰峪风景区，主要的成景地层属中元古界石英岩。冰峪地质遗迹景观由英纳湖景区、仙人洞景区、小峪河景区及双龙汇仙人渡景区共 4 个景区构成，这 4 个景区虽然特点不同，但都被一条彩带似的小峪河串了起来。冰峪景区内，石英岩峰丛、峰林、岩柱、独峰、悬崖峭壁，以及由这些奇峰异峦构造而成的"一线天"、岩洞，比比皆是，其典型性和完整性，在国内独树一帜。

6）千山。原名千华山，位于鞍山市东南 20 千米处，景区范围大约 44 平方千米，最高峰仙人台海拔 708 米。山中奇峰迭起、塔寺棋布，共有峰峦 999 座，故名千山。山体为花岗岩体剥蚀低山丘陵，形似千朵莲花含苞待放，又称千朵莲花山。

千山素以奇峰、岩松、古庙、梨花而著称，有"无峰不奇，无石不峭，无寺不古"之誉。在众多的奇峰之中，最为奇特的要数坐落在大佛景区的天成弥勒大佛了。这座自然山峰，因其形状酷似端坐的弥勒佛而得名。大佛身高70米、肩宽50米、头高10米，形象逼真，是千山一大奇观。

千山宗教文化历史悠久，被誉为"中国第五大佛教圣地"。其中著名的有祖越寺、龙泉寺、大安寺、中会寺、香岩寺，称五大禅林。千山庙宇布局巧妙、建筑宏伟、凭山建庙、山庙一体、山中有寺、寺外环山。

7）本溪水洞。位于本溪市东部山区太子河畔，以本溪水洞为主体，沿太子河呈带状分布，总面积44.72平方千米。

本溪水洞是数百万年前形成的大型石灰岩充水溶洞，洞口坐南面北，高于太子河面13米，呈半月形。全洞分主辅两洞，两洞相背而生。主洞为充水溶洞，洞内深邃宽阔，洞口"迎客厅"高、宽各20多米，可容纳千人。大厅向右，有辅洞为旱洞，洞长300米，洞穴高低错落，洞中有洞，曲折迷离。地下暗河水流终年不竭，清澈见底，水量充沛。水深2～4米不等，最深处7米，可供游人乘船游览2 800米。

8）鸭绿江风景区。鸭绿江发源于吉林省长白山南麓，向南注入黄海，全长795千米，是中朝两国的界河。鸭绿江以水色深碧，宛如鸭头而得名。鸭绿江风景区位于丹东境内鸭绿江下游的浑江口至江海分界处的沿江区，全长210千米，面积约4 000平方千米。景区内江水蜿蜒舒缓，两岸峭壁嶙峋，林木郁郁葱葱，浩瀚秀美的水丰湖、雄峙江畔的虎山长城、弹痕累累的鸭绿江大桥、我国1.8万千米的大陆海岸线最北端的江海分界线和古人类洞穴遗址、原始村落遗址和现代园林建筑等，构成了绚丽多彩的自然景观和丰富的人文景观。

2. 辽西旅游区

辽西旅游区以医巫闾山-北镇庙-兴城旅游环线为主，西部义县、北镇县、兴城一带多辽金时期的古城古迹。

（1）医巫闾山

医巫闾山位于北宁市满族自治县，简称闾山。相传舜封天下12座名山为12州之镇山，此山为幽州之镇山，后称北镇山。医巫闾山南北绵亘45千米，有大小山峰52座，多奇峰怪石，主峰望海峰海拔866.6米。医巫闾山主要景区有中段的观音阁景区、玉泉景区、大朝阳景区，尤以观音阁景区景点最为集中。医巫闾山的山神庙是我国目前仅存的一座较为完整的山神庙。此外，医巫闾山还保存有大面积的东北地区特有的天然油松林和较完整的天然阔叶混交林，为珍禽天鹅、鸳鸯等候鸟迁徙的重要途经地，现已辟为国家森林公园。

（2）奉国寺

奉国寺地处锦州义县城内，为辽代古刹。主要建筑"大雄宝殿"建于高台之上，雄伟壮观，为国内罕有的辽代单层大建筑。殿为单檐庑殿式，面阔9间，进深5间，高21米，建筑面积1 800多平方米。殿内有高达9米的7尊佛像，俱为辽塑。梁架和斗栱上有辽代彩画，四壁有辽代壁画，均为珍贵的艺术遗存。

（3）兴城古城

兴城古城是著名古战场"宁远卫城"的故址。宁远卫城是明朝边防重镇，现保存完好，与陕西西安古城、湖北荆州古城和山西平遥古城一同被列为我国迄今保留完整的4座古城。全城呈正方形，设4门，门上皆筑门楼，城墙四角各设角台，东南角台有魁星楼1座。城内东西南北4条大街十字相交于鼓楼。城内有文庙及明代祖氏石坊等古迹。

城内温泉储量丰富、水质优良、无色无味。泉水内含多种矿物质及微量的放射性元素"氡"，可治疗多种疾病。现有温泉12眼，日开采热水2 000吨左右。已建成疗养院30余座，还设有各类温泉浴池。

（4）兴城海滨风景名胜区

兴城海滨风景名胜区位于兴城市区东南8千米处，海岸线长达14千米，依山面海，面积约42平方千米，海滨濒临景色如画的辽东湾，素有"第二北戴河"之称。

海滨浴场岸边，矗立着一尊高大的菊花女全身塑像，系用花岗岩雕刻而成。海湾南端的海中礁石上，建有3座观海亭，以一条跨海的栈桥相连接，直伸入海，是兴城海滨的一大胜景，叫作"三礁览胜"。

（二）特色民俗风物旅游资源

1. 民间艺术

辽宁民间艺术多姿多彩，既有辽南皮影、辽西刺绣、朝阳剪纸、民间绘画，又有各少数民族艺术。目前全省有12个县区分别被文化部命名为"中国现代民间绘画之乡"、"中国书画之乡"、"中国民间艺术之乡"等。辽宁流传至今且经久不衰的娱乐活动有假面舞、农乐舞、秋千、跳板、摔跤、拔河、掷四戏、花图牌、秧歌舞、骑射与冰嬉、跳马、跳骆驼、龙灯、旱船、踩高跷、滑雪等。其中，秧歌、龙灯、旱船、扑蝴蝶、二人摔跤、打花棍、踩高跷等形式，多在一起配合演出，统称为"秧歌"。盛行于东北三省的二人转又称"蹦蹦"，受到东北群众特别是农民的喜爱。

🔍 **小资料**

二 人 转

二人转是中国东北地区的走场类曲艺、地方戏，是广泛流传于吉林省、辽宁省、黑龙江省及内蒙古自治区东部部分地区的戏曲形式，史称小秧歌、双玩艺、蹦蹦等，大约有300年的历史。二人转融合了东北秧歌、民间说唱莲花落、戏曲、东北民歌、笑话、杂耍等曲艺形式。其主要表现形式是，一男一女，服饰鲜艳，手拿扇子、手绢，边走边唱边舞，表现一段故事，唱腔高亢粗犷，唱词诙谐有趣。二人转的表演，有"四功一绝"。"四功"即"唱、说、做（或扮）、舞"，"一绝"指用手绢、扇子、大板、玉子板等道具做出的特技动作。东北人喜爱二人转，甚至有"宁舍一顿饭，不舍二人转"的说法。

2. 风味饮食

辽宁菜是在满族菜和东北菜的基础上,吸收全国各地地方菜特点,特别是集鲁菜和京菜所长,形成了自己独特的风格。辽菜技法上以"扒"著称,以"煎、炒、烹"见长,讲究调味,菜肴特点是一菜多味,咸甜分明;酥烂香脆,色艳味浓;明油亮芡,讲究造型。

3. 风物特产

辽宁省特产资源丰富。著名果品有营口的国光苹果、大连的红玉和黄元帅苹果、辽西绥中秋白梨、北镇鸭梨、辽阳红果、大连黄金桃等。辽宁农特产品还有关东烟、铁岭大葱等。特产工艺品有岫岩玉雕、抚顺煤精雕刻和琥珀工艺品、大连贝雕画、实用旅游商品玻璃器皿等。

思 考 题

1. 东北旅游区具有哪些得天独厚的旅游资源?

2. 哈尔滨市有哪些具有特色的旅游资源?举例说明。

3. 长白山自然保护区位于哪个省?长白山自然保护区被列入联合国教科文组织人与生物圈保护区的原因是什么?有哪些吸引游客的旅游资源?

4. 东北旅游区内有哪几个国家自然保护区?它们都是以保护哪些物种为主的?

5. 沈阳市有哪些著名的古迹?为什么说沈阳故宫是我国现存仅次于北京故宫的最完整的皇宫建筑?

6. 千山有哪几个风景区?为什么千山享有"无峰不奇、无石不峭、无寺不古"的称誉?请举例说明。

7. 五大连池有哪些特点?

自 测 题

1. 林海雪原火山生态旅游区由_____、_____、_____组成。

2. 黑龙江是中国_____、_____、_____的省份,总面积列全国第_____位,由境内最大河流_____得名。

3. 吉林省历史上长期是_____等少数民族活动和聚居之地,现有世界文化遗产_____。

4. 辽宁是_____的发祥地，有世界文化遗产_____处，分别是_____、_____。

5. 目前我国最大的综合性滑雪训练和比赛基地及南极训练基地是（   ）。
    A. 吉林北大湖滑雪场   B. 亚布力滑雪场
    C. 哈尔滨玉泉滑雪场   D. 长白山冬训中心

6. 我国以雾凇景观而著称于世的是（   ）。
    A. 哈尔滨   B. 齐齐哈尔   C. 长春市   D. 吉林市

7. 位于吉林省南部鸭绿江边，与朝鲜一江之隔，为历史文化名城的是（   ）。
    A. 哈尔滨   B. 丹东
    C. 集安   D. 长白朝鲜族自治县

8. 下列景观可称得上是哈尔滨市区旅游特色的是（   ）。
    A. 冰灯游园会   B. 典型欧式建筑   C. 滑雪运动   D. 雾凇景观

9. 东北地区海拔最高、喷口最大的火山体是（   ）。
    A. 长白山   B. 老黑山   C. 药泉山   D. 火烧山

10. 清代关外三陵是（   ）。
    A. 定陵   B. 福陵   C. 永陵   D. 昭陵

11. 长白山"三奇"是指（   ）。
    A. 石头浮水面   B. 木头沉水底   C. 蓼草竖着长   D. 蓼草倒着长

12. 下列关于沈阳故宫说法错误的有（   ）。
    A. 沈阳故宫建于 1406 年
    B. 前三殿分别是太和殿、中和殿及保和殿
    C. 是清太祖努尔哈赤和他的继承人清太宗皇太极营建的皇宫
    D. 是世界现存最大、最完整的木质结构的古建筑群

13. 下列关于千山风景名胜区说法正确的是（   ）。
    A. 千山原名千华山
    B. 有"无峰不奇，无石不峭，无寺不古"之誉
    C. 是中国第五大佛教圣地
    D. 千山素以奇峰、怪松、古庙、梨花而著称

14. 简述林海雪原火山生态旅游区的旅游地理环境特征。

实 训 题

某大学地理系学生要利用暑假进行一次火山熔岩地貌景观的考察活动，请你在该旅游区中找一个典型地区，为其策划一条理想的考察线路。

第四章

华夏文明名山古迹旅游区
（京津冀鲁豫晋陕）

学习目标

本区位于我国中东部地区，包括北京、天津、河北、山东、河南、山西、陕西五省二市。通过本章学习，学生应了解本区旅游地理环境特征及旅游资源类型，掌握各省旅游资源概况及特色民俗风物旅游资源，熟悉本区主要旅游景点的具体特点，能够根据旅游资源的不同特点推荐特色旅游项目。

引导问题

1. 小李是一家公司工会的工作人员，今年"五一"劳动节单位领导要小李负责组织员工到北京旅游，假如你是当地旅行社的工作人员，你将会向小李推荐什么样的旅游线路呢？

2. 吴芳是某大学建筑专业的学生，想利用暑假时间，对我国明清时期的古建筑进行一次考察活动。假设你是一名旅游专业人士，在旅游线路的选择上，你能够给她一些建议吗？

3. 菲菲是一家电视台的旅游节目主持人，最近正策划一期关于华夏文明古迹的专题节目。你能从专业的角度，在采访景点的选择上给菲菲一些帮助吗？

本旅游区是华夏文明的重要发源地，长期以来是我国的政治、经济、文化、交通的中心，历史文化名城、文物古迹等人文旅游资源异常丰富。该区地处我国地势的第二、第三级阶梯，东临黄海、渤海，西接黄土高原，风景名山和海滨度假胜地数量众多，是全国旅游活动最早兴起和发展的地区之一。

第一节　旅游地理环境特征与旅游资源类型

一、旅游地理环境特征

1. 地貌类型多样齐全

本旅游区地表形态复杂多样，高原、山地、丘陵、平原、盆地等地貌类型齐全。境内不仅有绵延高峻的山地，也有坦荡无垠的平原；既有波状起伏的丘陵，也有山丘环抱的盆地，此外还有海拔较高的高原。

黄土高原又称晋陕高原，北高南低，地面除少数石山外，全部被深厚的黄土覆盖。西部陕北高原为盆地型高原。冀北山地是华北平原和内蒙古高原的过渡地带，东段为燕山丘陵区。山东丘陵是多次地壳运动中侵入的花岗岩及其变质岩构成的断块山，山势险峻，东南部分布着由平缓石灰岩盖层构成的方山地形。陕南山地是指秦岭和大巴山组成的秦巴山地，以及其间的汉中盆地。秦岭是我国自然地理的南北分界线，山地东部褶皱紧密，多断裂谷地和花岗岩高山。豫西山地是秦岭的余脉，山地高度自西向东逐渐下降，与淮河以南的一些低山丘陵构成了长江与淮河的分水岭。

2. 暖温带湿润、半湿润季风气候典型

本区位于大陆东部，除汉中盆地外皆为暖温带湿润、半湿润季风气候，气候自东向西大陆性特征显著。春季干燥多风，夏季炎热多雨，秋季秋高气爽，冬季寒冷少雪，四季分明，冬夏长而春秋短。秋季是该区的旅游黄金季节。本区的年平均降水量极不均匀。春季与冬季降水较少，降水主要集中于夏秋两季。山东半岛气温受海洋影响较大。

3. 四大水系分布全境

本地区兼有海河、滦河、黄河、长江四大水系，在气候、地形的制约下，形成了水量变化大、含沙量大的特点。冬季大部分河流有一定封冻期。

黄河水系是本地区最主要的河流水系，穿行于陕、晋、豫、鲁4个省份，在黄土高原上强烈切割形成峡谷、激流、瀑布，在山西吕梁山西南端形成了著名的壶口瀑布和龙门激流。

著名的湖泊有河北白洋淀，以及山东由微山湖、南阳湖、独山湖和昭阳湖组成的南四湖，由东平湖、马踏湖、南旺湖、蜀山湖、马场湖组成的北五湖等。

4. 古文明发祥地，历史悠久

本区气候温暖、土地肥沃、灌溉便利，适于人类的生存和繁衍，自古就是中华民族

的政治、经济、文化中心，被称为中华民族的摇篮。约 69 万年前，即有北京猿人生活在周口店附近，以后各历史阶段，都有文化遗存，是人类发展史的博物馆。现已发现有蓝田人、丁村人等古人类化石，半坡、仰韶、大汶口、龙山等新石器时代的文化遗址。春秋五霸、战国七雄，除吴、越等少数诸侯国占据长江流域外，绝大多数诸侯国集中在山西、陕西、河南、山东、河北各省。2 000 多年的封建社会，绝大多数朝代的都城建在本区。七大古都中的北京、西安、开封、洛阳和安阳都在本区，而且它们的建都历史早、持续时间长、城市规模大，在历史上都曾产生过巨大的影响。由于古都是帝王的统治中心，所以皇城、宫城建筑遗址、帝王陵墓，以及名寺、古塔、石窟比比皆是。这使得本区人文旅游资源多且价值很高，这也是本区旅游业发达的最重要的原因。

5. 经济基础雄厚，交通发达

本区是我国开发较早的地区，自然资源丰富，又兼山海之利，有发展多种经济的条件。平原地区是我国重要的小麦、水稻、玉米、豆类、棉花的生产基地，作物大都是两年三熟。天津、河北沿海及湖区渔业、盐业发达，丘陵及半山区盛产水果，如梨、枣、桃、栗子、柿子等，以及药材、烟草等，城郊蔬菜种植业也很繁荣。

首都北京高等院校、科研院所集中，人才济济，人力资源十分丰富，高科技、信息产业发达，投资业、金融业、商贸业、服务业、会展业发达，是我国科教、文化、经济、科技中心。本地区的煤、油、气资源丰富，工业基础十分雄厚。本区是全国煤炭的重要生产供给基地，煤的产量大、质量高。石油、电力、化工、汽车、机械、冶金、钢铁、纺织、建材方面，本区也是全国的重要基地。中关村科技园区更是国内一大亮点，是中国的硅谷。

本区域的交通十分发达，是全国的中心，四通八达，连接国内各主要城市和世界各国。本区航空以北京、天津、西安、郑州、太原、济南、青岛为中心，有几百条航线直通各省会和主要城市，此外还有上百条国际航线通往世界各地。本区铁路是全国的路网中心，经主要干线及支线通达全国各地，与各省会都有干线特快直达。公路是南北、东西的交汇点，有高速公路和国道与各地相通，交通十分发达。本区水运以秦皇岛、天津、青岛、烟台为主要港口，还有唐山、日照、威海等与沿海各港口沟通，外贸进出口通达国外。

二、旅游资源类型

本区是华夏文明的发祥地，旅游资源以人文旅游资源为主体，但也不乏自然旅游景观。山水景观与文物古迹相融合，构成了本区旅游资源的独特优势。

1. 名山胜景众多

本区地貌类型齐全，地形变化多端，自然景观层次丰富，是形成风景名胜的物质基础。

本区名山众多，大多为旅游热点。泰山、华山、嵩山、恒山都在本旅游区境内，"五岳"本区就占其四。本区还有四大佛教名山之一的五台山、道教名山崂山和有着"云海公园"之称的鸡公山、"京东第一山"——盘山。此外，本区还有"愚公移山"故事的发生地——王屋山，如诗如画、奇峰异石的云台山，景色优美、引人入胜的太白山等。

2. 避暑胜地，滨海旅游资源丰富

本区东部的渤海、黄海之滨是我国著名的滨海旅游胜地。独特的北方海滨风光、沙滩、天然海水浴场等，是消夏避暑和海水沐浴的良好场所。著名的有秦皇岛市的北戴河、南戴河昌黎黄金海岸、碣石山海滨及烟台、青岛等海滨，它们均为理想的阳光海滩旅游胜地。

3. 华夏文明的摇篮，文物古迹荟萃

本区是中华民族的发祥地，是亚洲大陆早期人类文明比较发达的地区之一，115万~80万年前的陕西蓝田县"蓝田人"遗址、70万~50万年前的北京周口店"北京人"遗址、20万年前的陕西大荔县"大荔人"遗址、21万~16万年前的山西襄汾"丁村人"遗址，以及1.8万年前的北京周口店龙骨山"山顶洞人"遗址等古人类遗址都发掘于本区。新石器时期以来的原始聚落，如西安的半坡遗址、河南仰韶遗址、龙山遗址、山东大汶口遗址等都集中在本区。这些文化遗址为开展历史文化考古旅游提供了资源和场所。

历史上的商、周、秦、汉、魏、晋、隋、唐、宋等重要朝代都将本区作为其政治、经济、文化的中心，因此，本区古都名城集中。除了北京、西安、开封、洛阳、安阳等古都，还有平遥古城、郑韩故城、魏都许昌等，以及石家庄、保定、太原、大同、郑州、南阳、济南、青岛等一系列国家历史文化名城。

黄帝、尧、舜陵墓，秦、汉、唐、宋、明、清等各朝代帝王陵墓，以及名人墓葬在本区都有分布，而且大部分陵墓规模都非常宏大。其中，以秦、汉、唐、明、清代的皇陵最为著名，此外，还有孔子墓、孟子墓、司马迁墓、毛主席纪念堂、八宝山革命公墓等著名的墓葬。

本区宗教遗址较丰富。佛教最早在本区扎根，东土第一佛寺——白马寺位于洛阳，洛阳龙门石窟、大同云冈石窟跻身全国四大石窟之列。此外，还有禅宗祖庭——登封少林寺，悬于峭壁之上的神奇建筑——恒山悬空寺等。本区古塔较多，有应县木塔、开封铁塔、济南四门塔、嵩岳寺塔等全国重点文物。

其他古迹也保存较多。有保存完好的明长城，有最早的天文观测处——登封观景台和周公测影台，有古代桥梁工程的典范——赵州桥和卢沟桥，有古代著名的水利工程——郑国渠和南北大运河，有我国著名的三大古建筑群——北京故宫、曲阜孔庙和泰山岱庙。此外，还有我国最大的保存完好的皇家园林——北京颐和园和承德避暑山庄。

第二节　重点旅游资源

一、北京市

北京是中华人民共和国的首都，是全国的政治、经济、文化及交通中心和国内国际交往中心，是国务院公布的第一批国家历史文化名城和历史上的七大古都之一，同时也是我国最热点的旅游城市之一。69 万年前，北京周口店地区就出现了原始人群落"北京人"。早在周朝，它就是诸侯国燕国的都城，曰"蓟"。自金朝贞元元年（1153 年）正式在北京建都以后，元、明、清各朝都以北京为都。而今天，北京更是一座现代化的国际都市。北京市总面积 1.64 万平方千米（列全国第 30 位），总人口 2 019 万（2011 年）。

北京文物古迹和民情风俗丰富多彩、名胜汇集，这里有世界上最大的皇宫、祭天神庙、皇家园林，以及世界上最大的四合院——恭王府等名胜古迹。全市现有世界文化遗产 6 处，分别是明清故宫、长城、天坛、颐和园、明十三陵及周口店遗址。

（一）重点旅游景区

1. 城区宫殿坛庙园林商务娱乐旅游区

（1）北京故宫

北京故宫又名紫禁城，位于北京市区中心，为明、清两代皇宫，有 24 位皇帝相继在此登基执政。故宫始建于明永乐四年（1406 年），至今已 600 余年。故宫占地 72 万平方米，建筑面积约 15 万平方米，拥有殿宇 8 700 多间，由单体建筑、庭院和广场组合而成，是全国现存规模最大、保存最完整的宫殿建筑群。它与山东曲阜孔庙、泰山岱庙并称为中国三大古建筑群，与巴黎凡尔赛宫、伦敦白金汉宫、华盛顿白宫、莫斯科克里姆林宫并称为世界五大宫殿。

故宫严格地按《周礼·考工记》中"前朝后市，左祖右社"的帝都营建原则建造，有一条贯穿宫城南北的中轴线。其前半部分为外朝，是皇帝处理朝政的场所，分布着象征政权中心的三大殿：太和殿、中和殿及保和殿。故宫建筑的后半部叫内廷，以乾清宫（图 4-1）、交泰殿、坤宁宫为中心，东西两翼有东六宫和西六宫，是皇帝平日办事和后妃居住生活的地方。前后三大殿都分布在中轴线上。外朝与内廷建筑气氛迥然不同。前半部建筑形象严肃、庄严、壮丽、雄伟，以象征皇帝的至高无上。后半部内廷则富有生活气息，建筑多是自成院落，有花园、书斋、馆榭、山石等。太和殿是前朝三大殿的主体建筑，俗称金銮殿，是皇帝举行大典的场所，象征着皇权，也是全国最大的宫殿建筑。

图 4-1　乾清宫

故宫不仅是我国珍贵的文化遗产，也是世界古建筑宝库中的一颗璀璨的明珠，1987 年 12 月被列入《世界遗产名录》。

（2）天安门广场

天安门广场南北长 0.88 千米，东西宽 0.5 千米，总面积 44 万平方米，是目前世界上最大的城市广场。天安门广场的升旗仪式，现已成为北京著名的旅游景观，主要景点有天安门、正阳门、人民英雄纪念碑、人民大会堂、毛主席纪念堂、中国国家博物馆等。

天安门坐落在天安门广场北端，地处北京城的中轴线上，是中华人民共和国的象征。天安门城楼始建于明永乐十五年（1417 年），原名承天门。清顺治八年（1651 年）重建后，改称天安门。天安门在明、清两朝是皇帝颁发诏令之地，当国家有重大庆典，如皇帝登基、册立皇后时在此举行"颁诏"仪式。

天安门总高 33.7 米，主体建筑分为上下两层。城楼下为汉白玉石桥，称为金水桥。桥前有两对雄健的石狮和挺拔的汉白玉华表一对，更使天安门显得雄伟庄严、气势磅礴。城楼正中的门洞上悬挂着巨幅毛泽东画像，两边分别镶嵌着"中华人民共和国万岁"、"全世界人民大团结万岁"大标语。"五四"运动、"一二·九"运动都在此举行集会。1949 年 10 月 1 日，中华人民共和国在这里举行了开国大典。

（3）天坛

天坛，位于北京崇文区正阳门外，永定门内大街路东，建成于明永乐十八年（1420 年），占地约 270 万平方米，是明清两代帝王祭天和祈祷丰年的地方。天坛是中国现存最大的、保存最完整的一组祭祀性古建筑群，也是世界建筑艺术的珍贵遗产。天坛于 1998 年 11 月被列入《世界遗产名录》。

天坛的建筑位于一条南北向的中轴线上，整个建筑群由内外两重围墙环绕。最南的围墙呈方形，象征地，最北的围墙呈半圆形，象征天，这种设计来自远古"天圆地方"

的思想。中轴线上的三大主要建筑有祈年殿、皇穹宇和圜丘坛，构成了天坛的核心。

祈年殿（图4-2）为祈谷坛，是一座三重檐、蓝琉璃瓦的圆形大殿，殿高38米，直径约30米，全木结构，无大梁长檩，由28根巨柱支撑，达到了极为高超的建筑水平，

是整个建筑群中科学价值和美学艺术价值最高的建筑。圜丘坛为祭天主要场所，又称祭天坛，坛为圆形，共为3层。圜丘坛北面的皇穹宇为供奉"皇天上帝"牌位处。殿外有圆形围墙，由于侧端面平整光洁，声音可沿弧面传递，俗称"回音壁"，为著名奇观。中轴线西部有斋宫，这是皇帝行礼时的斋戒处，其中心建筑是一座单檐庑殿顶五楹大殿，俗称无梁殿。祭祀前皇帝在此斋戒以示对神灵的至敬至诚。天坛建筑布局严谨、结构奇特、装饰瑰丽，是我国建筑史上的杰作，也是世界建筑的珍贵遗产。

（4）颐和园

颐和园位于北京西郊海淀区，为我国四大名园之一。颐和园始建于1750年，原名清漪园，1860年第二

图4-2 祈年殿

次鸦片战争中被英法联军烧毁。1886年重建，2年后建成，改名颐和园，作为慈禧太后晚年颐养之地。颐和园集传统造园艺术之大成，借景于周围的山水环境，饱含中国皇家园林的恢宏富丽气势，又充满自然之趣，高度体现了"虽由人作，宛自天开"的造园准则。颐和园于1998年11月被列入《世界遗产名录》。

颐和园以万寿山和昆明湖为基本构架，面积300.8公顷，水面约占3/4，共有殿、堂、楼、阁、亭、廊、轩、榭等各式建筑3 000多间。全园大体上可分为政治活动区、居住区和游览区三大部分。政治活动区在东宫门内，以仁寿殿为中心，两侧有南北配殿，南有九卿房和朝房等。居住区由玉澜堂、宜芸馆和乐寿堂组成，这是3座大型四合院，有回廊相沟通。游览区主要由万寿山的前山、后山和昆明湖构成。万寿山前山，包括云辉玉宇牌楼、排云门、二宫门、排云殿、德辉殿、佛香阁和智慧海，形成了一条中轴线。在其两侧，东边有"景福阁"和"万寿山昆明湖"石碑，西边有"画中游"和"宝云阁"。万寿山前有一条长728米的彩绘长廊连接前山各个景点。万寿山南面是开阔的昆明湖，湖中有著名的南湖岛。整个昆明湖从空中俯视，被长堤隔成3部分，每一部分中间都有岛屿。颐和园集我国园林建筑之精华，是我国园林艺术的典范。

（5）圆明园

圆明园地处北京城西北郊。全园包括圆明园、万春园、长春园3部分，合称"圆明三园"，总面积约350万平方米，曾是中国古代最大的皇家园林。圆明园中原有中西各国风格的建筑160余处，建园时间长达150余年。其规模之宏大、园林之优美，冠绝天下，被称为"万园之园"。1860年英法联军焚毁圆明园，1900年八国联军再次洗劫并焚

毁陆续修复的建筑，圆明园遭到彻底毁灭。今存主要景区为西洋楼和大水法等处。

（6）北海公园

北海位于故宫的西北，是我国现存历史最悠久的皇家园林，原是辽、金、元、明、清历代封建帝王的"御花园"，距今已有 800 多年历史，是世界建园最早的皇家御园。

北海公园以琼岛为中心，南有团城，北多亭阁。全园面积 68 万平方米，水面占一半以上。位于琼岛之巅的白塔，是北海公园最突出的建筑，也是北海公园的标志。白塔高 35.9 米，是一座风格迥异的藏式喇嘛塔。东岸的画舫斋、濠濮涧，被称为北海的园中之园。北岸有著名的九龙壁和五龙亭等建筑。该九龙壁为我国三大九龙壁之一。团城位于北海南门外西侧，是一座高 5 米、面积约 4 500 平方米的圆形城台，台上建有殿宇、廊庑，为一座秀丽别致的庭院。北海公园以富丽多彩的文物古迹、风格独特的造园艺术、优美秀丽的湖光山色而驰名中外。

（7）景山公园

景山公园位于北京市西城区故宫神武门对面，是一座环境优美的皇家园林。景山公园占地面积 23 公顷、山高 43 米。该处为北京市内登高俯瞰京城，观赏紫禁城全景的绝好地方。

景山最早在金代就堆土成丘，明永乐年间又将挖护城河的泥土及拆卸南移城垣的渣土都堆积于此，叠砌成一座高大的土山，取名"万岁山"。明崇祯十七年（1628 年），李自成率农民起义军攻克内城，崇祯皇帝逃至景山，自缢于景山东侧的一棵槐树上。清顺治十二年，"万寿山"改名为"景山"。

（8）雍和宫

雍和宫位于故宫的东北，北新桥北街路东，是北京最大、保存最完好的喇嘛庙。建于清康熙三十三年（1694 年），原为康熙第四子即后来雍正皇帝的府邸，雍正三年（1725 年）始称为"雍和宫"。雍正驾崩后，灵柩停在雍和宫内永佑殿。乾隆九年（1744 年）雍和宫正式改为喇嘛庙。雍和宫占地约 6.64 万平方米，主要建筑有天王殿、雍和宫大殿、永佑殿、法轮殿、万福阁等，另有钟鼓楼和四座碑亭穿插分布。其中以法轮殿最为雄伟，殿中檀木雕像、铜像为世上珍品。万福阁为宫内最高建筑，阁内高 26 米的弥勒佛大像，为世界罕见的室内巨像，它与金丝楠木的木雕佛盒、金银铜铁锡制的"五百罗汉山"一起被誉为雍和宫"三绝"。雍和宫殿宇融合了满汉两种式样的建筑风格，既有宫殿金碧辉煌的华丽，又有古刹庄严肃穆的气氛。

（9）恭王府

恭王府是清道光帝第六子、咸丰皇帝的弟弟恭亲王奕䜣的府第。恭王府的前身是清乾隆时期大学士和珅的宅第。王府前半部分是富丽堂皇的府第城堡，后半部分是精美优雅的花园。恭王府花园又称萃锦园，融北方宏伟建筑形式与南方精艺造园艺术于一身，又融汇了西方建筑元素，堪称私家园林的上乘之作。

（10）香山公园

香山公园位于西山东麓。主峰"鬼见愁"海拔 577 米，主峰高处常含云吐雾，远望似香烟缭绕，山顶有两块巨石状如香鼎，故称"香炉山"，简称香山。金、元、明、清历代帝王均在此营建行宫。清乾隆十年（1745 年），乾隆皇帝在此大兴土木，兴建亭台楼阁，营造了香山"二十八景"，改称"静宜园"，成为山清水秀、规模壮观的名园。香山三面环山，地势高峻，树木茂密，是春日赏花、夏季避暑、秋赏红叶、冬季踏雪的好地方。香山"西山晴雪"是著名的"燕京八景"之一。

2. 东北郊长城皇陵旅游区

图 4-3　明十三陵华表

（1）明十三陵

明十三陵位于昌平区东北部天寿山下，共安葬了明代 13 位皇帝，故称十三陵。十三陵占地面积达 40 平方千米，是北京地区最大的古墓群，也是世界上保存完整、埋葬皇帝最多的墓葬群。陵墓群包括长陵、献陵、景陵、裕陵、茂陵、泰陵、康陵、永陵、昭陵、定陵、庆陵、德陵和思陵，统称为明十三陵。明十三陵规模宏伟壮丽。陵墓分布在盆地的东、北、西三面，南面两边有龙山、虎山把守陵门。十三座陵墓成扇形排列，各以一座山峰为背景，各由一组建筑组成，在绿树浓荫的自然风光衬托下，构成了一幅壮丽的画卷。十三陵中以长陵和定陵地宫最著名（图 4-3 为长陵华表）。2003 年，明十三陵被联合国教科文组织列入《世界遗产名录》。

（2）居庸关长城

居庸关位于昌平区境内，以景色秀丽著名，早在 800 年前，"叠翠居庸抱云台"就被金代皇帝钦定为"燕京八景"之一。

居庸关是京北长城沿线最著名的古关城，地处太行余脉军都山地，地势极为险要。有"天下第一雄关"之称，与嘉峪关、山海关齐名，因其地势险要位列三关之首，为历代兵家必争之地。居庸关云台创建于元代，是用汉白玉石筑成的，保持着元代的艺术风格，是一座大型的元代石雕艺术精品。台基中央有一个门洞，券门与券洞上镌刻着大鹏金翅鸟、鲸鱼、大象龙、曼陀罗和佛像。

（3）八达岭长城

八达岭长城是明长城中现今保存得最好的一段，也最具有代表性，位于延庆县境内军都山上。八达岭地处居庸关关沟北口，地势高峻险要，具有重要的战略地位。八达岭长城修筑得格外坚固，其关城有东西两座关门，东门额题"居庸外镇"，西门额题"北门锁钥"，始建于洪武初年（1368 年），明弘治十八年（1505 年）、嘉靖、万历年间曾加以修葺。两门均为砖石结构，券洞上为平台，台之南北各有通道，连接关城城墙。京张公路从城门中通过，为通向北京的咽喉。城墙平均高度约 7.8 米，最高达 14 米，墙基宽约 6.5 米，顶宽约 5.8 米，可容五马并骑，或士兵 10 人并行。八达岭长城因地势险要，自古为兵家必争之地，历代都有重兵把守，故古人云："居庸之险不在关而在八达岭。"

1987 年 12 月，八达岭长城被列入《世界遗产名录》。

（4）慕田峪长城

慕田峪长城位于怀柔区境内，西接居庸关，东连古北口，是明代长城的精华部分，自古就是"京师北门，长陵玄武"的要地，因地势险要历来是兵家必争之地。据考证，慕田峪长城是明初朱元璋手下大将徐达督造而成，是明代最先建筑的长城。

慕田峪长城风景区，山峦重叠，植被覆盖率达 90% 以上，被中外游人誉为"万里长城慕田峪独秀"。慕田峪长城构造独特，长城两侧均设垛口，正关台以东的大角楼有长约 1 000 米的支城，人称"秃尾巴边"。慕田峪长城以西的一段，是著名的"北京结"长城，有"箭扣"、"鹰飞倒仰"等天险。

3. 西南郊古遗址宗教观光旅游区

（1）周口店北京猿人遗址

周口店位于北京西南的房山区境内，因 1929 年裴文中先生在此发掘出第一个北京猿人头盖骨而举世闻名。这一重大发现被誉为"20 世纪考古学上最为动人的发现"。科学家们随后在此发掘出了大量古人类化石和丰富的文化遗物。经考证，周口店是 70 万～50 万年前北京猿人、20 万～10 万年前新洞人、3 万～1 万年前山顶洞人生活的地方。大量灰烬遗迹和烧骨的发现证明了北京猿人已经有了使用火的能力。周口店遗址是迄今为止世界上人类遗址中代表性最全面、发掘历史最长久、资料最丰富完整的一个。1987 年 12 月，北京周口店北京猿人遗址被列入《世界遗产名录》。

（2）潭柘寺

潭柘寺位于门头沟区的宝珠峰山坳，寺院依山而建，殿宇宏伟。因庙后有龙潭，庙前有柘树，山名潭柘山，寺名也就命名为"潭柘寺"。潭柘寺始建于西晋时期（265～316年），时称"嘉福寺"，距今已有 1 700 多年历史，是北京最古老的寺庙，比北京城建城还早 800 年，故有"先有潭柘后有幽州"之说。

寺内大雄宝殿大脊两端的碧绿琉璃鸱吻高 2.9 米，是北京市古建筑中最好最大的一对鸱吻。毗卢阁是潭柘寺中路的最高建筑，阁前一株紫玉兰已有 200 多年的树龄，是华北地区最大的一株玉兰。另有两棵银杏树曾被乾隆帝"御封"为"帝王树"和"配王树"。寺院东路有一座方形流杯亭，名"琦轩亭"。亭内巨大的汉白玉石基上雕琢有弯弯曲曲的蟠龙形水道，当泉水流过时，放入带耳的酒杯，任其随水飘浮旋转，止于某处，取而饮之并饮酒作诗，这就是中国古代有名的"曲水流觞"习俗。

（3）十渡风景区

十渡风景区位于房山区拒马河中上游。从千河口到十渡村，沿途在拒马河上要过桥渡水十次，"十渡"因此得名。十渡风景区是我国华北地区最大、最典型的岩溶峰林峡谷，有天然石佛、飞来石、"一线天"、龙山"佛"字、"水往高处流"、"石中石"等 12 处地质奇观，享有"青山野渡，百里画廊"的美誉。拒马河蜿蜒迂回，穿山而过，山水景物既有中国北方之雄奇，又有江南水乡之柔媚。

（二）特色民俗风物旅游资源

1. 风味饮食

北京菜是我国十大菜系之一，其基本特点是选料讲究、刀工精湛、调味多变、火候严谨、讲究时令、注重佐膳。北京菜的烹调方法全面众多，以爆、烤、涮、炝、溜、炸、烧、炒、扒、煨、焖、酱、拔丝、白煮、瓤等技法见长。

2. 民间艺术

作为中国国粹的京剧，因形成于北京而得名。京剧集歌唱、舞蹈、音乐、美术、文学等艺术形式于一身，是中国文化的经典代表。北京除了中国的传统节日外，还有一些特殊的风俗，如北京的庙会。皮影戏是中国的一门传统古老艺术，老北京人都叫它"驴皮影"。千百年来，这门古老的艺术在北京流传甚久，并且皮影也成为一种地道的工艺品。

3. 风物特产

北京的房山区是石文化的故乡，是著名的石雕艺术文化之乡和优质石材的产地，为北京的建设提供了大量的石材，堪称北京之基、故宫之基。房山大石窝以其独特物产——汉白玉而名扬中外。此外，以古装仕女、花鸟取胜的北京牙雕也闻名中外。

二、天津市

天津市位于华北平原的东北部、海河水系五大支流（永定河、大清河、子牙河、潮白河、卫河）的汇合处，东临渤海，北枕燕山，西距首都北京130千米，市区海河横贯，是北京的海上门户，中央四大直辖市之一。天津是我国北方最大的人工港口，也是国家级历史文化名城，还是连接华北、东北、西北地区的交通枢纽。天津市总面积1.19万平方千米（列全国第31位），总人口1 355万（2011年）。

天津简称"津"，意为天子渡过的地方，别名津沽、津门等。天津的形成始于隋朝大运河的开通，发展于元、明、清3个朝代。唐中叶以后，天津成为南方粮、绸北运的水陆码头。金代在直沽设"直沽寨"，元朝设"海津镇"，是军事重镇和漕粮转运中心。天津的名称出现于永乐初年（1403年），为燕王朱棣所起。作为军事重地，永乐二年（1404年），天津正式设卫所（卫所是明朝的军事建置），故有"天津卫"之称。

天津自然景观优美雄奇，人文景观独特。天津有历史上遗留下来的诸多西洋式建筑，保留着19世纪末到20世纪初东西方各国各类建筑1 000多幢，有"万国建筑博物馆"之称。此外，还有高耸入云的天津电视塔、美丽的海滨、著名的国家级风景名胜区——盘山、历史悠久的蓟县黄崖关长城、宗教遗存独乐寺等景点。

（一）重点旅游景区

1. 市中心旅游区

（1）天后宫

天后宫位于天津市东北角，俗称"娘娘宫"。天后又称妈祖、天妃娘娘，在古时被人们尊为护航女神。传说她经常驾船出海，搭救遇难的人，故被后人敬为女神。天津的天后宫建于 1326 年。农历 3 月 23 日是娘娘的生日，每年这时天津都会举行"皇会"，表演高跷、龙灯、旱船、狮子舞等。现今天后宫已成为天津民俗博物馆，介绍天津的历史沿革，陈列着各种民俗风情实物。

（2）古文化街

天津市内旅游商店最集中、津门特色最鲜明的地方首推天后宫及宫南大街和宫北大街。这片位于东马路和海河之间的仿古街区被通称为古文化街。街道以天后宫为中心，南北全长近 600 米，数百家青砖灰瓦的仿清式建筑内，出售各种民间工艺品、文房四宝、字画古玩。杨柳青年画、泥人张彩塑等著名老店都在此设有专卖店。街旁有彩画 1 500 余幅，内容多取材于古代各种民间故事和民间传说。

（3）五大道小洋楼

"五大道"地区是天津名居名宅最为集中的地区，这里被誉为"万国建筑博览会"，因小洋楼多、保存完整、建筑风格多样（图 4-4），以及体现出的中西文化的冲突、交融而著名。五大道总建筑面积超过 99 万平方米，汇聚着英国、法国、意大利、德国、西班牙等国各式风貌建筑 230 多幢，名人名宅 50 余座。这些风貌建筑的形式丰富多彩，有文艺复兴式、希腊式、哥特式、浪漫主义、折中主义及中西合璧式等，构成了一种凝固的艺术。

图 4-4　五大道意大利风情街

2. 蓟县旅游区

（1）独乐寺

独乐寺又称大佛寺，位于天津北郊的蓟县城西门内。因寺西北有独乐水，故名。独乐寺是我国著名的古代佛教建筑之一，始建于唐贞观二年（628年），重建于辽统和二年（984年），距今已有1 000多年的历史。

独乐寺山门的门额上悬挂的"独乐寺"大匾出自明朝严嵩之手。山门中间门道两旁各塑一尊护卫法神像，形象生动，俗称"哼哈二将"，是辽统和二年重建时的原物。独乐寺的山门屋顶为五脊四坡形，又称四阿顶或庑殿顶，具有浓郁的唐代建筑风格，是我国现存最早的庑殿顶山门。

观音阁通高23米，面阔5间，是我国现存最古老的木结构高层楼阁建筑。观音阁前上檐鎏金的4个大字"观音之阁"，相传是唐肃宗时期李白北游幽州时所书。下檐"具足圆成"为清代咸丰皇帝所题。阁内供奉的观音菩萨塑像高16米，是辽代泥塑艺术珍品，也是国内最大的观音塑像。

位于寺南300米的辽代白塔与独乐寺同属一个建筑群体。塔高30.6米，八角亭式，塔基由白色花岗石条砌成，呈须弥式，塔身雕有仿木结构的斗拱、双重栏杆、仰覆莲花等各种装饰。8个拐角各饰有砖雕小塔，设计精巧、造型生动，具有浓郁的唐代建筑风格。

（2）盘山

盘山位于天津市蓟县城关西北，景区总面积为106平方千米，主峰挂月峰海拔864.4米。盘山林峦秀异、山水清奇，被称为"京东第一山"。早在唐朝，唐太宗李世民就游览过盘山。历朝历代在盘山曾建有多座寺庙和宝塔，清乾隆在此建了规模宏大的行宫"静寄山庄"，并28次游览盘山。盘山是燕山山脉南端的一段，为花岗岩山体。人们把盘山风景分为3盘，上盘松胜（劲松苍翠、盘曲遮天），中盘石胜（巨石嵯峨、千奇百怪），下盘水胜（飞泉响涧、溅玉喷珠）。主峰挂月峰，峰顶上锐下削，上筑定光佛舍利塔，此塔始建于唐初，塔旁有摩崖石刻。

（二）特色民俗风物旅游资源

1. 风味饮食

天津小吃品种丰富，著名的津门食品三绝是味道鲜美的"狗不理"包子，刚出屉的包子犹如薄雾中含苞的秋菊，吃起来肥而不腻，味道适口；以"津花"为商标的桂发祥麻花，俗称"十八街麻花"，香、脆、酥、甜、好吃、美观、久存不绵、不走味；始创于清朝光绪庚子年（1900年）的"耳朵眼"炸糕，吃起来皮酥、内软而不生，其馅细腻沙甜，十分可口。天津老字号食品店——"崩豆张"也是闻名全国。

2. 民间艺术

天津有驰名天下的四大民间艺术："泥人张"彩塑、"杨柳青"年画、"魏记风筝"、

"刻砖刘"。"泥人张"彩塑艺术、造型逼真夸张，色彩简洁鲜明，闻名全国。以套版印刷、人工彩绘为特色的"杨柳青"年画在中国版画史上与南方著名的苏州桃花坞年画并称"南桃北柳"。以"刻砖刘"为代表的建筑装饰砖雕，使天津刻砖成为全国独一无二的建筑工艺。此外，天津剪纸、灯笼、绒绢花、地毯、挂毯等，都是近现代天津民间艺术的代表。

天津是北方曲艺的重要发源地。京韵大鼓、梅花大鼓、天津时调、相声、快板书等皆发源于天津。评剧源于唐山一带，但在天津发展壮大。

三、河北省

河北省大部分地域古代属冀州，所以简称"冀"。河北地处华北平原北部，兼跨内蒙古高原，在首都北京及大都会天津周围，西倚太行山，东临渤海湾，省会为石家庄市。河北省总面积达 18.8 万平方千米（列全国第 12 位），人口总数为 7 241 万（2011 年），由汉族、回族、蒙古族、朝鲜族、壮族等多个民族组成。

河北省地势由西北向东南倾斜，西北部为山区、丘陵和高原，其间分布有盆地和谷地，中部和东南部为广阔的平原。河北是全国唯一兼有海滨、平原、湖泊、丘陵、山地、高原的省份，种类齐全的地形地貌和温和宜人的气候，造就了河北独特的自然风光。

（一）重点旅游景区

1. 北京周边旅游区

北京周边旅游区位于北京周边地区，主要包括河北的保定市、承德市、唐山市及秦皇岛市的主要旅游景区。

保定位于河北省中西部，素有"南通九省，北控三关"、"京畿重地"、"首都南大门"之称。保定历史悠久，战国时期为燕南赵北地，元为保定路，明为保定府，取"永保安定"之意，清为直隶总督府，1948～1967 年为河北省省会。秦皇岛市位于河北省的东北部，古称临榆。公元前 215 年，秦始皇曾巡行至此，派人寻找长生不老之药，秦皇岛因此得名。秦皇岛的碣石，自古天下闻名。汉武帝也曾登临碣石，三国时的曹操在此写下了《观沧海》的诗篇。承德市位于河北省东北部，原名热河。承德四周群山环抱，四季景色常新，气候宜人，是旅游和避暑胜地，清代在此建立皇家避暑行宫，即承德避暑山庄。本区的重点景区有以下几处。

（1）野三坡风景区

野三坡风景区地处北京西部，河北省西北部，保定市涞水县境内；位于我国北方太行山和燕山两大山脉交汇处。在天成地造的 600 平方千米内，地质遗迹丰富多彩，拒马河水川流不息，生态环境原始自然，历史文物稀有珍贵。野三坡风景区是融雄山、碧水、春花、秋叶、瀑布、冰川、奇峡、怪泉、摩崖石刻、长城古堡、名树古禅、高山草甸、空中花园于一体的独特自然风景区，享有"世外桃源"的美誉。

（2）清东陵

清东陵位于唐山市遵化县马兰峪，始建于清康熙二年（1663 年），到光绪三十四年（1908 年）慈禧陵重修工程完成，历经 300 多年，是清王朝在关内营建的第一座皇陵。清东陵 2000 年 11 月被列入《世界遗产名录》，被联合国世界遗产专家评价为"人类具有创造性的天才杰作"。

清东陵陵区南北长 125 千米、宽 20 千米，清代在此陆续建成 217 座宫殿牌楼，组成大小 15 座陵园，主要陵区有帝陵 5 座（顺治的孝陵、康熙的景陵、乾隆的裕陵、咸丰的定陵及同治的惠陵），以及孝庄文太后陵、慈禧太后的定东陵等。诸陵园以顺治的孝陵为中心，依山势呈扇形东西排列，主次分明、尊卑有序。各陵总体布局为"前朝后寝"，按规制营建了宫墙、隆恩殿、配殿、方城明楼及宝顶等建筑。其中方城明楼为各陵园最高的建筑物，内立石碑，碑上以汉、满、蒙古 3 种文字刻写墓主的谥号；明楼之后为"宝顶"（大坟头），其下方是停放灵柩的"地宫"。整座东陵在木构和石构两方面都有精湛的技巧，可谓集清代宫殿建筑之大成。其中乾隆裕陵地宫精美的佛教石雕令人叹为观止，慈禧陵 3 座贴金大殿，其豪华装修举世罕见。

（3）清西陵

清西陵位于保定市易县水宁山下，陵寝围绕于苍松翠柏中，后有永宁山，前有易水河，规模宏大，颇具气势。陵园建筑达 5 万多平方米，共有殿宇千余间，石建筑和石雕百余座。建有 4 座皇帝陵，包括雍正的泰陵、嘉庆的昌陵、道光的慕陵和光绪的崇陵；3 座皇后陵，7 座王爷、公主、阿哥、妃嫔园寝，共 14 座陵寝和两座附属建筑（水寺福、行宫）。清西陵拥有全国唯一的合围式牌坊群和华北地区最大的古松林，2000 年 11 月被列入《世界遗产名录》。

（4）承德避暑山庄

承德避暑山庄又称承德离宫或热河行宫，位于承德市区北部，是清代皇帝夏天避暑和处理政务的场所，始建于康熙四十二年（1703 年），历时 87 年建成，是清朝鼎盛时期的建筑。其建筑面积为 564 万平方米，是我国现存规模最大的皇家园林。承德避暑山庄 1994 年 12 月被列入《世界遗产名录》。

山庄分宫殿区和苑景区两大部分，其中苑景区又分湖区、平原区和山区。避暑山庄以朴素淡雅的山林野趣为格调，取自然山水之本色，吸收江南塞北之风光，成为中国现存占地面积最大的古代帝王宫苑。山庄整体布局巧用地形，因山就势、分区明确、景色丰富，与其他园林相比，有其独特的皇家风格。山庄内著名的景点有澹泊敬诚殿、文津阁、烟雨楼等。

（5）外八庙

外八庙位于避暑山庄北面和东面，总占地面积 43 万平方米，总建筑面积达 6 万多平方米。外八庙，是清代修建的一个规模庞大的寺庙群，是凝聚了汉、蒙古、藏等多民族建筑风格和艺术的古建筑宝库。外八庙实际上并不只 8 座庙，而是原有寺庙 12 座，因为分为 8 处管理，且地处塞外，因此叫外八庙。修建这些庙前后历时 67 年，现在仍尚存 7 座。外八庙 1994 年 12 月被列入《世界遗产名录》。

普陀宗乘之庙是外八庙中最大的一座，俗称"小布达拉宫"。乾隆三十五年（1770年）正值乾隆帝 60 大寿，次年又值皇太后 80 寿诞，乾隆为庆祝这两大节日时，能使前来庆贺的少数民族领袖在这里也能看到南海大寺的普陀道场，借以荣耀自己，于是便授意仿建。

普宁寺俗称大佛寺，是一座融汉、藏建筑风格为一体的寺庙，建于乾隆二十年（1755年），占地 3.3 万平方米，是为庆祝朝廷平定准噶尔部叛乱所建。寺庙仿西藏桑耶寺建造，主殿大乘之殿又名三样楼，四周有众多佛殿、白台和喇嘛塔，底部坐落于大须弥基座上，正面有二龙戏珠石雕。建筑共有 6 层檐，5 层楼阁，顶部有 5 个攒尖鎏金铜顶，金光闪烁，蔚为壮观。目前，普宁寺已成为中国北方最大的藏传佛教活动场所。

（6）金山岭长城

金山岭长城位于承德市滦平县境内，地处京、津、辽、内蒙古 4 省市交汇点。其东面是雾灵山，西面是卧虎岭，南通京都，北达坝上，是进出塞内外的咽喉要道，也是历史上兵家必争之地。此段长城因修筑于燕山第一峰——雾灵峰与古北口卧虎岭之间的大、小金山之上，故有此名。

金山岭长城建于明隆庆元年（1567 年），东起望京楼，西至龙峪口，全长 20 余千米，依山势蜿蜒曲折。由于这里地势低缓，易攻难守，城墙修筑得十分厚实坚固，烽火台巍峨高大，城关要塞星罗棋布，楼台密集，共有 158 座之多。这些楼台形式各异、巧夺天工，另外还有多孔眼的瞭望台，以及长城沿线少见的库房楼等。在金山岭长城内外，有司马台堡、龙玉峪堡、炼军五营等烽火台和营地，金山顶有望京楼。金山岭长城被专家称为明长城的精华，可谓"万里长城，金山独秀"。

（7）京北第一草原

京北第一草原又名大滩草原，也称坝上草原，是清朝王室开辟的"木兰围场"的一部分，位于承德市丰宁县境内，蒙古语称此地为"海留图"，意为水草丰美的地方。它是距首都最近的天然草原，故名"京北第一草原"。著名的滦河就发源于此。

景区内不仅有"天苍苍，野茫茫，风吹草低见牛羊"的迷人草原景色，而且有丰富多彩的满、蒙古民族风情。草原的夏日清凉无暑，每年 7～8 月最高气温不超过 24℃，是坝上草原最美的季节。

（8）山海关

山海关位于秦皇岛市东北 15 千米处，境内长城 26 千米，因其倚山连海，故得名山海关。山海关自古即为我国的军事重镇。全城有 4 座主要城门，并有多种古代的防御建筑，是一座防御体系比较完整的城关。

山海关城的东门（图 4-5），被称为"天下第一关"，又称镇东楼，两边辅以靖远楼、临闾楼、威远楼、瓮城、东罗城、长城博物馆等建筑景观。"天下第一关"城台高达 12 米，楼高 13.7 米，东西宽 10 米，南北长 20 米，楼台威武。

图 4-5 山海关镇东楼

老龙头是万里长城的重要组成部分，它与城北的角山长城，城东的威远城构成掎角之势，护卫着山海关城。古人将长城比作长龙，这里则像龙头伸入大海，故名老龙头。从明初洪武年间到明末崇祯年间的 260 余年中，老龙头不断修建，逐步完善。直至清代长城内外成为一统，老龙头从此失去了军事防御的作用，成为帝王将相、文人墨客观光览胜的佳地。老龙头上的"天开海岳"碑，据传为唐代遗碑。

（9）北戴河

北戴河位于秦皇岛市的西南 15 千米处，因地处戴河以北而得名。北戴河背依燕山，面临渤海，是我国著名的海滨度假地。北戴河海滨，西起戴河口，东至鹰角亭，东西长约 10 千米，南北宽约 2 千米。这里气候宜人、海岸蜿蜒、海滩平缓、海水清澈。早在清光绪二十四年（1898 年），清政府就将北戴河海滨开辟为"各国人士避暑地"。北戴河海滩沙质好，坡度平缓，自然环境也非常优美，是中外游客观光、避暑、疗养、健身的胜地。

2. 石家庄-苍岩山-嶂石岩旅游区

石家庄-苍岩山-嶂石岩旅游区是以石家庄为主要旅游集散地，包括以石家庄为中心的河北省南部区域。石家庄为河北省省会。该旅游区主要以名山胜景、革命圣地、湖泊水体、古代建筑及石窟艺术为旅游资源特色，以苍岩山、嶂石岩、西柏坡中共中央旧址、白洋淀、赵州桥、响堂山石窟等为代表性景点。

（1）苍岩山

苍岩山位于石家庄市井陉县南部，面积约 63 平方千米，为国家级风景名胜区，1994 年被定为"楼绝、檀奇、山雄、谷幽、林秀"的历史文化名山。景区中有碧涧灵檀、阴崖石乳、峭壁嵌珠、炉峰夕照、桥殿飞虹、岩关镇翠、尚书古碣、苍山书院等著名的"苍岩十六景"。山上有福庆寺，约建于 1 400 年前，是我国重点文物保护单位。苍岩山景区有"三绝"：桥殿飞虹、碧涧灵檀和古柏朝圣。桥楼殿位于两个山崖之间，有 300 多级石阶可上，令人称绝。

（2）嶂石岩

嶂石岩位于石家庄市赞皇县境内，为国家自然保护区。面积 120 平方千米，以雄奇挺拔的峰峦巨石为主体景观，主峰海拔 1 774 米。嶂石岩地处太行山主脉的中段，是太行山森林公园的精华所在，向有"嶂石天下险，险在嶂石岩"之称。世界上最大的天然巨型回音壁坐落于景区中部，壁为准半径桶形，直径 120 米，弧长延伸达 300 余米，陡壁高 100 米，堪称世界奇观。

（3）西柏坡

西柏坡，是太行山东麓一个普通的小村庄，滹沱河擦村而过。西柏坡是解放战争时期中央工委、中共中央和解放军总部的所在地。1947 年 5 月，刘少奇、朱德率中央工委进驻西柏坡。1948 年 5 月，毛泽东、周恩来、任弼时率中央前委和解放军总部到西柏坡与中央工委汇合。在这里，毛泽东和他的战友们召开了中国共产党全国土地会议，通过了《中国土地法大纲》，实现了耕者有其田；指挥了辽沈、淮海、平津三大战役，决定了中国的命运；召开了中国共产党七届二中全会，描绘了新中国宏伟的蓝图。1949 年 3 月 23 日，中共中央和解放军总部离开西柏坡，赴京"赶考"。新中国从这里走来。

（4）赵州桥

赵州桥位于河北赵县洨河上，又称安济桥。桥长 64 米，宽 9 米，为隋代工匠李春设计并主持建造。赵州桥是世界上现存最早的一座大型单孔敞肩石拱桥。其独到之处是在桥的拱肩上各设有两个小拱。这不仅使桥的造型十分轻盈优美，而且减轻了大拱券和地脚的载重，同时还扩大了洪水时的过洪量，减少了洪流阻力，为世界桥梁史上的一项伟大创举。

（5）白洋淀

白洋淀位于河北省中部，大清河贯流东西。白洋淀是华北地区最大的内陆淡水湖泊，总面积约 366 平方千米。白洋淀是由 143 个大小不等的淀泊和 3 700 多条沟壕组成的湖泊群的统称，其中较大的淀泊有白洋淀、烧车淀、藻荷淀、捞王淀、马棚淀等，因白洋淀面积最大而得名。

白洋淀历史悠久。白洋淀人民有着光荣的革命斗争传统，在抗日战争和解放战争中，白洋淀是冀中的一个重要革命根据地。1938 年，日寇侵占冀中平原，雁翎队和三小队以广阔的白洋淀为依托，以浓密的芦苇荡为掩护，运用小船行动灵活的特点，用土枪土炮打游击、烧汽船、截物资、杀日伪，白洋淀涌现了许多可歌可泣的动人故事。

（6）满城汉墓

满城汉墓位于保定市满城西南陵山主峰东坡，是西汉中山靖王刘胜及其妻窦绾之墓，其出土的"金缕玉衣"和"长信宫灯"为考古界一大发现。两墓南北并列，墓道口向东，相距约 120 米，属夫妇并穴合葬。墓室凿山为陵，内部布局完全模仿宫殿建筑，两墓均为人工开凿的山崖墓。

（二）特色民俗风物旅游资源

1. 风味饮食

河北菜包括三大流派——中南派、宫廷塞外派、京东沿海派。中南派以保定为代表，是冀菜中最大的流派。中南派的特点是选料广泛，重色，口味香，重套汤。宫廷塞外派以承德为代表，特点是选用当地原料入馔，善烹宫廷菜。它与北京宫廷菜相似，做工精细、注重火功、讲究造型与器皿，口味香酥咸鲜。京东派以唐山为主，特点是原料丰富、刀工细腻、口味清鲜、讲究清油抱芡，菜品配以精美的唐山瓷盛器，别具风格。河北的风味小吃、点心也颇具特色，著名的风味菜点有一品寿桃、薏米甜饭、饶阳豆腐脑、石塔油酥烧饼、金丝杂面、荞面等。

2. 民间艺术

河北省广袤的土地和悠久的历史孕育了绚丽多彩的民俗文化和民间艺术。定窑、邢窑、磁州窑和唐山陶瓷是中国历史上北方陶瓷艺术的典型代表。蔚县剪纸、廊坊景泰蓝、曲阳石雕、衡水内画鼻烟壶、易水古砚等名扬中外；河北梆子、老调、皮影、丝弦等饶有特色；沧州武术、吴桥杂技、永年太极、保定健康长寿之道独见魅力。

3. 特色节庆

河北省每年都会举办各类旅游节庆活动。主要的旅游节庆活动有吴桥国际杂技艺术节、永年太极拳国际联谊会、涿州元宵灯会、承德国际旅游节、保定敬老健身节等。此外，每年夏季在河北张家口举办的"张家口坝上草原文化月"，冬季在张家口、承德分别举办的"张家口崇礼滑雪旅游月"和"承德避暑山庄冰雪节"，吸引了众多游客前往。安国（古称祁州）古称"药州"，每年也会举行全国性的药材交流大会。

四、山东省

山东省简称"鲁"或"齐鲁"。春秋战国时期，西周两个最大的分封国——齐国和鲁国都在今山东境内，所以山东又称"齐鲁之邦"，并以"鲁"作为山东省的简称。山东全省面积达 15.71 万平方千米（列全国第 19 位），总人口 9 637 万（2011 年，列全国第 2 位），有回族、满族、蒙古族、朝鲜族、苗族等多个少数民族。

山东省东临海洋，西靠大陆，地形分为半岛和大陆两部分。东部的山东半岛突出于黄海、渤海之间，隔渤海海峡与辽东半岛遥遥相对。山东的海岸线全长 3 121 千米，仅次于福建省和广东省，居全国第三位。

山东旅游资源丰富，以名山、泉湖、古迹为主要特色。悠久的历史、灿烂的文化、优美的自然风光构成了内容丰富、特色鲜明的自然景观和人文景观，共同构成了山东旅游独特的风格。

（一）重点旅游景区

1. 济南-泰山-曲阜山水圣人旅游区

济南-泰山-曲阜旅游区以济南市为主要旅游集散地，以名山、名泉、名人陵寝、古代军事遗址等为主要旅游资源特色。济南市是山东省省会，因地处济水（今黄河）以南而得名。济南是我国历史文化名城，建城至今已有 2 600 多年历史。济南自古即有"泉城"之誉，多泉是济南的突出特点，也是济南主要的旅游资源。济南古有"七十二名泉"，实有150多处，皆由城南石灰岩山地地下水受岩浆岩阻挡而沿岩体裂隙上喷成天然涌泉，古有"泉甲天下"之称。七十二泉中的趵突泉、黑虎泉、珍珠泉、五龙潭，号称四大名泉群，各具特色。该旅游区的主要景点有以下几处。

（1）趵突泉

趵突泉位于济南市中心的趵突泉公园内，为济南"七十二名泉"之冠，有"天下第一泉"之美誉。主泉分3股，因它"跳跃唐突，如有激之者"，故名趵突泉。趵突泉公园始建于1956年，是具有南北方园林艺术特点的最有代表性的山水园林。趵突泉公园南大门上的横匾"趵突泉"三字，是清朝乾隆皇帝的御笔。

趵突泉水温常年保持在18℃左右，水质优良，味甘美，最宜泡茶。泉西有观澜亭，可凭栏俯视3股泉水喷涌的情景。泉东有望鹤亭，可在此饮泉茶、观泉涛、听泉声。公园内还有金线泉、漱玉泉、柳絮泉、马跑泉等，宋代女词人李清照纪念堂就在趵突泉东漱玉泉畔。

（2）大明湖

大明湖位于济南市旧城北部，由多处泉水汇集而成。"四面荷花三面柳，一城山色半城湖"正是大明湖风景绝佳的写照。沿湖亭台楼阁、水榭长廊，参差有致。湖区南部的遐园，仿照江南庭院设计，被誉为大明湖南岸佳境、济南第一园林。大明湖西北岸有小沧浪亭，居园中临湖处，景色优美别致。

（3）灵岩寺

灵岩寺景区位于济南市长清县万德镇境内，北依济南，南靠泰山。灵岩寺名列全国四大古刹之首，是著名的佛教圣地。景区总面积约50万平方千米，以其悠久的宗教历史和深厚的文化底蕴而闻名，素有"游泰山不游灵岩，不成游也"的说法。

景区内著名胜境有千佛殿、基塔林、辟支塔、大雄宝殿等几十处。其中最为引人入胜的是千佛殿内40尊宋代彩色泥塑罗汉，赢得了无数游览者和专家的赞誉。

（4）泰山

泰山位于泰山市城北，古称岱山、岱宗，又称东岳，总面积426平方千米。泰山主峰为玉皇顶，海拔1 532.7米。由于泰山崛起于平原，山体形象高大、巍峨壮丽，被誉为"五岳独尊"，是旅游和避暑胜地。泰山于1987年12月被列为世界自然与文化双重遗产。

岱庙又称泰庙，位于泰山脚下，是祭祀泰山神东岳大帝的地方，俗称东岳庙，也是历史上历代帝王祭祀泰山神和举行封禅大典的地方。岱庙的建筑规格是仿照古代帝王宫殿的式样。天贶殿是岱庙的主殿，富丽堂皇，殿内东、西、北三面墙壁上画有巨幅《泰山神启跸回銮图》，传为宋代作品，是不可多得的杰作。

泰山自下而上有3道天门：一天门、二天门、三天门。山上著名的景点有王母池、关帝庙、斗母宫、中天门、南天门、碧霞寺、玉皇顶等。"旭日东升"、"晚霞夕照"、"黄河金带"、"云海玉盘"被誉为岱顶四大奇观。

泰山的特色是山间遍布诗文碑刻（图4-6）、古寺亭桥。碑刻中以秦代的李斯小篆碑最为珍贵。在泰山顶的大观峰上有唐代摩崖石刻，为唐玄宗亲书《纪泰山铭》，碑高13.3米，宽5.3米，碑文锢金大字，甚为壮观。位于斗母宫东北的经石峪闻名中外，在斜坡石墙上，刻着隶书《金刚经》经文，每个字的直径约50厘米，系北齐人所书，原有2 500余字，历经1 400余年，尚存1 043字，享有"大字鼻祖"、"榜书之宗"称誉，是我国稀有的历史文化珍品。同时，石刻经文对研究我国佛教文化很有价值。

图4-6 泰山石刻

（5）曲阜"三孔"

曲阜是孔子的故里，"三孔"即孔庙、孔府、孔林。孔庙为全国最大的祭孔要地。孔府是我国仅次于明、清皇帝宫室的最大府第。孔林里有中国最大的人造园林，是孔氏宗族墓地。曲阜"三孔"景区于1994年12月被列入《世界遗产名录》。

孔庙是祭祀孔子的地方。全庙南北长一千多米，共有厅堂殿庑400多间，包括3殿、1阁、1坛、3祠、2庑、2堂、2斋、17亭、54门坊，前后共9进庭院，布局严谨、气势雄伟，是我国珍贵的文化遗产。孔庙的主体建筑为大成殿。大成殿不仅殿宇宏大、装饰华丽，为全国孔庙之冠，而且此殿前檐的十根雕龙石柱，龙姿飞扬，为宫殿建筑中前所未见，连紫禁城的龙柱也相形见绌。大成殿与北京故宫太和殿、山东泰山岱庙天贶殿并称"中国三大古殿"。

孔府，位于孔庙的东侧，是孔子嫡系子孙居住的地方。孔子去世后，子孙一直依庙居住，明洪武十年（1377年）建立独立的衍圣公府，经多次扩建重修，形成前堂后寝、衙宅合一的庞大建筑群，是我国历史上延续时间最长的封建贵族庄园。庭院分为前厅、中居和后园3个部分，包括厅、堂、楼、轩等463间，共9进院落，是中国最大最豪华的贵族府第，号称为"天下第一人家"。府内存有著名的孔府档案和大量文物。

孔林是孔子及其后裔的墓地，坐落于曲阜城北，占地3 000余亩，是我国规模最大、持续年代最长、保存最完整的一处氏族墓葬群。孔林中除孔子墓外，气派较大、墓饰规格也较高的，要数其第七十二代孙孔宪培妻子的墓——于氏坊。此外，孔林中还有一位名人——清代戏剧家孔尚任的坟墓。

（6）邹县"三孟"

"三孟"是指孟府、孟庙、孟林。孟子名轲，战国时期著名的思想家、教育家，是儒家学派的正统继承者，被后世学者尊为仅次于孔子的人——"亚圣"。邹县为亚圣孟子的出生之地，是春秋时邹国的都城。孟庙又名亚圣庙，位于邹县城南，为历代祭祀孟子的胜地。庙内古树苍郁，遮天蔽日。孟府与孟庙一街之隔，是孟子嫡裔居住之地，前为官衙，后为住宅。孟林坐落于邹县城北12.5千米的四基山西麓。林内古柏参天，中有小渠贯通南北。

2. 青岛崂山-胶东半岛滨海旅游区

青岛崂山-胶东半岛旅游区以青岛市为主要旅游集散地，包括山东省东部旅游片区，以滨海风光、名山、古代建筑、海市蜃楼等为旅游资源特色。青岛市位于山东省东部，山东半岛南部。早在宋元时期，这里便是商船寄泊之所，明代成为口岸。1891年清政府派兵驻守，是青岛建制的开始，后曾被德国、日本等国侵占，留下大量西式建筑。青岛是我国最美丽的城市之一，城市建筑别具一格，市区依山而筑，一层比一层高，各条马路都可以通向大海，绿树白墙红瓦，清秀明丽。

（1）青岛海滨风景区

青岛海滨风景区位于青岛市区南部沿海一线，西起团岛，东至大麦岛，全长25千米，陆地面积8.4平方千米，海域面积5平方千米，环抱团岛湾、青岛湾、汇泉湾、太平湾和浮山湾，背倚观象山、观海山、信号山、青岛山、太平山和浮山，具有依山面海的优越地理环境，是国内少有的地处城市中心的海滨风景区。

景区内的景点既能各自独立又可彼此相连，其中有栈桥景区、小青岛、鲁迅公园、小鱼山、百花苑、汇泉广场、八大关景区、五四广场、东海路、香港路等。每年吸引着近千万中外游客前来观光游览。

（2）崂山

崂山位于青岛东北部，是山东半岛的主要山脉，面积约300平方千米，古称劳山、辅唐山。其最高峰崂顶海拔1 133米，是山东半岛的最高峰。崂山是我国道教名山之一，著名的道教人物丘处机、张三丰等都曾在此修道。山上有上清宫、下清宫、太平宫等道观。而始建于北宋初年的下清宫（又名太清宫）的规模为最大，历史也最悠久。崂山的主要自然景点有龙潭瀑、潮音瀑和靛缸湾。

（3）蓬莱阁

蓬莱阁位于烟台蓬莱市北的丹崖山巅，始建于北宋嘉祐六年（1061年），面积32 800平方米。蓬莱阁主要建筑有吕祖殿、三清殿、蓬莱阁、天后宫、龙王宫、弥陀寺等。秦始皇访仙求药和八仙过海的故事都发生在这里。蓬莱阁历来为文人雅集之地，今存石刻

200 余方。蓬莱阁东侧前部为白云宫，其主体建筑是三清殿，正殿内有 3 尊神像。三清殿东为吕祖殿。弥陀寺在南部山下，是一独立建筑。海市蜃楼为蓬莱阁的一大奇观，每年春夏、夏秋之交，空晴海静之日，时有海市蜃楼出现，为"蓬莱仙境"增添了几分神奇的色彩。

🔍 **小资料**

蓬莱仙境——海市蜃楼

蓬莱有着许多美丽的传说，有"蓬莱仙境"之称。相传我国古代有 3 座海上仙山，分别是蓬莱、方丈和瀛洲。蓬莱依山傍水、景色迷人，独有"海市蜃楼"的奇观。在平静无风的日子里，凭蓬莱阁眺望，可以看到有远山、船舶、市镇、街道映现在空中。早在秦汉时期，我国已有人注意到了这种现象，但当时人认为这些映现在空中的亭台楼阁，乃是传说中的蛟龙——"蜃"吐出的气，变幻不定而形成的，所以称为"蜃楼"。而事实上，海市蜃楼是光在密度分布不均匀的空气中传播时发生全反射和折射而形成的。因为海水的热容量很大，即使在强烈的阳光照射下，水温也不容易升高。这样一来，海面上的空气层出现了上暖下冷的逆温现象（接近海面的空气受海水温度的影响，气温较低，而稍高的空气层在日光的照晒下，气温反而高）。这样引起了空气密度上层小、下层大的异常状况。在风力微弱的天气里这样的空气层保持着相对的稳定。远处的山峰、船舶、楼房、人等发出的光线射向空中时，先由密的气层折射进入稀的气层，并在上层发生全反射，又折回到密度大的大气层中来，经过这样弯曲的线路，投入我们眼中便是实物的像，即蜃景了。

（4）刘公岛

刘公岛位于威海市以东的威海湾口，最高峰旗顶山海拔 153.5 米。这里空气清新，气候宜人，昼夜温差小，年平均气温在 12℃左右，是避暑、度假、疗养的理想之地。

刘公岛是扼守京津门户、东部海疆的军事重地，素有"不沉的战舰"之称。这里是中国近代第一支海军即清政府北洋水师的诞生地，也是中日甲午战争的古战场，著名的黄海海战就发生于此。岛上有甲午海战期间功不可没的北洋水师铁码头和古炮台，甲午英烈的北洋水师忠魂碑，有展示中国兵器发展史的中华兵器馆及保持原始植被的国家森林公园。此外，刘公岛还有当年北洋海军的指挥机关北洋海军提督署和甲午海战馆。

（二）特色民俗风物旅游资源

1. 风味饮食

鲁菜，又称山东菜，是中国四大菜系之一，以其味鲜、咸、脆、嫩，风味独特，制作精细享誉海内外。鲁菜是我国覆盖面最广的地方风味菜系，遍及京津冀及东北三省。鲁菜共有沿海的胶东菜（以海鲜为主）和内陆的济南菜及自成体系的孔府菜三大体系。鲁菜讲究调味纯正，口味偏于咸鲜，具有鲜、嫩、香、脆的特色。其常用的烹调技法有

30种以上，尤以爆、扒技法独特而专长。爆法讲究急火快炒；扒技法为鲁菜独创，即原料腌渍粘粉，油煎黄两面，慢火尽收汁。扒技法成品整齐成型、味浓质烂、汁紧稠浓。

2. 风物特产

山东特产有青岛啤酒、山东大花生、烟台苹果、莱阳梨、肥城桃、龙口粉丝、潍坊风筝、淄博料器等。此外，青岛贝雕，崂山云峰茶，章丘大葱、黑陶等也闻名海内外。

3. 独特婚俗

泰山有一种独特的婚俗——夜里娶媳妇。据说，无论是属虎的、属龙的，都有犯相，都有忌讳。例如，鸡忌虎、马，白天嫁娶，属鸡的，难免会碰上属虎的和属马的，这是犯大忌的。而夜里嫁娶，即使碰上了，黑灯瞎火的，看不清楚，权当没看见，也就不会有"倒霉"的事了。因此，几百年来，在泰安市郊，这种习俗沿袭至今。

五、河南省

河南省位于中国中东部，黄河中下游，黄淮海平原西南部，大部分地区在黄河以南，故名"河南"。2 000 多年前，河南是中国九州中心的豫州，所以简称"豫"，又因古时豫州位于九州中心，因此又有"中州"、"中原"之称。河南省面积16.7万平方千米（列全国第17位），人口9 388万（2011年，列全国第3位），有汉族、回族、蒙古族、满族等民族，省会为郑州市。

河南省地势西高东低，平原山区面积各占一半。豫西、豫北、豫南三面有伏牛山、太行山、桐柏山和大别山四大山脉，豫西嵩山为五岳之一。河南省境内有黄河、淮河、卫河、汉水四大水系。

河南省是华夏文明的主要发源地，先后有20个朝代建都或迁都于河南。在中国七大古都中，河南就占有3个（洛阳、开封、安阳）。自远古以来，中华祖先在这里创造了"裴李岗文化"、"仰韶文化"和"龙山文化"等令世人赞叹的史前文化。淮阳至今仍保存着规模庞大的太昊陵。被称为"中华第一大帝"的轩辕黄帝，据说就诞生在今天郑州的新郑市，并在这里建立都城。中国古代四大发明中的指南针、造纸、火药三大技术均发明于河南。长期以来，河南始终在全国政治、经济、文化等方面占据着重要地位。

河南省拥有众多的名山秀水，吸引着大批国内外游客，繁荣的经济、灿烂的文化给河南留下了丰富的文化古迹，为发展历史文化旅游、宗教旅游等提供了丰富的资源。

（一）重点旅游景区

1. 洛阳-郑州-开封古都名山旅游区

洛阳-郑州-开封旅游区是以郑州为旅游中心、洛阳为副中心，以古都、石窟、名山为主要旅游资源特色的旅游区，代表性旅游景点主要有太行山、王屋山、云台山、清明上河园、包公祠等。

（1）郑州市

郑州市位于河南省中部偏北，黄河南沿，京广、陇海铁路交点，地处中原地区中心，自古为兵家逐鹿必争之地，荥阳、汜水等地曾多次发生大规模战争。郑州在春秋时期为郑邑，隋设郑州治，以地属古郑国而得名，现为河南省省会，是全国最大的铁路枢纽之一，也是亚欧大陆桥最大的铁路集装箱基地。

郑州市的嵩山少林风景区比较著名。嵩山位于登封县境内，为我国"五岳"之一，号称"中岳"。嵩山是一座由褶曲作用而形成的块状山，大致以少林河为界把嵩山分成两个山群，东部为太室山，西部为少室山。传说大禹的两个妻子分别住在这两座山内。嵩山主峰峻极峰海拔 1 491.7 米，有"峻极于天"之说。

嵩山西邻九朝古都洛阳，东有七朝古都开封。在古代，嵩山既是帝王游赏、文人涉足的胜地，也是兵家必争之地。我国的佛教圣地，佛教禅宗的祖庭，以武术而闻名于世的千年古刹"少林寺"就位于嵩山西麓。

少林寺是北魏孝文帝拓跋宏于太和十九年（495 年）为接待印度高僧跋陀而修建的，距今已近 1 500 年的历史。寺院依山修建，规模宏大，中轴线上依次有山门、天王殿、大雄宝殿、法堂、方丈室、达摩亭、千佛殿等。千佛殿是寺中最大的建筑，始建于明万历十六年（1582 年），殿中的壁画都是我国绘画宝库中的珍宝。少林寺还以少林武术而名扬天下。

在少林寺西边的山坳中，矗立着一片佛塔，这就是塔林。塔林为历代高僧的墓地。现有 228 座古墓塔，占地面积 2.1 万多平方米。塔林历经唐、宋、金、元、明、清不同年代，是中国现存面积最大、数量最多、价值最高的古墓建筑群。塔种类繁多、形态奇异，是综合研究我国古代砖石建筑和雕刻艺术的宝库。

中岳庙位于嵩山南麓太室山下，始建于秦，系中岳嵩山的岳神庙，在五岳庙之中建筑规模最大，素有"小故宫"之称。它的建筑沿中轴线共有 7 进 11 层之多，全长 650 多米，面积 11 万平方米。中轴线两侧还有宫院殿宇。现存明清建筑近 400 间，由汉至清的古柏 300 余株，郁郁葱葱、形象奇特。中岳庙东邻卢崖寺和卢崖瀑布，西有"全国第一塔"之称的"嵩岳寺塔"。

嵩阳书院位于嵩山南麓、太室山脚下，因坐落在嵩山之阳故而得名，建于北魏孝文帝太和八年（484 年）。嵩阳书院原为嵩阳寺，宋时改为太室书院和嵩阳书院，是一所历史悠久、规模宏大的官办书院。嵩阳书院是中国古代著名高等学府，在历史上以理学著称，宋代理学大师程颢、程颐曾在此讲学。

（2）洛阳市

洛阳位于河南省西北部的伊洛盆地，因在洛河以北而得名，洛阳市向有"九州腹地，十省通衢"之称，为中国七大历史文化古都之一，著名旅游胜地。周初营建洛邑，秦置洛阳县，东周、东汉、曹魏、西晋、北魏、隋、武周、后梁、后唐先后定都于此，素称"九朝古都"。著名的仰韶文化在此首先被发现。洛阳唐三彩被誉为"东方艺海明珠"。

小资料

洛阳牡丹花会

　　牡丹以其雍容华贵、妖艳妩媚的秀姿，赢得了"万花之王"和"国色天香"的美誉，洛阳也因种植牡丹的历史悠久被世人称为"牡丹城"。"洛阳牡丹甲天下"，洛阳已有1 500年的牡丹栽培史，现有600多个品种，千姿百态、品种各异，红、黄、粉、白、紫、绿、蓝、黑等各色牡丹争奇斗艳。人们根据颜色、花形、产地、种植世家等特点，给牡丹冠以许多美好的名字。例如，"姚黄"、"魏紫"、"潜溪畔"、"鹤翔红"等，都是花中之王。而花红、叶绿、株大、味香的"洛阳红"，被尊为洛阳牡丹王中王，备受洛阳人的推崇。洛阳牡丹之所以成为牡丹之魁，是由这里特殊的地理条件决定的。洛阳土地肥沃、气候温和，为种植牡丹提供了良好的自然环境。民间传说，百色牡丹汇集洛阳的原因，是由于武则天一道圣旨怒贬的结果。1982年洛阳市人民代表大会通过议案，把牡丹定为"市花"，确定每年4月15～25日的10天为"牡丹花会"。自1983年以来，洛阳市每年都要举办一年一度的牡丹花会，并坚持"以花为媒，广交朋友，花会搭台，经贸唱戏"，吸引了无数中外客商和游人，而牡丹花会也被列为全国24个重大旅游节庆之一。

　　1）龙门石窟（图4-7），位于洛阳市南13千米处。龙门石窟始创于北魏孝文帝迁都洛阳（494年）前后，历经东魏、西魏、北齐、北周、隋、唐等朝代及北宋诸朝，前后500余年大规模营造，大大小小的窟龛密布在伊水两岸峭壁上，南北长达1千多米。两山现存窟龛2 100多个，造像10万余尊，造像题记和碑碣3 600块左右，佛塔40余座。北魏造像占1/3，全部在西山，其代表洞窟为古阳洞、宾阳洞、莲花洞、石窟寺和魏字洞等。唐代造像几乎占2/3，最有代表性的洞窟为潜溪寺、奉先寺、万佛洞、看经寺等。龙门石窟在雕刻艺术史上占有非常重要的位置。2000年11月，联合国教科文组织将龙门石窟列入《世界遗产名录》。

图4-7　龙门石窟

2）白马寺。位于古都洛阳城东 12 千米处，北依邙山，南望洛水，是佛教传入中国后由朝廷斥资兴建的第一座寺院。白马寺始建于东汉明帝永平十一年（68 年），距今已有 1 900 多年的历史。白马寺坐北面南，主体建筑分布在由南向北的中轴线上。前为山门，紧接着是五重大殿、4 个大院及东西厢房，五重大殿由南向北依次为天王殿、大佛殿、大雄殿、接引殿和毗卢殿。每座大殿都有造像，多为元、明、清时期的作品。东西厢房左右对称。整个建筑宏伟肃穆、布局严整。此外，白马寺还有碑刻 40 多方，对研究寺院的历史有重要价值。千百年来，白马寺一直被奉为"释源"、"祖庭"。

3）关林。位于洛阳城南 7 千米处，是埋葬关羽首级的地方。关林自明万历二十年（1592 年）开始建庙植柏，清乾隆年间加以扩建，如今已占地百余亩，拥有殿宇廊庑 150 余间。关林的建筑按宫殿式样建造，沿中轴线依次排列舞楼、大门、仪门、大殿、二殿、三殿、牌坊、墓冢、后门，其他建筑的布设皆沿此线左右对称、严谨有序，为中国古代建筑的典型代表。院内 800 余株古柏遮天蔽日，蓊郁苍翠。

（3）开封市

开封自公元前 364 年～公元 1233 年，先后有战国时的魏国，五代的后梁、后晋、后汉、后周，北宋和金朝 7 个王朝在此建都，有"七朝都会"之称。开封之名源于春秋时期，迄今已有 2 700 余年的历史。

1）大相国寺。位于开封城内自由路西段路北，建于北齐天保六年（555 年），初名建国寺，唐延和元年（712 年）重修，并改名为大相国寺。大相国寺殿宇在明末一次黄河决口时被淹没，现在的大相国寺是清乾隆三十一年（1766 年）重修的。大相国寺建筑群由南向北，沿中轴线整齐排列。其主体建筑有正门、天王殿、大雄宝殿、八角琉璃殿及藏经楼五重建筑，中轴线两侧，对称分布着两列阁楼式建筑。

2）包公祠。包拯，世称包公，又称包青天，是我国北宋时期著名的清官，千百年来深受人们的尊敬与爱戴。包公祠位于包公湖畔，该祠堂最早建于宋代，后金、元、明、清相继在此建祠，今祠为 1984～1987 年重建。祠分三进，琉璃彩瓦，为宋代建筑风格。祠的大门、二门、大殿、二殿、东西配殿，都挂有匾额楹联，内容多为表赞包公执法如山、兴利除弊。

3）开封府景区。位于包公湖东湖北岸。开封府又称南衙，初建于五代梁开平元年（907 年），北宋时期成为"天下首府"。宋太宗、宋真宗、宋钦宗 3 位皇帝曾潜龙在此，先后有寇准、包拯、欧阳修、范仲淹、苏轼、司马光等一大批杰出的政治家、文学家、思想家、军事家在此任职。重建的开封府依北宋营造法式建造，以正厅（大堂）为议事厅，梅花堂为中轴线，辅以天庆观、明礼院、潜龙宫、清心楼、牢狱、英武楼等 50 余座大小殿堂。

2. 安阳旅游区

安阳旅游区以安阳古都为中心。安阳市是河南省最北部的城市，是五大中心旅游城市之一。安阳历史悠久，早在 3 000 多年前，殷商就已在此建都。19 世纪末，在安阳小屯村出土了甲骨文，使安阳成为中国历史上第一古都，为全国七大古都之一。而安阳市的众多历史名胜古迹，也成为了人们了解中华民族文化的基地。

（1）殷墟

殷墟位于安阳市区西北小屯村一带，距今已有 3 300 多年历史。殷墟是我国奴隶社会商朝后期的都城遗址，也是目前所能确指的中国最早的古都，其出土的大量甲骨文和青铜器展现了华夏文明最初的辉煌。殷墟占地面积约 24 平方千米，大致分为宫殿区、王陵区、一般墓葬区、手工业作坊区、平民居住区和奴隶居住区。殷墟王陵区出土的司母戊大鼎，高达 133 厘米，口长 79.2 厘米，重量达 875 千克，是至今世界上发现的最大的铜器鼎。殷墟出土的文物为研究我国奴隶制社会提供了极为珍贵的资料。殷墟于 2006 年 7 月被列入《世界遗产名录》。

（2）太行山大峡谷

太行山大峡谷地处南太行山东麓的安阳林州市西侧，南北长 100 华里，东西宽 2.5 华里，海拔 800～1 739 米，相对高差达 1 000 米以上。境内断崖高起，流瀑四挂，峰、峦、峡、瀑姿态万千，是"北雄风光"的典型代表。

太行山大峡谷景区总面积 120 平方千米，植被覆盖率为 90%，其中原始植被约占 60%，自然生态保持良好，旅游资源丰富，有"天然氧吧"的美誉。其主要景区有王相岩景区、桃花谷、太行平湖、仙台山、冰冰背等。

3. 王屋山-云台山风景旅游区

王屋山-云台山风景旅游区是以国家级风景名胜王屋山与云台山为主的自然风光旅游区。

（1）王屋山

王屋山风景区位于济源市西北，因"山形如王者车盖"，故称王屋山。王屋山是中国古代九大名山之一，汉魏时被列为道教十大洞天之首，为"天下第一洞天"。王屋山也是愚公的故乡，愚公移山的故事因《列子》的记载和毛泽东在《愚公移山》中的引用而家喻户晓。主峰天坛山海拔 1 715 米，是中华民族祖先轩辕黄帝设坛祭天之所，世称"太行之脊"、"擎天地柱"。王屋山的森林覆盖率在 98% 以上，珍稀动物繁多，具有很高的观赏和研究价值。

（2）云台山

云台山位于焦作市东北 30 千米的修武县境内。云台山古称"覆釜山"，因常年云雾缭绕，仿佛生在云上，故又名云台山。云台山属于太行山系，也是罕见的北方岩溶地貌景观。这里有亚洲落差最大的瀑布——云台天瀑，有长满茱萸的茱萸峰，峰峦叠翠、雄奇险秀。景区面积 196 平方千米，有老潭沟、小寨沟、温盘峪、子房湖、万善寺、百家岩、仙苑、圣顶、叠彩洞、青龙峡十大景点。

（二）特色民俗风物旅游资源

1. 风味饮食

河南菜简称豫菜，是我国的重要菜系之一。其风味既具有浓厚的地方风味和传统烹调技艺，而又兼收各菜之长。豫菜的风味特点是取料广泛，选料严谨；配菜恰当，刀工精细；讲究制汤，火候得当；五味调和，以咸为主；甜咸适度，酸而不苦；鲜嫩适口，酥烂不浓；色形典雅，淳朴大方。豫菜的烹调方法共有 50 余种，扒、烧、炸、熘、爆、炒、焓别有特色。

河南的风味小吃以开封最有名。开封的饮食文化源远流长，也以独特的汴京风味成为豫菜的代表之一。

2. 风物特产

河南省手工艺品历史悠久、丰富多彩，以禹县钧瓷、南阳玉雕、洛阳仿唐马（唐三彩）、滑县点锡壶、济源盘砚（古称天坛砚）为著名传统产品。河南省的物产非常丰富，主要有栾川木耳、灵宝大枣、封丘石榴、杜康酒、淮阳金针菜、原阳大米、开封西瓜、信阳毛尖和板栗、西峡猕猴桃、灵宝苹果、内乡山茱萸、洛阳牡丹、鄢陵花卉，以及豫北四大怀药（生地、牛膝、山药、菊花）等。

3. 民间习俗

河南民间有清明插柳戴柳的习俗。此外，河南清明前后流传着很多传统的风俗活动，如寒食赐火、清明扫墓、踏青郊游、打马球、放风筝、荡秋千、斗鸡、拔河等。另外，在三门峡，那里的民居形式除了瓦房以外，还有一种就是窑洞，是黄土高原特有的一种民居形式，以开井窑院最富有特色。一般是在平地挖一个方形深坑，坑院的四周挖出数个窑洞，在坑院的一角挖一个斜洞通到地面，作为门洞。在坑院中还要挖一个较深的渗井，囤积雨水。开井窑院是考察研究人类原始"穴居"演进史的实物见证，也是了解黄土高原农村民俗的一大景观。

六、山西省

山西省位于中国北部的黄土高原上，东邻河北，西界陕西，南接河南，北连内蒙古自治区。因地处太行山之西而得名山西，亦因位于黄河以东；称河东，春秋时期为晋国的领土，故简称"晋"；战国时韩、赵、魏三家分晋，又别称"三晋"。全省总面积约15.6 万平方千米（列全国第 20 位），总人口为 3 593 万（2011 年）。

山西地形较为复杂，有"表里山河"之说。山西境内有山地、丘陵、高原、盆地、台地等多种地貌类型，山区、丘陵占总面积的 2/3 以上，大部分在海拔 1 000～2 000 米，主要河流有汾河、海河两大水系。

山西是中华民族的发祥地之一。传说中的尧、舜、禹等都曾在此建都。至今为止，有文字记载的历史达 3 000 年之久，拥有众多各具特色的文物古迹，尤其是古建筑在全国最为突出。山西现存古代建筑数量之多和历史艺术价值之高都居全国之首，素有"中国古代建筑艺术博物馆"、"地面文物看山西"的美称。

（一）重点旅游景区

1. 晋北宗教文化旅游区

该旅游区以大同市为旅游中心，以石窟、古城、名山为旅游资源特色。大同位于太原盆地北端，是国家级历史名城，古称云中、平城。晋隆安二年（398 年），拓跋珪在平城称帝，建立北魏。孝文帝迁都洛阳前，这里一直是北魏的政治、经济、军事、文化中心。云冈石窟就开凿于北魏时期。大同之名始于辽代。辽金两代，它作为陪都达 200 多年。由于统治者崇仰佛教，营建了一大批宗教建筑物，很多保存至今，成为大同的一大特色。

（1）云冈石窟

云冈石窟（图 4-8）位于大同市西郊，因石窟建在武周山麓，而其最高处名云冈，故取名为云冈石窟。云冈石窟开凿于北魏和平年间（460～465 年），距今已有 1 500 多年的历史，是我国四大石窟之一。石窟依山开凿，东西绵延 1 千米，现存主要洞窟 45 个，造像51 000 多尊，大佛最高者 17 米，最小者仅几厘米。云冈几十个洞窟中以昙曜五窟开凿最早，气魄最为宏伟。而第五、第六窟和五华洞内容丰富多彩、富丽瑰奇，是云冈艺术的

图 4-8　云冈石窟

精华。石窟中最大的佛像是第五窟三世佛的中央坐像，高达 17 米。2001 年 12 月，云冈石窟被联合国教科文组织列入《世界遗产名录》。

（2）华严寺

华严寺在大同市西部，始建于辽，是辽金时期我国华严宗重要的寺庙之一。因寺内曾奉安诸帝石像、铜像，当时还具有辽皇室祖庙性质。历史上几经修缮，成今日之规模。现存上华严寺和下华严寺两处，两寺相距不远，在同一大院落内。下寺薄伽教藏殿建于辽代重熙七年（1038 年），殿内保存着 31 尊辽代塑像，容貌丰满、衣饰流畅、神情自如，是我国辽塑中的精品。华严寺主要殿宇皆面向东方，这与契丹族信鬼拜日、以东为上的宗教信仰和居住习俗有关。

（3）善化寺

善化寺俗称南寺，位于山西省大同市城内西南隅，始建于唐。唐玄宗时称开元寺，

明正统十年（1445 年）始称善化寺。全寺占地面积约 2 万平方米，主要建筑沿中轴线坐北朝南，渐次展开，层层迭高。前为山门，中为三圣殿，均为金时所建。大雄宝殿为辽代遗存。善化寺是我国现存规模最大、最为完整的辽金寺院。寺内还保存着泥塑、壁画、碑记等珍贵文物。

（4）应县木塔

应县木塔位于大同以南约 70 千米处，建在应县城佛宫寺的山门内，原名佛宫寺释迦塔，俗称应县木塔。应县木塔建于辽清宁二年（1056 年），全部用木建成，是我国最高最古的木结构佛塔。木塔通高 67.31 米，建在 4 米高的两层石砌台基上，底层直径为 30 米，平面为八角形，五层六檐。从外观看是 5 层，但塔内夹有暗层 4 级，实为 9 层。塔内各层，使用了中国传统的斜撑、梁枋和短柱等建筑方法，使整个塔连成一体。木塔自建造至今已有 900 多年历史，长期经受风雨侵蚀，历经 8 次大地震，仍巍然屹立，堪称中国古建筑的一大奇迹。

（5）恒山

恒山位于大同市浑源县境内，为"五岳"中的"北岳"。其主峰天峰岭，海拔 2 016.1 米，被誉为"塞外第一山"。恒山景区面积为 147.51 平方千米，是集旅游观光、科学考察、休闲疗养为一体的综合性国家级风景名胜区。恒山也是著名的道教圣地。恒山古有十八胜景，今存有琴棋台、朝殿、会仙府、九天宫、悬空寺等 10 多处，另有出云洞、紫芝峪等自然风光。

悬空寺（图 4-9），位于北岳恒山脚下，距今已有 1 400 多年的历史。悬空寺始建于北魏晚期（约 6 世纪）。全寺为木质框架式结构，共有殿阁 40 间，最大的有 36 平方米，最小的还不足 5 平方米。寺背西面东，面对恒山，背倚翠屏峰，地势险峻。寺内有各种铜铸、铁铸、泥塑、石雕像 80 尊。悬空寺建于峭壁上，如空中楼阁，是恒山吸引游客的第一奇观。

图 4-9　恒山悬空寺

（6）五台山

五台山，又名"五顶山"，位于忻州地区东北部，因东西南北中五座高峰的山巅都是高大的缓坡平台，故名五台山。最高的北台海拔达到 3 061.1 米，为华北第一高峰，有"华北屋脊"之称。五台山是文殊菩萨的道场，我国佛教四大名山之一。五台山风景区绝大部分坐落在以台怀镇为中心的五台县境内。由于五台山五峰耸秀，海拔高，盛夏气候凉爽，故又有"清凉山"之称。山上现存寺庙共 47 处，台内 39 处，台外 8 处。有名的五大禅院为显通寺、塔院寺、殊像寺、罗眠寺和菩萨顶。现存建筑为清代遗存，形制、手法及雕刻艺术，多参照皇宫形制营造。在四大佛教名山中，五台山的寺庙最为集中，香火最为旺盛。

2. 晋中晋商文化旅游区

晋中旅游区以太原市为旅游中心，主要以名山、古城及晋商文化为旅游资源特色。主要景区有晋祠、北武当山、平遥古城及乔家大院等。太原是山西省省会，始建于公元前 497 年的春秋时代，距今已有 2 500 年的历史，古称晋阳、并州，简称并，曾为唐王朝的"北都"，后唐、后晋、北汉的国都或陪都，是中国北方的军事重镇和重要的商业、手工业城市。太原如今是以冶金、机械、化工、煤炭为支柱，以输出能源、原材料、矿山机械产品为主要特征的全国重要的能源重化工城市。

（1）晋祠

晋祠位于太原西南 25 千米处的悬瓮山下，是一处自然山水与历史文物相结合的建筑园林，被称为山西的小江南。始建于北魏，为纪念周武王次子叔虞而建。祠内的周柏、难老泉、宋塑侍女像被誉为"晋祠三绝"，具有很高的历史价值、科学价值和艺术价值。晋祠的主要景点有圣母殿、侍女像、鱼沼飞梁等。祠区其他建筑还有朝阳洞、三台阁、关帝庙、昊天祠、东岳庙、文昌阁、胜瀛楼、景清门、唐叔虞殿等。

（2）乔家大院

乔家大院位于晋中市祁县东观镇乔家堡村，占地 8 000 多平方米，由 6 幢大院 19 个小院共 313 间房屋组成。院落建筑构思精巧，平面为"双喜"字形。宅院古朴、大方，为传统中式结构。宅院周围，高墙围拢，达 10 余米，上有女墙垛口。房顶上，有多达 140 余个烟囱，形制各异、无一雷同。院内斗拱飞檐、木砖石雕刻，精美大方、典雅美观，是高水平的建筑艺术作品。这一院落始建于清代乾隆二十年（1755 年），是我国清代民居建筑中的一颗明珠。

（3）平遥古城

平遥，史称古陶，位于山西省中部，距省城太原市 100 千米。平遥古城始建于西周宣王时期（前 827～前 782 年），是一座具有 2 700 多年历史的文化名城。明洪武三年（1370 年），在原西周旧城垣的基础上重筑扩修为今天的砖石城墙。迄今为止，古城的城墙、街道、民居、店铺、庙宇等建筑仍然基本完好，原来的形式和格局大体未动，是我国古城风貌保存最为完整的历史文化名城之一。古城内现存 4 000 处古、近代民居建筑中，有 400 余处典型地体现着中国古、近代北方民居建筑的风格和特点。其古建筑及文物古迹，在数量和品位上均属国内罕见，对研究中国古代城市变迁、城市建筑、人类居住形式和传统文化的发展具有极为重要的历史、艺术、科学价值。此外，平遥是"晋商"的发源地之一，中国第一家现代银行的雏形——"日升昌"票号就在这里诞生。1997 年 12 月，联合国教科文组织将平遥古城列入《世界遗产名录》。

（4）王家大院

王家大院位于晋中市灵石县静升村。院落坐北面南，建筑规模宏大，有东大院、西大院、孝义祠 3 个部分，总面积相当于祁县乔家大院的 4 倍，是晋商大院的典范，有"中国民居艺术馆"、"华夏民居第一宅"之称。王家大院布局构思独特、结构合理，"三雕"（砖雕、木雕、石雕）艺术精湛，既有北方建筑的雄伟气势，又有南方建筑的秀美。

（5）绵山

绵山又称介山，位于晋中市介休城东南，绵延 50 余千米，海拔 2 072 米。绵山以其形势绵亘而得名。绵山有独特的神秘文化景观，介子推与寒食清明的由来更使其名扬海内外。绵山早在北魏之时，山中就有寺庙建筑，唐初时已具有相当规模的佛教禅林。绵山的主要景点有抱腹寺、回銮寺、龙头寺、龙脊岭等。

3. 晋南寻根文化旅游区

晋南寻根文化旅游区以中原黄河寻根文化为主要旅游特色，以临汾市和运城市为中心。

（1）洪洞大槐树寻根祭祖园

洪洞大槐树寻根祭祖园位于临汾市洪洞县城贾村西侧，这里是历史上元末明初著名大移民的出发点，如今成为寻根祭祖的圣地。贾村西侧有唐贞观二年（628 年）所建的广济寺，旁有传为汉代所植的古槐。1914 年，贾村人在古大槐树处建造碑亭，碑正面刻有"古大槐树处" 5 个大字，背面记载迁民事迹。碑南侧有一座四脚三门、飞檐斗栱的木牌坊，一匾为"誉延嘉树"，一匾为"荫庇群生"。现寺已毁，老槐树已属古槐同根孳生的第三代，但它永远代表着移民无奈的乡愁，也是研究我国古代移民的重要史料。

（2）尧庙

尧庙位于临汾市南，始建于晋代，自唐以后，历代重修，规模逐渐扩大。尧庙是一座集纳丰富历史文化和五千年文明史的国祖庙，俗称三圣庙，是中国专门纪念尧、舜、禹 3 位先祖的庙宇。庙内现存五凤楼、尧井亭、广运殿（尧宫）和寝宫。广运殿始建于唐朝，殿高 27 米，内供巨大尧像。两边墙壁有精雕的龙、凤、狮子、麒麟等动物图像，尤为精美。尧庙附近有尧庙村，村内有尧王井，相传为尧所凿。

（3）黄河壶口瀑布

黄河壶口瀑布（图 4-10）位于山西省临汾市吉县和陕西省宜川县之间，景区面积约 100 平方千米。黄河壶口瀑布以排山倒海的壮观气势著称于世，是万里黄河上唯一的瀑布。滔滔黄河到此被两岸苍山挟持，束缚在狭窄的石谷中，300 余米宽的洪流骤然收束为 50 余米。这时，河水倒悬倾注，若奔马直入河沟，波浪翻滚、惊涛怒吼，震声数里可闻，其形如巨壶沸腾，故得名。黄河水最后从 20 余米高的断层石崖飞泻直下，跌入

30 余米宽的石槽之中，形成壶口大瀑布中的"雷首雨穴"、"万丈龙槽"、"彩桥通天"等种种奇观。

图 4-10　黄河壶口瀑布

（4）芮城永乐宫旅游区

永乐宫位于芮城县北龙泉村东侧，是中国道教三大祖庭之一，为奉祀八仙之一吕洞宾而建。永乐宫始建于元代定宗贵由二年（1247 年），竣工于元代至正十八年（1358 年），施工期长达 110 多年。永乐宫以壁画闻名天下，是中国现存壁画艺术的瑰宝。在长达 500 米的中轴线上，依次排列着龙虎殿、三清殿、纯阳殿、重阳殿等，在每座殿中都有瑰丽的壁画。

三清殿是永乐宫的主殿，雄伟宽敞。殿内四壁布满了壁画，始绘于元代，画面总长达 9 米、高 4 米有余。壁画内容绘的是各路神仙朝谒元始天尊的盛况，数百位神仙姿态各异、形神俱备。整个画面构图匀称，人物线条流畅，不失为元代壁画中的珍品。

（5）解州关帝庙

解州关帝庙位于运城市西南解州镇，镇西有全国现存最大的关帝庙，俗称解州关帝庙，是国内最大的宫殿式庙宇。解州古称解梁，是三国蜀汉名将关羽的故乡。

（二）特色民俗风物旅游资源

1. 风味饮食

山西菜点分为南、北、中 3 派。南路菜以运城、临汾地区为主，菜品以海味为最，口味偏清淡。北路菜以大同、五台山为代表，菜肴讲究重油重色。中路菜以太原为主，兼收南北之长，选料精细、切配讲究，以咸味为主、酸甜为辅，菜肴具有酥烂、香嫩、重色、重味的特点。此外，山西面食尤其著名，品种多、吃法别致、风味各异，成品或筋韧或柔软，滑利爽口、余味悠长。最奇特的是山西面食可以成宴，且从头至尾不会相同。

2. 风物特产

山西特产中，以汾酒、竹叶青最为有名。清徐老陈醋知名度也颇高，独树一帜，盛名中外。此外，五台山"台蘑"、大同黄花、恒山黄芪、稷山板枣、平陆百合、蒲州青柿、垣曲猕猴桃、清徐葡萄、上党党参、晋城红果、代县辣椒、晋祠大米、"沁州黄"小米、太谷中药龟龄集和定坤丹、长治大风丸、平阳木版年画、大同艺术瓷和铜器、平遥推光漆具等都闻名全国。

3. 民间习俗

山西的特有节日主要有添仓节、走麦罢、过唱、桃花节等。晋剧，又称中路梆子，是山西四大梆子之一，也是山西省境内主要的、有代表性的剧种。晋剧的传统剧目有《打金枝》、《蝴蝶杯》、《明公断》、《凤仪亭》、《回龙阁》等 400 多个。山西境内的民宅除了传统的四合院，还有窑洞，几乎遍布全省境内，在农村更为普遍。

七、陕西省

陕西省简称"陕"或"秦"，位于黄河中游，古时在陕原（今河南陕县）以西，故周初即称陕西。陕西省是中华民族的发祥地之一，自周朝开始就有秦、西汉、西晋、前赵、前秦、后秦、西魏、北周、隋、唐等 13 个王朝在陕西建都，时间长达 1 180 年，是我国历史上建都时间最长的省份。全省面积 20.58 万平方千米（列全国第 11 位），人口3 743 万（2011 年），省会西安市，是全国重点旅游城市。

陕西的地形分为陕北高原、关中平原和陕南山地 3 个部分。陕北为黄土高原的中心部分，广布黄土丘陵和塬梁峁、沟川地。关中是渭河冲积平原，海拔约 500 米，号称"八百里秦川"。陕南为秦岭、巴山和汉水谷地，其间有汉中、安康等盆地。

陕西省有"天然历史博物馆"之称，文物古迹众多，全省拥有各类文物景点 3.5 万余处，是中国著名的文物大省。

（一）重点旅游景区

1. 西安-宝鸡旅游区

西安-宝鸡旅游区以西安市为旅游集散地，以名山、水景、古城、陵寝为主要旅游资源特色。西安市位于陕西省东南部，渭河之南，秦岭以北。西安古称长安，西周为丰、镐二京所在地，以后西汉、西晋、前后秦、西魏、北周、隋唐等朝代都建都于此，明、清为西安府治。1928 年设西安市，现为陕西省省会。西安是闻名世界的著名历史文化古城，是封建盛世时全国政治、经济、文化的中心，是通往中亚和欧洲的丝绸之路的起点。

（1）骊山风景区

骊山位于西安市临潼区城南，因系西周时骊戎国地，故称为骊山。骊山为秦岭山脉的一个支脉，又称绣岭，自然景色出众，以石瓮谷为界可分为东、西二岭。"渭水秋天白，骊山晚照红"，因此"骊山晚照"被誉为"关中八景"之一。骊山的主要景点有兵谏亭、烽火台、老母殿、晚照亭、三元洞等。

著名的兵谏亭为张学良、杨虎城两位将军发动震惊中外的"西安事变"迫蒋抗日的地方；烽火台曾演绎出周幽王与褒姒"烽火戏诸侯，一笑失天下"的历史故事；老母殿则奉祀着神话中采石补天的中华圣母女娲；晚照亭是"骊山晚照"时景色最漂亮的地点；三元洞则北临华清池，上通老君殿，是由骊山西门登山的第一处景点，也是一处自然奇观。

（2）华清池

华清池位于临潼城南，骊山脚下。因为有温泉涌出，这里自古就是著名的沐浴游览胜地。相传，周幽王时期就建有骊宫，秦始皇在这里建有"骊山汤"。到唐玄宗时期，命名为"华清池"，又称"华清宫"。这里是唐玄宗与杨贵妃的沐浴、游乐之地。其主要景点有飞霜殿、沉香殿、宜春殿、禹王殿、贵妃池、九龙汤、莲花汤等数十处仿古宫殿建筑。

（3）秦始皇陵及兵马俑

秦始皇陵位于临潼城东5千米的下河村附近。兵马俑博物馆位于距秦始皇陵东侧1.5千米处，是秦始皇陵建筑的一部分。秦始皇陵始建于公元前246年，历时39年，是目前已知的中国封建社会规模最大的一座帝陵。秦始皇陵墓是一座结构宏大、富丽堂皇的地下王国和巨大的珍宝库，其中秦兵马俑的发现被称为"20世纪最重要的考古发现"，堪称"世界第八大奇迹"。秦始皇陵及兵马俑坑1987年12月被联合国教科文组织列为世界文化遗产。

兵马俑坑是秦始皇陵东侧的一组大型陪葬坑，呈"品"字形排列，面积达2万多平方米。俑坑皆为地下坑道式的土木结构建筑，各自独立、互不相通。秦兵马俑模拟军事序列，象征着当年守卫秦始皇帝陵的卫戍部队，再现了秦国军队的威武强大。

秦兵马俑形体高大、比例匀称、形象生动，是我国古代的艺术宝库，是秦代写实艺术的完美体现，为研究秦代的军事、政治、经济、文化、科学和艺术提供了珍贵的形象资料。秦俑坑出土的数万件青铜兵器均为实战兵器，是我国古代兵器的宝库。有的兵器迄今寒光闪闪，是世界冶金史上的一大奇迹。1980年12月，秦始皇陵西侧出土了两乘铜车马，被誉为"青铜之冠"、"国之瑰宝"。铜车马是秦始皇生前车马仪仗的象征。前后两乘车名为立车和安车，均为双轮单辕，前驾四匹铜马，各有一高级御手驾车。两乘车各重1吨多，各由3000多个零件组成，除各有约7千克的金银装饰品外，均为青铜铸造。秦陵铜车马通体彩绘、铸造精细，是我国目前发现的年代最早、形体最大、结构最复杂、系驾关系最完整的铜铸马车，为研究古代车制及古代冶金工艺提供了珍贵的实物资料。

（4）大雁塔与小雁塔

大雁塔位于西安市城南和平门外，始建于唐朝鼎盛时期，因当时塔建在慈恩寺内，故又名慈恩寺塔，而"雁塔"之名源于印度佛教。塔身为7层，高64.5米，砖表土心，

图 4-11　大雁塔和玄奘像

仿西域佛塔形式，名曰"雁塔"。大雁塔为高僧玄奘所建（图 4-11），也是西安古城的重要标志。

小雁塔位于荐福寺。小雁塔在唐宋时期一直称为荐福寺塔。由于此塔比大雁塔小，其高 43.3 米，底边长 11.38 米，高与底边的比例是 100∶26，皆比大雁塔小，故称小雁塔。

（5）西安碑林博物馆

西安碑林博物馆位于西安城内三学街 15 号。碑林始建于北宋哲宗年间（1090 年），距今已有 900 多年的历史，是一座收藏、研究碑石墓志及其他古代石刻艺术品的博物馆。碑林中荟萃了中国古代精美碑石艺术，石碑众多，还有丰富的碑石墓志、石刻艺术品。现收藏有自汉代至今的碑石、墓志近 3 000 件，展出 1 089 件，收藏碑石、墓志的数量为全国之最，且藏品时代系列完整，时间跨度达 2 000 多年。西安碑林博物馆被誉为"东方文化的宝库"、"书法艺术的渊薮"、"汉唐石刻精品的殿堂"、"世界最古的石刻书库"。

（6）陕西历史博物馆

陕西历史博物馆位于西安大雁塔附近，是我国第一座现代化的国家级博物馆。这里常年展出"陕西古代史陈列"，汇集周、秦、汉、唐等朝代在陕西出土文物的精华，展品有 3 000 多件，主要有商周青铜器，秦汉瓦当、陶俑和盛唐的唐三彩、金银玉器、瓷器，以及多彩的手工艺品。这些展品是从 80 万件文物中精选出来的，大多为稀世珍品，充分反映了中国古代从原始社会到周、秦、汉、唐等十余个封建王朝建都西安的历史风貌，具有极高的历史、科学和艺术研究价值，被称为"中华文明的历史长廊"。

（7）唐乾陵

乾陵位于西安以西 80 千米的乾县，是唐高宗李治和皇后武则天的合葬陵墓。乾陵修建于公元 684 年，历时 23 年，工程才基本完工。乾陵是"唐十八陵"中保存最完整的一座皇家陵园，也是中国历史上唯一一座两个皇帝的合葬墓。乾陵以山为陵，依梁山而建，坐北朝南，由内外两城组成，四面有门，外城遗迹已消失，内城遗迹（图 4-12）至今保存完善。城内有献殿、偏房、回廊、阙楼以及狄仁杰等 60 位朝臣像祠堂、下宫等建筑群。陵前石刻全长 575 米，宽 11 米，由 3 200 块陕西墨玉石砌成 526 级台阶和 18 座平台。乾陵地面文物主要是石刻，共计 114 件，且多用整块巨石雕成。陵东南还有 17 座陪葬墓。

（8）唐昭陵

唐昭陵是唐太宗李世民的陵墓，距西安市 80 余千米。唐昭陵凿山建陵，开创了唐代封建帝王以山为陵的先例。陵园规模很大，陪葬墓较多，且有珍贵石刻。著名的"昭陵六骏"大型浮雕就曾陈列于此。现在墓区建有昭陵博物馆，陈列着唐初一些著名书法家的碑石及出土文物。

（9）法门寺

法门寺位于西安市扶风县，是一座千年古刹，始建于东汉，距今约有1 700余年的历史。法门寺是隋、唐两朝的皇家寺院，也是我国境内安置释迦牟尼真身舍利的著名寺院。原寺规模很大，寺内占地面积100余亩，拥有24座院落，唐时有僧人500余人。寺内有一座8棱13层的宝塔（图4-13），高47米，1～12层共有89个佛龛，为仿木结构建筑形式，每层有出檐斗拱，工艺精巧、纹饰华丽。塔底还有题额，分别为"真身宝塔"、"美阳重镇"、"舍利飞露"、"浮图耀日"等字。塔因年久失修，于1981年8月，塔身半壁倒塌。1987年，国家拨款重建法门寺塔，在清理塔时发现了石函封闭的地宫。地宫内珍宝之多，令人目眩。法门寺地宫是我国迄今发现的最大佛塔地宫，这里珍藏着释迦牟尼的真身舍利。

图4-12　乾陵无字碑　　　　　　　　　　图4-13　法门寺塔

（10）茂陵博物馆

茂陵博物馆位于咸阳与兴平之间的五陵原上，是以汉武帝茂陵、霍去病墓及大型石刻群而蜚声海内外的西汉断代史博物馆。茂陵是汉武帝刘彻的陵墓，汉代帝王陵墓中规模最大、修造时间最长、陪葬品最丰富的一座，被称为"中国的金字塔"。茂陵封土为覆斗形，现存残高46.5米。墓冢底部基边长240米，陵园呈方形，边长约420米，至今，东、西、北3面的土阙犹存。陵周陪葬墓尚有李夫人、卫青、霍去病、霍光、金日磾等人的墓葬。其中，西汉名将霍去病墓的"马踏匈奴"等石刻，是古代石雕艺术珍品，是两千多年前的汉文化遗产，举世无双的古代雕刻艺术杰作，也是我国最早、最大、最完整的大型石刻群。

（11）华山

华山古称西岳、太华，位于陕西华阴市城南，被誉为"奇险天下第一山"。华山有五大峰，即朝阳（东峰）、落雁（南峰）、莲花（西峰）、五云（北峰）、玉女（中峰），五峰拔地而起，耸立于群山之中，如同一朵盛开的莲花。华山有 3 个主峰：落雁峰，为华山最高峰，海拔 2 154.9 米，以及朝阳峰和莲花峰，三峰鼎峙，被称为"天外三峰"。华山以险拔峻秀著称于世，东、西、南三面是悬崖峭壁，只有向北倾斜打开了登华山的道路，故有"自古华山一条路"之说。华山主要险境景点有千尺幢、百尺峡、老君梨沟、上天梯、苍龙岭、长空栈道、鹞子翻身等。华山又是道教圣地，为"第四洞天"，山上现存 72 个半悬洞，道观 20 余座。

（12）太白山国家森林公园

太白山国家森林公园位于陕西省秦岭主峰太白山北麓的眉县境内。园内的太白山是著名的秦岭山脉的主峰，海拔 3 767 米，是中国东半壁第一高峰。太白山山势雄峻、气魄雄伟，山上还有许多古建筑，自古以来就带有一层神秘的色彩，为中外科学家和文人学士所向往。诗人李白、杜甫、柳宗元、韩愈、苏轼等都游过这里，写下了许多著名诗篇。

太白山动植物资源丰富，古有"太白山上无闲草"之说。此地所产的独叶草是世所罕见的品种，此外还有包括"国宝"大熊猫、朱鹮、金丝猴等在内的珍稀动物。太白山素有"亚洲天然植物园"、"中国天然动物园"之称。此外，太白山地质构造特殊，第四纪冰川雕刻了"太白三池"，千百年来，池水清澈如镜、一尘不染。

2. 延安革命圣地旅游区

延安市位于陕西省北部，地处黄河中游。延安在历史上一向是陕北地区的政治、经济、文化和军事中心，是中华民族的发祥地之一，留下了珍贵的历史文化遗产。延安最为著名的景区有黄帝陵、桥山山麓的轩辕庙、子长钟山寺石窟、延安清凉山、延安宝塔山、秦直道等。

延安又是中国革命的圣地。党中央和毛主席等老一辈无产阶级革命家在延安生活战斗过 13 年，留下了一大批宝贵的革命文物、革命纪念地和丰富的精神财富——延安精神。其中，最为重要的有延安市区内的凤凰山旧址、杨家岭旧址、枣园旧址、王家坪旧址、子长县瓦窑堡（原中共中央政治局会议旧址）等国家级保护文物。

（1）延安宝塔

宝塔位于延安市东延河边宝塔山上。据地方志记载，金大定九年（1169 年），山上建嘉岭寺，塔在寺中。寺于清代中叶毁于兵燹，塔为明代所建，屹立至今。该塔八角九层，高 44 米，为楼阁式砖塔，内有阶梯可以登临。塔身朴素，不事雕饰。1937 年，党中央进驻延安后，宝塔成为革命圣地的象征。

（2）黄帝陵

黄帝陵位于延安南部的黄陵县城北的桥山上，故又称桥陵。黄帝陵是中华民族的祖先轩辕黄帝的陵墓，为国务院公布保护的第 1 号古墓葬。黄帝是我国原始社会末期一位伟大的部落首领，是开创中华民族古代文明的先祖，以他首先统一中华民族的伟绩而载入史册。黄帝，名姬轩辕，生于山东寿丘，逝于河南荆山，葬于陕西桥山。黄帝陵就在桥山之巅。山下有大路可通山顶，直至陵前，陵冢高 3.6 米，周长 48 米。陵前数十米处有一高台，称作"汉武仙台"，相传汉武帝征朔方回来后，曾在这里祭黄帝，筑台祈山。陵园四周古柏成林，幽静深邃。

（3）枣园革命旧址

枣园位于延安市西北8千米处的枣园村，原是陕北军阀的一个庄园。1943年10月～1947年3月，中共中央书记处的办公地点就设在这里。书记处在这里领导了大生产运动和整风运动，筹备了党的"七大"，并领导全国军民争取民主、和平，同反动派进行了斗争，为粉碎国民党发动的全面内战作了充分准备。枣园内还有几排窑洞，当年毛泽东、周恩来、朱德、任弼时、刘少奇、彭德怀等人曾先后在这里居住。

（4）王家坪革命旧址

王家坪村位于延安西北。1937～1947年，这里是中共中央革命军事委员会和八路军总部的所在地。

（5）杨家岭革命旧址

杨家岭在陕西省延安市西北。1938年11月～1947年3月，这里为中共中央所在地。1938年11月～1943年初，毛泽东在此居住。这里有毛泽东旧居、七大会场、延安文艺座谈会会场、中央政治局会议室、中共中央办公楼旧址、毛泽东和美国记者安娜·路易斯·斯特朗谈话的地方，以及毛泽东亲自劳动过的地方等。

（二）特色民俗风物旅游资源

1. 风味饮食

陕西菜具有鲜明的地方特色，可用"三突出"来形容。一为主料突出，以牛羊肉为主，以山珍野味为辅；二为主味突出，一道菜肴所用的调味品虽多，但每道菜肴的主味却只有一个，酸辣苦甜咸只有一味出头（包括复合味），其他味居从属地位；三为香味突出，除多用香菜作配料外，还常选干辣椒、陈醋和花椒等。因此，陕西菜虽多为原料易得的大众化品种，滋味却与众不同。陕西菜的另一特点就是面点品种特别多，可与菜肴平分秋色。

2. 风物特产

陕西的特产主要有临潼石榴、中华猕猴桃，西安稠酒、西凤酒，德懋恭水晶饼，陕西青茶，三原蓼花糖，兵马俑复仿制品、仿唐三彩、碑石拓片等。

3. 民间艺术

陕西的民间艺术有如下几种：陕西凤翔木版年画，具有400多年历史，是我国五大民间木版年画之一；陕西民间剪纸，历史悠久、题材广泛、风格独特，1993年，安塞县被文化部命名为"中国剪纸之乡"；被称为"天下第一鼓"的安塞腰鼓；传统民间手工艺美术品——陕西凤翔彩绘泥塑；深受海内外人士喜爱的木勺脸谱等。陕西的秦腔是我国最古老的剧种之一，具有慷慨激昂、宽音大嗓的特点，主要流行于西北各地，为群众所喜闻乐见。秦腔所保留的剧目达 700 多个，为各剧种之首。

4. 陕西十大怪

陕西民间有"十大怪"：面条像腰带（扯面宽得像裤带），锅盔像锅盖，辣子是主菜，碗盆难分开，帕帕头上戴，房子半边盖，姑娘不嫁外，不坐蹲起来，睡觉枕砖块，唱戏吼起来。

思 考 题

1. 本旅游区包括哪些行政区？具有哪些发展旅游业的有利条件？

2. 本区旅游资源中最显著的特点是什么？为什么？

3. 北京故宫是什么朝代的皇宫？又名什么？为什么闻名于世？故宫的布局分为哪两部分？其分界线指哪里？画出故宫的布局图。

4. 说出北京北海公园的范围、标志，它属什么性质的园林？

5. 北京天坛主要的建筑分为哪几部分？每一部分建筑各起什么作用？以具体内容说明整个天坛建筑都具有"祭天"的特色。哪部分建筑是游客最感兴趣的地方？

6. 为什么说北京颐和园是国内外享有盛誉的古典园林？它的布局分为哪 3 个区？哪个区是北京颐和园景观的精华？为什么？

7. 吸引游客到北京香山公园去旅游的因素是什么？

8. 说出北京明十三陵名称来源和著名点在哪里？目前开放的陵墓各有哪些特色吸引游客？

9. 北京八达岭长城为什么会成为国内外游客必到的游览胜地？

10. 天津市有哪 3 个著名游览点？它们各以什么特点来吸引游客？

11. 请从承德避暑山庄的建筑结构和布局方面说明它是我国现存最大的皇家园林和具有"北国江南"的特点。

12. 西安是一座怎样的城市？为什么游客来到西安犹如置身于一个巨大的历史博物馆之中？西安在文化遗产中有哪些是我国之"最"和世界之"最"？

13. 太原市的标志是什么？晋祠有哪些建筑称为国宝？为什么？晋祠有哪"三绝"？"绝"在哪里？

14. 山西大同有哪些我国珍贵的文化遗产？为什么？

15. 山西五台山为什么是座佛教名山？它的标志是什么？

16. 洛阳和开封为什么都是我国著名的历史文化名城？它们各以哪些方面的旅游资源来吸引游客？

17. 中岳嵩山、西岳华山、北岳恒山景色特点有何不同？

18. 济南最突出的旅游资源是什么？为什么？济南有哪四大游览名胜地？其特点

是什么?

19. 东岳泰山为何被联合国教科文组织列入《世界遗产名录》? 哪些旅游点是游览泰山的精华?

20. 曲阜市为什么是我国重要的历史文化名城? 吸引中外游客来观光游览的旅游资源是什么? 为什么?

21. 为什么说青岛是驰名中外的旅游、疗养和避暑胜地? 举例说明。

自 测 题

1. 华夏文明名山古迹旅游区包括五省二市,分别是_____、_____、_____、_____、_____、_____、_____。

2. 该旅游区是_____的重要发源地,该区地处我国地势的第_____、_____级阶梯。

3. 北京有_____处世界遗产,分别是_____、_____、_____、_____。

4. 天津有_____之称,是我国北方最大的_____。

5. 西周两个最大的分封国_____、_____在山东境内,所以山东又称_____,山东大陆海岸线占全国海岸线的_____,居全国_____。

6. 中国七大古都河南就占有 3 个,分别是_____、_____、_____,古代四大发明中河南也占 3 个,分别是_____、_____、_____。

7. 山西现存古代建筑数量之多和历史艺术价值之高居全国_____。

8. 我国天坛的建造特色主要反映了我国古代人民 (　　) 的宇宙观。

    A. 大地是球体 　　　　　　　　　B. 地球环绕太阳转

    C. 天圆地方 　　　　　　　　　　D. 天方地圆

9. 佛教传入我国后,最早建立的寺庙是 (　　)。

    A. 洛阳白马寺 　　B. 嵩山少林寺 　　C. 浙江天台寺 　　D. 湖北玉泉寺

10. 河南省具有地方特色的戏曲叫作 (　　)。

    A. 秦腔 　　　　　　B. 汉剧 　　　　　　C. 豫剧 　　　　　　D. 京剧

11. 下列陵墓中,以山为陵的形式建造的是 (　　)。

    A. 清东陵 　　　　　B. 清西陵 　　　　　C. 秦始皇陵 　　　　D. 唐乾陵

12. 我国五岳名山中位于本区的是 (　　)。

    A. 东岳泰山 　　　　B. 南岳衡山 　　　　C. 西岳华山 　　　　D. 北岳恒山

    E. 中岳嵩山

13. 下列是世界五大宫殿的有 (　　)。

    A. 北京故宫 　　　　B. 伦敦白金汉宫 　　　C. 巴黎凡尔赛宫

D. 华盛顿白宫　　E. 莫斯科克里姆林宫

14. 下列属于圆明三园的是（　　）。
    A. 颐和园　　　B. 畅春园　　　C. 圆明园　　　D. 万春园

15. 恭王府前后做过（　　）的府第。
    A. 和珅　　　B. 纪晓岚　　　C. 奕䜣　　　D. 奕昕

16. 下列关于清东陵说法正确的是（　　）。
    A. 清东陵位于唐山市遵化县马兰峪
    B. 清东陵位于保定市易县水宁山下
    C. 共14座陵寝和两座附属建筑
    D. 主要陵区有帝陵5座（孝陵、景陵、裕陵、定陵及惠陵）

17. 唐乾陵是（　　）两位皇帝的合葬墓。
    A. 李世民　　　B. 李治　　　C. 武则天　　　D. 李显

18. 陕西菜的"三突出"是（　　）。
    A. 主料突出　　　B. 香料突出　　　C. 香味突出　　　D. 主味突出

实 训 题

小王要利用"五一"假期游览北京的故宫，可是他只有一天的时间，请你帮他规划一下"故宫一日游"的游览路线。

第五章

草原大漠蒙古族风情旅游区
（内蒙古）

学习目标

草原大漠蒙古族风情旅游区主要包括内蒙古自治区。通过本章学习，学生应掌握本区旅游资源与旅游环境的总体特征，能够描述主要旅游景点的特征，并且能够根据旅游资源的不同特点推荐特色旅游线路。

引导问题

1. 李师傅退休之后，想去看看大草原，假如你是旅行社服务网点的接待人员，你将向李师傅推荐什么线路呢？

2. 大学生小方是成吉思汗的崇拜者，他想利用暑假自助旅行，缅怀一代天骄，假如你是一名旅游专业人士，你能够给小方一些行程建议吗？

3. 阿敏是探险兼摄影爱好者，目前正在计划一次沙漠旅行，你认为去哪些地方能够让阿敏实现旅行计划呢？

草原大漠蒙古族风情旅游区主要包括内蒙古自治区。

内蒙古自治区位于中国北部边疆，由东北向西南斜伸，形似一只展翅飞翔的大雁。该区土地狭长，东西直线距离 2 430 千米，南北跨度 1 700 千米，横跨东北、华北、西北三大区，是我国东西跨度最大的省份。该区土地总面积 118.3 万平方千米，占全国总面积的 12.3%，在全国各行政区中位列第三。内蒙古东、南、西与 8 省区毗邻，其东北与黑龙江、吉林、辽宁相连，西部与甘肃、宁夏接壤，南部与陕西、山西、河北为邻。此外，该区北与蒙古国、俄罗斯接壤，国境线长 4 200 千米，全区总人口 2 482 万（2011 年）。

第一节　旅游地理环境特征与旅游资源类型

一、旅游地理环境特征

1. 高原为主的基本地貌构架

内蒙古自治区的地貌以高原为主，其内镶嵌着形态各异的丘陵、盆地、山脉和沙漠，并分布着众多河流、湖泊。除东南部外，基本是高原，占总土地面积的50%左右，由呼伦贝尔高原、锡林郭勒高原、巴彦淖尔、阿拉善及鄂尔多斯等高原组成，平均海拔1 000米左右，境内最高峰贺兰山主峰3 556米。高原四周分布着大兴安岭、阴山（狼山、色尔腾山、大青山、灰腾梁）、贺兰山等山脉，构成内蒙古高原地貌的脊梁。内蒙古高原西端分布有巴丹吉林、腾格里、乌兰布和、库布其、毛乌素等沙漠，总面积15万平方千米。在大兴安岭的东麓、阴山脚下和黄河岸边，有嫩江西岸平原、西辽河平原、土默川平原、河套平原及黄河南岸平原。这里地势平坦、土质肥沃、光照充足、水源丰富，是内蒙古粮食和经济作物的主要产区。

内蒙古境内河流纵横、湖泊密布。黄河由宁夏石咀山附近进入内蒙古，由南向北，围绕鄂尔多斯高原，形成一个马蹄形。其他河流多属内陆河。湖泊有著名的呼伦湖、贝尔湖、乌梁素海、岱海等。

2. 典型的温带大陆性季风气候

内蒙古高原是中国四大高原中的第二大高原。全区所处纬度较高，高原面积大，距离海洋较远，边沿有山脉阻隔，气候以温带大陆性季风气候为主。内蒙古高原具有降水量少而不均、风大、寒暑变化剧烈的特点。春季气温骤升，多大风天气；夏季短促温热，降水集中；秋季气温剧降，秋霜冻往往过早来临；冬季漫长严寒，多寒潮天气。因此，该区最适宜的旅游季节为夏季。

3. 北方游牧民族聚居地

内蒙古早在旧石器时代就有古人类活动，留存有著名的"河套文化"、"大窑文化"、"红山文化"等文化遗址，还保存有元、明、清时代的文物古迹。这里是我国北方游牧民族的聚居地。游牧民族在长期的农牧业生产和生活中，形成了各自独特的风俗习惯、宗教信仰、语言文字和生产生活方式，展现着丰富多彩的少数民族风土人情。而特色鲜明的蒙古族风情是本区民族风情旅游的灵魂。蒙古族长期从事畜牧业生产，传统的游牧文化与草原景观相融合，具有浓郁的民族地域特色，极具民族震撼力和旅游吸引力。

4. 逐渐繁盛的社会经济

改革开放以来，内蒙古的工业、农牧业均有长足的发展，牧业生产加工在我国占据主要地位。区内煤炭、铁矿蕴藏丰富，包钢是我国重要的钢铁基地之一。

内蒙古交通以首府呼和浩特市为中心，铁路、公路、民航组成了综合的交通运输网络。本区的主要铁路干线有京包线、京通线、包兰线、滨洲线、集二线等。由于该区城市少而分散，地势平坦，因此适宜发展公路交通。内蒙古公路网以国道为骨干，干支线相结合，沟通了各盟市旗县的交通网络。满洲里和二连浩特是两个大型陆运口岸，连接着俄罗斯和蒙古，并可直达欧洲诸国。

二、旅游资源类型

内蒙古地理位置和气候的特殊性决定了该区旅游资源的丰富多样。概括起来本区有十大特色资源，即草原、森林、沙漠、河流、湖泊、温泉、冰雪、边境线、民族风情、历史古迹。大面积的草原和沙漠是内蒙古最吸引人的独特的自然风光。人文景观亦不乏世界级精品，如成吉思汗陵、昭君墓、古长城、阴山古刹五当召、五塔寺、贝子庙等。而以蒙古族为主体的民族风情更为内蒙古草原增添了淳朴自然的神韵。此外，内蒙古旅游那达慕大会、蒙古族服装服饰艺术节、额济纳金秋胡杨节、满洲里中俄蒙三国旅游节等一批高品位的旅游节庆活动已成为内蒙古旅游的名牌产品。

1. 壮阔的温带草原风光

温带草原景观是内蒙古地区最突出的旅游资源。受地形和气候的影响，该区拥有丰美的草场资源，自东向西，与海洋距离逐渐增加，降水递减，草原依次变化为森林草原景观、典型草原景观和荒漠草原景观。内蒙古自治区有我国最大的草场和天然牧场，从东向西依次是呼伦贝尔、锡林郭勒、科尔沁、乌兰察布、鄂尔多斯和乌拉特6个著名大草原，草原面积达8 667万公顷，其中有效天然牧场6 800万公顷，占全国草场面积的27%。呼伦贝尔大草原是世界上天然草原保留面积最大的地方，是我国最大的无污染源动物食品基地。内蒙古锡林郭勒大草原是我国最早的草地自然保护区，也是我国草原自然状态保存最好的地区。

内蒙古草原宽广辽阔，展现出"天似穹庐，笼盖四野，天苍苍，野茫茫，风吹草低见牛羊"的情景。凉爽宜人的夏秋季节，千里绿波，蓝天白云，蒙古包点缀在无垠的草原上，羊群如云朵般在茫茫绿海中闲庭信步，"蓝蓝的天上白云飘，白云下面马儿跑"，塞外草原如诗如画，更添风采神韵。

2. 浩瀚的黄沙大漠

内蒙古自治区沙漠和沙地面积广大，区内沙漠沙地约15万平方千米，面积居全国第3位，主要分布在内蒙古高原的西部，著名的有巴丹吉林沙漠、腾格里沙漠、乌兰布和沙漠、库布齐沙漠和毛乌素沙漠等。这里是开展沙漠探险、沙漠滑翔伞比赛、沙漠越野车比赛、划沙、沙雕、沙疗、沙浴等旅游项目的理想之地。内蒙古自治区的沙漠旅游与湖水、沙山、草原、生态景观等组合度很高，到内蒙古乘索道看沙海、听响沙、冲浪、骑摩托、骑马、乘滑翔机在空中看大漠风光，以及沙漠跳伞、沙漠滑翔机、沙漠排球、沙雕观赏等，成为该区一种新的旅游产业优势。

3. 浓郁的民族风情

内蒙古自治区成立于 1949 年 5 月 1 日，是我国第一个少数民族自治区。全区有 49 个民族，其中蒙古族人口超过百万，约占全国蒙古族总人口的 70%。蒙古族、达斡尔族、鄂温克族、鄂伦春族实行自治。在这个舞台上，各个民族上演了一幕又一幕的民族文化剧。蒙古族、鄂伦春族等民族的歌舞、饮食、服饰、礼仪、起居等风俗，令人耳目一新。到内蒙古旅游，观赏民族歌舞表演是不能缺少的项目，成吉思汗陵旅游区的《圣地古韵》、格根塔拉草原旅游中心艺术团的民族歌舞、响沙湾景区的《鄂尔多斯婚礼》，已成为品牌表演节目。

4. 日益繁盛的边境旅游

内蒙古自治区位于祖国北部边陲，与俄罗斯、蒙古国为邻，国境线较长。随着国际关系趋向缓和，我国改革开放政策进一步完善，以及与各邻国睦邻友好关系的不断发展，漫长的边境线为本区发展边境贸易、开展边境旅游提供了得天独厚的有利条件。满洲里的边境贸易和边境旅游发展迅速，二连浩特也成为边贸重镇，是我国重要的对外经济窗口。

5. 高品质的畜牧产品

内蒙古草原土质肥沃，牧草种类繁多，富有营养，适宜饲养牛、羊、骆驼、马等大小牲畜，是我国重要的畜牧业生产加工基地（图 5-1）。该区的羊毛、山羊绒、驼绒产量均居全国第一位。伊克昭盟的阿尔巴斯白山羊绒是国际公认的"中国一号无毛绒"，被誉为"软黄金"。呼和浩特被授予"中国乳都"。阿拉善盟是我国拥有骆驼最多的地区，素有"驼乡"之称。

图 5-1　蒙牛工业园自动化挤奶设备

第二节　重点旅游资源

根据资源特色和地域分布，草原大漠蒙古族风情旅游区从东到西大致可划分为 4 个旅游区：东北部森林草原边贸旅游区、东部草原民俗辽文化旅游区、都市圈旅游区和西部沙漠草原历史文化遗迹旅游区。

一、重点旅游景区

1. 东北部森林草原边贸旅游区

该旅游区位于内蒙古东北部，主要地域包括呼伦贝尔市、兴安盟、通辽市和满洲里计划单列市。该区以森林、草原、火山、冰雪和边境贸易为主要资源特色。

（1）呼伦贝尔草原

呼伦贝尔草原总面积约 10 万平方千米，天然草场面积占 80%，因为几乎没有受到任何污染，所以有"最纯净的草原"之说。呼伦贝尔得名于呼伦湖和贝尔湖。"呼伦"是蒙古语"水獭"之意，"贝尔"为"雄水獭"，因古代这两个湖盛产水獭，居住在湖畔的蒙古族牧民即以动物名称为湖泊命名。呼伦湖，面积 2 339 平方千米，是内蒙古第一大湖。贝尔湖是中蒙两国共有湖泊，大部分在蒙古国境内。呼伦贝尔草原是欣赏内蒙古草原风情的最佳去处。每逢盛夏，草原空气清新，蒙古包星布其间，蓝天白云与无尽的牧草、成群的牛羊、奔腾的骏马和牧民挥鞭策马的英姿共同绘成多姿多彩的草原图画。

（2）扎兰屯国家重点风景名胜区

扎兰屯国家重点风景名胜区位于呼伦贝尔市南端，地处大兴安岭东麓森林和草原过渡地带，素有"北国江南"、"塞外苏杭"的美誉，有 9 个景区和 30 个旅游景点，以吊桥公园、秀水景区和柴河景区最为著名。具有俄罗斯风格的吊桥公园，因园内建有"吊桥"而得名，吊桥始建于清光绪三十一年（1905 年）。秀水景区位于雅鲁河畔，群山环绕、林木葱茏、山清水秀，是夏季避暑胜地。柴河景区以大兴安岭独特的火山地质地貌和保护完好的原始森林植被著称，近年发现有 15 座火山喷发口，7 座海拔千米以上的高山天池和 1 处 13 千米长的火山断裂带，构成了一道独特的景观。

（3）满洲里中俄互市贸易区

满洲里中俄互市贸易区为中俄满洲里-后贝加尔斯克边民互市贸易区的简称，于1992 年 4 月批准建立，是中俄两国政府共同协商建立的边境跨国商贸区，也是我国第一个边境互市贸易区。该贸易区位于满洲里与俄罗斯赤塔州后贝加尔斯克交界处，面积为0.2 平方千米，整体封闭，中间以通道连接各自领土，横跨在中俄边境线上。互市贸易区入口处设海关、边检等联检机构，两国双方公民凭两国政府认可的证件可随时出入。互市贸易区设有 5 个功能不同、各有侧重的小区，即自由贸易封闭区、商贸金融区、保税仓储区、工业免税加工区和服务游乐区。互市贸易区西北约 300 米处即是满洲里国门景区（图 5-2）。国门呈倒过来的"凹"字形，乳白色的门体上方镶嵌有"中华人民共和国"7 个鲜红大字，国际铁路从国门下面通过。国门北侧有俄罗斯国门，中间间隔 50 米隔离带。

图 5-2　满洲里国门

（4）大青沟国家级自然保护区

大青沟国家级自然保护区位于通辽市科左后旗境内，是科尔沁沙地中仅存的一处原始森林植物群落，有"沙漠明珠"之称。大青沟纵贯南北，长达 24 千米，宽 200～300 米，总面积 12.5 万亩，呈"Y"字形分布。沟内保存着珍贵的阔叶树种混交林，沟上为沙丘草原和疏林地，与周围浩瀚无垠的沙山景观形成了极为鲜明的对照。保护区内生物资源丰富，被称为"天然野生动植物基因库"，对研究我国北方古地理、古植被、古气候，以及科尔沁沙地森林演绎规律有极其重要的价值。

2. 东部草原民俗辽文化旅游区

该旅游区位于内蒙古东部，主要包括赤峰市、锡林郭勒盟和二连浩特计划单列市，主要资源特色为草原风光、草原民俗风情和辽文化、蒙族文化遗址遗迹等。

（1）喀喇沁蒙古族亲王府

喀喇沁蒙古族亲王府位于赤峰市喀喇沁旗西 20 千米的王爷府镇，是内蒙古自治区保存最好、规模最大、等级最高的清代蒙古族亲王府邸，目前被辟为"中国蒙古王府博物馆"。王府建于康熙十八年（1679 年），原占地 130 余亩，房屋 400 余间，前后共5 进院落，由府邸、后花园和东、西跨院 4 部分组成。现占地 50 余亩，中轴区和西跨院仍保存完好。整体建筑融合了清王朝政权制度和蒙古族人民的生活习俗，并具备中国北方清代官式建筑的严谨、庄重的构造特点，是汉、蒙、满三族文化交流在建筑上的体现。

（2）阿斯哈图花岗岩石林

阿斯哈图花岗岩石林景区位于赤峰市克什克腾旗东北部，分布在海拔 1 600～1 900 米的大兴安岭最高峰——黄岗峰北约 40 千米的花岗岩丘陵上，总面积约 5 平方千米，是一处以保护花岗岩石林为主要对象的地质遗迹类地质公园。该公园主要由阿斯哈图花岗岩石林、青山"岩臼"群及花岗岩峰林、黄岗梁第四纪冰川遗迹、平顶山"冰斗"群、达里诺尔（湖）火山群、热水塘温泉、西拉沐沦大峡谷、浑善达克沙地共 8 种类型的地质地貌景观组成。阿斯哈图，蒙古语意思为"险峻的岩石"。阿斯哈图石林主要是第四纪冰河期以来，由冰川的刨蚀和冰川融化时所形成的大量冰川融水的冲蚀作用而形成的，是花岗岩地貌和石林地貌相结合的一个新类型，是目前世界上独有的花岗岩石林，具有极高的地质地学研究价值和观赏价值。

（3）辽上京遗址

辽代都城遗址，位于内蒙古自治区巴林左旗林东镇南。辽太祖耶律阿保机于神册三年（918 年）开始兴筑，初名皇都，天显元年（926 年）扩建，天显十三年（938 年）改称上京，并设立临潢府，为辽代五京之首。上京是契丹建国之初设立的都城，也是我国古代漠北地区的第一座都城。上京作为辽都共 204 年，于 1120 年被金人攻陷，到元初遂废弃。辽上京规模宏大、气势雄伟，周长 13.5 千米，分为皇城和汉城，皇城位北，汉城位南，两城以墙为界。皇城是契丹皇族、贵族的宫殿和衙署所在地。汉城现残存城墙 3 段，略呈正方形，当初是汉人居住区。上京城南北各有砖塔一座，俗称南塔、北塔。南塔 8 角 7 层，高 25 米；北塔为 6 角 5 层，现残存 4 层，高约 10 米。辽上京在辽国军事、政治和经济上占有重要地位。

🔍 小资料

辽代简史

公元 916 年，生长于巴林草原的耶律阿保机统一了契丹八部，建立契丹国。947 年，耶律阿保机之子、辽太宗耶律德光改国号为辽。1125 年，辽被金所灭。

在辽国存续的 200 多年中，契丹民族开疆辟壤、纵横亚洲，建立了强大的政权，创立了契丹文字，在文学、绘画、音乐舞蹈、雕刻、手工艺等方面也取得了很大成就。辽第一次将我国北方广大地区的民族统一在一个政权直接管理之下，在我国北方草原兴州县、建都城，实现了全境大开发。北京作为都城，成为全国的政治经济文化中心也是从辽代开始的。辽推行的"因俗而治"，即"以国制治契丹，以汉制待汉人"的基本国策，亦即"一国两制"的政治制度，对后世影响深远。其开辟的草原丝绸之路，沟通了东西交通，密切了与西域、中亚、阿拉伯地区及东方的交往，发展了与这些地区的经济、文化交流。辽声名远播，威震中外。直到 13 世纪，欧洲人和阿拉伯人还把契丹当作中国的代名词，而至今俄文和拉丁文对中国或中国人的通称都是"契丹"。

辽为金所灭之后，契丹民族连同契丹文字神秘消失。由于年代久远，历经沧海桑田、战争破坏、自然损毁，辽的皇家墓葬多次被盗，辽代建筑大多已荡然无存。目前留存的辽代遗址，主要分布在赤峰市境内，有巴林左旗的上京遗址、祖陵及祖州城，巴林右旗的庆陵及庆州城、怀陵及怀州城，以及宁城县的中京遗址等。

3. 都市圈旅游区

该旅游区位于内蒙古中部，主要包括呼和浩特市、包头市和乌兰察布市。其旅游资源特色是草原、城市、工业、文化旅游等。

（1）大召

大召位于呼和浩特玉泉区大召前街，汉名"无量寺"，蒙古语称"伊克召"，意为"大庙"。历史上呼和浩特曾建造过几百座召庙，大召始建于明万历六年（1578年），是呼和浩特建立最早、地位最高、影响最大的召庙。数百年来，大召一直是内蒙古地区藏传佛教的活动中心和中国北方最有名的佛刹之一。大召是蒙古族默特部首领阿拉坦汗为迎接三世达赖喇嘛来布教而修建的。它像一座神圣的宫殿，暗红色的围墙和金黄色的殿顶，显得肃穆庄严，同时也是呼和浩特现存最大最完整的木结构建筑。大召有银佛、龙雕、壁画"三绝"。大召也由于银佛被称作"银佛寺"，除大殿外，殿宇皆为汉式，大殿为藏汉式喇嘛庙形式。

（2）昭君墓

昭君墓位于呼和浩特市城南，大黑河南岸。平畴田野之中，有一高大的土丘，绿树掩映，顶上有青瓦、红柱、凉亭，此即昭君墓。据传深秋时节各处草木皆枯，唯昭君墓上坟草青青，故又称"青冢"。"青冢"是由汉代人工堆土，夯筑而成。墓体状如覆斗，高达33米，底面积约13 000平方米，是中国较大的汉墓之一。唐朝大诗人杜甫到此，曾留下"一去紫台连朔漠，独留青冢向黄昏"的诗句。"青冢拥黛"为呼和浩特市八景之一。

🔍 小资料

王昭君的传奇一生

王昭君，公元前52年出生于湖北省兴山县。16岁被选入皇宫，因自觉天生丽质没有行贿画师而被画丑，在皇宫4年没有得到宠幸。昭君20岁时，匈奴呼韩邪单于入朝和亲，汉元帝传自己没有宠幸的所有佳丽，任由单于挑选，昭君的美丽很快便被单于一眼相中。单于非常高兴，而这时的汉元帝已十分后悔，但无奈的他只好答应让昭君出塞和亲。昭君出塞来到呼市（今呼和浩特一带），由于她的爱国主义精神及体恤民情，深受当地人民爱戴。然而好景不长，呼韩邪单于病逝，根据匈奴的习俗，昭君下嫁给呼韩邪单于第一个妻子所生长子复株累单于，婚后，为其生有二女。这任丈夫也非常喜欢她，对昭君的话言听计从。胡汉关系在这两个单于在任期间友好太平，农牧业得到了极大的发展。公元前20年，复株累单于由于疾病逝世，王昭君精神受到重创。不久，昭君病逝，年仅33岁。

（3）五当召

五当召位于包头市东北，因建在五当沟内，故名，是内蒙古最大、最完整的藏传佛教寺院。五当召，藏名"巴达嘎尔庙"，意为"白莲花寺"，始建于乾隆十四年（1749

年），清乾隆皇帝赐名为"广觉寺"。全部殿宇为藏传佛教建筑，是以西藏扎什伦布寺为蓝本建造的，有"塞外小布达拉宫"之称，与西藏的布达拉宫、青海的塔尔寺并称为"三大藏传佛教寺院"，是内蒙古唯一保存完整的纯藏式建筑群。五当召早期是一座政教合一的寺庙，也是研究藏传佛教、各种学问的"高等学府"。

（4）格根塔拉草原旅游中心

格根塔拉草原旅游中心，位于乌兰察布盟四子王旗查干补力格苏木乡，地处大青山和蒙古高原之间的乌兰察布草原腹地。格根塔拉，蒙古语意为"夏日营盘"（夏季放牧的地方）或"避暑胜地"。每年夏季，这里是中外游客的避暑胜地。一年一度的蒙古族传统的祭敖包活动（每年农历五月十三）和那达慕盛会（每年公历 7 月 25~31 日），给草原更添神韵。

4. 西部沙漠草原历史文化遗迹旅游区

该旅游区位于内蒙古自治区西部，主要包括鄂尔多斯市、巴彦淖尔市和阿拉善盟。沙漠、草原是该区的突出特色旅游资源，并兼有岩画、古生物遗址等历史文化遗迹。

（1）成吉思汗陵旅游区

成吉思汗陵是一代天骄成吉思汗的纪念墓地，位于鄂尔多斯市东南部甘德尔敖包山上，是一座具有蒙古民族传统建筑风格的宫殿。陵区规模宏大，占地 56 176 平方米，主体建筑由 3 座镶有彩色琉璃瓦的蒙古包式的大殿和与之相连的廊房组成，陵园分作正殿、寝宫、东殿、西殿、东廊、西廊 6 个部分。陵园主体主要包括正殿、东殿、西殿 3 个穹庐式建筑物。主体是中央纪念堂，高 20 余米，下部为八角形，内设通柱，上出重檐。每年农历的 3 月 21 日、5 月 15 日、8 月 12 日和 10 月 3 日，蒙古族人都要在此举行隆重的祭奠活动，祭奠仪式庄严肃穆，场面十分宏大。成吉思汗祭祀，在 2006 年 5 月被国务院批准、文化部确定为我国第一批国家级非物质文化遗产名录。

🔍 **小资料**

成吉思汗陵墓之谜

带领蒙古骑兵横扫欧亚创立蒙古帝国的成吉思汗究竟藏身何处，至今是一个谜。

1227 年，成吉思汗病逝于灵州（今宁夏回族自治区灵武县）军中，其将领们将其秘密安葬，并遵其遗言，将他的衣冠、帐篷等遗物运到鄂尔多斯高原伊金霍洛（蒙古语意为"圣主的陵园"）旗境内安葬。根据元代的秘葬制度，帝王陵墓不封丘，不留外人可见到的标志，安葬完毕，要万马踏平，并使地面植物恢复如初，防止后人盗掘或破坏。据一些史料记载，成吉思汗，包括元朝皇帝，均实行秘葬制度，即帝王陵墓的埋葬地点不立标志、不公布、不记录在案。故迄今为止，还没有一座元代帝王秘葬地被发现。还有记载说，成吉思汗秘葬后，在秘葬地杀死一头小骆驼，而陪伴这只小骆驼前来的母骆驼十分悲痛地号叫，并利用骆驼的特殊记忆力，记住了这个地点。第二年祭祀的时候，把这只母骆驼牵来，母骆驼在小骆驼被杀的地方号叫，祭祀的人据此找到埋葬的确切地点。但近年来理论界有人认为，按照蒙古民族的风俗习惯，成吉思汗也可能采取了天葬方式，所以没有留下痕迹。成吉思汗的陵墓究竟在何处，人们至今不得而知，但不管成吉思汗身葬何处，他永远是蒙古人心目中的英雄。

（2）鄂尔多斯响沙湾旅游区

鄂尔多斯响沙湾旅游区位于鄂尔多斯市达拉特旗南部，库布其沙漠的东端，又名"银肯"响沙，是一处融合了大漠文化和蒙古族文化底蕴的景区。该旅游区沙丘高约90米，宽200米，坡度为45°，是一个巨大的呈弯月状的沙山回音壁。在干燥气候条件下，人从沙丘顶上向下滑动时，沙子会随着滑行人数的多少和滑行速度的不同而发出不同的声响，声重如洪钟贯耳，声小如虫鸣蛙叫，人动沙响，人停声止，响沙湾由此得名。此外，乘索道领略大漠的壮阔美景；参加沙漠滑翔赛、沙漠太空球、沙漠冲浪车、沙漠摩托、沙漠探险等活动，感受沙漠的惊险刺激；观赏《鄂尔多斯婚礼》歌舞，体验蒙古族风情，也是响沙湾的特色项目。

（3）贺兰山南寺生态旅游区

贺兰山南寺生态旅游区位于阿拉善盟阿拉善左旗境内贺兰山西麓。南寺，又称广宗寺，依山而建、气势雄伟，为藏传佛教圣地。南寺始建于乾隆二十三年（1758年），占地40万平方米，有寺庙5座，房舍共1 498间，因供奉过六世达赖喇嘛仓央嘉措的法体而闻名。乾隆二十五年（1760年），清朝廷赐藏、满、蒙、汉4种文字的乾隆御笔金匾。贺兰山山势险峻、怪石嶙峋，其主峰为巴音笋布尔峰，海拔3 556米，每年6月在此举行蒙古族传统的祭祀敖包活动。

二、特色民俗风物旅游资源

1. 蒙古族生产生活方式

内蒙古自治区是蒙古族的主要聚居地。蒙古族人以游牧为主，"逐水草而居"的生产生活方式，培育了他们剽悍的性格和强壮的体魄。蒙古族人信仰藏传佛教，男女老幼都喜爱穿长袍，其服饰主要由冠帽、袍服、腰带、靴子4部分组成。蒙古族人居住的蒙古包，为圆形穹庐顶，用木栅栏、白毛毡制成。敖包（图5-3）是蒙古族人祭祀的场所。蒙古族人饮食主要有白油、奶皮子、奶豆腐、奶酪、奶果子等食品和酸奶、奶茶、奶酒（又名蒙古酒）等。他们热情好客，盛情款待和欢迎客人。骑马在草原上奔驰，围着篝火载歌载舞，沉醉在马头琴的悠扬声中，体验"敖包相会"的浪漫情怀，令游客流连忘返。

图5-3　敖包

小资料

蒙古族禁忌

蒙古族在漫长的历史进程中，形成了许多风俗习惯，也有许多民族禁忌。

1）火忌。蒙古族崇拜火、火神和灶神，认为火、火神或灶神是驱妖辟邪的圣物。客人进入蒙古包后，切忌在火炉上烤脚、烤湿靴子和鞋子；不得跨越炉灶，或脚蹬炉灶，不得在炉灶上磕烟袋、摔东西、扔脏物；不能用刀子挑火、将刀子插入火中，或用刀子从锅中取肉。

2）水忌。蒙古族认为水是纯洁的神灵，视水为生命之源。他们忌讳在河流中洗手或沐浴，更不许洗女人的脏衣物，或者将不干净的东西投入河中。牧民习惯节约用水，注意保持水的清洁。

3）病忌。牧民家有重病号或病危的人时，一般在蒙古包左侧挂一根绳子，说明家里有重患者，不待客。

4）产忌。蒙古族妇女生孩子不让外人进产房。一般要在屋檐下挂一个明显的标志：生男孩挂弓箭，生女孩则挂红布条。客人见标志即不再进入产房。

5）忌蹬门槛。到牧民家做客，出入蒙古包时，绝不许踩蹬门槛。

6）忌摸头。蒙古族忌讳生人用手摸小孩的头部。

7）忌打狗。蒙古族人认为狗是人类的朋友。

8）作客忌讳。客人进蒙古包时，要注意整装，切勿挽着袖子，把衣襟掖在腰带上。也不可提着马鞭子进去，要把鞭子放在蒙古包门的右方，并且要立着放。进蒙古包后，忌坐在佛龛前面。否则主人就会冷待客人，并认为客人不懂礼俗，不尊重民族习惯。

2. 蒙古族艺术

蒙古族人民善骑马，喜摔跤，能歌善舞。这里是歌之海，舞之乡。蒙古族歌舞是世界文化艺术宝库中的灿烂明珠。蒙古族舞蹈活泼轻快、步伐轻捷、刚柔相济，善于以抖肩、揉臂和各种马步表现骏马奔驰在辽阔草原的舒展奔放，具有代表性的舞蹈有顶碗舞、筷子舞、圈舞、安代舞等。蒙古族人擅长各种乐器，其传统的乐器有马头琴、雅托克、四胡等，其中马头琴是蒙古族最具特色的传统乐器，有人形容说："对于草原的描述，一首马头琴的旋律，远比画家的色彩和诗人的语言更加传神。"蒙古族民歌分短调和长调，短调歌曲多用有弹性的规整节拍，如骑马驰骋；长调歌曲高亢悠扬，如草原上飘散的云絮。蒙古族长调以鲜明的游牧文化特征和独特的演唱形式讲述着蒙古民族对历史文化、人文习俗、道德、哲学和艺术的感悟，被称为"草原音乐活化石"。2005 年，中国、蒙古国联合申报的"蒙古族长调民歌"被联合国教科文组织列入《人类口头和非物质遗产代表作》名录。

3. 特色节庆

蒙古族主要的节日有那达慕、白节、鲁班节、马奶节、燃灯节等。其中，那达慕大会是蒙古族最具民族特色的传统盛会。那达慕是蒙古族音译，意为"游戏"和"娱乐"，是一年一度蒙古族传统的群众性集会，多在水草丰美、牲畜肥壮的夏秋（夏历 7 月或 8 月）季节举行，一般举行 5～7 天。届时，男女老少身穿节日盛装，纷纷前来参加。那达慕大会历史悠久，在早期的那达慕大会上，都要进行"男子三项那达慕"，即赛马、摔跤、射箭，后又增添了歌舞、下棋、说书等内容。现在除进行男子三项竞技、套马、投布鲁、下蒙古象棋等民族传统项目外，还增加了拔河、田径、球类比赛、电影、乌兰牧骑演出等新内容，同时还举办各种展览，举行物资交流。

思 考 题

1. 本区旅游资源的主要特色是什么？

2. 本区的旅游资源与新甘宁旅游区的旅游资源有何相同点与不同点？

3. 本区最佳旅游季节是什么季节？为什么？

4. 本区有哪些著名旅游景点？分布在哪里？

5. 东北森林草原边贸旅游区具有什么特色吸引游客前往游览？主要景点有哪些？举例说明。

自 测 题

1. 内蒙古自治区是我国第_____大行政区，也是_____跨度最大的行政区。

2. 内蒙古以_____地貌为主，属_____气候。

3. 内蒙古高原是中国四大高原中的第_____高原，阿拉善盟被称作_____。

4. 内蒙古是我国最大的草原和天然牧场，从东到西依次是_____、_____、_____、_____、_____。

5. 下列关于内蒙古的说法正确的是（　　）。

   A．内蒙古有我国最大的草场和天然牧场

   B．内蒙古与蒙古、俄罗斯和吉尔吉斯斯坦接壤

   C．内蒙古是我国第一个少数民族自治区

   D．内蒙古的沙漠主要分布在中部地区

6. 蒙古族的禁忌有（　　）。

   A．火忌　　　　　B．水忌　　　　　C．产忌　　　　　D．忌打狗

7. 下列的（　　）景区位于呼和浩特。

   A．五当召　　　　B．大召　　　　　C．昭君墓　　　　D．成吉思汗陵

8.　"那达慕男子三项"分别指的是（　　）。

　　A．赛马　　　　　B．歌舞　　　　　C．摔跤　　　　　D．射箭

9.　根据旅游资源特色和地域分布，草原大漠蒙古族风情旅游区从东到西大致划分为4个旅游区，分别是（　　）。

　　A．东北部森林草原边贸旅游区　　　　B．南部草原民俗辽文化旅游区

　　C．都市圈旅游区　　　　　　　　　　D．西部沙漠草原历史文化遗迹旅游区

10.　关于蒙古族说法正确的是（　　）。

　　A．蒙古族人以游牧为主

　　B．蒙古族人居住场所为蒙古包

　　C．蒙古族那达慕大会在每年的夏秋季举行

　　D．敖包是蒙古族人祭祀的场所

11.　体验内蒙古草原蒙族风情的最佳去处是哪里？请说明理由。

12.　体验内蒙古大漠风情的最佳去处是哪里？请说明理由。

13.　简要概括内蒙古的旅游资源特色。

实 训 题

在该旅游区中找一个典型地区，为其策划系列草原旅游活动项目。

第六章

沙漠绿洲丝绸之路旅游区（新甘宁）

沙漠绿洲丝绸之路旅游区包括新疆维吾尔自治区、甘肃省和宁夏回族自治区。通过本章学习，学生应掌握本区旅游地理环境特征和旅游资源类型，了解本区灿烂的丝绸之路文化，能够归纳和整理出该区旅游资源的主要特征，并熟练讲解相关重要景点。

🏛 引导问题

1. 浙江王女士对丝绸之路非常感兴趣，五一假期她得以有空来到本区旅游，但是时间只有 5 天。虽然时间很紧，但她希望这次旅游能够让她尽可能地了解和感受丝绸之路的文化，你能否给王女士一些专业的建议？

2. 浓郁的民族风情是该区独特的旅游资源，如果你是一名南方旅游团的全陪，作为资料准备，你要了解和知道哪些少数民族的基本常识？

3. 小丽是一名地质学专业的大学生，这次旅游是为了勘察和感受沙漠戈壁、雪山森林、草原绿洲的多样风光，为了使她尽兴而归，作为专职导游的你应该怎么做？

本区地处亚欧大陆腹地，深居内陆，远离海洋，有长达 5 000 余千米的边境线，其北部和西部分别与蒙古国、俄罗斯、哈萨克斯坦、吉尔吉斯斯坦、塔吉克斯坦、阿富汗、巴基斯坦等国为邻。该区地域辽阔，总面积约 218.1 万平方千米，但地广人稀。该区自然资源奇特，沙漠戈壁、绿洲、高山森林、雪峰冰川，瑰丽、奇特、雄险。本区文物古迹丰厚，古老的丝绸之路从这里经过，大量古城、烽燧、驿站、古寺、石窟、壁画，为本区增添了神秘的色彩。同时这里是一个少数民族聚集的地区，有维吾尔族、回族、哈萨克族、乌孜别克族、裕固族、东乡族、保安族、锡伯族等，边塞风情和少数民族风情浓郁。

第一节　旅游地理环境特征与旅游资源类型

一、旅游地理环境特征

1. 高山与盆地相间，沙漠与绿洲相辉映

沙漠与绿洲、高山与盆地、雪山冰川与森林草原共存于本区，特征鲜明，形成了强烈的对比。

本区因居于我国西北内陆地区，干燥多风，气候干旱，沙漠、戈壁广布，有塔克拉玛干沙漠、古尔班通古特沙漠、库姆塔格沙漠、腾格里沙漠、毛乌素沙漠等，大漠雄浑壮观、风光无限。新月形沙丘、格状沙丘、金字塔沙丘、鱼鳞状沙丘、树枝状沙丘、蜂窝状沙丘等形态的沙丘千姿百态、风姿绰约。甘肃敦煌的鸣沙山、宁夏中卫的沙坡头的奇特的鸣沙现象，奇妙无比。沙漠地区风力强大，形成了形态丰富的风蚀地貌景观，新疆罗布泊洼地、准噶尔盆地西北缘的乌尔禾"魔鬼城"驰名中外。在夏季，沙漠地区因气候干旱炎热、地表水汽强烈蒸发，以及大气对光线的折射和全反射形成海市蜃楼的幻景。

本区分布着一系列高大的山脉和著名的山峰，如天山及其东部最高峰博格达峰、阿尔泰山及其主峰友谊峰、喀喇昆仑山及其最高峰乔戈里峰、贺兰山、祁连山、阿尔金山等。高山和盆地相间分布，如准噶尔盆地位于阿尔泰山和天山之间，塔里木盆地处在天山、昆仑山和阿尔金山之间，河西走廊位于北山和祁连山之间。山上冰川分布、常年积雪，山腰地带森林密布，高山积雪融水在山麓形成了一个个绿洲，成为天然牧场，盆地边缘绿洲分布区成为农业灌溉区。乔戈里峰海拔 8 611 米，是世界第二高峰。吐鲁番盆地的艾丁湖（海拔 −154 米）为世界第二低地，两者相对高度达 8 765 米。

2. 温带大陆性干旱半干旱气候，日照充分

该区四周高山林立，又远离海洋，受海洋水汽影响小，形成了温带大陆性干旱半干旱气候。本区光照时间长、热量丰富、温差变化大、干燥少雨、多风沙。所以当地流传着民谚："早穿皮袄午穿纱，围着火炉吃西瓜。"受气候因素的影响，本区植被组成简单，植物多为旱生、叶退化的半灌木与灌木及小乔木。特定的气候地形条件为发育广阔的草原创造了条件。在大西北内陆盆地的高大山岭上发育的现代冰川，在暖季融化，哺育了荒漠中的绿洲和森林，给贫瘠的大地带来了生机，它们像是沙漠瀚海上美丽的珍珠，镶嵌在沙漠里，闪烁着神奇的色彩。

3. 丝路文化影响深远

丝绸之路，是古代中国和中亚、西亚各国进行政治、经济、文化和思想交流的一条大动脉，也是联系亚洲、欧洲、非洲的陆上交通线。丝绸之路在西汉时开辟，它东起长安（今西安），经陕西、甘肃、宁夏、青海、新疆5个省区，跨越葱岭（今帕米尔高原），进入中亚和阿富汗、伊拉克、叙利亚境内，到达地中海沿岸，全长7 000多千米。本区是丝绸之路的重要通道。

中国段丝绸之路长达4 000多千米，随着丝绸之路的开拓与发展，曾使沿线的经济、文化、宗教出现繁荣昌盛的时期，筑建了较大的城池，修建了众多的寺庙，出现了艺术水平很高的雕塑、壁画等。曾经跋涉在丝绸之路上的历史名人，如张骞、班超、李广、高适、岑参、林则徐、左宗棠等的故事与遗迹，以及遗留的游记、小说、诗词等，丰富的历史文化内涵为该区壮美的大自然风景增添了深邃、神秘的文化色彩。

4. 边境漫长，多民族共居

本区国境线较长，与俄罗斯、蒙古国、哈萨克斯坦、吉尔吉斯斯坦、塔吉克斯坦、阿富汗、巴基斯坦等国为邻。其中，虽大部分是高山峻岭或戈壁沙漠，但一些山口河谷或平地通途常成为与各相邻国家友好往来的通道。该地区和邻近国家的交往历史悠久、频繁密切。随着我国改革开放后经济的快速增长，以及对于边界贸易的重视及政策的不断完善，漫长的边界线成了得天独厚的贸易区。

同时，此旅游区是我国少数民族聚居较多的地区之一，有维吾尔族、哈萨克族、蒙古族、回族、柯尔克孜族、满族等几十个少数民族，各少数民族热情、好客、奔放、欢乐。在长期的历史发展过程中，各民族相互融合和促进，既散发出强烈的民族特色，也像一个大家庭，其乐融融。各民族风味的饮食、熙熙攘攘的集市、风格各异的宗教活动、"花儿"会、肉孜节，各民族的特色风情在民族百花园里竞相绽放。

二、旅游资源类型

1. 雪山、沙漠、戈壁、草原、森林共存的自然景观

本区自然景观种类多，富于变化，具有北方的粗犷和西域的神秘，既有赏心悦目的自然景观，如雪山、森林、牧场、高山平湖，也有许多独特自然条件下形成的鬼斧神工，如新疆胡杨林自然保护区、天池自然保护区、陇南白水江自然保护区等。总的来说，该区综合了雪山、沙漠、戈壁、草原、森林等风格各异的自然景观。

在阿尔泰山、天山、博格达峰、昆仑山等高大山岭上，发育着成千上万条现代冰川。本区有大量的沙漠戈壁。在沙漠地区，由于风力活动十分活跃，因此风成为了塑造地表的主要因素，形成了著名的沙漠风蚀地貌和风积地貌。连绵的沙丘构成波涛起伏、浩瀚无垠的沙漠。阿勒泰和巴里坤拥有大片的原始森林，干旱沙漠中也有水足土肥、农业发

达的地区。在河西走廊和天山南北一带分布着西北著名的绿洲，草原森林郁郁葱葱。这些绿洲不仅仅美化了沙漠，同时为丝路文化和中华民族的文化及经济的发展起着重要的作用。

2. 丝绸古道文化遗迹瑰丽辉煌

盛极千年之久的丝绸之路，留下了数量巨大、种类丰富的历史文化遗迹，有著名的罗布泊附近的楼兰古城、若羌县的米兰古城、吐鲁番的高昌古城和交河古城；敦煌莫高窟、天水麦积山石窟、永靖炳灵寺石窟、安西榆林石窟、宁夏固原须弥山石窟、甘肃肃南文殊山石窟、拜城克孜尔千佛洞；临洮秦长城遗址，汉代阳关、玉门关，明代的嘉峪关长城；西夏王陵、哈密回王墓、阿斯塔那古墓群、喀什香妃墓；夏河拉卜楞寺、武威海藏寺、张掖大佛寺；武威罗什塔、西夏碑，酒泉钟鼓楼等，都具有较高历史价值和文化价值。

3. 民族风情浓郁多姿

本区民族众多，是我国少数民族聚居的主要地区之一，民族风情多姿多彩。维吾尔族服饰艳丽，能歌善舞，十二木卡姆艺术独特；哈萨克族的赛马、姑娘追妙趣横生；流行于甘肃、宁夏、青海等省、自治区回族群众中的"花儿"质朴感人……维吾尔族、回族、哈萨克族、乌孜别克族、东乡族、保安族等民族信仰伊斯兰教，本区形成了浓厚的伊斯兰教文化，清真寺比比皆是。其中，位于新疆喀什的艾提尕尔清真寺以悠久的历史、宏伟的构架和独特鲜明的伊斯兰教建筑风格而闻名中外，有"小麦加"之称，是我国最大的清真寺，也是全疆伊斯兰教活动的中心。西北地区的菜肴和小吃也以清真菜为代表。

本区边境线长，边境地区极具异域风情。位于新疆西部的喀什是古丝绸之路上的历史文化名城，东西方文化在此交融、碰撞，充满了浓郁的异国情调。这里的建筑、服饰洋溢着纯正的维吾尔特色和伊斯兰风格。著名的喀什大巴扎（集市）具有鲜明的民族特色和地方特色，又称"喀什中西亚国际贸易市场"，被称为"亚洲最大的贸易市场"，有最富新疆民族特色的挂毯和英吉沙小刀、巴基斯坦的披肩、吉尔吉斯斯坦的望远镜、土耳其的丝巾……被称为"中亚物资博览会"。

4. 地方物产独具特色

本区气候条件独特，孕育了肥沃的绿洲，生长了丰富的物产，尤其是瓜果，质量好、品质优，名扬海外。例如，吐鲁番的葡萄、哈密市的哈密瓜、库尔勒的香梨、伊宁的苹果、叶城的大籽石榴、库车的白杏、阿图什的无花果。药材也是本区重要的土特产，如陇南的当归、大黄、党参等，宁夏有"红、黄、蓝、白、黑"五宝（即枸杞、甘草、贺兰石、滩羊皮、发菜）。此外，本区的手工艺品也不胜枚举，如酒泉夜光杯、天水雕漆、洮砚、和田玉、木雕、民族乐器等。

第二节　重点旅游资源

一、新疆维吾尔自治区

新疆维吾尔自治区，地处我国西北边疆，亚欧大陆中心，简称"新"。该区从东北到西南分别与蒙古国、俄罗斯、哈萨克斯坦、吉尔吉斯斯坦、塔吉克斯坦、阿富汗、巴基斯坦、印度共8国接壤，边境线长5 400多千米，约占我国陆地边境总长的1/4，是我国边境线最长和交界邻国最多的省区，也是我国向西开放的桥头堡。全区有12个一类口岸和9个二类口岸。"不到新疆不知中国之大"，新疆面积约166万平方千米，约占全国总面积的1/6，是我国面积最大的行政区，总人口2 209万（2011年）。

新疆的地形可以概括为"三山夹两盆"。北部有阿尔泰山，最高峰友谊峰海拔4 374米；天山横亘中部，把新疆划为北疆和南疆，最高峰托木尔峰海拔7 443米；南部有昆仑山、喀啦昆仑山和阿尔金山。慕士塔格峰（海拔7 546米）、公格尔峰（海拔7 719米）、公格尔九别峰（海拔7 595米），被称为"昆仑三雄"。喀啦昆仑山的最高峰乔戈里峰海拔8 611米，为世界第二高峰；阿尔金山最高峰苏拉穆塔格峰海拔6 295米。阿尔泰山与天山之间为准噶尔盆地，盆地中有古尔班通古特沙漠（我国第二大沙漠，面积为4.88万平方千米）；天山与昆仑山、阿尔金山之间是塔里木盆地，盆地中有塔克拉玛干沙漠（世界第二大沙漠，我国第一大沙漠，面积为33.76万平方千米）。新疆的沙漠面积有43.04万平方千米，占我国沙漠总面积的近60%。新疆戈壁面积29.3万平方千米，占我国戈壁面积的51.40%。

本区中的各大山脉分布着丰富的冰川，使新疆成为我国冰川数量最多、面积最大、冰储量最丰富的行政区。高山积雪和冰川孕育了新疆500多条河流，其中的塔里木河为我国最长的内陆河。大大小小的河流延伸进沙漠，成为一条条绿色长廊，繁衍出片片绿洲。高山、沙漠、草原、绿洲、森林、冰川、湖泊、河流构成了新疆奇特、壮美、质朴的自然景观。

新疆历史悠久，古称西域，意思为中国的西部疆域，是历史上沟通东西方的丝绸之路的要冲，古文化城池、古墓葬、古建筑、古窟寺、古烽燧、古屯田遗址、石刻等达200多处，有"世界古城博物馆"之称。由于远离海洋，深居内陆地区，降水量少，在吐鲁番、哈密一带，当地人利用地面坡度引取地下水灌溉农业，即著名的水利工程——坎儿井。它和万里长城、京杭大运河并称为我国"古代三大工程"。新疆是一个多民族聚居的行政区，各民族能够善舞，为新疆赢得了"歌舞之乡"的美名。新疆特产丰富，素有"瓜果之乡"、"长绒棉之乡"、"油气之乡"的美誉。

（一）重点旅游景区

1. 天山旅游区

天山旅游区位于新疆中部。天山山地由东西走向的 3 列平行褶皱山脉组成，南北宽 250～300 千米，山地平均海拔 3 500～4 500 米。天山山间有广大的断块陷落盆地和谷地，如伊犁谷地和吐鲁番、哈密、焉耆、尤尔都斯等盆地，良好的自然条件造就了这里丰富的土特产品，相对发达的城镇和经济。冰山雪峰、森林、草原和绿洲等自然奇观（图 6-1）、边城风情、维吾尔族风情（歌舞、服饰等），新疆风味，名优特产（吐鲁番葡萄、哈密瓜、库尔勒香梨、伊宁苹果、新疆地毯），坎儿井水利奇观等，无不吸引着中外游人。

图 6-1　天山牧场

（1）乌鲁木齐市

乌鲁木齐位于新疆中部偏北，天山中段北麓，乌鲁木齐河上游河畔，为新疆维吾尔自治区首府。"乌鲁木齐"系蒙古语，意为"优美的牧场"。这里有 49 个民族居住，是世界上离海洋最远的城市。于 1 世纪开辟了"丝绸之路"新北道。乌鲁木齐市东有海拔 5 445 米的博格达峰，山上终年积雪，影响着乌鲁木齐地区的阴晴雨雪，俗称"灵山"。城南是雄伟壮丽的天山山脉，群峰叠嶂、气象万千。乌鲁木齐河自南向北从市区奔流而过。乌鲁木齐市周围有天池、白杨沟、天鹅湖等旅游胜地。

1）红山公园。红山公园景区是一个集自然风光、人文景观和体育健身为一体的综合性的自然山体公园，位于乌鲁木齐市中心，乌鲁木齐河西岸。红山海拔 910.8 米，绵延 1.5 千米，如一条巨龙横亘在乌鲁木齐市中心，是乌鲁木齐的象征和标志，因其山体呈红褐色而得名。登上山顶的远眺楼，远可揽雪山群峰，遥望博格达峰，近可观乌鲁木齐市美景。红山是博格达峰的一部分，当地人在此遥祭博格达峰。

2）天池风景名胜区。位于阜康市南 33 千米、乌鲁木齐市东 110 千米处，总面积 380.69 平方千米，以天池为中心，包括天池上下 4 个完整的山地垂直自然景观带。雪山、森林、湖泊和草地为其主要景观特色，是盛夏避暑胜地和冬季滑冰乐园。

天池，古称"瑶池"、"龙潭"，是传说中西王母宴请周穆王的地方。天池位于天山山脉主峰——博格达峰北麓的半山腰，是一个200多万年前第四纪大冰川活动所形成的高山冰碛湖，海拔1 980米，面积4.9平方千米，长3 400米，最宽处约1 500米，最深处为105米。湖面呈半月形，湖水清澈碧透、晶莹如玉，有"天山明珠"的美誉。天池东南面就是雄伟的博格达主峰，主峰左右又有两峰相连。抬头远眺，三峰并起，突兀插云，状如笔架，构成了著名的"雪海三峰"。峰顶的冰川积雪，闪烁着皑皑银光，与天池澄碧的湖水相映成趣，构成了高山平湖绰约多姿的自然景观。

小资料

传说中的西王母瑶池所在地之谜

"瑶池"最早出现在《山海经》中。它位于昆仑山上（汉代以前的昆仑泛指中原西北远方的高山），其上耸立着巨大的"凌云钟乳"（雪山），湖水清澈圣洁，西王母就居住在瑶池之畔。在另一部著作《穆天子传》中提到，西周时期，周穆王驾车西游来到昆仑瑶池，受到当地首领西王母的盛宴款待。有关瑶池的传说，就从这两部著作开始。在中国西部大地，有好几个高山（高原）湖泊流传着瑶池的美名。

从宗教的角度来看，新疆天山的天池算是最正宗的"瑶池"。西汉张骞探索西域之后，因其雪山碧水与《山海经》所述最为接近，越来越多的人认定这就是瑶池。公元1219年，成吉思汗召见道教全真派领袖邱处机，邱处机途经天山天池，认为这里就是道教神仙们所谓的瑶池，并在天池岸边修建寺观。此后，天山天池成为西域的道教中心。天池有3处水面，即大天池、东小天池和西小天池，据说它们分别为王母娘娘洗澡、洗脸和洗脚的地方。

最资深的瑶池莫过于青海湖。早在汉代，人们认为青海湖不仅是"西方的海"，也是"西王母之海"，因此青海湖又被称为"西海"、"仙海"。汉武帝对青海湖情有独钟，王莽也曾在青海湖东岸设置西海郡。从唐朝开始，祭祀青海湖成为官方传统，这个传统一直延续到民国时代。青海省昆仑河源头的黑海也被命名为西王母瑶池。

此外，还有很多历史学家认为新疆赛里木湖地处古丝绸之路上，交通最为便利，也最有可能是周穆王与西王母大宴的"瑶池"。再者，相传成吉思汗远征时，途经北疆阿勒泰地区的喀纳斯湖，为湖光山色所陶醉，从此喀纳斯湖有了"人间瑶池"的美名。

3）水磨沟风景区。位于乌鲁木齐市区东北郊5千米处，因光绪三十三年（1907年）清朝官衙在此利用水力建造为军队磨面的"官水磨"而得名。该风景区面积为36平方千米，由清泉山、虹桥山、温泉山、水塔山、雪莲山、红山和水磨河组成。

水磨沟内数十处涌泉汇集成的水磨河像一条玉带自南向北奔腾而下。公元1760年，"香妃"曾在水磨沟温泉沐浴过，留下了"香妃出浴"的传世美谈。此后，文人墨客、达官显贵来乌鲁木齐大都在水磨沟驻足休憩，留下了许多诗篇。1982年这里建造了温泉按摩理疗医院。

4）赛里木湖风景名胜区。赛里木湖（图 6-2）古称"西方净海"，蒙古语称"赛里木淖尔"，意为"山脊梁上的湖"。赛里木湖位于北天山西端，湖东西长 20 千米，南北宽 30 千米，最大水深 92 米，面积达 458 平方千米，湖面海拔 2 073 米，是新疆海拔最高、面积最大的高山湖泊。赛里木湖水面坦荡、清澈透明、四面环山、天水相映、景色宜人。每年 7 月底至 8 月初，蒙古族和哈萨克族牧民在这里举行一年一度的传统赛里木湖那达慕大会，有摔跤、赛马、叼羊、姑娘追等民族特色娱乐活动和物资交流活动，湖光山色美景和节日欢乐令人陶醉。

图 6-2 赛里木湖

（2）吐鲁番地区

吐鲁番位于新疆维吾尔自治区中部，天山南麓，地名系维吾尔语，意为"都会"，1984 年设市。吐鲁番矿产资源丰富，具有多共生、综合利用价值大、埋藏浅、品位高、易开采等特点。吐鲁番以盛产葡萄著称，有 500 多个葡萄品种，堪称"世界葡萄植物园"。吐鲁番还是新疆重要产棉区之一，其生产的长绒棉具有纤维长、细、强的特点，一直是国际市场上的紧俏商品。

1）鄯善库姆塔格沙漠风景名胜区。库姆塔格，维吾尔语，意思为"沙山"。库姆塔格沙漠，指"有沙山的沙漠"，位于吐鲁番地区鄯善县城南部，总面积 1 880 平方千米。鄯善库姆塔格沙漠是离城市最近的沙漠，与鄯善老城相连。这里开辟了我国第一个以沙漠地质地貌为主体景观的风景名胜区。其风沙地貌类型齐全，代表了新疆各大沙漠的风沙堆积地貌类型。其北部和绿洲连接，泾渭分明，一侧是"大漠孤烟直"的壮丽沙漠景观，另一侧是郁郁葱葱的秀美绿洲景色。在新疆东部与甘肃接壤处，还有一处库姆塔格沙漠，被称作甘新库姆塔格沙漠。

2）葡萄沟。葡萄沟风景区以盛产优质葡萄而闻名，位于吐鲁番东北 10 千米处的火焰山西侧的峡谷中。葡萄沟海拔 300 米，南北长约 7 千米，东西宽约 2 千米，天山雪水沿水渠穿沟而过，浇灌着约 4 平方千米的葡萄园，年产量达 6 000 吨。山坡高处分布着许多晾制葡萄干的专用房——荫房。这里种植的无核白葡萄，因其皮薄、肉嫩、汁多、味美、营养丰富，含糖量居世界之冠，被视为葡萄中的珍品。用它制成的葡萄干，含糖量高达 60%，被称为"中国绿珍珠"。马奶子葡萄，果粒肥大、清甜多汁，适宜鲜食；索索葡萄，色紫无核，体小如胡椒，甜中带酸，晾干可充当中药，主治小儿麻疹，并能补五脏、益气血。

（3）伊犁哈萨克自治州

伊犁是一个风土人情独特、富饶而美丽的地方，这里汇聚着维吾尔族、柯尔克孜族、乌孜别克族、塔塔尔族、蒙古族、锡伯族、回族等少数民族，造就了千姿百态的民族风情。伊犁自然环境十分迷人，有峰峦重叠、古木参天的高山峻岭，有沟渠纵横、土壤肥沃的盆地绿洲，有水草丰茂、广阔壮丽的草原平川，有瑰丽如画、独具风姿的河流湖泊。这里物产丰富，不仅是重要的粮棉产地，也是"新疆羊"、"伊犁马"的故乡。

那拉提旅游风景区深居天山腹地，地处伊犁河谷东端，在新源县那拉提镇境内。那拉提，蒙古语，意为"最先见到太阳的地方"。这里三面环山，平均海拔1 800米，属高山河谷草场，被人们誉为"空中草原"，景区总面积1 800平方千米。生活在这里的哈萨克族保持着古朴的民俗，给那拉提独特的自然景观增添了浓郁的风情。2005年4月，那拉提草原被上海吉尼斯世界总部授予"哈萨克人口最多的草原"；2005年10月被《中国国家地理》评定为全国六大最美的草原之一（其他5个是内蒙古呼伦贝尔东部草原、内蒙古锡林郭勒草原、四川川西高寒草原、西藏那曲高寒草原、青海和甘肃的祁连山草原）。

2. 北疆旅游区

北疆旅游区指天山以北的北疆地区。该区以准噶尔盆地为中心，西边的阿拉山口及额尔齐斯河谷地自古是交通要道，也是西来湿润气流进入北疆的通道。准噶尔盆地中的古尔班通古特沙漠是我国第二大沙漠，盆地边缘有广阔的绿洲地带。玛纳斯河流域为著名的农垦区，并孕育有绿洲新城石河子。盆地西部的克拉玛依是新兴的著名石油城。山地有茂密的森林和肥美的草原，有利于发展旅游。

（1）喀纳斯风景名胜区

喀纳斯风景名胜区地处阿尔泰山腹地、布尔津县境内。喀纳斯湖源于友谊峰冰川，是典型的冰蚀湖，也是少数民族图瓦人的唯一聚居地，属于中国唯一注入北冰洋的河流——额尔齐斯河的一段。

"喀纳斯"，蒙古语意为"美丽富饶、神秘莫测"，堪称中国最美的湖。喀纳斯湖湖面海拔1 374米，面积达44.78平方千米，呈弯月状，南北延伸，长24.5千米，平均宽1.9千米，湖水最深处达188.5米。喀纳斯湖湖水沉郁清澈，宛若碧玉，颜色在一天中随光线角度不同而不断变化，在一年中随季节不同而出现变色现象，景色如诗如画、如梦如幻。两岸层峦叠嶂，是浩瀚的原始泰加林，平缓处是在夏季姹紫嫣红的五花草原。喀纳斯湖流传着许多"水怪"传说，吸引了许多科学、探险爱好者前往探查，给喀纳斯湖平添了几分神秘的色彩。

（2）可可托海风景区

可可托海风景区地处新疆东北部的富蕴县境内，面积788平方千米。可可托海，哈萨克语的意思为"绿色的丛林"，蒙古语意为"蓝色的河湾"。这里是全国仅次于漠河的第二冷极。由于特殊的地质构造、风雨侵蚀和流水切割，可可托海形成了许多深沟峡谷，成为集山景、水景、草原、奇石、温泉等奇观于一体的自然景观区。这里不仅是新疆的"冷极"，也是全国少有的"宝石之乡"，还是世界罕见的"天然矿物陈列馆"。

（3）魔鬼城

魔鬼城是典型的风蚀或雅丹地貌景观。一处位于克拉玛依市区东北的乌尔禾地区，方圆大约 30 平方千米，另一处位于昌吉州奇台县将军戈壁深处，面积约 80 平方千米。远古时，这里曾是湖泊，后来由于构造运动变为陆地，原湖区沉积的砂泥经长期风化侵蚀，形成了奇特的风蚀景观。这里的山丘被风吹成各式各样的"建筑物"，千奇百怪。夜色降临，则狂风大作，飞沙走石，怪异而凄厉的声音使之更加阴森恐怖。

3. 南疆旅游区

南疆旅游区指天山以南的南疆地区，以塔里木盆地为中心，包括喀什、阿克苏、巴音郭楞、和田及克孜勒苏等地。塔里木盆地是世界上最大的内陆盆地，塔克拉玛干沙漠是我国最大的沙漠，塔里木河为我国最大的内陆河。盆地四周高山环绕、雪峰矗立，盆地内大漠浩瀚、惊险神秘，盆地边缘绿洲带内还分布着众多丝路古城古迹。

（1）喀什

喀什位于新疆西南部，历史悠久，人文荟萃，有众多的伊斯兰教和佛教古墓葬、古建筑，为国家级历史文化名城。因其处于沙漠绿洲之中，自然景观亦独具特色。喀什主要旅游景点有香妃墓、艾提尕尔清真寺、石头城等。

艾提尕尔清真寺位于喀什市区，是喀什古城的象征，为中国最大的一座清真寺，是新疆伊斯兰教活动中心，迄今已有 500 多年的历史。全寺总面积 16 800 平方米，内有礼拜大殿、宣礼塔、教经堂、门楼、水池及其他一些附属建筑物，规模宏大、布局合理、建筑工艺精细、装饰古朴典雅，是我国阿拉伯式伊斯兰建筑的典范。

📝 小资料

古尔邦节

古尔邦节是我国的维吾尔族、哈萨克族、回族、乌孜别克族、塔塔尔族、塔吉克族、柯尔克孜族、撒拉族、东乡族、保安族等少数民族的传统节日，与开斋节（新疆地区称为肉孜节）、圣纪节并称为伊斯兰教的三大节日。古尔邦节，又称库尔班节，系阿拉伯语的音译，阿拉伯语称之为"尔德·古尔邦"或"尔德·阿祖哈"。"尔德"是节日的意思，"古尔邦"意为"献祭"、"献牲"，"阿祖哈"意为"牺牲"、"献身"，故又称"宰牲节"、"忠孝节"、"牺牲节"。这个节日源于古代先知易卜拉欣的传说。真主为了考验易卜拉欣的忠诚，降梦给易卜拉欣，启示他宰杀儿子献祭。当易卜拉欣举刀执行之际，真主派使者牵一头黑羚羊而来，说已领略了易卜拉欣的忠心，让他宰羊来代替献子。为了纪念此事和感谢真主，穆罕默德将其列为朝觐功课礼仪之一，在伊斯兰教历的十二月十日（也是朝觐者在麦加活动的最后一天）举行。节前，家家户户要洒扫庭院，精制糕点。在新疆，维吾尔族在古尔邦节要举行盛大的麦西来甫歌舞集会。柯尔克孜族、塔吉克族、乌孜别克族还要举行叼羊、赛马、摔跤等比赛。

（2）罗布泊

罗布泊位于塔里木盆地东部的若羌县境内，曾经是塔里木盆地的积水中心、面积广阔的内陆湖泊，后由于水源枯竭而逐渐干涸。罗布泊曾经是古"丝绸之路"必经之地，至今还保留着很多古迹，但现在已经是一个渺无人烟的沙漠地区，曾一度成为我国的原子弹爆炸试验区。荒漠的原始与神秘，正是罗布泊对世人最大的吸引力。

楼兰古城遗址位于若羌县，为汉代楼兰王国遗址，总面积约 10 万平方米。古城的平面呈不规则方形。城址内发现有居民区、寺院、官署、烽燧、墓葬等遗迹。城内出土有钱币、漆器、木器、玉器、铜器、金银戒指、耳环等。楼兰古城遗址的发现，为了解中原王朝与西域古国的关系，研究东西文化交流和丝绸之路提供了珍贵资料。

（3）和田

和田位于塔里木盆地南缘，古为西域最早的佛教中心，也是古丝绸之路上我国西部最大的城镇。沿和田深入塔克拉玛干沙漠，是沙漠探险的理想路线。丝绸、地毯和玉雕被称为"和田三宝"，尤以玉雕最为有名。

（二）特色民俗风物旅游资源

1. 维吾尔族服饰

维吾尔族人热情奔放、性格豪迈，其服饰特点是式样宽松、洒脱，色彩对比强烈。妇女爱穿宽袖轻盈的连衣裙，衣料一般选用著名的"艾得莱丝绸"。男袍称"袷袢"，右衽斜领，无纽扣，用长方巾扎腰。

维吾尔族男女老少都爱戴"朵巴"（四棱小花帽）。朵巴的图案丰富多彩，最常见的是"奇依曼"和"巴旦木"的图案。"奇依曼"是繁花似锦的意思，这是希望姑娘美如鲜花，小伙子前程似锦。"巴旦木"是古代从西亚传来的良种杏，有着顽强的生命力，能在干旱缺水的沙漠戈壁里长生，寓生命力旺盛之意。

2. 民间艺术

新疆地广人稀，是一个少数民族聚集的地区，有维吾尔族、汉族、哈萨克族、回族、柯尔克孜族、蒙古族、锡伯族、塔吉克族、满族、乌孜别克族、俄罗斯族、达斡尔族、塔塔尔族等几十个民族，民族风情璀璨绚丽。少数民族能歌善舞，有"歌舞之乡"的美誉。维吾尔族的"木卡姆"、"麦西来甫"、"赛乃姆"舞，哈萨克族的"阿肯弹唱"，塔吉克族的"鹰笛"，美轮美奂。其中，维吾尔族的十二木卡姆已经入选世界《人类口述与非物质文化遗产》名录。

3. 瓜果之乡

因云量少、光照强、日温差大，新疆的瓜果特别甜，有"瓜果之乡"之称，一年四季瓜果飘香不断。有歌谣唱道："吐鲁番的葡萄哈密的瓜，叶城的石榴人人夸，库尔勒的香梨甲天下，伊犁苹果顶呱呱，阿图什的无花果名声大，下野地的西瓜甜又沙，喀什樱桃赛珍珠，伽师甜瓜甜掉牙，和田的薄皮核桃不用敲，库车白杏味最佳。一年四季有瓜果，来到新疆不想家。"还有巴旦木、蟠桃、桑椹、沙果等。葡萄干、瓜干等水果干色泽鲜艳、果肉柔软，是馈赠亲朋好友的佳品。

4. 风物特产

新疆的民族工艺品和地方土特产品种繁多，民族风格独特。著名的风物特产有维吾尔族、哈萨克族、蒙古族的服装及服饰，木雕（木碗、木勺、木花瓶），英吉沙小刀，艾得莱丝绸，和田玉，金银饰品，维吾尔族摇床，哈萨克族地毯和挂毯，土陶，民族乐器等。

二、甘肃省

甘肃省，简称"甘"或"陇"，取甘州（今张掖）和肃州（今酒泉）两地首字而得名。甘肃位于黄河中下游，地处黄土高原、青藏高原和内蒙古高原三大高原交会处，东邻陕西，西接青海、新疆，南连四川，北毗内蒙古、宁夏，并与蒙古国接壤。全省总面积为45.37万平方千米（列全国第7位），总人口2 564万（2011年），省会是兰州市。

甘肃地处黄河上游，平均海拔在1 000米以上，属青藏、内蒙古、黄土三大高原交会处。区内地貌复杂、气候多变、地域差异明显。东南部重峦叠嶂，山高谷深；中东部黄土覆盖，沟壑纵横；西南部为青藏高原的东北边缘，地势高耸、气候寒冷，有现代冰川分布；河西走廊一带，地势坦荡，绿洲与沙漠、戈壁断续分布。甘肃地区山脉纵横交错、黄河大气磅礴、祁连山逶迤绵延、"七一"冰川奇丽壮观、黄土高原古朴浑厚、沙漠戈壁浩瀚雄浑、甘南草原水草肥美。

甘肃历史悠久，历史文化积淀深厚，有丰富的人文旅游资源。早在3 000多年前，周人先祖就在此居住；秦朝筑长城；汉进行军屯、民屯，张骞通西域，开辟了"丝绸之路"；唐朝设置陇古道，留下了丰富的文物古迹。闻名世界的莫高窟、麦积山石窟、气势雄伟的嘉峪关、金碧辉煌的拉卜楞寺、苍凉的汉代烽燧与现代的刘家峡水电站、酒泉卫星发射中心等绘成了一幅美丽的画卷。甘肃也是我国西部最早的红色革命政权诞生地、红军长征胜利的结束地、西路红军浴血奋战的见证地，拥有大量的革命遗迹。

（一）重点旅游景区

1. 甘肃东部旅游区

甘肃东部旅游区包括天水、平凉、陇南、庆阳4个市，有历史文化名城天水、麦积山石窟、道教名山崆峒山、秀美的陇南风光、独具特色的黄土风情、窑洞民居等旅游资源。以下简要介绍麦积山风景名胜区和崆峒山风景名胜区。

（1）麦积山风景名胜区

麦积山风景名胜区位于天水市东南约 50 千米处，地处西秦岭北支东段，总面积 215 平方千米。麦积山是典型的丹霞地貌，高 142 米，因形如麦垛而得名。石窟开凿于 50 多米高的险峻山崖上，以栈道式走廊相连，共有洞窟 194 个，泥塑和石雕 7 200 多件，壁画 1 300 多平方米，尤其以泥塑的精湛雕刻和生动优美而著称。麦积山石窟开凿于十六国时期的后秦，后经历代不断增建，现成为我国四大石窟之一，有"东方艺术雕塑馆"之誉。

（2）崆峒山风景名胜区

崆峒山风景名胜区，位于平凉市城西 12 千米处的泾河上游和其支流后峡河之间，是古丝绸之路西出关中的要塞。景区面积 84 平方千米，主峰马鬃山海拔约 2 123 米。崆峒山是天然的动植物王国，森林茂密覆盖率达 90% 以上。其自然景观奇、险、雄、秀，有老君峰、弹筝峡、上天梯和仙鹤洞等奇峰异洞，以及"八台"（即东、西、南、北、中五台和灵龟台、八仙台、赵时春读书名）、"四岭"（凤凰岭、狮子岭、苍松岭和棋盘岭）和"二峰"（雷声峰和蜡烛峰）等特殊地貌奇观。崆峒山是著名的道教胜地，山上有 8 台 9 宫 12 院 42 座建筑群和 72 处石府洞天，气魄宏伟，有"道源圣地"、"西来第一山"、"西镇奇观"之美誉。

2. 甘肃中部旅游区

甘肃中部旅游区包括兰州市、白银市、临夏回族自治州、甘南藏族自治州和定西市 5 个州市，以黄河文化、丝路文化、回藏民族风情、宗教文化、高原草原风情等旅游资源为主要特色。

（1）兰州市

兰州位于甘肃省中部，黄河上游的河谷中，汉设金城郡，取"固若金汤，不可攻也"之意而得名，1941 年设兰州市，别名"金城"，现为甘肃省省会。兰州古是丝绸之路上重要的交通枢纽，现为中原通往西北地区的要冲，为西北地区第二大城市。这里气候干燥少雨，冬寒夏暑，四季分明。兰州一年中四季瓜果飘香，是有名的瓜果城，"观景去西杭，品瓜上兰州"。

1）水车博览园。位于百里黄河风情线滨河东路黄河南岸，由水车园、水车广场、文化广场 3 部分组成，是目前世界上水车品种最多、数量最多的展现水车文化的主题博览园。博览园以水车、图片、文字资料、实物、文艺演出等形式多角度反映了黄河流域劳动人民巧用自然资源、造福人类的实践活动和水车文化，集中表现了兰州的近代历史变迁和黄河文化的博大精深及多姿多彩的民俗文化。

2）五泉山公园。位于兰州市南的皋兰山北麓，是一座以泉和佛教建筑而闻名的公园。相传汉武帝时，骠骑将军霍去病西征匈奴时，远途跋涉，士兵疲渴，霍去病以鞭击地，随即涌出甘露、掬月、摸子、蒙、惠五泉，五泉至今犹在。园内另有明清以来的崇庆寺、千佛阁、嘛呢寺、地藏寺、三教寺、半月亭、剑桥、中山堂等 10 多处建筑，面积达 10 000 余平方米。崇庆寺内保存有一口铸于金泰和二年（1202 年）的泰和铁钟，高 3 米，直径 2 米，重达万斤。金刚殿内存有一尊铜接引佛，铸于明洪武元年（1368年），佛像高 5.3 米，围宽 2.7 米，重 2 万余斤，面带笑容、神态自然、造型优美，为铜像之精品。公园在每年的农历 4 月 8 日举行庙会，届时要进行浴佛和法事活动，并设有花卉展览和各种民俗活动。

3）吐鲁沟国家森林公园。

吐鲁沟国家森林公园距兰州市 160 千米，地处海拔 1 998～3 165 米的永登县连城林区腹地，面积 5 848.4 公顷，森林覆盖率达 79.2%。园内栖息着石羊、林鹿、马鹿、猞狲、兰马鸡、鼯鼠等 10 多种动物，生长着黄芪、星叶草、苁蓉、羽叶丁香、桃儿七等植物 1 614 种，生物资源十分丰富。公园内峰峦叠翠、林木葱茏、山石嶙峋、溪流淙淙，具有"秀、奇、险、幽"的特点，是观光旅游、休闲度假和科研考察的目的地。

4）兴隆山国家级自然保护区。

兴隆山国家级自然保护区位于榆中县境内，距兰州市东南 60 千米，以森林生态系统和人文历史遗迹为主要保护对象，素有"甘省之名山、兰郡之胜景"的美誉。古时因"常有白云浩渺无际"而取名"栖云山"，清康熙年间改名"兴隆山"，沿用至今。

保护区内森林茂密，云杉挺拔，有高等植物 500 余种，有国家重点保护动物金钱豹、猞狲、林鹿等，山间的自然生态是研究黄土高原原始植被及其演变规律的天然场所。早在西周时期，兴隆山就成为了洞天福地，现存古庙建筑达 70 多处，著名的有大佛殿、关圣殿、混元阁、圣母殿、朝云观、雷祖殿等，为道教圣地之一。史载，成吉思汗生前，曾在兴隆山休养，相传，成吉思汗的灵柩曾密藏于大佛殿内达 10 年之久，更给兴隆山更增添了名气和神秘色彩。

（2）甘南藏族自治州

甘南藏族自治州位于甘肃东南部，地处青藏高原东北边缘，西临青海，南接四川，北面是甘肃临夏回族自治州。甘南为藏族自治地区，下辖合作市和夏河、碌曲、玛曲、临潭、舟曲、迭部、卓尼 7 个县，首府为合作市。甘南是牧区，人烟稀少，草场空旷秀美。

1）拉卜楞寺。位于甘南藏族自治州夏河县城西 1 千米处的大夏河北岸，是藏传佛教格鲁派（黄教）六大寺院之一。拉卜楞寺建于清康熙四十八年（1709 年），后经历代修建和扩充，现已成为甘肃、青海和四川地区最大的藏族宗教和文化中心。

该寺规模宏大，建筑面积达 82.3 万平方米，有经堂 6 座，佛殿 84 座，藏式楼 31座，佛宫 30 院，经轮房 500 多间，僧舍 10 000 余间；有各类经卷 6.5 万册，是藏书最多的寺院。另外，该寺还珍藏有贝叶经，各种木刻经板、唐卡和清朝历届中央政府及达赖、班禅赐给活佛的封诰、册文和印鉴等文物。该寺还是藏传佛教的高等学府，设有六大札仓（藏语意为"学院"），为藏区培养宗教人才。这里每年都要举办大法会，其中以7 月的说法会和正月的毛兰姆法会最为隆重壮观。毛兰姆法会内容丰富，有寺僧考试、辩经、晒大佛、藏戏表演、法舞、祈祷活动等。

2）冶力关风景名胜区。位于甘南藏族自治州临潭县东北部，以临潭县冶力关为中心，分为莲花山、西峡、东峡和冶海湖 4 个景区，面积达 300 平方千米。景区海拔 2 219～3 926 米，山势险峻，年平均气温在 5.1～6.7℃，温暖湿润、凉爽宜人、风景如画，有"兰州后花园"、"生态大观园"、"陇右第一名山"的美誉。莲花山又称"西崆峒"，主峰海拔3 578米，融奇、秀、幽、险于一身，是甘南、临夏两地佛道两教的圣地。莲花山在每年农历6月1～6日举办传统的"花儿会"，规模盛大。

3. 甘肃西部旅游区

甘肃西部旅游区包括嘉峪关、酒泉、张掖、武威、金昌5个市，为古丝绸之路的咽喉，拥有十分丰富的人文旅游资源。

（1）武威文庙

武威文庙又称圣庙、孔庙，位于武威市区东南隅，占地面积达25 245平方米，是一组造型雄伟的仿皇家宫阙建筑群。武威文庙始建于明正统四年（1439年），后经明成化、清顺治、乾隆、道光及民国年间重修后逐渐形成完整的古建筑群，享有"陇右学宫之冠"的美誉。现存建筑以圣庙和文昌宫保存最好，是历代文人墨客祭祀孔子之地。庙内古树参天、碑石林立，整体建筑布局对称、结构严谨，雕梁画栋。文庙内保存有著名的刻有回鹘文字的高昌王世勋碑（是我国唯一现存高昌王世勋的楷书碑碣）、西宁王忻都公神碑和保存最完整的中文-西夏文对照珍本词典"西夏碑"（全称为重修护国寺感应塔碑）。文庙内现设有武威市博物馆。

（2）雷台公园

雷台公园位于武威市城北关中路。雷台又称雷观台，因台上有明天顺年间（1457～1464年）的雷祖观而得名，为古代祭雷神的地方，是河西道教圣地。台上有明清时期的雷祖殿、三星斗姆殿等10座古建筑。1969年在台下发现了一座东汉晚期的大型砖汉墓，墓内出土金、银、铜、铁、玉、骨、石、陶器共231件，古币近3万枚，被史学界称为丰富的"地下博物馆"。其中一匹三足腾空、右后足踏飞鸟的"铜奔马"，又被称作"马踏飞燕"，被中外专家学者称为"古代艺术之冠，世界文化顶峰"。1984年"马踏飞燕"被国家旅游局定为中国旅游标志。

🔍 小资料

中国旅游标志——马踏飞燕

马踏飞燕（图6-3）是早年出土于甘肃武威雷台汉墓的铜奔马，郭沫若先生称其为"马踏飞燕"，又称"马超龙雀"，青铜制，高34.5厘米，长45厘米，宽13厘米，制作于东汉时期，现收藏于甘肃省博物馆。

图6-3 马踏飞燕

马踏飞燕是东汉时期雕塑艺术和铸铜工艺融为一体的杰出作品，在中国雕塑史上代表了东汉时期的最高艺术成就。铜马昂首，四蹄飞腾，马尾高扬，口张作嘶鸣状，以少见的"对侧快步"的步伐奔驰向前。其三足腾空，右后蹄踏在一只正在振翼奋飞的燕背上，燕顾首惊视，与之相呼应，奔马头微左顾，似乎也想弄清楚发生了什么事，而这一切尽在瞬间。由于马蹄之轻快，马鬃马尾之飘扬，恰似天马行空，以至飞燕不觉其重而惊其快，更增加了铜马凌空飞驰的气势。马体重落一足，小小飞燕承之而可平置，体现了设计者的独具匠心。马与燕的线条流畅，比例匀称，奔驰与飞翔的动态表现得淋漓尽致，生动体现了骏马奔驰与飞鸟争先的瞬间。该器堪称我国古代雕塑艺术史上神奇而稀有的瑰宝。1984 年，国家旅游局将其确定为中国旅游标志图形，寓意一日千里、马到成功。

（3）张掖大佛寺

张掖大佛寺有"塞上名刹，佛国胜境"之誉。大佛寺位于张掖市西南，始称"迦叶如来寺"，因寺内塑有著名的大卧佛，故名"卧佛寺"、"大佛寺"，是我国唯一的西夏佛教寺院。该寺始建于西夏崇宗永安元年（1098 年），后经元、明、清历代增修扩建，占地面积达 10 万平方米，现存有大佛殿、藏经楼、土塔等主要建筑。主体建筑大佛殿为重檐歇山顶的两层殿宇，面阔 9 间，进深 7 间，总面积 1 770 平方米。殿内供奉释迦牟尼涅槃像，头枕莲台，右胁而卧，身长 34.5 米，肩宽 7.5 米，脚长 5.2 米，耳长 4 米，佛像魁伟，造型精美丰满，神态端秀、安详，形象生动，是我国现存最大的泥塑卧佛。寺院还珍藏有佛教典籍、铜佛、铜镜、铜壶、石碑等丰富的历史文物，对研究古代河西地区的民族文化、宗教文化和建筑文化，以及中西交流有着极其重要的历史价值。

（4）马蹄寺风景名胜区

马蹄寺是著名的佛教寺院，坐落在肃南裕固族自治县境内的马蹄山（又名临松山、丹岭山、青松山）下。因该寺马蹄殿的石板上有马蹄印迹，史载系天马下凡时所留下的神迹，故名"马蹄寺"。马蹄山早在西汉时即为避暑胜地，这里山峦起伏、笼烟锁雾、松柏苍翠、悬崖飞瀑、气候凉爽、景色秀丽。马蹄寺石窟群由千佛洞、南北马蹄寺、金塔寺和上中下观音洞等 7 个小石窟群组成，共有 70 多窟。千佛洞开凿于十六国北凉时期，距今约 1 600 多年的历史，同敦煌的莫高窟和安西的榆林窟合称为河西佛教圣地的三大艺术宝窟。千佛洞石窟雕刻精巧、造型完美；金塔寺的彩塑飞天，优美多姿、栩栩如生；马蹄北寺（又名普光寺）的 33 石窟，洞窟层层叠叠，造型独特。

（5）张掖丹霞地貌

张掖丹霞地貌奇观形成于 600 万年前，位于张掖市临泽县、肃南裕固族自治县境内，面积达 300 多平方千米，仅次于中国最大的赤水丹霞。张掖丹霞地貌主要分为遥相呼应的南北两大群块。北群位于张掖市北侧合黎山脉，距市区约 25 千米。北群山势低且平缓，主要以红白和赭红色为主色调。南群以肃南裕固族自治县白银乡为中心。特别是窗棂式、宫殿式丹霞地貌，是丹霞地貌中的精品。彩色丘陵色彩之缤纷、面积之大冠绝全国。

（6）敦煌莫高窟

敦煌莫高窟（图 6-4），俗称千佛洞，是敦煌石窟（包括莫高窟、西千佛洞和榆林窟）的代

图 6-4 敦煌莫高窟

表。莫高窟地处敦煌市东南 25 千米，鸣沙山东麓岩泉河的崖壁上，坐西向东，南北绵延 1 610 米，上下 5 层，保存着五胡十六国时期到民国时期的洞窟 700 多个，其中留有壁画或塑像的洞窟目前已发现的有 492 个，保存着历代彩塑 3390 身。莫高窟是世界上现存规模最大、保存最完整的佛教艺术宝库之一，位列中国"四大石窟"之首，有"人类文化珍藏"、"形象历史博物馆"、"世界画廊"、"东方艺术明珠"之称。1987 年被联合国教科文组织作为文化遗产列入《世界遗产名录》。

莫高窟始建于前秦建元二年（366 年），后经北魏、隋、唐、五代、宋、元等历代增修，到唐代时已有"窟龛千余"。莫高窟是一处由建筑、雕塑和壁画组成的综合艺术宫殿。壁画是敦煌石窟艺术的重要组成部分，数量最大，内容丰富，被称为"壁画上的图书馆"，有佛像画、佛经故事画、神怪画（民族传统神话题材）、经变画（以佛经为依据的绘画）、佛教史迹画、供养人画像（为出资开窟造像的施主所画的功德像）和装饰图案等，尤以"飞天"最为精彩。其中，唐代壁画中的飞天形象已成为敦煌莫高窟的艺术标志。彩塑是石窟中的主体，主要题材有佛、菩萨、弟子、天王、力士等，题材十分丰富，形式多彩多样，堪称"佛教彩塑博物馆"。敦煌还保存有唐宋窟檐木构建筑 5 座和一些宋元土木古塔，窟形建制分为禅窟、殿堂窟、塔庙窟、穹隆顶窟等形制，壁画中有大量的各个时代的古建筑形象，是一部敦煌建筑史，具有很高的历史价值和艺术价值。20 世纪初在敦煌藏经洞（莫高窟第 17 窟）中发现了 50 000 多卷经卷文书及上千件版画、绢画和大量书法作品，震动世界，由此在世界上形成了一门新的学问——敦煌学。

（7）鸣沙山-月牙泉风景名胜区

鸣沙山-月牙泉（图 6-5）风景名胜区位于敦煌城南 5 千米处，面积约 200 平方千米，以"山泉共处，沙水共生"而闻名于世，被誉为"塞外风光之一绝"。

图 6-5　鸣沙山-月牙泉

1）鸣沙山。东西长 40 多千米，南北宽 20 多千米，最高峰海拔 250 米，因摩擦震动沙会发出响声而得名。山是由流沙积聚而形成的，沙垄相衔，沙丘如海。其奇特之处在于：人从高处下滑，沙子会嘤嘤作响；人们白天上山留下的痕迹，第二天了无踪迹。它与内蒙古鄂尔多斯响沙湾、宁夏中卫的沙坡头并称为中国"三大鸣沙"。

2）月牙泉。东西宽 25 米，南北长约 100 米，平均水深 4.2 米，泉水澄碧，水质甘冽，因其形如一弯新月而得名。虽然月牙泉四周被鸣沙山环抱，大风扬起，沙却不落入泉内；虽气候干旱，却千年不干涸。"沙夹风而飞响，泉映月而无尘"，堪称"天下奇观"。

（8）酒泉公园

酒泉公园是一座融大汉雄风和江南灵秀为一体的古典园林，因园中有泉有湖，又称泉湖公园。公园位于酒泉市东 1.9 千米处，占地面积 27 万平方米，已有 2 000 多年的历史。景区分历史文化区、山湖风景区和休憩娱乐区 3 个部分，有以"古酒泉"、霍去病西征匈奴的群雕、左公柳、泉湖为主题的酒泉公园；以清代的"西汉酒泉胜迹"和"汉酒泉古郡"石碑及左宗棠手书的"大地醍醐"的匾额为主要内容的西汉胜境，以及月洞金珠、祁连澄波、烟云深处、曲苑餐秀、花月双清、功昭日月等八大景点。

（9）阳关

阳关位于敦煌市西南 70 千米外的南湖乡境内，为汉武帝开辟河西，"列四郡，据两关"的两关之一，自古为丝绸之路西出敦煌，通向西域南道必经关卡，西部边境之门户。唐代诗人王维的诗句"劝君更尽一杯酒，西出阳关无故人"更使阳关名扬千古。阳关是古代兵家必争的战略要地。宋元以后随着丝绸之路的衰落，阳关也因此被逐渐废弃。旧《敦煌县志》把玉门关与阳关合称"两关遗迹"，列敦煌八景之一。而今，昔日的阳关城早已荡然无存，仅存一座被称为阳关耳目的汉代烽燧遗址，耸立在墩墩山上，让后人凭吊。

（10）嘉峪关文物景区

嘉峪关文物景区地处古丝绸之路上，位于河西走廊中段嘉峪关市，占地面积 4 平方千米，有嘉峪关关城、万里长城第一墩、悬壁长城、魏晋壁画墓、黑山摩崖浅石刻岩画等景点。

1）嘉峪关关城。是古代万里长城边防线上的重要军事要塞和古丝绸之路必经的关隘，雄居于嘉峪关最狭窄的山谷中部，地势险要，巍峨雄伟，有"天下雄关"之称。关城始建于明洪武五年（1372 年），后经多次增修，形成了布局巧妙、气势雄浑的军事防御体系。关城呈梯形，面积 3.3 万平方米，周长 733 米，城墙高 11.7 米，由外城、内城、瓮城、罗城、城壕和边墙等组成。

2）万里长城第一墩。始建于明嘉靖十八年（1539 年），坐落在嘉峪关关城南 7 千米处，是明长城西端的第一座墩台，也是明长城西端的起点，担负着传递祁连山口军事信息的任务。万里长城第一墩夹峙于祁连山和黑山之间，巍然屹立在托来河北岸 80 多米的悬崖绝壁之上，故又称托来河墩。在这里，既可以凭吊历史，又可以领略茫茫戈壁风光。

3）悬壁长城。筑于明嘉靖十八年（1539 年），位于嘉峪关关城北 8 千米处，石关峡北侧的黑山北坡。因其有 231 米长的城墙夯筑于倾斜度为 45°的山脊上，如长城倒挂，铁壁悬空，从高150米的山上陡然而下，封锁了石关峡口，故名。

4）魏晋壁画墓。在嘉峪关市东北20千米处的戈壁滩上，分布着1400多座魏晋时期的地下壁画砖墓群，其中有彩绘砖壁画墓8座，壁画砖700多块，反映了当时的政治、经济、文化、军事、科技、民俗等方面的内容，被誉为"世界最大的地下画廊"。

5）黑山摩崖浅石刻岩画。在嘉峪关市西北约20千米处的黑山峡谷的崖壁上，分布着从战国时期至明代的岩画5处，共153幅，绵延约2千米。岩画造型生动、风格粗犷，具有较高的艺术价值和文化价值。

（二）特色民俗风物旅游资源

1. "花儿"之乡

甘肃境内有汉族、回族、藏族、蒙古族、裕固族、东乡族、保安族、哈萨克族、土族、撒拉族、满族等民族，其中裕固族、东乡族、保安族为甘肃省特有的民族。以歌唱爱情为主的山歌，在甘肃的汉族、回族、土族、撒拉族、东乡族、保安族中甚为流行。临夏回族自治州和岷县被中国民间文艺协会授予"中国花儿之乡"，岷县还被联合国教科文组织列为"联合国民歌考察基地"。临夏自治州和政县及康乐县分别为"中国花儿传承基地"、"中国花儿保护基地"，"洮岷花儿"被列入《国家级非物质文化遗产名录》。各地每年夏秋收割之前都要举行花儿会，其中康乐县莲花山每年农历6月的花儿会和松鸣岩每年农历4月的花儿会规模最为盛大。

2. 特色节庆

甘肃省内有许多独特的宗教节日和民间节庆活动。其中，甘南地区的拉卜楞寺大法会及浪山节是甘肃最大的旅游节庆活动。拉卜楞寺每年举办7次规模较大的宗教法会，其中以正月毛兰姆法会和7月说法会最为著名。

3. 风物特产

甘肃境内因阳光充足、昼夜温差大，瓜果品质优良，是全国著名的优质瓜产区，以兰州白兰瓜、冬果梨、醉瓜、西瓜、籽瓜、软儿梨、天水花牛苹果，安息白兰瓜等闻名。甘肃还盛产甘草、当归、大黄、党参、黄芪等野生中药材，其特产有兰州百合、狼牙蜜、陇原花椒等。酒泉夜光杯、雕刻葫芦、铜奔马、洮砚、保安腰刀、陇南根雕、天水雕漆、临洮仿古地毯等是其传统的手工艺名品。

三、宁夏回族自治区

宁夏回族自治区，简称"宁"，地处黄河中上游，东邻陕西，西部和北部与内蒙古自治区相连，南与甘肃省为邻。全区面积6.6万平方千米（列全国第27位），是全国面积最小的行政区之一，总人口639万（2011年）。黄河从宁夏穿过，流程达399千米，浇灌着北部的银川平原，素有"天下黄河富宁夏"之说。绵延不绝的贺兰山、"黄土高原上的绿岛"六盘山、天然林区罗山、牛首山、香山耸立在宁夏境内。宁夏南部为黄土高原，自然景观丰富，有"浊流滚滚天际阔"的九曲黄河，茫茫无际的腾格里沙漠、坦荡无垠的草原、"塞上江南"的塞北风光、治沙科考胜地沙坡头、游览胜地沙湖等。

宁夏历史悠久，秦朝修筑了著名的秦长城和秦渠，开创了引黄灌溉的历史。公元1038年，党项族的首领李元昊在这里建立了西夏王朝。曾是东西交通贸易的重要通道的"丝绸之路"从宁夏穿过。宁夏还是一个有着光荣历史和革命传统的地区，曾是陕甘宁抗日根据地的重要组成部分，红军长征、西征踏遍了宁夏的山川大地，红色旅游资源丰富。兰州—定西—会宁—静宁—六盘山—银川线被列为全国30条红色旅游精品线路之一。

"一河两山两沙两文化"（黄河、六盘山、贺兰山、沙湖、沙坡头、回族文化、西夏文化）是宁夏的旅游特色。雄浑的大漠风光、古老的黄河文化、美丽的塞上江南、神秘的西夏王朝、独特的穆斯林风情吸引着国内外游人。

（一）重点旅游景区

1. 北部银川大旅游区

该旅游区包括银川和石嘴山两个市。区内以银川平原为主体，地势平坦、土壤肥沃、沟壑纵横、灌溉便利，为宁夏主要农业区，素有"塞上江南"之称。

（1）西夏王陵风景名胜区

西夏王陵风景名胜区位于银川平原西部，总面积86.34平方千米，主要由西夏王陵（图6-6）、滚钟口、拜寺口和三关古长城4个景区组成。

图6-6 西夏王陵

1）西夏王陵。距银川市西30千米处，是西夏王朝历代帝王的寝陵。王陵占地近50多平方千米，有9座帝陵和200多座官僚、勋戚的陪葬墓，规模宏大、布局严整，有"东方金字塔"之誉。陵园仿河南省巩县的宋陵而建，每一座帝陵都是独立完整的建筑群体，坐北朝南，呈纵长方形。陵园四周筑有神墙和角楼，高大的阙台雄踞神道两侧，由南向北依次排列着阙台、碑亭、外城、内城、献殿、灵台。现在陵区的地面建筑，大多已成废墟，但黄土夯筑的灵台、门阙、角楼、神墙等依然存在，成为西夏王陵的象征。

西夏国的历史

西夏是一个以党项族为主体，包括部分汉族和回鹘等其他少数民族建立起来的封建政权。党项族原属于羌族的一支，居住在今青海东南部黄河曲一带。党项族从唐末，经五代到北宋，经过李元昊的祖父、父亲两代人的艰苦努力，控制了河西走廊。宋仁宗宝元元年（1038 年），李元昊正式称帝，国号大夏，史称西夏。其疆域拥有今宁夏回族自治区全部、甘肃省大部、陕西省北部和青海、内蒙古自治区部分地区，首都在兴庆府（今宁夏银川）。

西夏积极汲取汉民族和北宋政权的文化营养，形成了与汉民族文化具有姻亲关系的西夏文化。但是辽金有史，而西夏无史。据明代《弘治宁夏新志》记载：成吉思汗在 1205～1227 年先后对西夏进行过 6 次征服战争。蒙古大军曾进据贺兰山，包围西夏国都，进行了大规模的杀戮与破坏。公元 1227 年，成吉思汗在出征途中病死，其军队猛烈进军西夏国都，所到之处，劫掠财物，毁宫掘墓，逢人便杀，遇房就烧。西夏国内尸横遍野、血流成河。显赫一时的西夏王国随着朝代更迭、战火频仍，文物典籍毁坏殆尽。原本就闭关锁国的西夏成了一个历史近乎苍白的神秘王国。

2）滚钟口。俗称"小口子"，位于银川市西北 35 千米处的贺兰山东麓。此地三面环山，向东敞开，形如一口大钟，景区中央的钟铃山，又似钟内悬挂的铃锤，故名"滚钟口"。西夏国王李元昊曾在此修建了一处规模宏大的避暑宫苑。明清时期又修建了以贺兰庙为主体的 14 处寺庙，这些建筑依山势而建，错落有致。山谷中，树木葱郁、泉水清澈、奇石林立。

3）拜寺口。曾是西夏佛祖寺院所在地，位于银川市西北 46 千米的贺兰山麓，在方圆 40 万平方米的区域内，分布着西夏皇家寺庙建筑群遗址，其中以耸立在山口东西两侧的双塔最为著名。东塔为 13 层，西塔为 14 层，均为砖筑 8 面的楼阁式建筑，外形相似，每层均以琉璃瓦装饰，造型精美。双塔建筑融合了中原佛塔和西夏藏传佛教传统风格，是宁夏唯一的密檐式砖塔。

4）三关古长城。三关即三道关，是指从东向西设置的头道关、二道关和三道关。三关位于银川市西 40 千米的贺兰山南部，是宁夏通往内蒙古阿拉善左旗的交通要塞。这里山脉蜿蜒曲折，地形雄奇险要。明朝政府为了边防安全，在此修筑的边墙、关隘、墩台和烽火台等军事设施。现存有残断的长城遗址。

（2）镇北堡华夏西部影视城

华夏西部影视城位于银川市西 38 千米的镇北堡，原为明清时为防御贺兰山以北外族入侵而设置的边防城堡遗址。1993 年，著名作家张贤亮将其创建成为集影视拍摄与旅游休闲观光于一体的景点。影视城内有昊王宫、德明殿、匪巢楼、柳家大院等建筑，还有茶馆、小庙等具有西北风俗的背景，而且保留和复原了拍摄过的部分影视剧的原景和道具，并建有电影资料馆、放映厅等影视服务设施。影视城以其雄浑、古朴、粗犷和荒凉为特征，已成为拍摄以中国西部风光为背景的影视基地，被称为"中国电影的圣地"。《牧马人》、《红高粱》、《老人与狗》、《大话西游》、《黄河绝恋》、《新龙门客栈》、《五魁》、《黄河谣》等40多部影视剧在此拍摄。

（3）沙湖旅游区

沙湖生态旅游区位于石嘴山市的平罗县境内，距银川市北46千米，南邻浩瀚无边的沙漠，西依巍巍贺兰山，是一处融江南水乡的秀色与塞北大漠的雄浑为一体的"塞上明珠"。

沙湖生态旅游区总面积约为80平方千米，湖水面积8.2平方千米，沙山面积12.74平方千米。沙湖水烟波浩渺、翠绿如玉；芦苇丛丛相依、风姿绰约；万亩荷花，亭亭玉立、婀娜多姿。这里是鸟的天堂、鱼的世界。每年有130多种鸟类，上百万只鸟来此栖息、繁殖，其中有天鹅、白鹤、黑鹤、丹顶鹤、中华秋沙鸭、灰鹤、野雁等数十种珍禽。湖中盛产鲤、鲢、鳙、鲵、鲫等鱼种。餐馆中的沙湖鱼宴，别具风味。总之，沙湖旅游区总的特点就是湖润金沙，沙拥翠湖，天上有鸟，湖中有芦，水中有鱼，远处是山，近处是荷，湖光山色，别有洞天。

2. 中部中卫-青铜峡旅游区

该旅游区包括宁夏中部的中卫、中宁、青铜峡、吴忠等地。该区历史悠久，既有黄河与沙漠共存的"大漠孤烟直，长河落日圆"的奇观，也有雄伟壮观的寺庙、石窟、佛塔等宗教建筑，以及峡谷水库风光。

（1）沙坡头旅游区

沙坡头旅游区位于我国第四大沙漠——腾格里沙漠的东南边缘，濒临黄河，距吴忠市中卫县城西约20千米。沙坡头是世界著名的治沙工程，是国家最早一批5A级旅游区之一和国家级沙漠生态自然保护区。这里的大沙丘长2 000米，高100多米，坡度达60°，呈月牙状，悬若飞瀑。沙坡头是我国著名的三大鸣沙之一，人从坡顶上往下滑，沙子会发出嗡嗡的声响，洪亮悠扬，如金钟长鸣，故称"沙坡鸣钟"。登高，可远眺古长城、烽火台，观大漠孤烟和长河落日，望黄河奔流；在沙漠中可进行沙浴、沙疗，也可骑马、骑骆驼，驾车沙浪冲海，举行沙滩排球和足球比赛等活动；在黄河中可乘羊皮筏随波逐流；并可乘滑索横跨黄河，感受"天下黄河第一索"的惊险和刺激；还可参观沙生植物园；观看治沙成果展，感受"人类治沙史上的奇迹"。

（2）青铜峡一百零八塔

一百零八塔是中国现存的大型古塔群之一，是我国唯一排列成三角形的塔群。位于青铜峡水库西岸崖壁下，塔群坐西面东，依山临水。塔基下曾出土西夏文题记的帛书和佛帧，专家据此推断塔群可能建造于西夏时期，是喇嘛式实心塔群。佛塔依山势自上而下，按1、3、3、5、5、7、9、11、13、15、17、19的奇数排列成12行，总计108座，形成了总体平面呈三角形的巨大塔群，因塔数而得名。考古发现一百零八塔的塔身形制有覆钵、葫芦、覆钟、折腹式4种，其塔座有十字折角和八角形束腰须弥座二式。不同层级上的每排塔身的外形都有不同砌筑法的变化，构成有序的群体组合，总体形状与北京北海公园的白塔相似，现为全国重点文物保护单位。

3. 南部六盘山旅游区

南部六盘山旅游区包括固原、泾源等地。该区旅游资源以森林生态、红色胜迹、石窟艺术为主要特色。

（1）六盘山国家级自然保护区

六盘山国家级自然保护区是西北地区重要的水源涵养林基地和自治区风景名胜区，总面积为6.78万公顷，横跨泾源、固原、隆德3个县，森林覆盖率达到70%以上。六盘山保护区不仅是生物资源丰富多样的一座巨大的"基因库"，有着丰富的森林生态旅游资源，而且蕴含着许多的人文景观和历史文化内涵。该区有一代伟人毛泽东赋词指点江山使之名扬天下而建成的爱国主义和革命传统教育基地——六盘山红军长征纪念亭，有一代天骄成吉思汗屯兵、避暑、病殒之地凉殿峡，有探源泾水而闻名华夏的老龙潭，有早于崆峒山的道家修炼之地东山白云寺，还有保护区综合考察的丰硕成果——科学考察的翔实资料、动植物标本陈列等。

（2）须弥山石窟

须弥山石窟，中国十大石窟之一，被称作"宁夏敦煌"，坐落在固原县西北须弥山南麓，六盘山山脉北端。"须弥"是梵文音译，意为宝山。须弥山石窟最早开凿的年代已无从查考。从石窟形制和造像风格判断，大约开凿于北朝中晚期，是我国开凿最早的石窟之一，距今已有1400多年的历史。洞窟原有130多处，现尚保存完整的石窟有20多个，分布于桃花洞、大佛寺、相国寺、圆光寺等处，弯弯曲曲延伸约2千米。国内绝大多数石窟都开在一面崖面上，而须弥山石窟却开凿在为洪沟间隔的7座山崖上，形成了数峰并举、山形变幻、曲径通幽、对景丛生的奇特布局。众窟之中，以第二窟最为宏伟，其中弥勒像高达20.6米，是全国最大的造像之一。它和名震中外的敦煌、云冈、龙门石窟一样，都是我国古代文化遗产的瑰宝。1982年须弥山石窟被国务院列为全国重点文物保护单位。

（3）西吉火石寨

火石寨国家地质公园位于西吉县城以北15千米处。它以丹霞地貌著称，面积97.95平方千米，是我国迄今发现的海拔最高的丹霞地貌群，也是我国北方最大的丹霞地貌群，海拔为1960～2650米，雄浑壮观、神奇峻秀。西吉火石寨被国土资源部和国家林业局分别批准为国家地质公园和国家森林公园。

（二）特色民俗风物旅游资源

1. 回族风俗

宁夏回族自治区是我国5个少数民族自治区之一，也是我国最大的回族聚居区，回族人口占全区人口的1/3，被称为"穆斯林省"、"伊斯兰省"。回族大多信仰伊斯兰教，区内有3 000多座清真寺，回族三大节日有开斋节、古尔邦节（"宰牲节"）、圣纪节，都是宗教节日。他们在礼仪、服饰、饮食、节日、婚丧嫁娶等方面仍保持着浓郁的伊斯兰风情。盖碗茶是回族最具特色的饮料，平常喝配以茶叶、冰糖、桂圆的"三香茶"，招待嘉宾时，则要端上配以茶叶、葡萄干、荔枝、桂圆、杏干、冰糖、红枣、枸杞等的"八宝茶"。著名的民歌"花儿"是他们传统的娱乐方式，高亢悠扬、淳朴清新。弹拨乐器"口弦"演奏的乐曲悦耳动听。

2. 风物特产

宁夏回族自治区为"枸杞之乡"，规模较大的枸杞园有宁夏农科院研究所、宁夏南梁农场枸杞园、中宁枸杞观光园等。红色的枸杞子、黑色的发菜、黄色的甘草、青紫色的贺兰石、白色的滩羊皮并称为"五色宝"。其他的宁夏著名的土特产还有银川提花毯、灵武砟子碳、青铜峡柳编、西夏贡米、石嘴山迎春壶、宁夏西瓜。向日葵、红花、黄花菜、啤酒花、玫瑰是宁夏的"五朵金花"。宁夏饮食融和了中原传统和穆斯林风味。

思 考 题

1. 本旅游区有哪些行政区？本区的旅游资源有哪些独特之处？
2. 宁夏回族自治区有哪些著名旅游景点？分布在哪里？
3. 甘肃省的著名旅游点分布在哪些城市？各具有什么特色吸引游客前往游览？
4. 我国有哪四大石窟？比较四大石窟的相同点与不同点。
5. 说出我国现存万里长城的东西端起止点。长城横穿哪几个省、自治区和直辖市？现今保存最好的一段万里长城在哪里？
6. 新疆维吾尔自治区有哪些著名的旅游城市和旅游景点？吐鲁番有哪几个我国之"最"？天山天池为什么是国家重点风景名胜？

自 测 题

1. 沙漠绿洲丝绸之路旅游区包括_____、_____、_____。
2. 新疆边界线长_____，总面积有_____，约占全国总面积的_____。
3. 塔克拉玛干沙漠是世界第_____大沙漠，我国第_____大沙漠。
4. 我国古代三大工程是指_____、_____、_____。
5. 甘肃省简称_____或_____。

6. 我国四大石窟中甘肃就占有两处，这两处分别是_____、_____。

7. "一河两山两沙两文"是宁夏旅游特色，具体指_____。

8. 该区属于（　　）气候类型。

  A. 温带大陆性气候　　　　　　　　B. 温带季风性气候

  C. 热带草原气候　　　　　　　　　D. 地中海气候

9. 丝绸之路经历了5个省（自治区），其中不包括（　　）。

  A. 宁夏　　　　　B. 青海　　　　　C. 四川　　　　　D. 甘肃

10. 伊斯兰教的三大节日分别是（　　）。

  A. 古尔邦节　　　B. 圣纪节　　　　C. 三月节　　　　D. 开斋节

11. 下面景观是天池的八大自然景观的有（　　）。

  A. 定海神针　　　B. 西山观松　　　C. 石门一线天　　D. 悬泉飞瀑

12. 下列关于维吾尔族的说法错误的是（　　）。

  A. 维吾尔人热情奔放、性格豪迈

  B. 十二木卡姆是维吾尔族的民族艺术

  C. 雪顿节、望果节是维吾尔族的主要节日

  D. 维吾尔族人喜欢吃馕、抓饭、面条

13. 下列的（　　）景区属于甘肃东部旅游区。

  A. 五泉山公园　　　　　　　　　　B. 吐鲁沟国家森林公园

  C. 敦煌石窟　　　　　　　　　　　D. 麦积山石窟

14. 张掖大佛寺又被誉为（　　）。

  A. 莲花仙境　　　B. 海天佛国　　　C. 佛国胜境　　　D. 千乘佛国

15. 下面属于甘肃风物特产的有（　　）。

  A. 酒泉夜光杯　　B. 雕刻木马　　　C. 保安腰刀　　　D. 天水漆雕

16. 西夏王陵主要由（　　）4个景区组成。

  A. 西夏王陵　　　B. 滚钟口　　　　C. 拜寺口　　　　D. 三关古城

17. 沙湖旅游区和沙坡头旅游区分别位于宁夏的（　　）。

  A. 中卫　　　　　B. 银川　　　　　C. 盐池　　　　　D. 石嘴山

18. 该旅游区被称作沙漠绿洲丝绸之路旅游区，简要解释一下原因。

实 训 题

1. 在该旅游区内选择一个典型地区，为其策划你认为最值得推荐的旅游项目。

2. 结合该旅游区的旅游资源特点设计一条丝绸之路旅游线路。

第七章

高原雪域宗教文化旅游区
（青藏）

📖 **学习目标**

　　高原雪域宗教文化旅游区主要包括青海省和西藏自治区。通过本章的学习，学生应掌握本区的旅游环境与资源的总体特征，了解本区独具特色的历史文化风貌，能够描述主要旅游资源的特征，并根据旅游资源的特征和空间分布规律推荐特色旅游线路。

📖 **引导问题**

　　1. 小张是一位虔诚的汉传佛教信徒，他想利用年假去青海和西藏学习和体验藏传佛教文化，假如你是旅行社的接待人员，你将会给小张推荐哪些景点呢？

　　2. 你所在的城市老年大学组织学员去青藏高原旅行，作为旅行社经理，你将给出怎样的专业意见和旅游线路推荐呢？

　　3. 研究生小王是一位十足的青藏高原探险迷，他想趁着暑假去西藏自助旅行，作为西藏旅游的专业人士，你能给小王一些行程安排上的建议吗？请具体说明。

　　高原雪域宗教文化旅游区位于我国西南部的青藏高原，包括青海省和西藏自治区。其西部和南部毗邻印度、尼泊尔、不丹、缅甸等国，面积约195万平方千米，居民中藏族占绝大多数，另外还有汉族、回族、土族、满族、蒙古族、哈萨克族、门巴族、纳西族、珞巴族等30多个民族。该区人文景观独具特色，宗教色彩浓厚。

第一节　旅游地理环境特征与旅游资源类型

一、旅游地理环境特征

1. 世界屋脊，大河源头

青藏高原，高耸辽阔，平均海拔在 4 000 米以上，是世界上年代最新、面积最大、海拔最高的高原，有"世界屋脊"之称。高原外部高山环绕，高原内部绵亘着数条巨大山脉，群山之间，分布着冰川、河流、峡谷、湖泊、盆地和谷地。

本区为独特的高原气候，气温年较差小于日较差，干湿季节分明，太阳辐射强，光照充足，空气稀薄。藏北是广阔的草原、荒漠景观，高山地区尤其是山南地区，植被垂直分布明显。该区地理环境复杂，自然景观奇特，是国内外旅游者登山、探险、猎奇、观光和科考的理想场所。

2. 冰雪地热，水火共存

青藏高原南部是亚欧板块和印度洋板块接触地带，板块相互碰撞、强烈挤压，造成青藏高原构造运动强烈，岩浆活动强烈，使本区成为我国地热资源最丰富的地区。青藏高原高温地热资源占全国地热总量的 80%，主要分布在青藏铁路沿线的拉萨-尼木-羊八井-那曲-措那湖一带。地球上已发现的 20 多种地热类型在这里都能找到，主要有温泉、热泉、沸泉、间歇喷泉、沸泥塘、热水湖、热水河、热水沼泽、汽泉和水热爆炸穴等。其中，间歇喷泉、水热爆炸穴是世界罕见、我国仅有的自然奇观。羊八井被誉为"地热博物馆"，日喀则昂仁县的搭各加地热喷泉为我国最大的间歇喷泉。高寒的环境、蒸腾的热气、奔流不息的热水、如茵的草甸、皑皑的雪山、洁白的冰川、神秘的原始森林，宛如人间仙境，成为独特的高原冰雪地热共存景观。

3. 天路快车，沟通雪域

青藏高原地广人稀，大部分地区经济落后，交通不便。2006 年 7 月 1 日，世界上海拔最高、线路最长的高原铁路——青藏铁路全线通车。由于它翻越唐古拉山的铁路最高点海拔 5 072 米，经过海拔 4 000 米以上地段 960 千米，连续经过多年冻土区 550 千米以上，穿越世界屋脊，而被称为"天路"。青藏铁路以青海省西宁市为起点，至西藏自治区拉萨市，全长 1 956 千米，沿线旅游资源十分丰富，拥有一大批地貌景观、生物景观、水体景观、人文景观和民风民俗等优质旅游资源。同时，青藏铁路本身就是一道风景，沿途有许多铁路景观资源：桥墩高达 50 米的青藏铁路第一高桥——三岔河特大桥、世界上最长的高原多年冻土隧道——昆仑山隧道、如一道彩虹横跨在可可西里无人区的长达 11.7 千米的清水河特大桥、世界上海拔最高的车站——唐古拉车站、海拔 5 072 米的世界铁路海拔最高点、长江源头第一桥——沱沱河特大桥、有"世界第一高隧"之称的风火山隧道、世界屋脊第一长隧——羊八井隧道、融民族风格与现代风格于一体的拉萨河特大桥等，这些铁路工程景观独具高原特色，是一条充满神秘色彩的顶级旅游风景线。

小资料

高原旅游的注意事项

1. 什么人能上高原

只要不是严重心脏病、肺病、高血压患者，或正在患感冒、发烧者，都可以到西藏拉萨旅行。如果要去西藏偏远地区、海拔较高的地方旅行，则要有健康的体格和较好的心理承受能力，尤其是独身闯西藏者。

2. 高原反应的症状

部分初次进入高原的人，在海拔 3 000 米的高度，24 小时内会出现头疼、头晕、眼花、耳鸣、全身乏力、行走困难、难以入睡等症状，严重者还会出现腹胀、食欲不振、恶心、呕吐、心慌、气短、胸闷、面色及口唇发紫或面部水肿等症状。出现这些症状时，应在原高度处停留休息 3～5 天，或立即下降数百米高度，一般就可恢复正常。高原反应一般来说过 1～7 天后，症状会逐步减轻和消失。从 3 000 米升到 4 000 米，或 4 000 米升到 5 000 米同样有相应的症状出现，只是适应时间会缩短。但在 5 000 米以上长时间逗留会有很明显的缺氧症状，尤其夜里缺氧难眠。

3. 高原保健

从气候条件上看，选择在 4～10 月上西藏较适宜。把身体调整到良好状态，不要带病进藏，乘机、乘车前睡眠要充足，心情不要紧张。到高原后，动作要缓慢些，不要勉强提拿重物，可多做些深呼吸。必要时可根据医嘱服用点药物，如镇静剂、氨茶硷、红景天等，或泡服、含服点人参。据称，每天服红糖 30 克，基本上可避免高原反应，也可在上高原前到医院买个枕头状氧气袋，备足氧气上高原，以防途中不适之用。

上高原衣着宜宽松、保暖，5 000 米以上若降水便是下雪，需羽绒服防寒。旅游鞋可以在高原常年适用。由于日照强，最好戴上墨镜，并戴上宽沿太阳帽，以免皮肤被紫外线灼伤。

高原饮食切忌过量，有条件的话多吃点蔬菜、水果，多喝点茶水，最好不要吸烟，不喝酒。因为高原空气干寒，呼吸导致口干舌燥，饮水时应少量、多次，含水润喉，以免过量饮水加重心脏负担。

初到高原，要防止因受凉而引起的感冒。感冒是急性高原肺水肿的主要诱因之一。

4. 人口以藏族为主，民族众多

该区域是个多民族聚居的区域，绝大部分居民为藏族，另外，还有汉族、回族、土族、蒙古族、门巴族、珞巴族、纳西族等数十个民族在此聚居。其中，青海的少数民族人口占全省人口的 43%，其中藏族人口约占 20%。西藏是全国藏族居民最集中的地区，藏族占全国藏族人口的 45%，占西藏总人口的 90% 以上。本区多民族聚居，由此形成了绚丽多姿、独具魅力的高原游牧民族风情。

5. 藏传佛教文化影响深广

青藏高原是藏传佛教的发源地和传播地。公元 7 世纪初，松赞干布统一全藏，建立吐蕃王朝，佛教就开始在西藏一带传播。因藏语尊称僧侣为喇嘛（意为上师），因此，藏传佛教俗称喇嘛教。它是印度传入的密宗、内地传入的大乘佛教和当地原始宗教——苯教（黑教）相结合的产物，至今已有 1 300 多年的历史。藏传佛教主要有格鲁派（黄教）、宁玛派（红教）、萨迦派（花教）、噶举派（白教）等四大派别。

藏传佛教的形成和发展，对青藏高原地区传统社会文化产生了长期、广泛而深刻的影响，甚至与当地政治、经济乃至整个社会历史的发展进程密切相关。政教合一的宗教体制使藏传佛教成为整个社会意识形态的统领，成为藏族价值观、人生观乃至整个精神世界的核心。这里的许多风俗习惯和民族节日都或多或少与宗教有关。藏传佛教对青藏地区人们的影响遍及生活的每一个角落。

小资料

活佛转世

活佛转世是藏传佛教寺院为解决其首领的继承而采取的一种制度，是藏传佛教特有的传承方式。活佛藏语称"朱古"，本意为"化身"。活佛转世出自佛教灵魂不灭、生死轮回、佛以种种化身救度众生的观念。

按佛教说法，转世的活佛主要是具有一定名望的大喇嘛和活佛。13 世纪中期就开始有了活佛转世。活佛转世是通过降神、占卜选定灵童，继承法位。到了清代，由于政府奉行兴黄教"辑藏安边"、"安众蒙古"的怀柔政策，藏传佛教格鲁派势力发展很快。为了适应格鲁派势力发展和教派首领的稳定，很快便形成了格鲁派四大活佛转世系统：达赖喇嘛转世系统、班禅额尔德尼转世系统、章嘉转世系统、哲布尊丹巴转世系统。这四大转世系统均源于该派创始人宗喀巴四大弟子。活佛转世制度形成之后，格鲁派各主属寺庙都争相效法。于是蒙藏各地都出现了不同等级的大大小小的活佛。据史书所载，到清末时，仅在蒙古地区的"喇嘛寺庙就数以千计"，大小活佛不计其数。

二、旅游资源类型

1. 雄奇伟岸的高原山地景观

青藏高原北缘横亘着昆仑山脉（图 7-1）、阿尔金山脉、祁连山脉，最高峰木孜塔格峰海拔 6 973 米。往南有喀喇昆仑山-唐古拉山脉，平均海拔 5 400 米，其中唐古拉山脉最高峰各拉丹冬雪山海拔 6 621 米。再往南为冈底斯山-念青唐古拉山脉，这是西藏内外流水系的天然分水岭。冈底斯山脉主峰冈仁波齐峰高 6 656 米，念青唐古拉山脉主峰念青唐古拉山峰海拔 7 117 米。南缘是世界上最高大、最雄伟的山脉——喜马拉雅山脉，其主峰珠穆朗玛峰矗立在中尼边境，海拔 8 844.43 米，被称为"世界第三极"。如此巨大众多的山峰汇聚在一起的现象，为世界山系所绝无仅有。

图 7-1　昆仑山脉

高大雪峰孕育了众多江河之源，黄河、长江、澜沧江、怒江等大江大河均发源于本区。有"聚宝盆"之称的柴达木盆地介于阿尔金山、祁连山和昆仑山之间。由于地势高，气温低，山峰上白雪皑皑，现代冰川广泛分布，形态多样。珠穆朗玛峰北侧的中绒布冰川、东绒布冰川和章子峰冰川分布着长达 10 多千米的冰塔林，蔚为壮观，冰面上耸立着数十米厚的冰墙，层层叠叠。而在喜马拉雅山南坡，雅鲁藏布河谷地带，由于纬度低和海拔低，北有大山的阻隔，南有西南季风的侵入，从山麓到山顶，渐次出现热带、温带、寒带的景色，是天然的旅游胜地和科考基地。雪峰、冰川、山脉、森林、湖泊、河流、峡谷，构成了世界上独特而壮丽的高原山地风光。

2. 湖泊棋布的鸟类生态园

青藏高原上，湖泊星罗棋布，大多为内陆咸水湖，总面积达 3.69 万平方千米，占全国湖泊面积的 52%，是世界上海拔最高、数量最多、面积最大的高原湖群区。其中，面积大于 1 平方千米的湖泊就有 1 091 个，有著名的青海湖（我国最大的内陆湖泊、最大的咸水湖）、纳木错（我国第二大咸水湖）、羊卓雍错、玛旁雍错等。在一些大湖中往往有岛屿分布，这些湖中小岛上面都居住着数不清的鸟类，成为世界上最高的"鸟的王国"。

3. 丰富多样的珍稀动植物资源

号称"世界屋脊"的青藏高原，地理位置和地形的特点是"低纬度，高海拔"。处于北半球的中低纬度，有些地方的海拔起点低至 500 米以下，而山体的海拔高度一般在 5 000 米以上，许多坡面高差达 3 000 米以上。加之高原面对南部，濒临热带海洋，峡谷低地产生的"温室效应"，使水热综合状况的区域变化明显而多样，把本来已十分复杂的地带性分布规律又变得更加错综复杂，在某些地区从下至上可以观赏到我国从热带到极地的各种自然景观。这种独特的自然景观不仅是天然的旅游胜地，也孕育了多种多样的珍稀动植物景观。

独特的气候使这里生存着众多独特的珍稀动物，如藏羚羊、野驴、河曲马、棕熊、白唇鹿、麝、雪鸡及棕头鸥、斑头雁等。在自然条件十分恶劣的可可西里高寒草原上，生活着许多青藏高原特有的野生物种，如野牦牛群、藏羚羊群、藏野驴群等。在西藏及其周围分布有多种特殊裂腹鱼类，其种类和数量均占世界裂腹鱼类的90%，是青藏高原特有的珍贵鱼类资源。

在繁多的动植物资源中，该区的药材最为丰富。据有关部门统计，已知的野生中、藏药用植物资源达1 000多种，其中植物药材有藏红花、雪莲、灵芝等，动物药材中的牛黄、麝香、熊胆、鹿茸、羚羊角、虎骨等，以及神奇的动植物结合体——冬虫夏草，久为藏医所用。

4. 壮观的宗教建筑

雪域高原，佛教影响无孔不入。作为宗教活动的寺庙林林总总，如星星般散落在城市、村庄、山谷、草原等地，寄托了藏民们对未来世界的美好憧憬，而对命运的祈求的嘛呢石、经幡（图 7-2）在青藏高原的山顶、山口、江河湖畔及寺庙等地随处可见。区内有大小寺庙2 000多座，著名的有布达拉宫、大昭寺、哲蚌寺、罗布林卡、扎什伦布寺、塔尔寺等，红楼白壁、金顶飞檐，建筑风格独特。殿堂内香火终年不断，有精美的佛像、壁画、雕刻、唐卡、泥塑，以及工艺精湛的酥油花、浩瀚的藏文典籍、珍贵的文物等，保持着古老而神秘的宗教色彩。

图 7-2　高原经幡

5. 多姿多彩的藏族风情与藏乡艺术

藏民基本上信奉喇嘛教，藏区各地的许多习俗和民族节日都与宗教有关，如雪顿节、旺果节、酥油灯节、佛诞日等，这些节日都有盛大的庆祝活动。藏戏、藏舞、唐卡绘画和青海地区的"花儿"具有浓郁的高原特征。本区是多民族聚居之地，民族风情浓郁，文化灿烂。人口最多的藏民族是一个具有悠久历史和古老文化的民族，藏医、藏药、戏剧、歌舞、天文、历算和藏画有较高的水平。藏民族的英雄史诗《格萨尔王传》是世界上最长的史诗。

第二节　重点旅游资源

一、青海省

青海省，简称"青"，因境内的青海湖而得名。它位于青藏高原东北部，东北和东南与甘肃、四川接壤，西北部与西藏和新疆相连，全省平均海拔在 3 000 米以上，面积约 72 万平方千米，是全国第四大行政区，总人口 568 万（2011 年），是我国人口密度最低的行政区之一。青海省地形复杂多样，草原坦荡，雪峰高耸，河流纵横，湖泊遍布。东部为河湟谷地，素有"天河锁钥"、"海藏咽喉"之称；西部是我国最高的内陆大盆地——柴达木盆地；南部为青海高原，矗立着唐古拉山（又名当拉山，蒙语意为"雄鹰飞不过的高山"）；北部和西北部为山岭谷地，耸立着祁连山和阿尔金山；"万山之祖"昆仑山横贯中部。青海的自然风光雄奇壮美，高原牧场、高山冰峰、茫茫戈壁、江河源头、"万丈盐桥"是其主要特色。

青海历史悠久，文化灿烂，古文化遗址、古墓群、古寺庙、古岩画、古城堡、石刻、壁画、古道等名胜古迹分布广泛、数量众多。古丝绸之路与唐蕃古道都经过青海，留下了许多遗迹和传说。这里还是藏族、回族、蒙古族、土族、撒拉族等多民族聚居地，有着浓郁的少数民族风情。青海"花儿"、玉树康巴歌舞和玉树赛马会驰名中外。世界三大宗教在此传播历史久远，尤其是藏传佛教和伊斯兰教影响深远。全省有藏传佛教寺院540 多座，伊斯兰教清真寺近万座。

（一）重点旅游景区

1. 东部河湟-青海湖旅游区

该区以西宁为中心，包括青海东半部的西宁市、海东地区，以及海南、海北、黄南、果洛等 4 个藏族自治州所辖区域。该区牧场辽阔，是我国五大牧场之一，自然景观与人文景观并茂，是开展宗教朝圣（喇嘛教、伊斯兰教）、游湖观鸟、草原观光、黄河上游观光、民俗体验（藏族、土族、撒拉族等）、温泉疗养等旅游活动的综合性旅游区。

（1）青海湖

青海湖位于青海东北部的大通山、日月山和青海南山之间，面积达 4 635 平方千米，环湖周长 360 多千米，平均海拔 3 200 米，水深平均 19 米，最深处为 28 米，是我国第一大内陆湖泊，也是我国最大的咸水湖。青海湖烟波浩渺、碧波连天，三面环山，西岸草原广袤，周围雪山巍峨，如一块巨大的宝镜镶嵌在高山、草原之间，构成了一幅碧湖、雪山、草原相映成趣的壮美风光和旖旎画卷。湖中鱼类资源十分丰富，以盛产湟鱼而闻名。湖中有 5 个形态各异的岛屿，其中鸟岛最为著名。有"候鸟王国"之称的鸟岛，面积 0.8 平方千米。每年春夏季节，从我国南方和东南亚等地飞来的数十万只斑头雁、鱼鸥、棕头鸥、赤麻鸭、鸬鹚等在此栖息、繁殖。每年 4～7 月底，是观鸟的最佳季节。

（2）塔尔寺

塔尔寺，坐落在青海省湟中县鲁沙尔镇。塔尔寺始建于明嘉靖三十九年（1560 年），是为纪念我国藏传佛教格鲁派创始人宗喀巴大师而建，是藏传佛教格鲁派六大丛林之一（其他 5 座寺庙是西藏的扎什伦布寺、哲蚌寺、色拉寺、甘丹寺和甘肃的拉卜楞寺）。这里峰峦起伏，如六瓣莲花，融汉藏风格为一体的佛殿、宝塔、经堂、僧舍，依山傍水依次散开，金碧辉煌。塔尔寺占地 600 多亩，有古建筑群 30 多处，4 500 多间殿宇僧舍，规模宏大。塔尔寺内的酥油花、壁画和堆绣，被称为"塔尔寺三绝"。

塔尔寺每年农历 1 月、4 月、6 月、9 月要举行 4 次大法会。正月的祈愿法会，从 8 日开始，17 日结束，为期 10 天。其中，正月 14 日和 15 日为正日子。14 日上午在辩经院（俗称社火院）跳"大畏德金刚舞"（宗教面具舞蹈），15 日上午"浴佛"，中午跳"马首金刚舞"，晚上举行规模盛大的酥油花灯会。大法会期间，数以万计的各族信民来寺庙顶礼膜拜，场面蔚为壮观。

2. 西部柴达木-可可西里旅游区

该旅游区包括西半部的海西蒙古族自治州和玉树藏族自治州所辖区域，是以荒漠戈壁、原始生态、盐湖沼泽、江河源头、蒙古族和藏族风情为特色的旅游区。

（1）昆仑山口

昆仑山口位于昆仑山中段，距格尔木市区南 160 千米处，是从青海、甘肃两省进入西藏的必经之地，亦称"昆仑山垭口"，海拔 4 767 米。昆仑山口四围高山耸立，雪峰连绵，碑刻成林，雕塑高耸，神石兀立。昆仑山口东西两侧的是玉珠峰和玉虚峰，传说是玉帝两位妹妹的化身，由于终年积雪，多冰川。即使在盛夏六月，两山依然银装素裹，分外妖娆，形成闻名遐迩的"昆仑六月雪"奇妙景观。

（2）纳赤台清泉

纳赤台清泉又称昆仑泉，位于格尔木市西南约 94 千米的青藏公路边，昆仑河北岸。虽然纳赤台清原位于海拔 3 700 米的高寒地区，全年水温却恒定为 20℃，一年四季不结冰，为昆仑山中第一个不冻泉。泉水日夜喷涌，含有对人体有益的微量元素和气体，被人们誉为"冰山甘露"。

（3）西王母瑶池

西王母瑶池指昆仑河源头的黑海。它是一座天然高原平湖，东西长约 12 000 米，南北宽约 5 000 米，湖水最深处达 107 米，湖水清澈透亮，碧绿如染。湖畔水草丰美，水鸟云集，有野牦牛、野驴、棕熊、黄羊、藏羚羊等野生动物。湖旁有一平台，传说每年到了农历 3 月 3 日、6 月 6 日、8 月 8 日，西王母专门在此设蟠桃盛会，各路神仙都要来向创世祖先西王母祝寿。

（4）察尔汗盐湖

察尔汗盐湖位于柴达木盆地中南部，是中国最大的盐湖。盐湖南北宽 40 千米，东西长 140 多千米，湖中蕴藏着 500 亿吨以上的氯化钠。因气候干燥，降水量小于蒸发量，湖内高浓度的卤水结晶成盐粒，湖面板结成厚厚的盐盖。千奇百态的盐花、色彩斑斓的结晶盐是盐湖孕育出的自然奇观，横跨湖上长 32 千米的"万丈盐桥"是一条修筑在盐湖上的平整宽阔的公路，全部由几米厚的盐铺成，是举世罕见的一种路桥，也是柴达木盆地的一大奇景。

（5）胡杨林

胡杨林位于格尔木市以西 50 千米处的托拉海地区，南靠昆仑山脉，北临茫茫戈壁盐滩，是青海境内唯一、也是我国分布海拔最高区域的天然树种。胡杨树干高大，枝繁叶茂，最高大的树干周长达 6 米之多，树冠遮天蔽日。每年 10 月，胡杨林一片金黄，景色秀美。目前，世界上残存的胡杨已不多，有"活着的植物化石"之称，"三千年成林，成而三千年不死，死而三千年不倒，倒而三千年不朽"，是国家二级重点保护野生植物，是珍贵的物种资源。

（6）可可西里自然保护区

可可西里位于青藏高原西北部，夹在唐古拉山和昆仑山之间，是长江的主要源区之一。可可西里自然保护区是目前世界上原始生态环境保存最完美的地区之一，也是最后一块保留着原始状态的自然之地。可可西里周围没有屏障，地势高峻，平均海拔高度在 5 000 米以上。

可可西里自然条件恶劣，人类无法长期居住，但却是野生动物的天堂。野牦牛、藏羚羊、野驴、白唇鹿、棕熊……都生活在该区。有资料显示，可可西里目前是中国动物资源比较丰富的地区之一，拥有的野生动物多达 230 多种，其中属国家重点保护的一、二类野生动物就有 20 余种。藏羚羊被称为可可西里的骄傲，是中国特有的物种，国家一级保护动物，也是列入《濒危野生动植物种国际贸易公约》中严禁贸易的濒危动物。此外，电影《可可西里》让更多的人对这块神秘的地方充满了渴望与憧憬。

（7）三江源自然保护区

三江源自然保护区可划分为 18 个核心区，核心区面积达 15.3 万平方千米。这不仅是目前（截至 2012 年）中国面积最大的自然保护区，也是世界高海拔地区生物多样性最集中的地区和生态最敏感的地区。

三江源地区是中国长江、黄河和国际河流澜沧江-湄公河的发源地，位于青海省南部。昆仑山及其支脉可可西里山、巴颜喀拉山、阿尼玛卿山、唐古拉山等众多雪山的冰雪融化后，汇流成哺育中华民族的长江、黄河和澜沧江等大江大河，形成了中国最重要的水源地。因此，这里被称为"中华水塔"。三江源地区还是野牦牛、野驴、藏羚羊、黑颈鹤等大批珍稀野生动物的栖息地，是中国江河中下游地区和东南亚国家生态环境安全和区域可持续发展的生态屏障。

三江源地区是中国面积最大的江河源区和海拔最高的天然湿地，三江源自然保护区具有独特而典型的高寒生态系统，是中亚高原高寒环境和世界高寒草原的典型代表。

（二）特色民俗风物旅游资源

1. 民间艺术

青海是一个多民族聚居的省份，有汉族、藏族、回族、土族、撒拉族、蒙古族等30多个民族，保持着独特的、丰富多彩的民族风情和习俗，形成了具有神秘宗教特色的文化。奔放的藏族歌舞，抒情优美的土族安昭舞，蒙古族摔跤、赛马，回族歌舞，撒拉族民居，藏族服饰及其婚俗，藏族卷轴画"唐卡艺术"和酥油花艺术，色彩斑斓。发源于黄南藏族自治州同仁县的"热贡艺术"是藏族文化艺术的奇葩，同仁县隆务河畔几个村庄约有90%的家庭都从事热贡艺术的创作，被称为"藏族画家之乡"。

🔍 小资料

热贡艺术

热贡艺术是藏传佛教的重要流派，15世纪发源于青海省黄南藏族自治州同仁县隆务河流域。因同仁地区在藏语中被称为"热贡"（金色的谷地），因此这一艺术被称为"热贡艺术"。

热贡艺术的品类包括绘画（壁画、卷轴画——藏语称唐卡）、雕塑（木雕、泥雕）、堆绣（绸缎画剪堆、刺绣）、建筑彩绘、酥油花等。其内容多取材于佛教故事的神话传说，近年来也有不少反映世俗风情的作品。因其品类繁多、艺术成就非凡，被誉为"青藏高原上的一朵鲜花"、"我国民族艺术宝库中的一颗瑰丽明珠"。其早期的作品手法粗放，色彩单纯，画面雄浑、博大，画风古朴典雅，设色沉着厚重，带有典型的印度、尼泊尔风格。17世纪中叶，匠师们的技艺日趋精妙，线描刚劲，设色协调，画风日趋华丽。18世纪初，热贡艺术进入鼎盛的中期阶段，代表作有壁画《马头明王》、《南海观音菩萨》，唐卡《十一面观音》、《吉祥天母》等，作品技巧纯熟，画风更加精细，艳而不俗，繁而不乱。19世纪以来，热贡艺术作品大量用金，追求金碧辉煌的效果，充满装饰情趣。作品色彩鲜艳，笔法细腻，画面既有统一感，又生动活泼。现在，青海有7个乡被文化部命名为"中国民间艺术之乡"。

2. 特色节庆

每年农历的五六月间，草绿花红之季，乐都瞿昙寺、民和县峡门、大通老爷山、互助县五峰等地的各族人民要举行盛大的"花儿"会。解放前，一些"花儿"会是和各地的庙会、朝山活动同时进行的。现在，与各地的物资交流会结合在一起，以唱"花儿"、对歌、赛歌为主，有的还有戏曲、皮影、电影、曲艺等活动，形成了一个群众性的文化娱乐活动的节日。"花儿"会期间，各族男女老少身着鲜艳的民族服装，对歌赛歌，歌声此起彼伏，震撼山川，扣人心弦，兴尽方休。而在夏秋时节，青海湖的赛马会、玉树结古草原的歌舞会、果洛大武的朝山会，十分盛大，具有很强的观赏性。

3. 风物特产

青海特产有冬虫夏草、人参果、羌活、西宁大黄、青稞酒、沙果、枸杞、酥梅梨、藏茵陈、贝母、发菜等。由各色羊毛贴制而成的绒毛画是青海省独创的工艺品，丹麻彩石、陶玉、彩陶、民间刺绣、藏毯、玉树藏刀等也是该区较为著名的风物特产。

4. 风味饮食

生活在青海的各族人民博采众长，利用本地的土特产品作原料，不断丰富和创造自己的风味食品，形成了独具高原特色的饮食文化。

二、西藏自治区

西藏自治区位于我国的西南边陲，青藏高原的西南部，简称"藏"，全区在平均海拔 4 000 米以上的"世界屋脊"青藏高原之上，面积达 122.84 平方千米，是我国第二大行政区，总人口 303 万（2011 年），是我国人口密度最低的行政区之一。西藏北与新疆为邻，东邻四川，东北连接青海，西部和南部分别同印度、尼泊尔、不丹、缅甸、克什米尔等国家和地区接壤，边境线长达近 4 000 千米，是我国与南亚次大陆联系的纽带。

西藏地形复杂多样，分为东部、西部和南部 3 个自然区。东部为高山峡谷区，是著名的横断山脉的一部分，这里山高谷深，山河相间分布，"一山有四季，十里不同天"。世界第一大峡谷——雅鲁藏布大峡谷雄伟、博大、险峻、秀美、原始、神秘，是科学考察、探险旅游和摄影创作的天堂，三江（怒江、澜沧江、金沙江）峡谷，河道弯曲，水流湍急，悬崖陡峭，气象万千。西部是占全自治区面积 2/3 的藏北高原，位于昆仑山、唐古拉山和冈底斯山、念青唐古拉山之间，分布着一系列东西走向连绵起伏的山岭，其间夹杂着许多盆地，低洼处集水成湖，是高原湖泊集中分布的区域。藏北草原为我国四大草场之一，在每年 8 月的黄金季节，一年一度的赛马会在各地举行。在阿里地区和那曲地区交界处，是平均海拔在 5 000 米以上的"无人区"，这里渺无人烟，自然景观壮丽，还是野马、藏羚羊、藏野驴、鹿、野牦牛等野生动物的天然动物园。南部是藏南谷地和喜马拉雅山，藏南谷地介于冈底斯山和喜马拉雅山之间，平均海拔在 3 700 米左右，地热资源丰富，历史文化底蕴厚重，是西藏文明的发祥地。藏族的母亲河——雅鲁藏布江和其他 41 条河流，在高山峡谷中奔腾不息。羊卓雍错等 88 个湖泊镶嵌在群山丛林中。喜马拉雅山位于西藏南部边缘，由一系列东西向的平行山脉组成，平均海拔在 6 000 米以上，有 80 多座海拔超过 7 000 米的山峰，10 多座海拔在 8 000 米以上的山峰，这里是登山、探险和科考的乐园。

西藏河流纵横，有著名的长江、黄河、澜沧江、怒江、雅鲁藏布江等，也是著名的恒河、印度河、湄公河等的发源地。全区湖泊众多，有大小湖泊 1 500 多个，湖泊密集、海拔高、范围大，以咸水湖居多。藏族人民给许多湖泊赋予了宗教色彩，藏北高原的纳木错、后藏的羊卓雍错和阿里的玛旁雍错合称为西藏的三大"圣湖"。

（一）重点旅游景区

1. 前藏旅游区

前藏旅游区包括拉萨、林芝、山南地区。该区开发历史悠久，经济、交通相对发达。

（1）拉萨市

拉萨是中国西藏自治区的首府，已有 1 300 多年的历史，也是全区政治、经济、文化和交通中心。拉萨市总面积近 3 万平方千米，藏族人口占 87%。公元 7 世纪中叶，吐蕃部族首领松赞干布在此创基立业。千百年来，拉萨几度成为西藏政教活动的中心，是名副其实的"神圣之地"。拉萨位于西藏高原的中部，海拔 3 650 米，全年日照时间约 3 000 小时，在全国各城市中名列前茅，故有"日光城"的美誉。

1）布达拉宫（图 7-3）。是历世达赖喇嘛的"冬宫"和西藏地方政教合一的权力统治中心，被誉为"世界屋脊上的明珠"。"布达拉"是梵语中"菩陀"的音译，意思是"佛教胜地普陀山"。布达拉宫是世界上海拔最高、规模最大的宫堡式建筑群，被誉为"世界十大土木石杰出建筑"，集中体现了西藏建筑、绘画、宗教艺术精华，是珍贵的民族文化遗产的一部分，成为西藏地理和文化的主要标志。它始建于公元 7 世纪吐蕃王朝松赞干布时期，原是吐蕃赞普松赞干布为迎娶唐文成公主而建，后毁于战乱。17 世纪中叶由达赖五世重建。

图 7-3　布达拉宫

布达拉宫位于拉萨市中心的红山上，坐北向南，按照红山的自然地形由南麓梯次修到山顶，主楼高 115.7 米，共 13 层。布达拉宫东西长 360 多米，南北宽 140 米，总建筑面积 1.3 平方千米，建筑群占地 3.6 平方千米，共有房间 1 000 间，全部为石木结构。其主体建筑主要由红白两宫组成。红宫居中，白宫从东南西 3 面环绕红宫，成凹字形。红宫的主体建筑是历代达赖喇嘛的灵塔殿和各类佛堂，共有灵塔 8 座，其中尤以五世达赖和十三世达赖的灵堂最为豪华。白宫是历代达赖喇嘛生活居住和处理政务的地方。整个建筑层次错落，规模宏大，气势雄伟，殿宇嵯峨，金碧辉煌，体现了藏式建筑的鲜明特色和汉藏文化融合的特点。

布达拉宫几乎所有的殿堂内壁上都装有壁画、图形、唐卡（卷轴画）和木刻版画，木构件也是雕梁画栋，因此被称为"藏族绘画、雕塑艺术的博物馆"。布达拉宫内珍藏有梵文贝叶经、金银器、铜铁器、珐琅器、漆器、竹雕器、骨角象牙器、珠玉宝石、织绣、石刻、典籍、文献资料、宗教法器供器，以及明清以来皇帝敕封达赖喇嘛的金册、玉册、金印等各类几十万件珍贵历史文物和宗教文物。布达拉宫 1994 年被联合国教科文组织列入《世界遗产名录》。

2）大昭寺。位于拉萨市中心，是西藏重大佛事活动的中心。公元 647 年，藏王松赞干布为纪念尼泊尔尺尊公主入藏而建大昭寺，后经历代修葺增建，形成庞大的建筑群，建筑面积 25 100 多万平方米。大昭寺是西藏最早的仿唐式建筑，又融合了藏族、尼泊尔和印度的建筑技术和风格。寺内有 20 多个殿堂，主殿高 4 层，供奉文成公主进藏时由长安带去的释迦牟尼佛镀金铜像，配殿供奉松赞干布、文成公主及尺尊公主等的塑像。殿堂和四周回廊绘有长近千米的《文成公主进藏图》等藏式壁画，寺的正前方立有公元823 年建的"唐蕃会盟碑"，碑上用汉、藏两种文字记载了唐蕃友好关系和此次会盟经过及其意义，是汉、藏民族团结友好的见证。

3）罗布林卡。位于拉萨市西郊，是拉萨著名的园林风景区。罗布林卡藏语意为"宝贝园林"，始建于 16 世纪，自达赖七世起成为西藏历代达赖处理政务和进行宗教活动的夏宫，现在作为对公众开放的公园。整个园林占地 36 万平方米，分为森林区、宫内和宫前区 3 个部分。其布局特点是用树林和草地围绕宫殿群，建筑风格吸收了藏式贵族庄园、藏式寺庙和汉式皇家园林。其主要景点有介绍西藏历史的新宫壁画、七世达赖的宫殿格桑颇章（"颇章"是"宫"的意思）、十三世达赖的宫殿金色颇章、格桑德吉、湖心岛等。罗布林卡是每年藏族重要节日雪顿节的主要活动场所，也是朝拜、休闲度假和观赏考察藏式宫殿建筑的好去处。

4）纳木错。"纳木错"意为天湖、灵湖或神湖，位于拉萨市当雄县和那曲地区班戈县之间。纳木错是藏传佛教的著名圣地，信徒们尊其为四大威猛湖之一，传为密宗本尊胜乐金刚的道场。它的东南部是直插云霄、终年积雪的念青唐古拉山的主峰，北侧依偎着和缓连绵的高原丘陵，广阔的草原绕湖四周，纳木错像一面巨大的宝镜，镶嵌在藏北的草原上。

纳木错湖面海拔 4 718 米，总面积为 1 900 多平方千米，是我国的第二大咸水湖，也是世界上海拔最高的咸水湖，最深处约 33 米。纳木错湖水靠念青唐古拉山的冰雪融化后补给，沿湖有不少大小溪流注入，湖水清澈透明，湖面呈天蓝色，水天相融，浑然一体，闲游湖畔，似有身临仙境之感。

5）羊八井地热田。羊八井位于拉萨市西北，号称"地热博物馆"，面积 15 平方千米。这里有丰富多彩的喷泉、热泉、沸泉、温泉、间歇泉、热水湖，以及喷气孔和冒气地面等，水热活动强烈，规模宏大。东部的热水湖是目前我国最大的热水湖，湖面水温可达 45℃，喷射气柱高达 100 米，蔚为壮观。

（2）林芝地区

林芝，藏语意为"太阳宝座"，位于西藏东南部，地处藏东南雅鲁藏布江下游，平均海拔在 3 000 米左右，海拔最低的地方仅仅 900 米，气候湿润，景色宜人，总面积约 11.7 万平方千米。林芝以世界上最深的大峡谷著称于世，并有世界上落差最大的垂直地貌分布，异常丰富的植被及野生动物资源，山高水长，人力难及，原始自然风貌保存好，是世界仅存的绝少为人类所涉足的净土之一。林芝是门巴族、珞巴族等少数民族的聚居地。他们的生活习惯及宗教信仰皆保留着浓厚的传统色彩，具有独特的民族风情。

图 7-4　巴松错

1）巴松错（图 7-4）。又称错高湖，位于林芝地区工布江达县雪卡区境内，距工布江达县城 50 多千米的巴河上游的高峡深谷里，被称为"世界屋脊上的原生态博物园"。巴松错海拔 3 700 多米，总面积 28 平方千米，如一颗宝石镶嵌在峡谷中，湖水清澈，犹如碧玉，四周青山如黛，雪山倒影，是红教（藏传佛教宁玛派）著名的神湖和圣地，每年有许多信徒前来转湖朝圣。湖内的扎西岛上，经幡飞扬。建于唐代的措宗工巴寺，是西藏红教宁玛派寺庙，至今已有 1 500 多年，殿内供奉着莲花生和千手观音。湖西岸有"格萨尔王试剑处"，传说是格萨尔王在石头上挥剑留下的痕迹。生活在这里的结巴村、措果村和扎拉村的藏民被称为"工布人"（意为"生活在凹里的人"）。他们热情好客，保留着淳朴古老的人文原生态，有自己独特的建筑、服饰和节日。

2）雅鲁藏布大峡谷。位于青藏高原东南部，平均海拔在 3 000 米以上，长达 496.3 千米，险峻幽深，侵蚀下切达 6 009 米。它的长度超过曾号称世界之最的美国科罗拉多峡谷（长 440 千米），深度超过了曾号称世界之最的秘鲁科尔多峡谷（深 3 200 米左右）。雅鲁藏布大峡谷具有从高山冰雪带到低河谷热带季雨林等 9 个垂直自然带，是世界山地垂直自然带最齐全、完整的地方。这里汇集了许多生物资源，包括青藏高原已知高等植物种类的 2/3，已知哺乳动物的 1/2，已知昆虫的 4/5，以及中国已知大型真菌的 3/5，堪称世界之最。

雅鲁藏布大峡谷怀抱南迦巴瓦峰地区的高山峻岭，冰封雪冻。它劈开青藏高原与印度洋水汽交往的山地屏障，像一条长长的湿舌，向高原内部源源不断地输送水汽，使青藏高原东南部由此成为一片绿色世界。雅鲁藏布大峡谷至今尚无人能够徒步全程穿越，其艰难与危险，堪称"人类最后的秘境"。1994 年，我国科学家组成一支科学考察队，对雅鲁藏布大峡谷进行科学考察，才揭开了雅鲁藏布大峡谷神秘面纱的一角。

（3）山南地区

山南是指冈底斯山和念青唐古拉山以南地区，横阔 420 千米，纵长 329 千米，总面积 8 万多平方千米的地域。山南海拔 3 600 米，气候温和，属典型的高原河谷平原地区，自古享有"西藏粮仓"之美誉。山南是西藏自治区最富庶、历史文化渊源最深厚的地区。由高地农业文明发展壮大而起的吐蕃王朝便是自山南兴起的，因此，山南又被称为西藏文明的发祥地并两度成为西藏历史上的统治中心。

1）雅砻河风景名胜区。位于山南地区南部，面积 920 万平方米。这里是西藏古代文明的摇篮，藏民族的发祥地。雅砻河藏语意为"从上游下来的大河"，发源于雅拉香山，山上终年冰雪覆顶，云雾缭绕。雅砻河在泽当镇西边注入雅鲁藏布江，全长仅 68 千米，但是在藏族历史上极为有名。这里有雪山冰川、田园牧场、河滩谷地、高山植被，也有神山圣湖、历史古迹和古朴的民风民俗。雅砻河以其得天独厚的自然条件和丰厚的历史文化积淀，成为了藏民族历史文化宝库中一颗璀璨夺目的明珠。

2）桑耶寺。又名桑鸢寺，位于扎囊县雅鲁藏布江北岸的扎玛山上。该寺始建于公元 762 年，是藏传佛教史上第一座佛、法、僧俱全的寺庙，被称为"西藏千寺之祖"，后成为西藏佛教宁玛派的中心寺院。寺庙以古印度的乌达波寺为蓝本，按照佛教的世界形成图说布局。寺庙围墙象征佛经中的铁围山，中心的乌策大殿象征世界的中心须弥山。乌策大殿的上中下 3 层分别为印度、汉族和藏族建筑风格，故名"桑鸢"（汉语"三样"之意）。寺庙对研究西藏的宗教史和佛学翻译史有着很高的价值。

3）昌珠寺。坐落在乃东县泽当镇南 2 千米处的贡日山上，是松赞干布在 7 世纪 40 年代主持建造的，已有 1 300 年的历史，是西藏古老的寺庙之一。昌珠寺由大殿、转经围廊、廓院 3 个部分组成。大殿内珍藏昌珠寺镇寺之宝、西藏珍贵文物唐卡——《珍珠观音菩萨憩室图》。这幅用珍珠串成的唐卡长 2 米，宽 1.2 米，使用珍珠 29 026 颗，共计 26 两（1 两＝0.05 千克）之多。唐卡上镶嵌钻石一颗、红宝石两颗、蓝宝石一颗、紫鸦鸟宝石 0.55 两、松石 0.91 两（185 颗）、珊瑚 4.1 两（1 997 颗），还用了 15.5 克黄金。此外，昌珠寺文成公主亲手绣制的释迦牟尼唐卡。

4）雍布拉康。坐落在乃东县泽当镇东南的扎西次日山的山顶之上，是西藏最早的宫殿。藏语"雍布"是母鹿，"拉"是后腿，"康"是宫殿，因扎西次日山形似母鹿的腿，宫殿建在其上，故名。整个建筑是一座 3 层的塔楼，像碉堡的形状，高耸于山顶，气势雄伟。雍布拉康是第一代藏王所建，已有 2 100 年的历史，为历代吐蕃王的王宫。殿内供有松赞干布和文成公主的塑像，绘有精美的壁画，保存有历代文物、典籍，反映了西藏早期的历史。

2. 后藏旅游区

后藏旅游区主要包括日喀则市。该区位于雅鲁藏布江中上游。这里很早就是藏族聚居地，交通方便，土地肥沃，农牧业发达。

（1）日喀则

日喀则藏语称"喜噶次"，意为"如意庄园"，位于拉萨以西250多千米的年楚河和雅鲁藏布江汇合处，海拔 3 800 多米，面积 3 875 平方千米，是西藏第二大城市和宗教中心。历史上称日喀则地区为后藏，而日喀则为后藏的首府，是日喀则地区政治、经济、文化、宗教和交通中心，也是历代班禅的驻锡地。

1）扎什伦布寺。"扎什伦布"，藏语意为"吉祥须弥山"。该寺坐落在日喀则城西2千米处的南尼色日山下，占地约20万平方米，是西藏格鲁派（黄教）四大寺院之一。公元1447年，由藏传佛教格鲁派祖师的门徒一世达赖兴建，从四世班禅后，成为历代班禅的宗教和政治活动中心。全寺建筑面积近30万平方米，由宫殿（班禅拉丈）、堪布会议（后藏地方政府最高机关）、班禅灵塔殿和经学院4部分组成，有金顶14座，灵塔殿、大小经堂等56座。佛殿内供奉的镀金强巴佛像（即弥勒佛）高22.4米，是世界上最大的镀金铜佛。寺内有历代班禅的灵塔和明清两朝皇帝颁发给班禅的金玉印章、封诰敕书和元代"大司徒印"印章等珍贵文物。寺内的展佛台（又名晒佛台），是在藏历5月展佛节时晒佛像的地方。

2）珠穆朗玛峰国家自然保护区。位于日喀则地区的定日、聂拉木、吉隆和定结4个县境内，总面积338.1万公顷，是世界上海拔最高的自然保护区，主要以保护珍稀濒危物种、自然历史遗迹和人类文化历史遗迹为主。

区内高山耸立，仅海拔8 000米以上的高山就有4座。其中被称为"世界第三极"的珠穆朗玛峰海拔8 844.43米，是世界第一高峰，为地球之巅。山体呈巨型金字塔状，银峰高耸，冰川悬垂，冰塔林立，景色壮观，被登山探险者们誉为世界最大的"高山上的公园"。保护区内还有以古冰川遗址、吐蕃古墓群、聚落遗址和古岩画等为代表的自然历史遗迹及人类文化历史遗迹。区内生态系统多样，生物资源丰富，有高等植物2 348种，哺乳动物53种，鸟类206种，两栖动物8种，鱼类10种，含有代表该地域特色的国家重点保护的珍稀濒危动物47种，其中国家一级保护植物10种，二级保护植物28种。

（2）江孜古城

古城江孜坐落在年楚河上游，距日喀则市90千米，是一座历史悠久、名胜集中的历史名城。吐蕃王朝（7~9世纪）灭亡后，群雄割据，江孜一带为法王白阔赞盘踞。江孜原来称为"杰卡尔孜"，简称"杰孜"，逐渐变音为江孜。元朝（1206年~1368年）时江孜修建了白居寺，各方信徒云集，又位于交通要冲，工商业繁荣，遂形成西藏历史上的第三大城镇。

在江孜城南4千米的班觉伦布村，保存着西藏唯一完整的封建领主庄园——帕拉庄园，该庄园为人们认识旧西藏的封建农奴制提供了宝贵的标本。帕拉家族是旧西藏有名的贵族世家，曾有5人担任过西藏地方政府的噶伦。

江孜还被称为英雄城，因为这里曾上演了一幕江孜人民英勇抗击英国侵略者的事迹，至今此处仍保留着1904年江孜军民保卫祖国领土的抗英炮台。电影《红河谷》即反映了这一段历史。

城内的白居寺是一座名寺，始建于1418年，由一世班禅克珠杰主持修建。该寺主要有两大特色，其特色之一是一寺容三派。它原属萨迦教派，后来噶当派和格鲁派的势力相继进入，各派一度互相排斥，分庭抗礼。最后，还是互谅互让。于是，白居寺便兼容萨迦、噶当、格鲁3个教派，因而寺内供奉及建筑风格也兼收并蓄、博采众长。另一特色是白居寺的标志菩提塔，是由近百间佛堂依次重叠建起的塔，人称"塔中有塔"。塔内佛堂、佛龛及壁画上的佛像总计有 10 万个，因而得名"十万佛塔"。它的正名菩提塔人们倒不大提起。藏语称这座塔为"班廓曲颠"，意为"流水漩涡处的塔"，这流水便是年楚河。

赛马、射箭活动在西藏各地非常普遍，而把它作为竞赛活动定下来则始于 1408 年的江孜。以前的赛马节仅限于赛马、射箭和骑箭 3 项。如今，江孜赛马（射箭）节除保留以上活动外，还增加了各种文体活动和物资交流，已成为每年西藏地区最大的地区性节日。

3. 昌都旅游区

昌都位于澜沧江上游两大支流昂曲和扎曲的汇合处，故称昌都（意为河口处），是西藏东部重镇，也是四川、云南、青海入藏的重要门户。这里是西藏高原人类最早活动的地区，以藏族为主要居住人口。

（1）然乌湖

然乌湖位于昌都地区八宿县西南角，海拔 3 850 米，面积约 22 平方千米，为藏东第一大湖。湖畔西南有岗日嘎布雪山，南有阿扎贡拉冰川，东北方向有伯舒拉岭。周围雪山的冰雪融水构成了然乌湖主要的补给水源，并使湖水向西倾泻形成了西藏著名河流雅鲁藏布江的重要支流帕隆藏布的源头之一。然乌湖是典型的由造山运动而形成的堰塞湖，处于喜马拉雅山、念青唐古拉山和横断山脉的对撞处。然乌湖的静和蓝是远近闻名的，湖中极少看到枯枝杂物，湖的四周景色各不相同。其北面有著名的来古冰川，冰川延伸到湖边。每当冰雪融化时，雪水便注入湖中，使然乌湖经常保有丰富的水源。

（2）来古冰川

来古冰川位于八宿县然乌镇境内，紧邻然乌湖，为一组冰川的统称，包括美西、亚隆、若骄、东嘎、雄加和牛马冰川，是世界三大冰川之一。这里是印度洋季风向青藏高原输送冷空气的主要通道，降水充分，有利于冰川的发育，属于海洋性冰川。该冰川群中亚隆冰川最为壮观。亚隆冰川长 12 千米，从岗日嘎布山海拔 6 606 米的主峰延伸至海拔 4 千米的岗日嘎布湖，黑白相间的"中碛"又为它在宏伟之中再添上几分美丽，在其他的冰川中很难看得到。

（3）察隅僜人部落

僜人俗称"僜巴"，分布于中印交界地区，即喜马拉雅山脉以东、横断山脉西部的西藏察隅等平均海拔 1 000 米左右的林区。居住在察隅的僜人共有 1 300 多人。僜人在中国属于未被识别的民族之一，其身份证上的民族成分一栏标识为"其他"。他们有自己的语言，但没有文字，多使用结绳或刻木记事的方法。僜人以农业生产为主，播种分点播和撒播两种方式。男子一般穿无袖长衣（长达臀部以下），女子穿有袖的短上衣（仅遮胸部）和裙子。男女都用大披肩和挎包。僜人是一个男性拥有绝对权威的父权社会，在 20 世纪上半叶仍实行买卖的一夫多妻制。僜人相信万物皆有鬼灵，生育、疾病、丧葬等大事都要杀牲送鬼。他们的传统住宅是一种类似于傣族吊脚楼的低干栏式长屋，用竹子修建而成。但随着时代发展，经济、文化交流日益频繁，僜人的习俗也日益汉化，基本放弃了传统的生活方式。

4. 阿里旅游区

阿里地区辖札达、普兰、噶尔、日土、革吉、改则、措勤 7 个县，面积 34 万平方千米，平均海拔在 4 500 米以上，被称为"世界屋脊之屋脊"。

（1）班公错

班公错位于中国西藏阿里地区和克什米尔边境，是我国也是世界上最长的裂谷湖之一。"班公"是印度语，意为一块小草地。藏语称此湖为"错木昂拉仁波湖"，意为"长脖子天鹅"。湖东面 2/3 的面积属中国领土范围，余下西面 1/3 则属于印度。班公错位于高山之间的槽谷内，平均海拔 4 241 米，属内流湖，平均水深 50 米。湖区面积 604 平方千米，长 150 千米，宽度多为 2～5 千米，最窄处只有 5 米。湖中盛产裂腹鱼。湖的独特处在于：湖在中国境内的部分是淡水，物产丰美、水质洁净、水色碧绿，而在克什米尔境内就成了咸水。

班公错因地处高原偏僻之地，少有人迹，湖区又没有天敌，构成了品种繁多、色彩斑斓的鸟类世界，成为了鸟类的世外桃源。湖中有 4 个鸟岛，岛上除了水鸭子，还有天鹅、斑头雁、鹤类、鹳类等国家级保护动物。每年 5～9 月，是观鸟的最好季节。

（2）札达土林

图 7-5　扎达土林

札达土林（图 7-5，梁欢摄）位于阿里地区札达县境内，是阿里的一大奇观。札达土林从西北到东南，海拔大体在 4 500 米上下，绵延 175 千米，宽达 45 千米，景观类似北方的黄土高原。在 245 万～600 万年前，喜马拉雅山和冈底斯山海拔还相对低矮，在这两大山系之间，是一个面积广达 70 000 平方千米的外流淡水湖盆，来自两大山区的河流，携带了大量砾卵石、细粉沙和黏土堆积于湖中，形成河湖相沉积。随着地质环境的变迁，河湖地层出露地表，经流水侵蚀和各种风化作用，形成高低错落、形态各异的土林。中国各类土林分布甚广，而札达土林高大挺拔，在高原的雪山和蓝天的衬托下别具特色。昔日沉积在湖底的岩层，以不同的色调、层理结构和物质组成，以及包容在岩层内部的古动植物化石，为人们解读高原古地理、古环境的变迁提供了直接或间接的证据，这里是科学家们研究高原隆起的大自然实验室。

（3）古格王朝遗址

古格王朝遗址位于阿里地区普兰县，遗址总面积约为 72 万平方米，是全国首批重点文物保护地之一。遗址的外围建有城墙，四角设有碉楼。遗址的主体建筑是寺庙和王宫。寺庙现存较好的有白庙和红庙。白庙修在最下层，坐北朝南，面积 300 余平方米；红庙建在白庙上面，坐西朝北，面积 300 余平方米。国王宫殿修建在山顶，分夏宫和冬宫，夏宫在地面，冬宫在山腹，各有暗道相连，最南边是国王的集会议事大厅，面积 400 余平方米。整个宫城依山而建，暗道四通八达，一直通往东边的溪流边以保证城内的供水。遗址中出土了不少精美的雕刻、造像及壁画。

✎ 小资料

古格王朝

古格王朝是在公元 10 世纪前后，由吐蕃王朝末代赞普朗达玛的重孙吉德尼玛衮在王朝崩溃后，率领亲随逃往阿里建立起来的。10 世纪中叶至 17 世纪初，古格王国雄踞西藏西部，弘扬佛教，抵御外侮，在西藏吐蕃王朝以后的历史舞台上扮演了重要的角色。其统治范围最盛时遍及阿里全境。它不仅是吐蕃世系的延续，而且使佛教在吐蕃瓦解后重新找到立足点，并由此逐渐达到全盛。因此，古格王朝在西藏历史上具有重要意义。

（4）冈仁波齐峰

冈仁波齐峰位于阿里地区普兰县北部，绵延于中国、印度、尼泊尔 3 国边境，海拔 6 638 米，是冈底斯山脉的主峰，素有"阿里之巅"的誉称，是佛教朝拜的神山，梵语称之为"湿婆的天堂"，藏语意为"神灵之山"。冈仁波齐峰被印度教、藏传佛教、西藏原生宗教苯教及古耆那教认定为世界的中心，被尊为"神山"。每年各教信徒都会来到冈仁波齐转山。冈仁波齐峰，环绕一周 72 千米，峰形似金字塔，四壁对称。由南面望去可见到它著名的标志：由峰顶垂直而下的巨大冰槽与一横向岩层构成的佛教万字格（佛教中精神力量的标志，意为佛法永存，代表着吉祥与护佑）。神山神秘之处在于山的向阳面，终年积雪不化，白雪皑皑；而神山的背阴面，长年没雪，即使被白雪覆盖，太阳一出，随即融化，与大自然常规刚好相反。

（5）玛旁雍错

玛旁雍错位于阿里地区，又称玛法雍措，藏语意为"永恒不败的碧玉湖"，海拔 4 588 米，有"圣湖之母"之称，是世界上海拔最高的淡水湖之一，面积 412 平方千米。玛旁雍错、羊卓雍错、纳木错被称为西藏三大圣湖。每年夏季，来自印度、尼泊尔和西藏的信徒到玛旁雍错朝圣、转经、沐浴。他们认为，圣湖之水能洗掉人们心灵上的"五毒"（贪、嗔、痴、怠、嫉），清除人肌肤上的污秽。他们还将圣湖的水千里迢迢带回家去，当作珍贵的礼品，馈赠亲友。由于印度领袖圣雄甘地的骨灰曾撒入圣湖，印度人对玛旁雍错有特别的敬仰之情。

（二）特色民俗风物旅游资源

西藏是一个以藏族为主体的民族自治区，藏族占全区的 94.7%，大部分信仰藏传佛教，少部分信仰苯教、佛教，被称为"宗教圣地"。

西藏民居丰富多彩，藏南谷地的碉房、藏北牧区的帐房、雅鲁藏布江流域林区的木构建筑风格各异。

藏民族热情奔放、能歌善舞。藏族民歌激越嘹亮，声音高亢，演唱时还伴以各种舞蹈，舞姿优美、动作豪放、节奏明快。其中，踢踏舞、锅庄舞、弦子舞为藏族特有的舞蹈形式。

藏民喜欢喝奶茶、油茶、甜茶和青稞酒，爱吃酸奶、奶渣等，他们用献"哈达"、敬酥油茶和青稞酒，向客人表示敬意。藏族的主要食品是以青稞等制作的糌粑和酥油，有道是"不喝酥油茶，不饮青稞酒，算不得真正到过西藏"。藏族人民常用青稞酒作为敬客的一种饮料，聚会敬酒，主人在杯口抹 3 块酥油，以示吉祥。客人应双手接杯，用中指蘸酒向空中连弹 3 次，以对天、地、神的敬奉和佛法僧三宝的祈祝。然后轻轻呷一口，主人给添满，再呷一口；再添满，最后一饮而尽，称之为"三口一杯"。

藏历新年、雪顿节、酥油花灯节、望果节、沐浴节、朝山节等是藏族的主要节日。每年的藏历 7 月 1~5 日，是藏族传统的节日之一——雪顿节。雪顿节又称酸奶节（藏语"雪"为酸奶子，"顿"为宴的意思）、藏戏节、展佛节，主要活动有晒大佛、跳藏戏和过林卡三大内容。节日期间，各地藏戏剧团云集拉萨，演出传统藏戏。人们身穿节日盛装，会集罗布林卡，看戏饮酒，载歌载舞，彻夜狂欢。

🔍 **小资料**

《格萨尔王传》

《格萨尔王传》是世界上唯一的活史诗，它大约产生在公元前二三百年至公元 6 世纪之间，在近千年的漫长时期内，民间艺人口耳相传，不断丰富史诗的情节和语言，到 12 世纪初叶，《格萨尔王传》日臻成熟和完善，在藏族地区得到广泛流传。

从《格萨尔王传》的故事结构看，纵向概括了藏族社会发展史的两个重大的历史时期，横向包容了大大小小近百个部落、邦国和地区，纵横数千里，内涵广阔，结构宏伟。史诗主要分成 3 个部分：第一，降生，即格萨尔降生部分；第二，征战，即格萨尔降伏妖魔的过程；第三，结束，即格萨尔返回天界。其中，以第二部分"征战"内容最为丰富，篇幅也最为宏大。除著名的四大降魔史——《北方降魔》、《霍岭大战》、《保卫盐海》、《门岭大战》外，还有 18 大宗、18 中宗和 18 小宗，每个重要故事和每场战争均构成一部相对独立的史诗。

《格萨尔王传》规模宏大，就目前搜集整理的情况看，这部史诗共有 120 多部，100 多万诗行，2 000 多万字，是世界上最长的一部史诗。就数量来讲，该史诗比世界上最著名的五大史诗，即古代巴比伦史诗《吉尔伽美什》，希腊史诗《伊利亚特》、《奥德塞》，印度史诗《罗摩衍那》、《摩诃婆罗多》的总和还要多。这部史诗主要通过民间口耳相传的方式传播。

思　考　题

1. 本区旅游资源的主要特色是什么？
2. 简述藏传佛教的主要分布情况。
3. 青藏铁路沿线有哪些风景旅游区？
4. 藏族有哪些主要节庆活动？
5. 藏族有哪些民俗风情？

自　测　题

1. 青海省和西藏自治区组成_____旅游区。
2. 西藏的三大圣湖是_____、_____、_____。
3. 青藏高原的南缘为_____山脉，其主峰_____被称为"世界第三极"。
4. 青藏高原地区为_____气候，区内有我国最大的咸水湖_____。
5. 青海素有_____之称，西部有我国最高的内陆盆地_____。
6. 西藏面积_____，是我国_____大行政区，其拥有世界第一大峡谷_____。
7. 下列关于青海省说法正确的是（　　）。

　　A. 青藏铁路的起点位于青海省的西宁市

　　B. 我国最高的内陆盆地柴达木盆地位于青海省境内

　　C. "万丈盐桥"是青海省境内青海湖上的奇景

　　D. 青海的特产有冬虫夏草、青稞酒、青海湖湟鱼等

8. 下列寺庙中是藏传佛教格鲁派六大丛林之一并且属于青海的是（　　）。

　　A. 哲蚌寺　　　　B. 色拉寺　　　　　　C. 塔尔寺　　　　D. 扎什伦布寺

9. 下列关于察尔汗盐湖说法正确的是（　　）。

　　A. 是中国最大的盐湖

　　B. 万丈盐桥是柴达木盆地的一大奇景

　　C. 位于塔里木盆地中南部

　　D. 湖中蕴藏着 600 亿吨以上的氯化钠

10. 三江源地区是（　　）的发源地。

　　A. 长江　　　　　B. 黄河　　　　　　C. 金沙江　　　　D. 澜沧江

11. 下列关于西藏自治区说法正确的是（　　）。

　　A. 西藏自治区分别与印度、尼泊尔、不丹、缅甸、克什米尔、巴基斯坦等国家

和地区接壤

　　B．扎什伦布寺是西藏格鲁派四大寺院之一

　　C．西藏境内的三江峡谷是指怒江、澜沧江及雅鲁藏布江

　　D．酥油、糌粑、牛羊肉及茶叶被称为西藏饮食的"四宝"

12．西藏的三大圣湖是指（　　　）。

　　A．纳木错　　　　B．羊卓雍错　　　　　C．巴松错　　　　D．玛旁雍错

13．下列关于布达拉宫说法错误的是（　　　）。

　　A．布达拉宫是历世达赖喇嘛的"冬宫"

　　B．被誉为"世界屋脊上的明珠"

　　C．被誉为"世界十大皇家杰出建筑"

　　D．是吐蕃赞普松赞干布为迎娶唐文成公主而建

14．冈底斯山脉的主峰是（　　　）。

　　A．珠穆朗玛峰　　B．各拉丹冬山　　　　C．冈仁波齐峰　　D．念青唐古拉山

15．下列节日属于藏族的有（　　　）。

　　A．雪顿节　　　　B．望果节　　　　　　C．展佛节　　　　D．酥油花灯节

16．请列举藏传佛教文化体验的最佳去处并说明理由。

17．本区每年的旅游最佳时间是哪几个月？说明理由。

实　训　题

在该旅游区中找一个典型地区，为其设计系列宗教文化旅游活动项目。

第八章

山川峡谷巴楚文化旅游区
（川渝鄂湘）

📖 **学习目标**

山川峡谷巴楚文化旅游区主要包括四川、重庆、湖南、湖北。通过本章学习，学生应掌握本区旅游资源与旅游环境的总体特征，能够描述主要旅游景点的特征，并且能够根据旅游资源的不同特点推荐特色旅游线路。

📖 **引导问题**

1. Sara 是一位美国姑娘，她通过保护大熊猫组织在网上认养了成都大熊猫繁育基地的一只熊猫仔甜甜。过几天就是假期了，她准备与他人结伴来成都看看她认养的熊猫甜甜，顺便在四川旅游一番，请为她的首次四川之行安排行程。

2. 方教授是个三国迷，曾多次到三国故地考察研究，发表了多篇关于三国故事的调研文章，可谓是个"三国通"。假设你是宜昌某家旅行社的计调，请尝试为方教授安排一条宜昌三国旅游线路。

3. 小文对湘西情有独钟，对那里的山水、古城、民族风情充满向往，她准备利用假期到湘西自由行，你能为她推荐旅游线路吗？

本区位于我国中部，属于长江中上游地区，包括重庆、四川、湖南和湖北，共三省一市，是全国唯一既不靠海又无陆地国境线的旅游区。全区总面积约 97 万平方千米，约占全国总面积的 10%。该区民族构成较为复杂，除了汉族以外，还有藏族、羌族、彝族、土家族、苗族、回族、满族、侗族等许多少数民族，是我国少数民族较多的地区。

本区人口较为稠密，历史悠久，自然资源极为丰富，工农业都很发达，是我国重要的工业基地和农产品生产基地。本区的旅游资源以名山大川、古蜀文明、巴楚文化和三国胜迹为主要特色，以长江三峡、张家界、九寨沟、峨眉山等为典型代表。

第一节　旅游地理环境特征与旅游资源类型

一、旅游地理环境特征

1. 地表结构复杂，地貌类型多样

从地形上看，该区跨越了我国地势的三大阶梯，地表结构复杂，地貌类型多样。该区常态地貌地表结构的基本格局是高原山地环绕盆地、低山丘陵环绕平原，自西向东大致可以划分为川西高原、四川盆地、川东及鄂西山地、两湖平原、湘中丘陵、南岭山地等地貌单元。其中，川西高原是青藏高原的组成部分，属地貌第一级阶梯；四川盆地和川东及鄂西山地属第二阶梯；其余则属第三级阶梯范畴。川西高原北部是青藏高原的一部分，平均海拔在3 000米以上，西南为横断山脉的一部分。四川盆地在整体地貌上呈现为菱形盆地，盆地地势为西北高、东部低、周边围绕着山地和高原，盆地西边是川西高原，北面是大巴山脉，东边是巫山山脉，南面是云贵高原，长江从盆地南部穿过。

2. 水网密布，峡谷壮丽

该区河流众多、水网密集，由西向东构成了金沙江、沙鲁里山、雅砻江、大雪山、大渡河、邛崃山、岷江等山河相间的高山峡谷区。在三大阶梯的交接地带及高原山地向盆地、平原过渡地区，河流峡谷地貌特别明显。著名的长江三峡即属此类景观的典型代表。除此以外、大宁河、神农溪、嘉陵江、岷江、清江都已开发了类似的河流峡谷景观。河流除与峡谷形成峡谷风光外，还在平原区形成了大川田园风光，在山区地势陡降处形成了瀑布景观，在上游某些河段形成了漂流河段，如湘西猛洞河漂流、鄂西神农溪漂流、清江漂流等。该区湖泊主要集中在两湖平原，其中又以有"千湖之省"的湖北最多。武汉东湖是本区进入第一批全国重点风景名胜区的湖泊旅游景区。洞庭湖在我国五大淡水湖中位居第二，其湖心岛——君山风景区和岳阳楼闻名遐迩，湖中世界级湿地自然保护区更是洞庭湖良好生态环境的标志。

3. 温暖湿润的亚热带季风气候

本区除川西高原属于高寒气候之外，其余地区都属于温暖湿润的亚热带季风气候。气候特点为夏季炎热，冬季温暖，冬季短而夏季长，四季分明，降水充沛，季节分配均匀。本区的武汉和重庆为我国著名的"火炉"城市。本区为全国降水比较丰沛的地区，年平均降水量在800～1 600毫米，分布规律为东南多、西北少、山地多、平原少。另外，

由于气候湿润，植被生长茂盛，森林覆盖率高，植被以常绿阔叶林为主，山地以秀美为特色，旅游季节较长，即使是在冬季，也是山清水秀。"峨眉天下秀"、"青城天下幽"、衡山"五岳独秀"等就是典型代表。

4. 生态环境良好，自然保护区众多

由于该区气候湿润、地形多样，非常适合植物生长，部分地区形成了植被茂盛、未受人类太多干扰的自然生态环境，为某些野生动植物的生存创造了条件。本区拥有种类繁多的珍稀动植物资源，著名的有大熊猫、金丝猴、梅花鹿、牛羚、黑颈鹤、大鲵、水杉、银杉、洪桐、桫椤等。本区建立了各种自然保护区，如四川卧龙、九寨沟、黄龙，湖北神农架，湖南张家界等，较好地保护了自然环境原貌。

5. 巴蜀文化与楚文化交相辉映

本区形成了独特的巴蜀文化与楚文化。巴蜀文化与楚文化原本是两种独立的地域文化。重庆是 3 000 多年前巴国的首府，成都是蜀国首都，楚国则主要在长江中游湖北及其周边地区。两地由于地域相近，民族长期融合，逐渐形成了独特的巴蜀文化。早在先秦时期，这里的文明已经相当繁荣，制作的青铜器、丝织与刺绣、漆器已经达到了相当精美的程度；带有鲜明巴楚文化特点的哲学、艺术及宗教已经发展得较为完备。本区的铜梁龙灯、綦江版画、秀山花灯、文化遗址、青铜器、丝织、音乐、舞蹈、民风民俗等都显示出"楚中有巴，巴中有楚"的特点。

小资料

巴蜀文化

古蜀文明，是指从远古时期到春秋时期早期，产生于我国今四川地区（包括四川省和重庆市等地），不同于中原文明却又与中原文明有着千丝万缕关系的古文明。目前留存的遗址主要有成都金沙遗址、广汉三星堆遗址等。

巴人或巴族是中国古代西南及中南地区的一个族群。据专家学者考证，"巴"的地域范围大体界定在重庆全境、北起汉水、南至鄂西清江流域、东至鄂西、西达川东的地区。春秋战国之际向西发展，在民族迁徙的过程中，巴族的文化得以沿途传播，也得以与其他族群进行交流。巴文化在秦汉统一以后，开始融入华夏文化共同体。

楚文化源自中原，由祝融部落经历中原、鄂西北、荆山、江汉平原之间的迁徙过程而形成，在融合其他部落后壮大，在春秋中期崛起为统领南方，能与中原文化相媲美的中国文化的一支。其辉煌的成就、鲜明的特色主要表现在青铜冶铸工艺、丝织与刺绣工艺、髹漆工艺等方面。其中，髹漆通常以黑漆为底，以红漆和其他各色漆描花，特别是以黑、红两色搭配最多。楚人尚赤、崇凤、贱虎和丰富的想象力，也在髹漆工艺中得到更充分的表现，典型代表是虎座凤架鼓。这类文物在湖北江陵、湖南长沙出土的最多。荆州博物馆是我国地级市中规模最大、文化内涵最丰富的历史文化博物馆。

在美术和乐舞方面，楚人成就卓越，至今我国出土的先秦帛画仅两幅，皆出于楚墓。楚人喜歌，而且喜唱俗曲，宋玉《对楚王问》中记载："客有歌于郢中者，其始曰《下里》、《巴人》，国中属而和者数千。"而湖北随州擂鼓墩1号和2号墓出土的战国早期和中期的2套编钟，则更能说明楚乐之发达。从出土文物上的舞人画来看，楚国舞人的两大特点是袖长和体弯，有很高的艺术性。

此外，楚人在文学创作方面有精深造诣。世界四大文化名人之一的屈原所创作的《离骚》，是楚辞的典型代表。楚辞立意高洁、以自然朴素为美，喜欢无拘无束的想象，以浪漫主义的表现手法为特色。

6. 三国争霸的主战场

本区是三国时期的矛盾中心，魏、蜀、吴三国为争夺霸权、统一中国，在此进行了长期的政治军事斗争，留下了丰富的历史遗迹。三国故事的发生地借助小说《三国演义》的精彩描写，成为中国人耳熟能详的名胜，为三国古迹游创造了优越条件。

7. 交通运输便利

本区位于我国中部偏南，与周边各旅游区联系紧密，水、陆、空交通都比较发达。水路上，长江是本区水上运输的主要通道。此外，长江的一些支流，如岷江、嘉陵江、沱江、乌江、大宁河、汉江等水系，对本区的水上交通运输也起着非常重要的作用。本区的铁路干线主要有京广、焦枝、枝柳、成昆、宝成、成渝、川黔、湘黔、湘桂、浙赣、宝成、襄渝、武大、汉丹等。本区航空运输也较发达，有成都双流国际机场、九（寨）黄（龙）机场、武汉天河国际机场、重庆江北国际机场、宜昌三峡国际机场、长沙黄花机场、张家界荷花机场、常德桃花源机场、衡阳机场等枢纽机场和地区机场，承担着本区的航空运输任务。

二、旅游资源类型

1. 举世闻名的世界遗产旅游资源

本区有一系列高等级旅游资源集中分布。世界文化遗产项目有湖北的武当山古建筑群、钟祥明显陵，重庆的大足石刻，四川的青城山-都江堰；世界自然遗产项目包括湖南的张家界武陵源、中国丹霞（湖南崀山）、中国南方喀斯特（重庆武隆），四川九寨沟、黄龙、大熊猫栖息地；还有1项世界自然文化双重遗产，即四川的峨眉山-乐山大佛。

2. 宗教文化与名山交相辉映

该区山地景观不仅自然风光秀美，而且与宗教文化紧密结合，形成佛道名山。四川峨眉山、乐山大佛，重庆大足石刻等为佛教旅游胜地；青城山、武当山、衡山、九宫山等为道教旅游胜地。

3. 丰富多彩的民族风情旅游资源

四川的藏族、彝族、羌族，重庆的土家族、苗族，湖南的土家族、苗族、侗族，以及湖北的土家族、苗族等少数民族风情构成了本区的一大民族民俗旅游资源。各民族的服饰、建筑、饮食、节庆等习俗异彩纷呈。藏族的赛马节、锅庄舞，彝族的火把节，羌族的碉楼村寨，土家族的摆手舞、"撒叶尔荷"等舞蹈，以及哭嫁习俗就是典型代表。

4. 三国遗迹遍布全区

历史上魏、蜀、吴三国鼎立的半个世纪为川、鄂、湘三地留下了大量的三国遗存：成都武侯祠、刘备墓，广元市剑门关，刘备托孤的白帝城，诸葛亮布下的水八阵、旱八阵军事遗迹，此外还有云阳张飞庙，姜维扎营地、姜维庙、姜维墓等众多三国遗迹。

湖北是三国争夺最激烈、故事发生最多的地方。荆州是当时三国竞相争夺的军事重镇，襄阳隆中为诸葛亮出山前躬耕之处，此外，司马懿向刘备力举天下贤士的南漳水镜庄、孔明借东风的南屏山、火烧乌林映赤壁的赤壁、东吴水军基地黄盖湖、赵子龙单骑救幼主的当阳长坂坡、关羽走麦城兵败身亡的麦城、东吴故都武昌城（今鄂州）及吴都明珠西山等都在湖北省境内。

湖南长沙是吴蜀频争的南方重镇，也是东吴发迹之地。关云长义释黄忠的故事就发生在该城。岳阳楼曾为赤壁之战以后东吴鲁肃的阅兵台，今岳阳楼东南 300 米有鲁肃墓，附近有周瑜之妻小乔墓；益阳有关云长单刀赴会的鬼蛇山，还有马良湖及关帝庙、三圣庙等。如此众多的三国遗存、遗迹为本区开展三国文化专项旅游提供了优越的条件。

5. 精耕细作的稻作农业，伟大的古今水利工程

该区由于气候条件比较优越，物产丰富，自古是我国重要水稻产区。四川素有"天府之国"的盛名，湘鄂则有"湖广熟，天下足"之誉。在我国九大商品粮生产基地中，本区占了3个，分别是江汉平原、洞庭湖平原和湘中丘陵。但季风气候降水的不稳定性又决定了"水利是农业的命脉"，为了抵御自然灾害保丰收，本地区自古就重视水利建设，并形成了一些不朽的古今水利工程。四川的都江堰是我国古代三大水利工程之一，建于战国秦昭王时期，为当时的蜀郡守李冰父子主持修建。该水利工程历经 2 000 多年仍在发挥着良好的作用。葛洲坝是万里长江上的第一坝。三峡水利工程是举世瞩目的世界第一大水利工程，发挥着防洪、航运及发电三大效益，这些水利工程都是该区的旅游热点。

6. 近代革命名人及纪念地多如繁星

在近代，该区一直处于社会变革的急流浪尖之上，标志着中国封建社会终结的辛亥革命首义成功，武昌阅马场红楼、首义公园成了当代人了解革命史实、缅怀革命志士的场所。新民主主义革命时期，打响农村包围城市第一枪的秋收起义在湖南文家市爆发，

另外还爆发了湘南起义、平江起义、黄麻起义等。本区的鄂豫皖革命根据地、湘鄂西革命根据地、川陕革命根据地等是革命先烈保家卫国的地方。革命先烈的感人事迹，使得后来者为之肃然起敬，因而这些革命斗争的纪念地自然也就成为了本区重要的旅游资源。

第二节　重点旅游资源

一、四川省

四川省地处长江上游，因古为蜀国，故简称"蜀"（或"川"）。四川省总面积为48.6万平方千米（列全国第5位），总人口8 050万（2011年，列全国第4位），居民大部分为汉族，也有彝族、藏族、羌族、土家族、苗族、壮族等14个少数民族。地形上，除川西为高原外，其余为四川盆地。四川盆地属中亚热带湿润区，四季分明、雨量充沛，非常适合农作物生长，素有"天府之国"之称。四川省旅游资源极为丰富，资源等级度高。省会成都2006年被评为"中国最佳优秀旅游城市"；拥有九寨沟、黄龙、峨眉山-乐山、青城山-都江堰、大熊猫栖息地等5项世界遗产；还有蜀南竹海、贡嘎山、四姑娘山、西岭雪山和剑门蜀道等国家重点风景名胜区。四川的民俗风情也很丰富多彩，有形式活泼的川剧，有吸引人的凉山彝族火把节、川西北藏族转山会等民俗节庆，还有享誉海内外的川菜、川酒。四川还是我国的国宝大熊猫的故乡，四川的大熊猫数量占全国的85%以上。

（一）重点旅游景区

1. 川西高原生态民族风情旅游区

该区位于四川盆地以西、青藏高原东南边缘、横断山区。该区旅游资源特征主要为高原生态环境与自然风光，藏族、羌族、彝族少数民族风情。

（1）九寨沟

九寨沟位于阿坝藏族羌族自治州九寨沟县境内，因周围有9个藏族村寨而得名。九寨沟风景名胜区总面积约620平方千米，是一条纵深60余千米的山沟谷地，约有52%的面积被茂密的原始森林所覆盖。九寨沟以森林、瀑布、湖泊、雪峰、藏族风情而闻名，有"童话世界"、"人间仙境"的美誉。九寨沟一年四季均可旅游，尤以秋季为最佳，主要有树正、诺日朗、剑岩、长海、扎如、天海六大景区，以三沟118海为代表，包括五滩十二瀑，十流数十泉等水景为主要景点。树正、日则、则查洼这3条主沟呈"Y"形分布。其中，主要的树正景区，长75千米，有盆景滩、树正群海、树正瀑布、双龙海、火花海、卧龙海等景点；日则景区，有诺日朗、珍珠滩、高瀑布三大瀑布，此外还有镜海、熊猫海、芳草海、天鹅海、剑岩、原始森林、悬泉、五花海等景点；则查洼景区，有长海和五彩池等景点。九寨沟的动植物资源极为丰富，种类繁多，大熊猫、金丝猴、白唇鹿等珍稀动物均乐于在此栖息。1992 年九寨沟被列入《世界遗产名录》。1997 年，又被纳入世界人与生物圈保护计划。

（2）黄龙

黄龙位于四川省阿坝藏族羌族自治州松潘县境内，被誉为"人间瑶池"。黄龙风景区面积 700 平方千米，由黄龙沟、雪宝顶、牟尼沟、火焰山（红心岩）、丹云峡 5 部分组成。景区以其奇、绝、秀、幽的自然风光而著称。景区内整个山谷几乎全被乳黄色的碳酸钙质所覆盖，从高处看去，宛若一条从岷山雪峰飞腾而下的黄龙，蜿蜒于茂林翠谷之中。其主景区黄龙沟位于岷山主峰雪宝顶下，以彩池、雪山、峡谷、森林"四绝"著称于世，是中国唯一的保护完好的高原湿地。这一地区还生存着包括大熊猫和四川金丝猴等许多濒临灭绝的动物。黄龙于 1992 年被联合国教科文组织列入《世界遗产名录》。

（3）四姑娘山

四姑娘山位于四川阿坝州小金县和汶川县交界处，由横断山脉中四座毗连的山峰组成。据当地藏民传说，这是 4 个冰清玉洁的姑娘的化身，因而得名四姑娘山。其中，"幺妹"四姑娘最高，海拔 6 250 米，另外 3 座山峰大姑娘、二姑娘、三姑娘海拔分别为 5 355 米、5 454 米、5 664 米。

四姑娘山是邛崃山的最高峰，地处川西高原向东急速过渡到成都平原的交接带。自中生代以来，以三迭纪的印支运动为主，经历了多次构造变动。强烈的褶皱运动使山体抬升，地层变质，老断裂复活，河流下切，造成了四姑娘山岭谷高差悬殊的复杂地形特征。山体雄伟陡峻，刃脊上多悬崖峭壁。主峰南坡飞挂数条冰川，冰川舌直指山脚。西坡和北坡是令人望而生畏的数百米高的陡岩，而山麓则森林茂密、绿草如茵，清澈的溪流潺潺不绝，宛如一派秀美的南欧风光，人称"中国的阿尔卑斯"。

（4）贡嘎山

贡嘎山景区位于甘孜藏族自治州泸定、康定、九龙 3 个县的交界处，以贡嘎山为中心，由海螺沟、木格错、五须海、贡嘎南坡等景区组成，面积 1 万平方千米。贡嘎山主峰海拔 7 556 米，被誉为"蜀山之王"，主峰周围林立着 145 座海拔五六千米的冰峰，形成了群峰簇拥、雪山相接的宏伟景象。

贡嘎山有现代冰川 71 条，著名的有海螺沟一号冰川、贡巴冰川、巴旺冰川、燕子沟冰川、磨子沟冰川等。海螺沟冰川是国内同纬度海拔最低的冰川，最低点为海拔 2 850 米，伸入原始森林 6 千米，冰川、森林共存。这里还有中国最大的冰瀑布，高 1 080 米，宽 1 100 米，每当雪崩发生时，冰雪飞腾，响声如雷，气势磅礴壮观。

贡嘎山景区内有 10 多个高原湖泊，著名的有木格错、五须海、人中海、巴旺海等，湖水清澈透明，保持着原始、秀丽的自然风貌。景区内垂直自然带谱十分明显，植被完整，生态环境原始，植物区系复杂，已查明的植物有 4 880 种。属国家一、二、三类保护的动物有 20 多种。景区内温泉点有数十处，水温在 40～80℃，有的达到 90℃以上，著名的有康定二道桥温泉和海螺沟温泉。

景区附近还有康定跑马山、贡嘎寺、塔公草原等自然与人文旅游资源，以及藏族丰富多彩的民族风情。

（5）稻城亚丁

亚丁风景区位于四川省甘孜州稻城县的东南部，方圆千余平方千米，主体部分是 3 座完全隔开，而相距不远，呈"品"字形排列的雪峰，被称为 3 座"神山"。它的景致保持着在地球上近乎绝迹的纯粹，被誉为"蓝色星球上的最后一片净土"。景区内的主要景点就是 3 座"神山"及蒙自大峡谷、俄初山、阿西高山公园等。3 座"神山"分别是仙乃日、央迈勇、夏诺多吉。据历史记载，公元 8 世纪，莲花生大师为贡嘎日松贡布开光，以佛教中的观音、文殊、金刚分别为 3 座雪峰命名，仙乃日为观音菩萨，央迈勇为文殊菩萨，夏诺多吉为金刚菩萨。

2. 四川盆地历史文化旅游区

该区位于四川盆地，包括盆地的全部，即成都及以南、以东大部区域。该区旅游资源的特点是丰富的物产、优越的地理位置和气候条件、经济发达的西南城市圈，以及厚重的历史文化底蕴。

成都位于四川盆地西北部成都平原的中心，气候温和、土地肥沃，自古以来就以"天府之国"和"蓉城"闻名于世，不仅是我国的历史文化名城，而且也是本区重要的口岸城市。

成都市山川秀丽，地貌多样，龙聚凤集，文物荟萃。自春秋战国以来，该市曾 5 次被定为封建王朝的都城，从秦汉起一直是我国西南地区政治经济和文化中心，历史遗留下来的文物古迹很多。市区的武侯祠是纪念三国蜀汉丞相诸葛亮的祠堂，是全国重点文物保护单位；西郊浣花溪畔的杜甫草堂，是著名诗人杜甫撰写以《茅屋为秋风所破歌》为代表的 240 余篇诗词的地方；城东南 2 千米处的望江楼公园，因唐代女诗人薛涛而闻名，又被誉为"竹的公园"。此外还有王建墓、青羊宫、南郊公园等游览胜地。现代城市游憩商务区有春熙路商圈、九龙仓、兰桂坊、好望角、万象城等。麻婆豆腐、赖汤圆、腌卤食品、名烟名酒名茶等，是当地的风物小吃和特产。

（1）杜甫草堂

杜甫草堂位于成都市西郊浣花溪畔。公元 759 年，唐代诗人杜甫为避"安史之乱"，从甘肃来到成都，在成都西郊的浣花溪畔建了几间茅屋居住，称为"成都草堂"。杜甫先后在这里居住了将近 4 年，作出了《石壕吏》、《春夜喜雨》、《茅屋为秋风所破歌》、《恨别》等 240 多首忧国忧民、流传至今的诗歌。杜甫草堂于 1961 年被国务院列为全国重点文物保护单位。现在的杜甫草堂是经过多次维修和扩建而成的，草堂占地面积约 24 公顷，主要由大廨、工部祠和诗史堂 3 座纪念性建筑组成。

（2）峨眉山

峨眉山位于四川盆地西南部的峨眉山市境内，包括大峨山、二峨山、三峨山、四峨山，其中大峨山为峨眉山的主峰，我们通常说的峨眉山指的就是大峨山。峨眉山是我国著名的四大佛教名山之一，相传为普贤菩萨道场。早在汉朝末年，佛家便在此建立寺庙，唐、宋、明、清屡有增建，到清末时，寺庙多达 150 余座。峨眉山现有寺院 73 座，主要有报国寺、伏虎寺、万年寺、雷音寺、清音阁、洗象池等。

峨眉山也是著名的旅游胜地。峨眉山山体雄伟，气势磅礴，景色宜人，常年云雾缭绕，有"峨眉天下秀"的美称。峨眉山山体自上而下，垂直温差大，形成丰富的天然植被，共有 3 000 多种植物，其中包括世界上稀有的树种，是一座天然的植物博物馆。峨眉山风景区面积达 154 平方千米，其最高峰万佛顶海拔为 3 099 米。此外，峨眉金顶是峨眉山第二高峰，海拔 3 077 米，以"佛光、云海、日出及圣灯"四大奇观而著称。1996年峨眉山与乐山大佛一起被联合国教科文组织列入《世界遗产名录》。

小资料

峨眉佛光

佛光又称"宝光"，以峨眉"金顶佛光"最为著名。峨眉佛光，一般在午后三四点钟出现。佛光是一种光的自然现象，是阳光照在云雾表面所起的衍射作用而形成的。当天空晴朗无风，阳光、云层和人体（或物体）三者同处于倾斜 45° 的一条直线上，人处于云层与阳光之间时，即可见到佛光。在我国，因峨眉山云雾天数、湿度条件和风速条件结合较好，峨眉山佛光出现的次数最多，最多时全年可达 100 次左右。

（3）乐山大佛

乐山大佛位于峨眉山东 31 千米的乐山市，岷江、青衣江和大渡河三江汇流处，依凌云山栖霞峰临江峭壁凿造而成，又名凌云大佛，为弥勒坐像。佛像高 71 米，是世界上最大的石刻弥勒佛坐像。大佛头长 14.7 米，头宽 10 米，肩宽 24 米，耳长 7 米，耳内可并立 2 人，脚背宽 8.5 米，可坐百余人，素有"佛是一座山，山是一尊佛"之称。

乐山大佛开凿于唐玄宗开元初年（713 年），历时 90 年完成。乐山大佛具有一套设计巧妙、隐秘的排水系统，对保护大佛起到了重要的作用。在大佛头部共 18 层螺髻中，第 4 层、第 9 层和第 18 层各有一条横向排水沟，衣领和衣纹皱折也有排水沟，两耳背后靠山崖处，有洞穴左右相通，胸部背侧两端各有一洞，但互未凿通，这些水沟和洞穴，组成了科学的排水、隔湿和通风系统，防止了大佛的侵蚀性风化。

坐像右侧有一条九曲古栈道。栈道沿佛像的右侧绝壁开凿而成，奇陡无比，曲折九转，方能登上栈道的顶端。这里是大佛头部的右侧，也就是凌云山的山顶。此处可观赏到大佛头部的雕刻艺术。大佛顶上的头发，共有螺髻 1 021 个。远看发髻与头部浑然一体，实则以石块逐个嵌就。大佛头部的右后方是建于唐代的凌云寺，即俗称的大佛寺。寺内有天王殿、大雄殿和藏经楼等三大建筑群。

（4）青城山

青城山位于灌县西南 15 千米，背靠岷江，俯瞰成都平原，景区总面积 200 平方千米，有 36 峰、8 大洞、72 小洞、108 个景点。青城山由诸山峰环绕而成，状若城廓，山上古木参天、树木繁茂、四季常青，素有"青城天下幽"的美誉。青城山是我国道教发源地之一。相传，东汉末年道教创始人张道陵曾修道于此，创立天师道。晋代以后，山中道教渐盛，极盛时有道观 70 余座（图 8-1），胜景 100 多处，道家称为"第五洞天"。青城山与都江堰 2000 年被联合国教科文组织列入《世界遗产名录》。

图 8-1　青城山上清宫

（5）都江堰

都江堰位于岷江中游的灌县境内，修筑于 2 200 多年前的战国时期，由秦国蜀郡太守李冰父子率领当地百姓建造，目的是"引水以灌田，分洪以减灾"。都江堰至今仍在发挥作用，它不仅是中国水利工程技术的伟大奇迹，也是世界水利工程的璀璨明珠。都江堰工程包括鱼嘴、飞沙堰和宝瓶口 3 个主要组成部分。鱼嘴是在岷江江心修筑的分水堤坝，形似大鱼卧伏江中，它把岷江分为内江和外江，内江用于灌溉，外江用于排洪。并筑有水门调节水量，使岷江的水流分散，从而既免除了泛滥的水灾，又保证了良田的灌溉，使成都平原成为了"天府之国"。都江堰水利工程附近还有二王宫、安澜索桥、玉垒峰、伏龙观等特色各异的景点。

（6）三星堆遗址和博物馆

三星堆遗址位于广汉市南兴镇的三星村、真武村、回龙村和三星乡人民村、仁胜村所在的鸭子河、牧马河台地上。考古学家在三星堆遗址发掘出房屋、灰坑、墓葬、祭祀坑、城墙等重要遗迹，获得大批青铜器、金器、玉石器和陶器等重要文物和文物标本，尤以青铜器最为名贵。三星堆遗址出土的器物不仅体大量多，而且造型独特，工艺精湛，为中原商文化中所鲜见。

三星堆古城遗址始建与废弃年代在距今 4 070～2 875 年，相当于中原的夏商时期，也是所传古代蜀国的蚕丛、鱼凫及开明氏时期。据测定，三星堆古蜀国城址城内面积至少有 6 平方千米，加上周围墓群，保护范围为 12 平方千米。学者推断，三星堆应是当时东方最大的城址之一，可能是当时一个政治文化中心，很可能就是早期蜀国的都城，是巴蜀文化重要的文化遗存。三星堆遗址的发现为建立长江上游 5 千年来的考古学文化序列奠定了基础，进一步证实了中华文明的多元化源头，打开了一扇通向远古文明的大门。

三星堆博物馆（图 8-2）位于三星堆遗址东北角，馆区占地 20 公顷，主馆面积 7 000 平方米。馆内展厅面积 4 000 平方米，展线长逾 800 米，以《古城古国古蜀文化陈列》为主体内容，全面展示三星堆遗址及遗址内一、二号大型商代祭祀坑出土的陶器、玉器、骨器、金器和青铜器等上千件珍贵文物。

（7）自贡恐龙博物馆

自贡位于四川省西南，以恐龙、井盐、灯会"三绝"著称，有"千年盐都"、"恐龙之乡"、"南国灯城"之誉。自贡是我国重要的恐龙化石发掘地，目前已有 70 余处发掘出恐龙化石。位于自贡市中心东北 11 千米处的大山铺恐龙化石遗址于 1972 年被发现，已陆续发掘出大批珍贵的恐龙化石，是一个罕见的化石宝库，其化石富集区达 1.7 万平方米，共分为三四个小层。在仅两个 800 多平方米范围内就发掘出恐龙个体化石近百个，完整和较完整的骨架 30 余具。其恐龙动物群包括 3 个纲、11 个目、15 个科、近 20 个种，最珍贵的是目前世界上发掘最早的中侏罗纪剑龙和首次发现的翼龙，并出土了一批珍贵的伴生动物化石。1984 年开始，在发掘现场建立了我国唯一的恐龙化石埋藏遗址博物馆，并于 1987 年正式开放。

图 8-2　三星堆博物馆展品

（8）蜀南竹海

蜀南竹海，位于四川南部的宜宾市境内，是我国最大的原始"绿竹公园"。植被覆盖率达 87%，为我国空气负离子含量很高的天然氧吧，是我国一级环保旅游区。

蜀南竹海原名万岭箐。据传北宋著名诗人黄庭坚到此游玩，见此翠竹海洋，连连赞叹："壮哉，竹波万里，峨眉姐妹耳！"即持扫帚为笔，在黄伞石上书"万岭箐"3 字，因而得名。

蜀南竹海以雄、险、幽、峻、秀著名。7 万余亩土地上楠竹密布，铺天盖地，夏日一片葱茏，冬日一片银白。蜀南竹海与恐龙、石林、悬棺并称"川南四绝"。蜀南竹海竹类品种繁多，除楠竹外，还有人面竹、算盘竹、慈竹、绵竹、花竹、凹竹等 30 多个品种。

（二）特色民俗风物旅游资源

1. 风味饮食

"食在中国，味在四川"，川菜是中国四大菜系之一，享有"一菜一格，百菜百味"的美誉。川菜又分为上河帮、小河帮和下河帮 3 个派系。上河帮是以成都和乐山为核心的蓉派菜系，著名小吃有凉粉系列（川北凉粉、伤心凉粉）、豆花系列（泉水豆花、谭豆花、饊子豆花、冰醉豆花、酸辣豆花）、面食系列（担担面）、冒菜、赖汤圆、龙抄手、钟水饺等。

小河帮是以川南自贡为中心的盐帮菜，以自贡和内江菜为主，盐帮菜又分为盐商菜、盐工菜、会馆菜三大支系，以麻辣味、辛辣味、甜酸味为三大类别。

下河帮以重庆、达州、南充为中心，俗称江湖菜。

2. 风物特产

四川特产主要有猪鬃、桐油、白蜡、生漆，宜宾等地的工夫红茶。此外，邛崃、雅安一带所产的南路边茶属压紧茶类，是专供青藏的传统名特产。果品特产首推红桔、广柑及江安夏橙等，还有泸州桂圆、金川雪梨等。四川地道药材有川芎、川连、川贝母、川木香、川明参等。农林特产有雅安天府鲜笋、泸州粉丝、汉源花椒。四川特产食品有怪味蚕豆、南充松花蛋、西昌板鸭等。名酒有宜宾五粮液、绵竹剑南春、泸州老窖、古蔺郎酒。传统工艺品有蜀绣蜀锦、隆昌夏布、成都漆器、会理美术陶瓷，以及众多的特产竹制品，如成都竹编、自贡竹扇、南充竹帘画等。

3. 民间艺术

川剧是四川的代表性剧种，流行于四川全省及云南、贵州的部分地区。川剧是融歌、舞、剧、杂为一体的综合性艺术，在表演上很讲功法，"变脸"、"吐火"、"藏刀"等，是川剧独有的绝技。

4. 特色节庆

四川有丰富多彩的旅游节庆活动。成都灯会和花会、自贡恐龙灯会、都江堰放水节、望丛歌会、广元女儿节、凉山彝族火把节、川西北藏族转山会、黄龙寺庙会、成都国际熊猫节等旅游节庆活动体现了浓郁的地方特色和民族风情。

二、重庆市

重庆简称"渝"，位于中国西南部、长江的上游，也是长江与嘉陵江的交汇处，总面积 8.23 万平方千米（列全国第 26 位），总人口 2 919 万（2011 年），是我国面积最大、人口最多的直辖市。居民以汉族为主体，此外有土家族、苗族、回族、满族等 49 个少数民族。其中土家族人口最多，其次是苗族。重庆是中国西部唯一的直辖市，位于北半球亚热带内陆地区，属于中亚热带湿润季风气候。夏季气候闷热，是长江流域著名的四大"火炉"之一；冬天气候比较温暖，气温平均在 6～8℃；夏秋两季雨水多。此外，重庆在秋末至初春时多雾，故又有"雾都"之称。重庆是著名的山城，地形起伏有致。最具特色的就是山城的夜景，万家灯火与水光天色交相辉映，奇丽动人。重庆是中国西南地区和长江上游的经济中心城市和重要的交通枢纽，工业发达，为旅游业的发展提供了良好的环境。

重庆历史悠久。3 000 多年前重庆就是古代巴国的都城，曾先后称作江州、俞州、恭州，直到南宋赵惇登基称帝，以他先封恭王、后登帝位，取"双重喜庆"之意，改恭州为重庆府。元末明玉珍以此为首都建立夏国。抗日战争期间重庆是陪都和国民政府所在地。

重庆旅游资源丰富，主要景点有长江大桥、索道、枇杷山公园、动物园、南山公园、南北温泉公园、江沿革命纪念馆、歌乐山烈士纪念馆、缙云山、河川钓鱼城。著名的城市步行街有解放碑步行街。重庆更以其迷人的山城夜景和"麻、辣、烫"火锅而著名。

（一）重点旅游景区

1. 重庆市城区

（1）解放碑

解放碑是重庆的标志性建筑之一，位于重庆市区中心。碑通高 27.5 米，有旋梯可达顶端。该碑落成于 1940 年 3 月 12 日孙中山逝世纪念日，原为低矮木结构。1945 年抗战胜利后重建，题名为"抗战胜利纪功碑"。1950 年由刘伯承改题为"重庆人民解放纪念碑"。以解放碑商业步行街为中心，形成了重庆市区最繁华的商贸中心地带。百货大楼、商店、银行、影剧院、舞厅、卡拉 OK、副食品市场、中外文书店、宾馆、饭店等鳞次栉比，一应俱全。解放碑商业步行街是重庆市民休闲、购物、娱乐的最佳去处。

（2）缙云山

缙云山位于重庆市北碚区嘉陵江边，素有"小峨眉"之称。山有九峰，从北到南有朝日峰、香炉峰、狮子峰、聚云峰、猿啸峰、莲花峰、宝塔峰、玉尖峰和夕照峰。其中主峰是狮子峰，最为险峻壮观；海拔最高的是玉尖峰，为 1 050 米。山上的缙云寺坐落在狮子峰、聚云峰两峰之前，寺庙四周古木参天、翠竹成林，是一座著名的深山古寺。缙云寺始建于南朝宋景平元年（423 年），后来毁于兵火，现存寺庙为清康熙二十二年（1683 年）重修。山上植被茂盛，物种丰富，有猴欢喜、无刺冠梨、缙云琼楠、伯乐树、银杏、红豆杉、飞蛾树和水杉等珍稀植物。

2. 大足旅游区

大足石刻（图 8-3）位于重庆市大足县境内，有石窟 76 处，造像 6 万多尊，石刻 40 多处。大足石刻始凿于唐永徽元年（650 年），经唐、宋年间不断丰富，是我国晚期石窟艺术的代表。造像规模较大的有北山、宝顶山、南山、石门山、石篆山，其中以北山和宝顶山的石刻规模最大。北山石刻又以佛湾造像最为集中，石刻分南北两个区域，南区大多是晚唐、五代作品，北区大多为两宋时期的作品。而宝顶山的石刻以大佛湾和小佛湾规模为最。大足石刻于 1999 年 12 月被联合国教科文组织列入《世界遗产名录》。

图 8-3　大足石刻

3. 渝东长江三峡旅游区

（1）长江三峡

长江三峡西起重庆奉节的白帝城，东到湖北宜昌的南津关，全长 192 千米，是瞿塘峡、巫峡和西陵峡 3 段峡谷的总称，也就是常说的"大三峡"，是长江上最为奇秀壮丽的山水画廊。瞿塘峡西起白帝城（西距奉节县城 4 千米），东至巫山大溪镇，全长约 8 千米，是长江三峡中最窄、最险、气势和景色最壮观雄奇的峡谷。巫峡西起大宁河口，东至湖北省巴东县官渡口，长 45 千米，为三峡中最完整的峡谷，故又称大峡，以幽深秀丽著称。西陵峡西起秭归县香溪河，东至宜昌市的南津关，长约 75 千米，以滩险流急、大峡套小峡，大滩含小滩而著称，有青滩、泄滩、崆岭滩三大险滩，以及兵书宝剑峡、牛肝马肺峡、黄牛峡、灯影峡等著名峡谷。

（2）大宁河小三峡

大宁河是长江三峡段第一大支流，全长约 250 千米。大宁河小三峡，是大宁河下游龙门峡、巴雾峡（又称铁棺峡）、滴翠峡的总称。它南起龙门峡口，北至涂家坝。龙门峡是小三峡的第一个峡谷，长约 3 千米，峡谷犹如瞿塘峡的"夔门"，故有"小夔门"之称。峡谷内两岸峰峦耸立，绝壁摩天，河东岩壁上有一清泉流入河中，人称"龙门泉"。河西绝壁上可见古栈道遗迹。出了龙门峡，滩险流急，这就是著名的险滩"银窝滩"。过滩即进入铁棺峡，峡长约 10 千米，两岸怪石嶙峋，形成一组组天然雕塑，妙趣横生，在河东岸离水面四五米高的绝壁石缝中还有一具黑色悬棺，据考证为战国时期巴人的悬棺，俗称"铁棺材"，峡名也由此而来。继续向前就是小三峡中最长、最迷人的滴翠峡，峡长约 20 千米，峡中钟乳石遍布，石石滴水，处处苍翠，游峡可以欣赏到"赤壁摩天"、"红屏翠莲"、"关门岩"等奇景。

（二）特色民俗风物旅游资源

1. 风味饮食

重庆的川菜博采全国各大菜系之长，兼收并蓄，妙味无穷。其烹饪制法有 30 多种，花色菜品有 4 000 多个，味型 20 余种，香型 10 多种。

2. 风物特产

重庆出产许多名贵中药材，如石柱的黄连、天麻，南川的杜仲，巫山的庙参等。重庆的地质、气候条件十分适宜水果的生长，江津广柑、苍溪雪梨、潼南黄桃、长寿沙田柚、北碚锦橙、城口磨盘柿等皆久负盛名，其大红袍桔曾为朝廷贡品。"重庆沱茶"、"翠坪银针茶"、"西农毛尖"等，也是茶中上品。

重庆的民间手工艺品历来名播四方，有中国四大名绣之一的蜀绣，走出国门的荣昌折扇，以及各式竹编、土家织锦、龙水小五金、三峡石砚等，都极具地方民族色彩。

3. 土家风俗

居住在重庆的土家族是中国古代巴人的后裔，至今还保留着许多土家风俗。他们奉祭白虎，住吊脚楼，喝油茶汤，唱土家山歌，跳摆手舞，哭嫁，跳丧等。土家族最富民族特色的节日是年节；节日中最富民族特色的歌舞，是"舍巴日"。

小资料

重庆十八怪

房如积木顺山盖，三伏火锅逗人爱；
坐车没得走路快，空调蒲扇同时卖；
背起棒棒满街站，女士喜欢露膝盖；
龟儿老子随口带，不吃小面不自在；
光着膀子逛大街，街边打望好愉快；
办报如同种白菜，崽儿打赌显豪迈；
矮小伙高姑娘爱，摊开麻将把客待；
公交车上摆擂台，宝气处处都存在；
人名没得地名怪，丧事当作喜事办。

三、湖北省

湖北省简称"鄂"，位于我国中部长江中游洞庭湖以北，因此被称为湖北，总面积18.59万平方千米（列全国第14位），总人口5 758万（2011年）。湖北省东面与安徽省相邻，南接江西、湖南，西连重庆，西北与陕西接壤，北面与河南相邻。湖北是一个河流众多的省份，有大小河流1 193条，总长度达3.5万千米。在长江、汉江两岸的冲积平原上，形成了"江汉湖群"，是全国著名的淡水湖泊密集分布地区之一，有"千湖之省"之称，其中洪湖是湖北省最大的湖泊。湖北属于亚热带季风性湿润气候，光照充足，降雨丰沛，年均降水量在800～1 600毫米。

湖北是荆楚文化发祥地，楚文化和在此基础上形成的汉文化在湖北积淀深厚。以武当山为代表的宗教文化和以荆州古城、赤壁、襄阳、隆中等为代表的三国文化也是湖北旅游文化的显著特色。湖北还是历史名人辈出之地，如中华始祖炎帝，楚文化的杰出代表屈原，中国四大美女之一的王昭君，中国古代四大发明之一"活字印刷术"的发明者毕昇，现代革命家董必武、陈潭秋、李先念等均诞生于荆楚大地。

（一）重点旅游景区

1. 鄂东旅游区

鄂东旅游区以武汉市为中心，历史文化旅游、城市观光、商务旅游资源都很丰富。

武汉市位于华中，是湖北省省会，由武昌、汉口、汉阳3个镇组成。武汉交通发达，处于长江、汉江和京广铁路交汇处，是中国内陆最大的水陆空交通枢纽，国家口岸城市，素有"九省通衢"和"江城"之称。武汉历史悠久，自商周、春秋、战国以来即为重要的古城镇，宋、元、明、清以来一直是全国的重要名镇之一。武汉革命遗迹、名胜古迹众多，也是著名的城市游憩商务区。东湖风景名胜区湖岸曲折，湖面33平方千米，是我国第一大城中湖。龟山尾部、月湖侧畔的古琴台，又名伯牙台。相传，古时俞伯牙在此鼓琴，樵夫钟子期能识其律，知其志在高山流水。两人遂结为知交，钟子期死后，俞伯牙深感知音难再，即破琴绝弦，终身不复鼓琴，后人感其情谊深厚，在此筑台以纪念。武汉风味小吃以老通城豆皮、四季美汤包、蔡林记热干面等最具特色。

（1）黄鹤楼

黄鹤楼，耸立于湖北武昌蛇山之上，享有"天下绝景"的盛誉，与湖南岳阳楼、江西滕王阁并称为"江南三大名楼"。黄鹤楼始建于三国时期吴黄武二年（223年），相传是为了军事目的而建，孙权为实现"以武治国而昌"（"武昌"的名称由来于此），筑城为守，建楼以瞭望。至唐朝，其军事性质逐渐演变为著名的名胜景点，历代文人墨客到此游览，留下不少脍炙人口的诗篇。唐代诗人崔颢的一首"昔人已乘黄鹤去，此地空余黄鹤楼。黄鹤一去不复返，白云千载空悠悠。晴川历历汉阳树，芳草萋萋鹦鹉洲。日暮乡关何处是，烟波江上使人愁"已成为千古绝唱，更使黄鹤楼名声大噪。

今黄鹤楼于1985年6月重建落成，主楼以清同治楼为蓝本，但更高大雄伟。运用现代建筑技术施工，钢筋混凝土框架仿木结构。飞檐5层，攒尖楼顶，金色琉璃瓦屋面，通高51.4米。黄鹤楼的平面设计为四边套八边形，谓之"四面八方"。从楼的纵向看，各层排檐形如黄鹤，展翅欲飞。全楼各层布置有大型壁画、楹联、文物等。楼外铸铜黄鹤造型、胜像宝塔、牌坊、轩廊、亭阁等一批辅助建筑，将主楼烘托得更加壮丽。登楼远眺，"极目楚天舒"，不尽长江滚滚来，武汉三镇风光尽收眼底。

（2）归元寺

归元寺位于汉阳区，是武汉保存最好的古代寺庙，全国重点佛教寺院，并与宝通寺、溪莲寺、正觉寺合称为武汉的四大丛林。归元寺始建于清顺治年间，屡败屡兴，现存建筑，为清同治三年（1864年）、光绪二十一年（1895年）及民国初年陆续所建。寺名取自佛经"归元性不二，方便有多门"的"归元"二字。归元又称归真，即归于真寂本源，得道成佛。内有藏经阁、大雄宝殿等主体建筑。

（3）赤壁

湖北省有两个赤壁，一个是三国赤壁，位于蒲圻县境。这里就是三国时期有名的赤壁之战厮杀的疆场。东汉建安十三年（208年），曹操率二十几万大军南下，孙权、刘备以5万联军初战于赤壁，曹军失利，退回江北，后来孙刘联军用火攻大破曹军，这就是中国历史上著名的赤壁大战。赤壁山险峻而又雄伟，石壁西侧刻有"赤壁"二字，相传为东吴大将周瑜所书，石壁上还有石刻诗词，为历代文人雅士凭吊古人所题诗赋。赤壁山崖头建有"翼江亭"，这里相传是赤壁之战时周瑜破曹观战的哨所。与赤壁山紧紧相连的山叫西屏山，山上的"拜风台"，是当年诸葛亮火烧战船而拜祭东风的地方。在武侯宫大殿上，供有刘备、关羽、张飞、诸葛亮的全身塑像。

另一个赤壁是位于湖北黄州的东坡赤壁，又称赤鼻矶。唐代诗人杜牧错将赤鼻矶视为古战场而写下了题为《赤壁》的绝句："折戟沉沙铁未销，自将磨洗认前朝。东风不予周郎便，铜雀春深锁二乔。"北宋苏东坡也视黄州赤鼻矶为赤壁，写下了传诵千古的《前赤壁赋》、《后赤壁赋》和《赤壁怀古》等词赋。这里不是真正的赤壁古战场，却因名人的吟咏而出名。

（4）九宫山

九宫山位于幕阜山脉中段，湖北省通山县境内，主峰海拔1 657米，景区总面积210平方千米，雄奇险峻，景色迷人。九宫山年平均气温为22℃，最高气温不超过30℃，是我国旅游避暑的胜地，有"第二庐山"之称。

九宫山因南朝"晋安王兄弟九人建九宫殿于此山，遂以为名。"此后，多朝皇帝封山赐匾，历代文人作赋题词，延至南宋名道士张道清赴九宫山开辟道场，香火旺盛，九宫山便成为全国五大道场之一。1645年明末农民起义领袖李自成殉难于九宫山，更使九宫山声名远播。闯王陵是全国唯一保存下来的农民起义领袖陵寝。

（5）明显陵

明显陵位于钟祥市城东郊的松林山，是明世宗嘉靖皇帝的父亲恭壑献皇帝和母亲章圣皇太后的合葬墓，始建于明正德十四年（1519年），嘉靖四十五年（1566年）建成，前后历时共47年。陵园面积达183.13公顷，红墙黄瓦、金碧辉煌，是我国中南地区唯一的一座明代帝王陵墓，也是我国明代帝陵中最大的单体陵墓。其"一陵两冢"的陵寝结构，为历代帝王陵墓中绝无仅有，并保留了我国历代帝王陵墓中遗存最为完整的城墙孤品。明末崇祯年间，李自成起义军攻进钟祥后，烧毁了明显陵的一部分宫殿；侵华日军占领钟祥时窃走了大量的石刻文物。2000年，明显陵被列入《世界遗产名录》。

2. 鄂西旅游区

鄂西区以武当山-神农架-宜昌为主轴，旅游资源以宗教建筑、历史文化、自然生态和水利设施为主要特色。

（1）武当山

武当山位于湖北省西北部丹江口市西南，又名太和山、玄岳山，是我国著名的道教圣地。相传，道教信奉的"真武大帝"即在此修仙得道飞升，也是武当拳术的发源地。武当意为"非真武不足当之"。名胜区面积为321平方千米，有众多的自然胜景和人文胜景。

武当山不但风景优美，而且是我国的一座文化宝库，山上古代建筑中规模宏伟、工程浩大的道教宫观，则更负盛名，称得上是世界古代建筑史上的奇迹。山上现存的大量古建筑多为明代所建（图8-4和图8-5）。

图 8-4 武当山紫霄殿

图 8-5 琼台中观三清殿

据史载，明成祖朱棣崇奉道教，于永乐十年（1412 年）命人率 30 万众进驻武当山，大兴土木，以 13 年之功，从筠县（今丹江口市）城内的净乐宫到天柱峰金顶绵延 70 千米的路旁，建成后来形成的 9 观、9 宫、12 亭、36 庵堂、39 桥梁、72 岩庙等整套关联完整而雄伟壮观的建筑群。古栈道似银线串珠，连接着主体建筑和点缀性小品建筑，共计殿堂庙宇 2 万多间、400 多处，总占地面积 160 万平方米，超过故宫一倍以上，其规模之宏大、技艺之精湛、工程之艰巨，实为世所罕见。整个建筑体系按照政权和神权相结合的政治意图，每一建筑单元都建在峰、峦、坡、崖涧的合适位置上，借自然风景的雄伟高大或奇峭幽壑，构成仙山琼阁的意境。既体现了皇权的威武庄严，又体现了神权的玄妙神奇，创造了自然美与人文美高度融合的名山景观。武当山现存 33 处道教古建筑，1994 年 12 月，被列入《世界遗产名录》。

武当山还以武术闻名。一代宗师张三丰在武当山创立武当派，与嵩山少林派齐名。武当武术与道教渊源极深，道士修炼学道，往往伴以习武，武当武术以养身练功、防身保健为宗旨，以柔克刚，后发制人，自成一派，被称为"内家拳派"。

（2）神农架

神农架景区，位于湖北省西北部，面积为 3 250 平方千米，林地占 85%以上，森林覆盖率 69.5%。相传上古时代神农氏（炎帝）曾在此遍尝百草，为民除病。由于千峰陡峭，珍贵药草生长在高峰绝壁之上，神农氏就伐木搭架而上，采得药草，救活百姓，故称为神农架。神农架最高峰大神农架即神农顶海拔 3 105.4 米，是华中地区最高峰，有"华中屋脊"之称。神农架自然保护区属国家级森林和野生动物的自然保护区。区内古木参天，奇花异卉遍布，有"绿色宝库"之称。另外，还有种类繁多的珍稀动物。除名贵的金丝猴外，还有白雕、白鹿、白松鼠、白蛇、白熊等，堪称是一个"白色的动物王国"。神农白熊已被定为国家一级保护动物。神农架流传着"野人"的传说，也因此成为神秘的旅游胜地。

🔍 小资料

神农架野人之谜

神农架野人历史上流传已久，3 000 年以前的古籍中早有记载。在神农架山区，目击野人的人数达百余。所见者以红毛野人居多，也有麻色和棕色毛的，有少数目击者甚至撞见过白毛野人。从 1976 年开始，中国科学院组织科学考察队对神农架野人进行了多次的考察。考察中，发现了大量野人脚印，长度为 21～48 厘米，并灌制了数十个石膏模型；收集到数千根野人毛发；在海拔 2 500 米的箭竹丛中，考察队还发现了用箭竹编成的适合坐躺的野人窝。到目前为止，科学家们已经确认神农架野人是神农架山区客观存在的一种奇异动物。虽然已初步了解到这种动物活动的地带及其活动规律，但要揭开这个千古之谜，还需要进行一系列的科学考察。

（3）襄阳古城

襄阳位于汉水中游南岸，是历史悠久的文化古城，居我国腹心地带，是焦柳、襄渝、汉丹铁路的交汇处。襄阳气候温和、物产丰富、山清水秀、地势险要，自古来就是兵家必争地。襄阳城名胜古迹众多，襄阳古城始建于汉，三面环水，一面靠山，城墙周长 7 千米，护城河是我国最宽的护城河（平均宽 180 米，最宽处 250 米），城高池深，易守难攻，自古以来就享有"铁打的襄阳"的声誉。襄阳城墙西北角拐弯处有夫人墙，是公元 373 年为抗秦军入侵守将朱序的母亲韩夫人亲自率妇女所筑。襄阳城西 15 千米处有古隆中（图 8-6），是三国著名的政治家、军事家诸葛亮曾隐居之处，刘备"三顾茅庐"时，他在此提出东联孙权、北伐曹操的方略，即著名的"隆中对"，后任蜀国丞相，辅佐刘备。现保存有三顾堂、石碑坊、武侯祠、三义殿、抱膝亭、躬耕田、梁父岩等名胜古迹。此外，襄阳还有邓城、鹿门寺、多宝佛塔、绿影壁、米公祠、杜甫墓等文物古迹。

图 8-6　襄阳古隆中

（4）三峡大坝

三峡大坝是世界第一大水电工程，位于西陵峡中段，湖北省宜昌市境内的三斗坪，距下游葛洲坝水利枢纽工程 38 千米。三峡大坝工程包括主体建筑物工程及导流工程两部分，工程总投资为 954.6 亿元人民币。于 1994 年 12 月正式动工修建，2006 年 5 月建成。三峡大坝全长约 2 309 米，全线浇筑达到设计高程 185 米，是世界上规模最大的混凝土重力坝。三峡工程是迄今世界上综合效益最大的水利枢纽，在发挥巨大的防洪效益和航运效益外，三峡大坝左右岸安装了 32 台单机容量为 70 万千瓦的水轮发电机组，还安装了两台 5 万千瓦的电源电站，其 2 250 万千瓦的总装机容量为世界第一。三峡大坝荣获世界纪录协会世界最大的水利枢纽工程世界纪录。2007 年三峡大坝景区成为首批国家 5A 级旅游景区。景区由坛子岭观景平台、185 高程坝前观景平台和截留纪念园 3 部分组成，另有大型主题演出《盛世峡江》。

（5）清江画廊

清江画廊风景区位于宜昌的长阳土家族自治县，有倒影峡、仙人寨、武落钟离山等三大景点。清江画廊风景区属湖北省省级风景名胜区和旅游度假区，也是国家林业局批准建设的国家森林公园和湖北省旅游局命名的全省四大甲级旅游风景区之一。2012年清江画廊成为国家5A级景区。

（二）特色民俗风物旅游资源

1. 风味饮食

湖北菜系由荆南、襄郧、鄂州、汉沔四大风味流派组成，以武汉菜为其代表。湖北菜的特点是汁浓、芡稠、口重、味纯，富有民间特色，烹饪方法以蒸、煨、烧、炒见长。

2. 风物特产

湖北省的特产主要有江陵荆缎、武穴竹器、天门印花布、沙市鸭绒被，宜昌宜红茶、咸宁青砖茶、恩施玉露茶，咸宁桂花、保康木耳、秭归柑橘、兴山夏橙、阳新枇杷、随州蜜枣，沙湖盐蛋，孝感麻糖、黄州东坡饼、武汉炸米锅、湖北绿松石雕、房县房耳等。

3. 特色民俗

湖北是屈原的故乡，每逢农历5月5日端午节，民间普遍有赛龙舟和吃粽子的风俗。此外，"朝武当"、天门"三棒鼓"、通山山鼓、"筒鞋"做嫁妆的婚俗、孝感的夜嫁等都深深地吸引着游客。

四、湖南省

湖南省简称"湘"，位于长江中游、洞庭湖以南，因全省大部分幅员处于洞庭湖以南，故名湖南。全省土地面积21.18万平方千米（列全国第10位），总人口6 596万（2011年）。湖南省主要的少数民族为土家族、苗族、瑶族等。省内最大河流湘江流贯全境。湖南三面环山，东有幕阜山、罗霄山脉，南有南岭山脉，西有武陵山脉、雪峰山脉。境内水系比较发达，北部的洞庭湖，为全国第二大淡水湖。

湖南属中亚热带季风湿润气候，光热充足、雨量丰沛，适合农作物生长，被称为"鱼米之乡"。其主要农副产品，如粮食、棉花、油料、苎麻、烤烟产量均为全国前10位，其中苎麻居全国第1位，烤烟居第4位，粮食居第6位，稻谷产量多年为全国之冠。湖南矿产丰富、矿种齐全，是驰名中外的"有色金属之乡"、"非金属矿之乡"。

湖南省旅游资源十分丰富。著名的有马王堆汉墓、岳阳洞庭湖和岳阳楼、南岳衡山、常德桃花源、株洲的炎帝陵、宁远的九嶷山和舜帝陵、石门的夹山寺和闯王陵、郴州的苏仙岭、娄底的湄江、韶山毛泽东故居等。张家界市的武陵源风景名胜区，被联合国教科文组织列入《世界遗产名录》。

（一）重点旅游景区

1. 湘中东旅游区

该旅游区以长沙、湘潭、岳阳为中心。该区交通便利，经济比较发达，旅游资源分布集中且开发较早，是旅游业发展比较成熟的地区。

长沙别称"星沙"，位于岳麓山下，湘江之滨，京广线纵贯南北。作为我国第一批历史文化名城，长沙具有 3 000 年灿烂的古城文明史，是楚汉文明和湖湘文化的始源地，也是近代中国革命的重要活动中心之一。长沙是湖南省的政治、经济、文化、交通和科教中心，也是环长株潭城市群的龙头城市，是我国中南部地区特大中心城市，被誉为"楚汉名城"、"山水洲城"和"快乐之都"。

（1）岳麓山

岳麓山位于长沙西郊，湘江西岸，是南岳衡山 72 峰之一，南北朝时的《南岳记》中提到："南岳周围八百里，回雁为首，岳麓为足。"岳麓山由此得名。岳麓山周围有天马、凤凰、绿蛾、金牛等峰岭拱护，连峦叠峰数十千米，山中石骨苍秀，树木葱郁，人们称它"碧嶂屏开，秀如琢玉"，有"岳麓之胜，甲于楚湘"的美誉。自古有无数的文人墨客、达官显要到这里游赏，从而留下了众多的历史古迹与文化故事。

位于岳麓山东麓的岳麓书院不仅是我国古代著名的"四大书院"之一，也是我国目前保存最完好的一座古代书院。岳麓书院始建于宋太祖开宝九年（976 年），到清光绪二十九年（1903 年）改为高等学堂，绵延 927 年，历经宋、元、明、清 4 朝，院名不变，培养了曾国藩、左宗棠、郭嵩焘、蔡锷、蔡和森等一批近现代历史的巨人，不愧为"千年学府"。书院建筑，曾历尽沧桑，现存的大部分为清代建筑。

岳麓山云麓峰左侧峰峦上著名的"禹王碑"是岳麓山古老文化的象征。这块碑石刻有奇特的古篆字，字分 9 行，共 77 字。相传 4 000 多年前，天下被淹没于洪水之中，大禹为民治水，到处奔波，疏导洪流，竟"七年闻乐不听，三过家门不入"，最终制服了洪水，受到百姓爱戴。传说大禹曾到过南岳，并在岣嵝峰立下了这块石碑。宋嘉定五年（1212 年），何致游南岳，在岣嵝峰摹得碑文，过长沙时请人翻刻于岳麓山巅。宋代以后，石碑被土所掩埋。明代长沙太守潘镒找到此碑，传拓各地，自此禹王碑闻名于世。

岳麓书院至麓山寺的谷地，名叫清风峡。《岳麓书院志》记载："当溽暑时，清风徐至，人多休息，故名以此得。"历朝历代的人们都将这里看成是避暑的天然胜地。清风峡风物景色随着气候和季节转换，呈现出千变万化的姿态。峡内还有众多的文物古迹为世人所瞩目：有历史悠久的佛寺名塔——舍利塔，有我国四大名亭之一的爱晚亭，有著名的二南诗刻，以及刘道一等近代名人的墓葬。

（2）韶山

韶山位于湘潭市西北部，相传虞舜南巡至此，命奏韶乐，因而得名。韶山是中国人民的伟大领袖毛泽东的故乡，也是毛泽东青少年时期生活、学习、劳动和从事早期革命活动的地方。韶山现有毛泽东故居、滴水洞、清溪和韶峰四大景区。

毛泽东故居——上屋场，是一栋普普通通的江南农舍，为"一担柴"式的房子，总建筑面积472.92平方米，占地566.5平方米。它坐南朝北，背山面水。屋前荷花塘和南岸塘相毗邻，绿水莹莹，风过处，荡起缕缕涟漪。放眼青山，背依翠竹，绿水、苍松和翠竹把这栋普通农舍映衬得生气盎然。

滴水洞位于毛泽东铜像以西约4千米处的狭谷中。洞中碧峰翠岭、茂林修竹、山花野草、舞蝶鸣禽，自然景观清雅绝伦。《毛氏族谱》赞之曰："一钩流水一拳山，虎踞龙盘在此间；灵秀聚钟人莫识，石桥如锁几重关。"毛泽东于1966年6月在此居住了12天。

（3）岳阳楼

岳阳楼，位于岳阳古城的西门之上，素有"洞庭天下水，岳阳天下楼"之誉，与武汉黄鹤楼、南昌滕王阁并称江南三大名楼。岳阳楼构制独特、风格奇异，楼高3层，飞檐、盔顶、纯木结构。全楼高达25.35米，平面呈长方形，宽17.2米，进深15.6米，占地251平方米。楼中四柱高耸，楼顶檐牙高啄，金碧辉煌。远望，恰似一只凌空欲飞的鲲鹏，尤显雄伟壮丽。

岳阳楼是以三国"鲁肃阅军楼"为基础，一代代沿袭发展而来，到唐朝时期始称"岳阳楼"。宋代大文学家、政治家、军事家范仲淹为之写下了名传千古的《岳阳楼记》，自此，岳阳楼名满四方。现在的岳阳楼为1984年大修竣工并对外开放。修复后的岳阳楼保存了清朝的规模、式样和大部分的建筑构件。岳阳楼主体为纯木结构，中部以4根直径50厘米的楠木大柱直贯楼顶，承载楼体的大部分重量。岳阳楼的楼顶为层叠相衬的"如意斗拱"托举而成的盔顶式。这种拱而复翘的古代将军头盔式的顶式结构在我国古代建筑史上是独一无二的。岳阳楼是江南三大名楼中唯一的一座保持原貌的古建筑。

（4）洞庭湖

洞庭湖跨湘鄂两省，它南接湘、资、沅、鄱四水，湖水最后在北边的岳阳城陵矶注入长江。洞庭湖古称"云梦泽"，是我国第二大淡水湖。湖上烟波浩瀚，气象万千。洞庭湖最大的特色是湖外有湖，湖中有山，渔帆点点，芦叶青青，水天一色，鸥鹭翔飞。"潇湘八景"中的"洞庭秋月"、"远浦归帆"、"平沙落雁"、"渔村夕照"、"江天暮雪"等，都是洞庭湖美景的真实写照。湖中著名的君山，风景秀丽，是一个有着72个大小山峰的孤岛。号称"八百里洞庭"的洞庭湖水产资源极为丰富，仅湖中的鱼、虾、蟹就有数百种，其中以洞庭湖银鱼最为著名。

2. 湘西旅游区

湘西旅游区以张家界市为中心。该区以山地丘陵地貌为主，也是我国土家族、苗族、侗族等少数民族的主要聚居区之一。千姿百态的自然地貌景观与多姿多彩的少数民族风情结合在一起，使该区逐渐成为世界性的热点旅游区。

（1）武陵源

武陵源风景区位于湖南省西北部武陵山脉中段，隶属张家界市。武陵源风景区包括大庸县的张家界、慈利县的索溪峪和桑植县的天子山，以及新开发的杨家界景区，总面积达 522 平方千米。其最高峰为兔儿望月峰，海拔 1 264.5 米。武陵源以奇峰、幽谷、秀水、深林、溶洞享有盛誉，称为武陵源"五绝"。

武陵源风景区属于罕见的石英砂岩峰林地貌景观（图 8-7）。这些峰林造型独特、高低参差、风格各异，构成了蔚为壮观的奇绝胜景。其中，骆驼峰、醉石峰和五指峰最为典型，或险峻高大，或淑秀清丽，阳刚之气与阴柔之姿并存，令人赏心悦目。

图 8-7　峰林地貌

境内沟谷纵横，最著名的是金鞭溪、神堂湾、十里画廊等峡谷。在峰林峡谷之间，还有数十处溪泉湖瀑，且久旱不断流，景色宜人、美不胜收。武陵源的水景类型齐全，包括溪、泉、湖、潭、瀑等，异彩纷呈，有"秀水八百"的美称。鸳鸯瀑布从几百米的高处飞流直下，声势极大，甚为壮观。

在山水之间还有丰富的溶洞群，其中黄龙洞深 15 千米，有大厅 13 个、走廊 96 条、瀑布 3 处、阴河 1 条、石笋众多，形态各异，令人称绝。

武陵源张家界是中国第一个国家森林公园，1992 年被列入《世界遗产名录》。

（2）凤凰古城

凤凰古城（图 8-8）是中国历史文化名城，曾被新西兰著名作家路易艾黎称赞为"中国最美丽的小城"。在凤凰西南，有一山酷似展翅而飞的凤凰，古城因此而得名。这里与吉首的德夯苗寨，永顺的猛洞河，贵州的梵净山相毗邻，是怀化、吉首、贵州铜仁三地之间的必经之路，是苗族、土家族等少数民族聚集的地区。古城始建于清康熙四十三年（1704 年），历经 300 多年的风雨沧桑，古貌犹存。现东门和北门古城楼尚在。城内青石板街道，江边木结构吊脚楼，以及朝阳宫、古城博物馆、杨家祠堂、沈从文故居、熊希龄故居、天王庙、大成殿、万寿宫等建筑，无不具古城特色。

215

图8-8　凤凰古城

🔍 小资料

湘西少数民族习俗

湖南西部有苗族、土家族、白族、瑶族等少数民族聚居村落，他们各有独特的生活习俗。

1. 吊脚楼

吊脚楼是苗族、土家族的住宅，同宗同姓的人聚居成一村一寨，以姓氏为寨名，如李家湾、向家坡。住宅由正屋、偏屋、木楼3个部分组成。正屋一般修六扇五间，有"三柱四棋"、"五柱八棋"或"七柱十一棋"。"七柱十一棋"的大屋为十扇九间。住山地的，多依山傍水建造坐北朝南、纯木结构的吊脚楼。吊脚楼为每扇四柱撑地、横梁对穿、上铺木板的悬空阁楼，绕楼三面有悬空的走廊，廊沿装有木栏扶手。木栏上雕"回"字格、"喜"字格、"亚"字格等吉祥图案。既可凭栏观景，又可晾晒衣物。阁楼屋脊以瓦作太极图形，四角翘檐，玲珑飘逸。

2. 背篓

武陵源一带山高坡陡，道路崎岖，不便肩挑而宜背负。当地土家族、白族、苗族人多用竹片编成长筒形背篓作生产、生活用的负重工具。根据不同用途，背篓规格、制作各异。用于生产的大而粗糙耐用，用于生活的小巧精细。柴背篓用粗厚的青竹篾编织，形状较大，四周用竹片做成"墙"；洗衣背篓选料精细，用水竹破成细篾精心编织，上大下小；陪嫁背篓形状如同洗衣背篓，只是制作工艺更为考究，篓口用斑竹和青竹镶边，表示阴阳交合，中部用红漆刷出一个约3厘米宽的圆圈，以示喜庆。篾丝细腻，图案别致，花纹巧，以示新娘心灵手巧。背小孩的背篓是椅架式，篓框用毛竹制成，用布作背带。

3. 结草标

土家苗寨有结草标为记的习俗。草标为几根草编结而成，以形状区别不同用意，广泛用于生产生活和交易活动中。旱地播种或水田插秧后，将标结成"又"字形，以祝愿丰收和看护庄稼。锄草时把草结在锄头上，放鸭时结在浪竿上，封山育林时结在树上，背柴时结在背篓上，以示物有其主。卖牛，草标结在牛角上，卖猪时结在猪笼上，以示此牛此猪出售。草标还是情感交流的载体。青年男女恋爱，在约会地点结成圆形的草标，表示团聚求爱。若女方同意即在草标上系上一根丝线，不同意就另结两个分开的草标，表示不再往来。若草标用青草与黄草扎成，表示秋后相会。几根草结在一起表示相会，其根数表示几天后相会。

（3）天门山

天门山位于张家界市永定区，距城区仅8千米，因自然奇观天门洞而得名。天门山古称嵩梁山，又名云梦山、方壶山，主峰1 518.6米，是张家界地区最高的山峰。

据史载，天门洞形成于三国吴永安六年（263年），是岩溶作用形成的罕见的高海拔自然穿洞。天门洞高悬于约1 300米的峭壁之上，洞高131.5米，宽57米，深60米，南北对开，气势磅礴，尽显造化的神奇。

天门山陡险峻拔，景色雄奇壮丽，被称为张家界的天然画屏。天门山隆起开始于燕山运动，再经喜马拉雅山造山运动，山体剧烈抬升千米以上，周围被断层节理深深切割，加上长期风雨侵蚀的岩溶作用，造就成了其嵯峨高峙、凌空独尊的喀斯特台型地貌。其山顶相对平坦，保存着完整的原始次生林，有着很多极为珍贵和独特的植物品种，森林覆盖率达90%。其间古树参天，藤蔓缠绕，青苔遍布，石笋、石芽举步皆是，处处如天成的盆景，被人们誉为"世界最美的空中花园"和"天界仙境"。

（4）猛洞河

猛洞河位于湘西土家族苗族自治州境内，地跨永顺和古丈两县。猛洞河发源于桑植县的上河溪和龙山县的猛必村，相传源头有一猛洞，故称猛洞河。猛洞河整个风景区都处在武陵山脉的环抱之中，全长100多千米。猛洞河山青水秀，鸟语花香，峭壁高耸，古木参天，溶洞奇多。据了解，仅永顺县城至龙头峡一段，就有峡关50多个，曲折100多处，溶洞300多个，树木500多种，鸟类190多种。

猛洞河素有"九九八拐疑无路，五五潭滩一线天"之称。尤其是漂流有惊无险，紧张刺激。猛洞河漂流全程47千米，最精彩的上程漂约17千米。漂流河上，只见两岸山峰，青山如黛，岩石如削。1994年，猛洞河景区在国家工商总局注册了"天下第一漂"。

（5）桃花源

桃花源位于常德市桃源县城西南，地处沅水下游，因东晋大诗人陶渊明的《桃花源记》而得名。风景名胜区总面积为157.55平方千米。桃花源主要景区有桃仙岭景区、桃源景区、桃花山景区和秦人村景区4个。其外围景点有旧中国采菱城、翦伯赞故居、宋教仁故居及百里沅江风景线等。

3. 湘南旅游区

该区以衡阳为中心城市，以山水宗教景观为主要特色。

衡山位于湖南衡山县，是五岳中的南岳，也是我国著名的佛教、道教并存的名山。衡山地处江南，植被茂盛，有"五岳独秀"之称。山上有著名山峰72座，其中并称"五峰"的祝融峰、天柱峰、芙蓉峰、紫盖峰及石禾峰最为著名，韶峰为 72 峰中最小的一个。其主峰祝融峰，海拔 1 300.2 米。衡山的主要景点有南天门、南岳庙、黄庭观、祝圣寺、藏经殿、祝融殿、南台寺、方广寺等。"祝融峰之高、方广寺之深、藏经殿之秀、水帘洞之奇"被称为"南岳四绝"。

（二）特色民俗风物旅游资源

1. 风味饮食

湖南菜简称"湘菜"，属于中国八大菜系之一。湘菜分为湘中南地区、洞庭湖区和湘西山区 3 种地方风味。湘中南地区的菜以长沙、湘潭、衡阳为中心，是湖南菜的主要代表。

2. 风物特产

湖南特产主要有湘莲、湘茶、油茶、辣椒、苎麻、柑橘、湖粉、湖南米粉等。其中，湘莲是湖南省有着 3 000 多年历史的著名特产，富含淀粉、蛋白质、脂肪、胡萝卜素和无机盐，有补脾、养心、涩肠、固精的功效。湖南盛产黑茶，也是全国最大的黑茶产区。岳阳君山银针是我国十大名茶之一。著名水果特产有济阳、蓝山金橘，雪峰蜜橘，黔阳冰糖橙，安江香柚等。湖南手工艺品极为丰富，最著名的就是中国四大名绣之一的湘绣。此外，还有湘西土家锦、浏阳夏布、醴陵釉下彩瓷、邵阳竹雕、益阳水竹凉席、浏阳花炮、菊花石雕、长沙和邵阳的羽绒制品等。特产名食有粉丝、湖南米粉、辣椒油、长寿五香酱干、松花皮蛋等。

3. 民间艺术

湖南花鼓戏是湖南各地地方小戏花鼓、灯戏的总称，已有 200 多年的历史。湖南花鼓戏的音乐曲调约 300 余支，根据曲调结构、音乐风格和表现手法的不同大致可分为 4 类：川调、打锣腔、洞腔（即师公腔）、小调。花鼓戏的表演艺术朴实、明快、活泼，行当以小丑、小旦、小生的表演最具特色。花鼓戏多以表现劳动生活为主。

思 考 题

1. 本旅游区包括哪些省级行政区域？
2. 本区的地理环境呈现什么样的特征？
3. 本区的主要旅游资源有哪些？
4. 四川省著名景点有哪些？是怎样分布的？
5. 湖南省著名景点有哪些？是怎样分布的？

6. 试将该旅游区和江南水乡都市园林旅游区进行对比，简要分析该旅游区的旅游资源优势。

7. 说说四川旅游资源相比该旅游区其他旅游省份的优势。

8. "江南三大名楼"中有两座楼位于该旅游区，请比较两楼的建筑、文化特点。

自　测　题

1. 山川峡谷巴楚文化旅游区主要包括_____、_____、_____和_____。

2. 四川省简称为_____、成都市别称为_____；湖北省简称为_____、省会武汉别称为_____；重庆市简称为_____；湖南省简称为_____、省会长沙别称为_____。

3. 四川盆地有_____之称，四川的5处世界遗产景观分别是_____、_____、_____、_____和_____。

4. 重庆市是我国_____最大，_____最多的直辖市，是长江流域著名的_____之一。

5. 湖北有_____之称，是_____文化的发祥地。

6. 湖南省有_____、_____、_____之乡的称号。

7. 下列景区属于世界遗产景区的是（　　），属于人与自然保护区网的有（　　）。
    A. 九寨沟　　　　　B. 张家界武陵源　　　C. 黄龙　　　　　D. 神农架

8. 长江三峡包括（　　）。
    A. 西陵峡　　　　　B. 巴雾峡　　　　　　C. 瞿塘峡　　　　D. 巫峡

9. 九寨沟的美誉有（　　）。
    A. 童话王国　　　　B. 童话世界　　　　　C. 人间仙境　　　D. 奇幻仙境

10. 杜甫曾经在杜甫草堂作过（　　）。
    A. 《茅屋为秋风所破歌》　　　　　B. 《蜀相》
    C. 《兵车行》　　　　　　　　　　D. 《春夜喜雨》

11. 下列属于峨眉山四大奇观的有（　　）。
    A. 佛光　　　　　　B. 云海　　　　　　　C. 日出　　　　　D. 日落

12. 下列关于大足石刻说法正确的（　　）。
    A. 大足石刻位于重庆市大足县境内
    B. 南区大多是晚唐、五代作品
    C. 有石窟76处，造像6万多尊
    D. 大足石刻于1998年12月列入《世界遗产名录》

13. 大宁河小三峡包括（　　）。
    A. 龙门峡　　　　　B. 兵书宝剑峡　　　　C. 巴雾峡　　　　D. 滴翠峡

14. 我国第一大城中湖是指（　　　）。

    A．东湖　　　　　　B．玄武湖　　　　　　C．象山湖　　　　D．西湖

15. 使江南三大名楼声名鹊起的作品的作者包括（　　　）。

    A．李白　　　　　　B．王勃　　　　　　　C．范仲淹　　　　D．崔颢

16. 湖北省有两个赤壁，分别是武赤壁和文赤壁，下列关于武赤壁说法正确的是（　　　）。

    A．赤壁之战的主战场　　　　　　　　　B．又称三国赤壁

    C．又称赤鼻矶　　　　　　　　　　　　D．石壁西侧有周瑜所书"赤壁"二字

17. 下列属于湘西旅游区的景点的有（　　　）。

    A．桃花源　　　　　B．衡山　　　　　　　C．凤凰古城　　　D．武陵源

18. 武陵源的五绝包括（　　　）。

    A．奇峰　　　　　　B．幽谷　　　　　　　C．秀水

    D．深林　　　　　　E．溶洞

19. 请简要介绍一下四川菜和湖南菜，并说说它们的联系和各自的发展。

20. 请简述一下本区的旅游特色和地理特征，并举例说明。

实　训　题

1. 以本旅游区为蓝本，设计一条自驾车摄影旅游线路。

2. 为本旅游区设计一条三国专题旅游线。

第九章

岩溶地貌民族风情旅游区

（滇黔桂）

📖 **学习目标**

　　岩溶地貌民族风情旅游区主要包括云南、贵州和广西两省一区。学生通过本章学习，应掌握岩溶地貌民族风情旅游区的旅游地理环境和旅游资源的基本特征，了解岩溶地貌民族风情旅游区相关旅游点的概况，并能够推荐相关旅游线路。

📖 **引导问题**

　　1. 游客小王来到旅行社门市咨询，他想在"十一"长假之间出去旅游，体验少数民族风情，但却不知去哪。请问，作为门市接待员的小李应该给什么样的建议呢？

　　2. 研究生小朱因为毕业论文需对中国喀斯特地貌进行研究和分析，进而决定选择一处代表性景点收集相关资料，请问，假设你是他的指导老师，你会给出什么样的建议呢？

　　3. 张蕴是一名大三学生，在暑假准备去西南一带旅游，因为对这一带不熟悉，向他的好朋友"你"咨询。他性格比较活泼，求新求异心理比较重，特别对边疆异域风情感兴趣，根据他的特点你有什么好的线路推介吗？

第一节　旅游地理环境特征与旅游资源类型

一、旅游地理环境特征

1. 地形以高原、山地、盆地为主，岩溶地貌发育典型

本区大部分位于我国第二级地形阶梯上，跨滇西与滇南山地、云贵高原和广西丘陵

盆地三大地貌单元。本区的岩溶地貌景观，如孤峰、石林、峰林、峰丛、天生桥、溶洞、岩洞、瀑布等无所不有，堪称世界上岩溶地貌发育最典型、最完美的自然博物馆，也是闻名于世的岩溶风景游览胜地。碳酸岩类岩石广泛分布，面积约 55 万平方千米，约占全国碳酸岩分布面积的 1/2。

2. 气候类型复杂，地域差异明显

本区大部分地区属于亚热带和热带气候，气候温暖湿润，一年四季皆宜旅游。但因本区地域辽阔，地势高低悬殊，使气候复杂多样，地区差异明显。云贵高原冬季气温较高，夏季天气凉爽，四季如春，昆明市被誉为"春城"；广西北部为温暖湿润的亚热带气候；云南和广西南部纬度较低，为湿热的热带气候，没有真正的冬季；云南西部的横断山区因山高谷深，气候垂直分布明显，形成了"一山有四季，十里不同天"的特殊气候现象。

3. 生物资源丰富

本区地形条件复杂，气候多样，为生物多样性创造了良好的自然条件。本区植物资源十分丰富，植物种类达 1.5 万多种，其中云南就有 1.2 万多种，约占全国植物种数的 1/2，被誉为"植物王国"。本区动物资源也居全国之冠，而且多珍奇动物，如金丝猴、小熊猫、大鲵、绿孔雀、印度象、华南虎、小灵猫、云豹等。在野生生物集中地区，建立了梵净山、西双版纳等自然保护区。

4. 地表及地下水丰富，水资源密布全区

本区地面及地下水都非常丰富，有金沙江、澜沧江、怒江、伊洛瓦底江、红河、珠江、漓江等重要河流。长江支流湘江与珠江支流桂江上游的漓江只隔着低矮的分水岭。两千多年前，秦统一岭南，在兴安修建了连接湘、桂二水的灵渠，沟通了长江、珠江两大水系，是世界最早的运河之一。灵渠至今仍发挥着重要的航运功能。

5. 多姿多彩的民族风情

本区是我国最大的、种类最多的少数民族聚居区，有壮族、苗族、彝族、侗族、白族、哈尼族、傣族、瑶族等 30 多个少数民族，其中云南少数民族聚居区最多，有 26 个之多。这些少数民族在长期的社会生产生活过程中，形成了各具特色的民族文化。

二、旅游资源类型

1. 天造地设的奇山异水

本区山多且各具特色，山中有山，峰外有峰。区内有雄奇的峡谷高山，有白茫茫的雪山，还有世界上发育最完美、分布最广的岩溶地貌，造型千奇百怪，如云南的路南石林。

天造地设的奇山造就了本区不同于其他地区的水景，著名的湖泊有云南昆明的滇池、洱海，广西桂林的榕湖、杉湖，贵州的红枫湖等。以瀑布水景著称的贵州黄果树瀑布、云南九龙瀑布群、广西德天瀑布等，多为其他地区罕有的自然奇观。

2. 珍稀独特的生物景观

此区地域辽阔，生态环境复杂多样，既有得天独厚的生态旅游环境，也有广阔的生态空间，生物资源异常丰富。例如，云南西双版纳，有"动植物王国"之称，占地300多万亩的自然保护区中70万亩是保护完好的原始森林，孕育的植物多达两万多种，许多植物都很独特：有会闻乐起舞、会吃蚊虫的小草，见血封喉的箭毒木。这样的生态环境给各种野生动物提供了理想的生长场所，是名副其实的"动物王国"和"植物王国"。

3. 绚丽多姿的民族风情

从古至今，本区一直是多民族聚集地。云南省有 26 个民族，其中著名的有傣族、白族、纳西族等；广西是人口最多的少数民族——壮族的聚居地；贵州省的少数民族也不少，如苗族、布依族等。这些民族在本区长期的生产生活中，形成了各自的民族习俗，创造出各自富有民族特色的文化，构成独具优势的人文旅游资源，对异地异族的游人有很大的吸引力。

少数民族的服饰、饮食、建筑、礼仪及节庆活动等，构成了独具优势的人文旅游资源，吸引着国内外旅游者。例如，苗族的芦笙节、花山节和龙舟节，白族的三月节，傣族的泼水节，彝族的火把节，傈僳族的刀杆节，壮族的三月三歌圩会，纳西族的三朵节和三月会等传统节日，对游客有很大的吸引力。

4. 神秘莫测的边关风情

该区与老挝、缅甸、越南等国家相邻，边境沿线可领略南疆旅游风光，边贸市场与边贸节庆交融的特有景象，构成了特色风情的旅游风景线。边境地区优美的自然风光、浓郁的民族风情、活跃的边民互市活动等构成了边境地区发展边境的基础。

第二节 重点旅游资源

一、云南省

云南地处中国西南边陲，因位于"云岭之南"而得名，另一说法为"彩云之南"，因其东部在战国时为滇国辖地，故简称"云"或"滇"。云南西部、西南和南部分别与缅甸、老挝、越南接壤，与泰国、柬埔寨、孟加拉国、印度等国相距不远，是我国与东南亚国家联系的主要通道。云南是山的世界，总面积39.4万平方千米（列全国第 8 位），有94%

是高山和丘陵，国境线长 4 060 千米，总人口 4 631 万（2011 年），省会为昆明市。

云南属青藏高原的南延部分，地质地貌复杂多样，平均海拔 1 500 米。东部是岩溶地貌，北部为雪山冰川，西部为地热火山，南部为热带雨林，中部多高原湖泊。多样性的地貌决定了云南多样性的气候。在云南，同一时节可以感受到不同的气候特征。这里也是动植物生长的天堂，良好的生态保护，使云南成为动植物的王国。因而云南又有"彩云之南，万绿之宗"的美誉。

云南也是中国少数民族最多的省份，有 26 个形成聚落的少数民族，各民族保持着独特的语言文字、民族风俗和宗教信仰，形成了文化的多样性。中原文化、异域文化、民族文化、西方文化相互交融，构建成一幅和谐相处的人间风景。

（一）重点旅游景区

1. 滇中大昆明国际旅游区

此区包括以昆明为中心的昆明市、玉溪和楚雄，以生态旅游、民族风情旅游、乡村旅游、度假休闲、会展商务为主要特色。

（1）昆明

昆明市是云南省省会，位于云南省中部滇池盆地东北部，三面环山，南临滇池。昆明周围既有群山阻隔冷风，又有湖水调节气候，所以冬无严寒，夏无酷暑，空气干湿适度，气候温凉宜人，是著名的"春城"。昆明四季花开，有"花都"、"天然花园"之称。

1）滇池。位于昆明市西南，又名昆明湖或昆明池，古称"滇南泽"。其外形似一弯新月，是云南水域面积最大的高原湖泊，也是全国第六大淡水湖，有着"高原明珠"之称。它是受第三纪喜马拉雅山运动的影响而形成的高原石灰岩断层陷落湖，滇池风景区是全国首批批准建立的 12 个国家级旅游度假区之一。

滇池畔的大观楼有著名的"古今天下第一长联"，为清朝孙髯翁所做，共 180 个字（另一说为，张之洞《屈原庙湘妃祠联》408 字、潘炳烈《武昌黄鹤楼联》350 字、钟耘舫《六十自题寿诞联》892 字和《成都望江楼崇丽阁联》212 字及《江津临江城楼联》1 612 字）。

2）石林。位于路南彝族自治州，距昆明 116 千米，以雄、奇、险、秀、幽、奥、旷著称，具有世界上最奇特的喀斯特地貌景观，以形成历史久远、类型齐全、规模宏大、发育完整，被誉为"天下第一奇观"、"造型地貌天然博物馆"，在世界地学界享有盛誉。石林形成于 2.7 亿年前，发育经漫长地质演化和复杂的古地理环境变迁才形成了现今极为珍贵的地质遗迹。

它涵盖了地球上众多的喀斯特地貌类型，分布世界各地的石林仿佛汇集于此，有马来西亚的石林、美洲的石林、非洲的石林。在相差不到 500 米的高差上有着最丰富的类型：石牙、峰丛、溶丘、溶洞、溶蚀湖、瀑布、地下河，错落有致，是典型的高原喀斯特生态系统和最丰富的立体全景图。

石林的魅力不仅仅在于自然景观，还在于独具特色的石林撒尼土著风情。石林撒尼人，是彝族的一个支系，以勤劳、勇敢、热情著称。两千多年来，他们世代生活在这里与石林共生共息，创造出以"阿诗玛"为代表的彝族文化。

小资料

阿诗玛的传说

在小石林内，有一泓湖水碧波粼粼，湖畔屹立着一座独立的石峰，每天都吸引了无数的游客前来观赏、留影。"瞧，那颀长高挑的身段，风姿绰约的动人体态，还有那包头衫，身后的背篓，多么像一位彝族撒尼少女啊！"这就是著名的阿诗玛石峰。她还有一个动人的传说故事。从前在阿着底地方，贫苦的格路日明家生了个美丽的姑娘，爹妈希望女儿像金子一样珍贵闪光，给她取名叫"阿诗玛"，也就是金子的意思。阿诗玛渐渐长大了，漂亮得像一朵艳丽的美伊花。她能歌善舞，许多小伙子都喜欢她。她爱上了和她青梅竹马的孤儿阿黑，立誓非他不嫁。一年的火把节，她和聪明勇敢的阿黑定了亲。财主热布巴拉的儿子阿支也看上了美丽的阿诗玛，便请媒人去说亲，但不管怎样威胁利诱，都无济于事。热布巴拉家乘阿黑到远方放羊之机，派人抢走了阿诗玛并强迫她与阿支成亲，阿诗玛誓死不从，被鞭打后又被关进了黑牢。阿黑闻讯，日夜兼程赶来救阿诗玛，他和阿支比赛对歌、砍树、接树、撒种，全都赢了阿支。热布巴拉恼羞成怒，指使家丁放出 3 只猛虎扑向阿黑，阿黑 3 箭将猛虎射死，并救出了阿诗玛。狠毒的热布巴拉父子不肯罢休，勾结崖神，乘阿诗玛和阿黑过河时，放洪水卷走了阿诗玛。十二崖子的应山歌姑娘，救出阿诗玛并使她变成了石峰，成了回声神。从此，你怎样喊她，她就怎样回答你。她的声音，她的影子永远留在了人间。阿诗玛的传说故事还被改编成了电影、大型歌舞剧，在国内外放映和演出后，引起了强烈的反响，阿诗玛的故事也随之广为流传。

3）九乡风景区。是国家级重点风景名胜区，位于宜良县九乡彝族回族乡境内。"地上看石林，地下游九乡"。九乡岩溶地貌发育于 6 亿年前的震旦纪，拥有上百座大小溶洞，为国内规模最大、数量最多、溶洞景观最奇特的洞穴群落体系，被专家们誉为"溶洞博物馆"。其中有被称为"史前奇观"的古海洋微生物化石，有的是国内罕见的绝景，有的是世界地质学教科书上从未有过的实例，因而备受国内外专家的赞誉。

4）云南世界园艺博览园风景区。世界园艺博览园设在昆明东北郊的金殿风景名胜区。博览园占地面积约 218 公顷，植被覆盖率达 76.7%，其中有 120 公顷灌木丛茂密的缓坡，水面占 10%～15%。

共有 94 个国家和国际组织分别在这里建起了自己的专题展示园（台），国内许多省市区也都建有能集中反映本地区园林艺术的展示场所。这里是一个汇集了全世界园艺风景的超大型博览场所。博览园主要有中国馆、大温室、人与自然馆、科技馆、国际馆 5 个展馆，另有 6 个专题展园、34 个国内展园和 33 个国际展园组成。

（2）玉溪

玉溪市地处云南中部，邻近省会昆明。独特的地形地貌，使之有着丰富的旅游资源，部分地区还保存有古老的原始森林及丰富的野生动植物资源。全区大部分地区以种植粮食作物为主，被人们誉为"滇中粮仓"、"鱼米之乡"。玉溪也是最早种植烤烟的地区，品质优良，尤以烟叶闻名中外，被誉为"云烟之乡"。区内的红塔集团是闻名全国的烟草企业，产有"红塔山"、"玉溪"、"红梅"等著名品牌香烟。

此外，玉溪市的抚仙湖是一个南北向的断层溶蚀湖泊，形如倒置葫芦状，两端大、中间小，为云南省第三大湖。除东北长白山火山口湖——天池外，抚仙湖又是我国已知的第二深水湖泊，平均深约95米，最深处达158.9米。

（3）楚雄彝族自治州

楚雄彝族自治州位于滇中高原，有彝族人口60多万，占总人口的24.6%，州府楚雄市距昆明只有160千米。由于地理和历史等原因，楚雄素来有"千里彝山"和"中国人类的发祥地"之称。楚雄旅游资源以"恐龙之乡"、"腊玛古猿"、"元谋猿人"、元谋土林、彝族风情和冬暖夏凉的宜人气候而著称。

2. 滇西北香格里拉生态旅游区

该区包括大理白族自治州、丽江、迪庆藏族自治州、怒江傈僳族自治州，以世界文化遗产为重点，以历史文化名城和民族风情、自然景观为特色。

（1）大理

大理位于云南省中部偏西，总面积2.95万平方千米，地域辽阔、资源丰富、山川秀丽、四季如春，是一个以白族为自治民族的自治州。全州居住着汉族、白族、彝族、回族、傈僳族、藏族、纳西族等26个民族的居民，是闻名于世的电影《五朵金花》的故乡。州府大理市（图9-1）是国家历史文化名城，依山傍水的文献名邦，白族人聚居的地方，首批中国优秀旅游城市，曾建立过辉煌的南诏国和大理国，也是中国唯一的白族自治州。"下关风"、"上关花"、"苍山雪"、"洱海月"并称为大理四景。

图9-1 大理五华楼

1）苍山风景区。苍山，又名点苍山，是云岭山脉南端的主峰。苍山从北至南由19座山峰组成，海拔一般都在4 000米左右，其中最高为马龙峰，海拔4 122米，峰顶上终年积着皑皑白雪。苍山 19 峰，每两峰之间都有一条溪水奔泻而下，流入洱海，形成著名的十八溪。

苍山景色以雪、云、泉、石而著称。经夏不消的苍山雪，是大理"风花雪月"四大名景之最，也是苍山景观中的一绝。苍山云景变幻万千，云聚云散，有时淡如轻烟，有时浓如泼墨。其中最有名的是"望夫云"、"玉带云"和"海盖云"。苍山是植物的宝库，花的海洋。苍山也是野生动物的乐园，至今还生活着鹿、麂、岩羊、野牛、山驴、野猪、狐、雉鸡等，以及少数的珍稀动物"四不像"（麋鹿）。

2）洱海风景区。洱海位于苍山东麓，湖面南北长 40 千米，东西宽 9 千米。它因两头窄，中间宽，略弯曲，形如人的耳朵而得名。洱海是中国第七大淡水湖。其面积虽比滇池小，但它的蓄水量却比滇池大，相当于滇池的两倍。洱海是一个风光明媚的高原湖泊，湖岸多沙洲和崖壁，形成了三岛、四洲、五湖、九曲等自然美景，以及许多美丽的海湾。

🔍 小资料

洱海月为什么如此明亮

洱海月是大理"风花雪月"四大名景之一。每到农历 15 日，洱海月格外的亮、格外的圆。水中，月圆如轮；天空，玉镜高悬，仿佛刚从洱海中浴出。洱海月为什么如此明亮？科学的结论是，第一，洱海水质特别纯净，透明度相当高，其反光极强；第二，洱海水面尘埃较少，空气清新，使得水天相映，月光更加明亮。此外，洱海月之所以著名，还在于洁白无瑕的苍山雪倒映在洱海中，与冰清玉洁的洱海月交相辉映，构成了银苍玉洱的一大奇观。

3）南诏风情岛。原名玉几岛，是洱海三岛之一，位于洱源县双廊乡境内。该岛海拔 1 988 米，四面环水，东西长约 350 米、南北宽约 200 米。这个岛与洱海东海岸线几乎垂直，与北面的勺形半岛天生营仅一水之隔，东靠著名佛教圣地鸡足山，北接石宝山，南连大理，西对苍山洱海，因占据得天独厚的旅游资源，素有"大理风光在苍洱，苍洱风光在双廊"的美誉。

与洱海其他岛屿一样，南诏风情岛也是由石炭岩构成。景区由沙壹母群雕码头、海景别墅、云南福星——阿嵯耶观音广场、南诏避暑行宫、白族本主文化艺术广场、海滩综合游乐园、太湖石景群落及渔家傲别景等八大景观组成，与其别具特色的园林艺术融为一体。

4）大理三塔。位于大理古城（中和镇）西北两千米的苍山应乐峰下，原有崇圣寺，故又名崇圣寺三塔。现寺宇已毁，仅存三塔，是云南著名的古迹之一。三塔矗立如"品"字形，中塔为主。主塔又名千寻塔，始建于唐长庆三年（823 年），历时 48 年完工。此塔为密檐式方形空心砖塔，共有 16 层，高 69.13 米。

大理三塔是大理"文献名邦"的象征，是云南古代历史文化的象征，也是中国南方最古老、最雄伟的建筑之一。1961 年 3 月国务院将其公布为第一批全国重点文物保护单位。

5）蝴蝶泉。原名无底潭，位于大理市周城北 1 千米处，滇藏公路西侧，苍山的云弄峰下。蝴蝶泉景区概括起来有"三绝"：泉、蝶、树。

蝴蝶泉的水是从岩缝沙层中渗透出来的，水质特别清冽，涌出地表后便汇聚成潭，没有任何污染。景区内的蝴蝶种类繁多，每年阳春 3～5 月，形状各异的 20 多钟蝴蝶聚在这里。到农历 4 月 15 日，成串的蝴蝶首尾相衔盛况空前，这即是闻名遐迩的蝴蝶会。蝴蝶泉边有株夜合欢古树。每当春末夏初，古树开花，状如彩蝶，且散发出诱蝶的清香味。其时，蝴蝶群集飞舞，一只只"连须钩足"，从枝头悬至泉面，形成千百个蝶串，像一条条五彩缤纷的彩带，堪称蝴蝶泉的一大奇观。

（2）丽江

丽江位于云南省北部，是纳西族的主要聚居区，古纳西王国的心脏。纳西古代文化因保存于东巴教而得名东巴文化，至今已有近千年的历史。丽江是世界东巴文化（图 9-2）的中心。

图 9-2　丽江巴东象形文字

1）丽江古城。又名大研镇，是雪山下的高原水乡，纳西族人聚居的地方，它位于丽江坝中部，海拔 2 400 米，是丽江行政公署和丽江纳西族自治县所在地。它是中国历史文化名城中唯一没有城墙的古城。古城以江南水乡般的美景，别具风貌的布局及建筑风格特色，被誉为"东方威尼斯"、"高原姑苏"。1997 年 12 月，丽江古城被联合国教科文组织列为《世界遗产名录》。

丽江古城最初建于宋末元初（12 世纪末 13 世纪初），盛于明清，距今大约有 800 年的历史。丽江古城与中国大多数古代城池不同，不筑城墙。据说，丽江当时的统治者姓木，他认为，若筑城墙，木字加框便成了"困"字，所以忌讳围墙。丽江古城以其独特的风格，为研究我国古代城市建设提供了宝贵的实物资料，它是珍贵的历史文物，是中华民族的瑰宝。古城保留了大片明清年代的居民建筑，均是土木结构的瓦屋面楼房，多数为三坊一照壁，也有不少四合院，融合了纳西族、白族、汉族等民族建筑艺术的精华。四方街是古城的中心，象征着"权镇四方"。这里的居民都喜欢在庭院中种植花木，摆设盆景，形成了"家家流水，户户垂柳"的高原水城风貌。

2）玉龙雪山风景区。玉龙雪山位于玉龙县以北 15 千米处的白沙乡境内。其主峰扇子陡海拔 5 596 米，是世界上北半球纬度最低、海拔最高的山峰，呈南北走向，与哈巴雪山对峙，汹涌澎湃的金沙江奔腾其间。全山 13 峰，峰峰终年积雪不化，如一条矫健的玉龙横卧山巅，有一跃而入金沙江之势，故名"玉龙雪山"。

景区内植物资源非常丰富。从海拔 1 800 米的金沙江河谷到海拔 4 500 多米的永久积雪地带之间，形成亚热带到寒带的多种气候带。种类繁多的植物，按不同的气候带生长在山体的不同高度上，组成了非常明显而完整的山地植物垂直分带谱，成为滇西北横断山脉植物区的缩影。玉龙雪山至今还是一座"处女峰"，还在等待着勇敢的攀登者去征服它。

3）虎跳峡。位于中甸东南部，距长江第一湾 35 千米。江面最窄处仅 30 余米，江水被玉龙、哈巴两大雪山所夹峙，海拔高差达 3 900 多米，峡谷之深，位居世界前列。

虎跳峡是世界著名的江河奇观，世界上落差最大的峡谷。谷地海拔 1 800 米，江面落差 200 多米，有 18 个险滩，两岸雪山峭壁笔立于江面之上 3 000 多米。整个虎跳峡分为上虎跳、中虎跳、下虎跳 3 段，迂回道路 25 千米。上虎跳是峡谷中最窄的一段，中虎跳离上虎跳 5 千米，江面落差甚大，"满天星"礁石区是这里最险的地方。从中虎跳过险境"滑石板"，即到下虎跳。下虎跳有纵深 1 千米的巨大深壑，这里接近虎跳峡的出口处，是欣赏虎跳峡最好的地方。

4）泸沽湖。位于云南宁蒗县与四川盐源县之间的崇山峻岭中，位于丽江市古城区东北面。整个湖泊，状若马蹄，南北长而东西窄，形如曲颈葫芦，故名泸沽湖。湖畔居住着的摩梭人，至今仍保留着"男不婚，女不嫁"的"阿夏"走婚习俗。男女成年后，男方晚上到女方家访宿。彼此互称"阿夏"，意为"亲密的伴侣"。摩梭人家庭盛行母权制，以女性作为一家的主宰，并崇拜女神。泸沽湖因此成为当今世界罕有的"女儿国"，又被称为"母系社会的活化石"。

（3）迪庆藏族自治州

迪庆藏族自治州地处云南、西藏、四川 3 个省（区）的交界处，青藏高原东南边缘、横断山脉南段北端，"三江并流"的腹地。这里生活着藏族、傈僳族、汉族、纳西族、彝族、白族、回族等 13 个民族，他们保留了各自丰富多彩的习俗和传统。香格里拉县是云南迪庆藏族自治州州政府所在地，"香格里拉"是 1933 年英国著名小说家詹姆斯·希尔顿在小说《失去的地平线》中所描绘的一块永恒、和平、宁静之地。1997 年云南省人民政府向世界宣布"香格里拉在云南迪庆"。

1）梅里雪山。位于德钦县东北方 10 千米处，这里平均海拔在 6 000 米以上的山峰就有 13 座，最高的是卡瓦格博峰，海拔 6 740 米，为云南省的第一高峰。卡瓦格博，藏语为"雪山之神"，是藏传佛教的朝觐圣地。这里冰川连绵，冻土成片，是迄今无人能登顶的"处女峰"。

2）普达措国家公园。位于香格里拉县城建塘镇东部，普达措在藏语中的意思是"普度众生、到达苦海彼岸的湖"，顾名思义，这是一个神圣而美丽的地方。普达措国家公园是中国大陆第一个国家公园，总面积 1 313 平方千米，地处云南"三江并流"世界自然遗产核心区，属都湖、尼汝片区及国际重要湿地碧塔海自然保护区，都被划入了普达措国家公园的范围。

3）三江并流风景区。位于云南西部，是青藏高原南延部分的横断山脉纵谷地区，由怒江、澜沧江、金沙江及其流域内的山脉组成，整个区域达4.1万平方千米。它地处东亚、南亚和青藏高原三大地理区域的交汇处，是世界上罕见的高山地貌及其演化的代表地区，也是世界上生物物种最丰富的地区之一。

大约在4 000万年前，印度次大陆板块与欧亚大陆板块大碰撞，引发了横断山脉的急剧挤压、隆升、切割，高山与大江交替展布。在地质构造条件控制下，金沙江、澜沧江、怒江自北向南纵贯全区，被紧束于60~100千米的狭窄地带，并行奔流170多千米，穿越高黎贡山、怒山和云岭，最近处直线距离仅66千米，怒江与澜沧江两江间最近距离仅16.3千米，形成了世界上罕见的"江水并流而不交汇"的奇特自然地理景观。同时，三江并流也造就了怒江大峡谷、澜沧江梅里雪山大峡谷和金沙江虎跳峡大峡谷。在三江并流区域内，南北向的大江与大山相间排列，由西往东依次为高黎贡山、怒江、怒山（碧罗雪山）、澜沧江、云岭、金沙江、沙鲁里山。从空中望去，形成了"四山并列、三江并流"这一世界独有的地理奇观。2003年，三江并流风景区被联合国教科文组织列入《世界遗产名录》。

3. 滇西南澜沧江-湄公河国际旅游区

此区包括西双版纳傣族自治州、普洱市、临沧市，以热带雨林、民族风情和边境旅游为特色。

（1）西双版纳

西双版纳位于中国云南省南端，西南面与缅甸、老挝接壤，与泰国、越南近邻。西双版纳自然景观秀丽，民族风景独具特色，热带资源丰富。西双版纳还具有丰富多彩的生物种类，素有"动物王国"、"植物王国"、"物种基因库存"的美称，被列入联合国生物多样性保护圈。

1）西双版纳傣族园。位于距景洪市27千米的勐罕镇，占地面积3.36平方千米，有"中国第一生态村"之称。园内共有5个傣族自然村寨——曼将、曼春满、曼听、曼乍、曼嘎。其中，曼春满和曼听是两个较大的寨子，其名称含义分别为"花园寨"、"宫廷花园寨"。

西双版纳有13个民族，傣族为主体民族，占全州总人口的35%。傣族园作为代表西双版纳傣族文化的主体景区，保留了原有的杆栏式建筑风格和自然风光，向人们展示了原汁原味的傣民族文化。

2）西双版纳热带植物园。坐落在距景洪市96千米的小勐仑罗梭江的葫芦岛上，占地面积900公顷，是在我国著名植物学家蔡希陶教授领导下于1959年创建的，现已建成棕榈植物园、百竹园、榕树园、奇花异卉园、名人名树园、荫生植物园等20多个园林景观优美、科学内涵丰富的植物专类园区。园中培植有中外热带植物4 000多种，其中1 700种是本地植物，有诸多奇花异草、珍稀物种，世所罕见。

3）野象谷。因野象经常出没而得名，位于勐养自然保护区南部。区内河谷纵横，森林茂密，一片热带雨林风光，生长着亚洲野象、野牛、绿孔雀、猕猴等珍奇动物。这一带野象活动较为频繁，是西双版纳唯一可观赏到野象的地方。此外，在这里还可观赏到植物绞杀、植物板根及老茎生花等现象和许多珍稀植物，尽赏热带雨林风貌。景区外围建立了中国第一所大象驯养表演学校和人工蝴蝶养殖园。

（2）普洱

普洱市位于云南省西南部，普洱曾是"茶马古道"上重要的驿站。由于受亚热带季风气候的影响，这里大部分地区常年无霜，是著名的普洱茶的重要产地之一，也是中国最大的产茶区之一。

4. 滇西火山热海边境旅游区

此区包括保山市和德宏傣族景颇族自治州，以火山温泉、民族风情、边地文化和边境区位为主要特色。

腾冲热海公园。腾冲是中国三大地热区之一，地热温度之高、蒸气之盛、水热活动之强烈为国内罕见。境内有沸泉、气泉、喷泉、温泉群88处，其中尤以热海最有代表性。它是中国第二大热田，由热海石、大滚锅（图9-3，梁欢摄）、浴谷、怀胎井、珍珠泉、美女池等构成，最高水温达102℃，是中国地热疗养的最佳之地。

图9-3　热海大滚锅

5. 滇东南喀斯特山水文化旅游区

此区包括红河、文山西州，以及昆明、曲靖的部分邻近地区。本区以九龙瀑布群、元阳梯田、普者黑等旅游品牌和观光农业田园风光、中原文化与边疆少数民族文化相结合的复合人文历史为特色。

（1）九龙瀑布群

九龙瀑布群位于曲靖市罗平县城东北22千米处的以堵勒村旁，上有大瀑布群，罗平县当地的布依族群众称之为"大叠水"，现在改称之为"九龙瀑布"。

景区内由于地质构造和水流的长期侵蚀，形成了 10 级高低宽窄不等，有浅滩或深潭相连的瀑布群。著名的"九龙第一瀑"，高 56 米，宽 114 米，瀑面呈弧形，瀑后有一个深约 10 米的水帘洞。瀑下是半圆形脚潭，左边巨石耸立。九龙大瀑布的规模、气势、景观与黄果树瀑布不相上下，而景点的密集程度却远远胜过了黄果树瀑布。在九龙公 4 千米长的河道上，有大小数十个钙化滩和十多级瀑布，形状奇特、植被完好，在国内属罕见。

（2）元阳梯田

元阳梯田是红河州最有名的旅游风光，是哈尼族人世代耕作的杰作。这里的梯田规模宏大，气势磅礴，绵延整个红河南岸的红河、元阳、绿春及金平等县，仅元阳县境内就有 17 万亩梯田，是红河哈尼梯田的核心区。梯田景观壮丽，以林海、梯田、云雾、民族风情为特征。

（3）普者黑

普者黑是国家重点风景名胜区，2009 年经国家旅游局批准成为 4A 级旅游景区。风景区内的一座座散落的孤峰间，延绵环绕着 40 里水路、万亩野生荷花、一望无际的桃园和世界最大的岩溶湿地，被誉为"世间罕见、中国独一无二的喀斯特山水田园风光"。

（二）特色民俗风物旅游资源

云南省少数民族众多，由于各自居住于不同的自然环境，因此呈现出不同的社会文化形态。每一个民族都有个性鲜明的衣、食、住、行及婚恋、丧葬、生育、节典、礼仪、语言、文字、图腾、宗教、禁忌、审美。其主要的民族节日有泼水节、刀杆节、插花节、火把节、木鼓节、三月节等，节庆活动独具特色，各民族服装服饰呈现出多姿多彩的民族风情。

1. 民间艺术

滇剧约有 200 年的历史，唱腔刚柔相济，表现力丰富。花灯剧源于花灯歌舞，广泛吸收了云南各民族曲调，载歌载舞。白剧（吹吹腔）、壮剧（弄撅）、彝剧、傣剧为少数民族戏剧。傣族的孔雀舞、象脚鼓舞，景颇族的"木脑总戈"，哈尼族的扇子舞，白族的霸王鞭，拉祜族的芦笙舞，纳西族的东巴舞，瑶族的铜铃舞，怒族的生产舞，傈僳族的琵琶舞等最有代表性。

2. 风味饮食

滇味菜肴讲究鲜嫩，调料多用云南特产的甜酱油，具有"鲜香回甜，滋嫩醇厚"的特点，兼有京菜的清醇和川菜的麻辣。云南的过桥米线以其制汤考究，吃法特异著称。

3. 风物特产

云南的土特产中，烤烟产量多、质量优。茶叶品种优良，种类齐备，色、香、味、形俱佳。核桃、芸豆、竹笋、象牙芒果和品种繁多的食用菌等，食味各具特色。药材、香料则以资源丰富，名贵品种比比皆是而著称，其中云南白药最为有名。各种工艺品以地方民族风格浓郁而见长，斑铜工艺品造型浑厚古朴。

🔍 小资料

云南十八怪

云南第一怪，鸡蛋用草串着买；云南第二怪，粑粑饼子叫饵块；
云南第三怪，三只蚊子炒盘菜；云南第四怪，石头长到云天外；
云南第五怪，摘下草帽当锅盖；云南第六怪，四季衣服同穿戴；
云南第七怪，种田能手多老太；云南第八怪，竹筒能做水烟袋；
云南第九怪，袖珍小马有能耐；云南第十怪，蚂蚱能做下酒菜；
云南十一怪，四季都出好瓜菜；云南十二怪，好烟见抽不见卖；
云南十三怪，茅草畅销海内外；云南十四怪，火车没有汽车快；
云南十五怪，娃娃出门男人带；云南十六怪，山洞能跟仙境赛；
云南十七怪，过桥米线人人爱；云南十八怪，鲜花四季开不败。

二、贵州省

贵州简称"黔"或"贵"，地处我国西南，位于云贵高原的东部、长江和珠江两大水系的分水岭地带。全省总面积17.6万平方千米（列全国第16位），总人口3 469万（2011年），省会为贵阳市。

贵州地势东高西低，自中部向北、东、南3面倾斜，平均海拔在1 000米左右。全省地形可概括为高原山地、丘陵和盆地3种基本类型。贵州以典型的喀斯特地貌风光著称于世，全省总面积的61.9%为喀斯特地貌。岩溶地貌发育类型之齐全、形态之完美、堆积类型之多，堪称全国一绝。贵州平均每天只有三四个小时能见到阳光，是全国全年阴天日数最多的省份，所以有"天无三日晴"之说。因地势差异，许多地方"一山有四季，十里不同天"，别有一番风味。

贵州历史悠久。宋代"贵州"的名称始见于文献。元代，贵州行政建置渐归统一。明朝中央设置贵州布政使司，贵州正式成为省一级的行政单位。到清雍正五年（1727年），贵州现今的行政区划基本确定。贵州是一个多民族的省份，世居少数民族有苗族、布依族、侗族、土家族等16个，少数民族人口占全省总人口的38%左右。在贵州的许多民族村寨中，依然原生态地保留着本民族来自远古的神话、传说、歌舞、习俗、服饰、节庆、礼仪等。

贵州被誉为天然"大公园"，特殊的喀斯特地质地貌、原生的自然环境、浓郁的少数民族风情，形成了以自然风光、人文景观和民俗风情交相辉映的丰富旅游资源。

贵州也是具有光荣传统的革命老区。1935 年 1 月，中国工农红军转战贵州高原，中国共产党在长征途中于贵州遵义召开了具有伟大转折意义的"遵义会议"。

（一）重点旅游景区

1. 中部城市与自然风光旅游区

该区以贵阳市为中心。贵阳是贵州省省会，因地处贵山之南而得名。城市的宣传语是"爽爽的贵阳"，是贵州的避暑之都。全市山环水绕、风光秀丽，是一个典型的高原山城。丰富的喀斯特景观、宜人的气候，以及街头不时可见的苗族、布依族同胞使之充满迷人的魅力。

（1）黔灵公园

黔灵公园位于贵阳市中心区西北，面积 426 公顷，是国内为数不多的大型综合性城市公园之一。黔灵山集自然风光、文物古迹、民俗风情和娱乐休闲为一体，以其山幽林密、湖水清澈而闻名全国，自古以来就是贵阳市著名的旅游和朝拜圣地，有"黔南第一山"的美誉。

（2）甲秀楼

甲秀楼在贵阳市城南的南明河上，以河中一块巨石为基而建。始建于明，后楼毁重建，改名"来凤阁"。清代甲秀楼多次重修，并恢复原名。现存建筑是宣统元年（1909年）重建的。楼上下 3 层，白石为栏，层层收进，由桥面至楼顶高约 20 米。南明河从楼前流过，汇为涵碧潭。楼侧由石拱"浮玉桥"连接两岸，桥上原有一座小亭叫"涵碧亭"，现已拆除。甲秀楼朱梁碧瓦，四周水光山色，名实相符，堪称甲秀。

（3）红枫湖

红枫湖位于贵阳市西郊，景区面积 200 平方千米，是一个融高原湖光山色、岩溶地貌、少数民族风情为一体的国家级风景名胜区。湖边有座红枫岭，岭上及湖周多枫香树。

深秋时节，枫叶红似火，红叶碧波，风景优美，故名"红枫湖"，也有"高原明珠"之誉，为贵州高原人造湖之最。红枫湖景区以岩溶地貌和湖光山色为特色，由 192 个大小岛屿及半岛组成，景区内依山傍水建有苗族、侗族、布依族共 3 个民族的村寨。苗家吊脚楼，布依石板房和侗家的鼓楼（图 9-4）、风雨桥错落有致，别具特色。在此，还可欣赏到当地的民族歌舞，接受侗族敬酒歌、苗家拦路酒等少数民族的待客礼仪。

（4）息烽温泉

图 9-4 侗族鼓楼

息峰温泉位于息烽县城东北 43 千米的温泉镇温泉村。这里四面环山，形成了一个天然的小盆地，有 3 处涌出热水的泉眼。泉水清澈晶莹，无色无味，水温为 53～56℃，泉水循环年龄大于 30 年。息烽温泉不但以水著称，它的天然奇景也令人流连忘返，温泉有著名的八大景，还有红水河秀美的山水风光，为温泉增添了魅力。

2. 西部瀑布溶洞布依风情旅游区

（1）黄果树瀑布

黄果树瀑布，位于安顺市镇宁布依族苗族自治县，是珠江水系打邦河的支流白水河九级瀑布群中规模最大的一级瀑布，因当地一种常见的植物"黄果树"而得名。黄果树瀑布是中国第一大瀑布，瀑高 77.8 米，其中主瀑高 67 米；瀑布宽 101 米，其中主瀑顶宽 83.3 米。黄果树瀑布属喀斯特地貌中的侵蚀型瀑布。黄果树瀑布不只有一个瀑布存在，而是以它为核心，在它的上游和下游 20 千米的河段上，共形成了雄、奇、险、秀风格各异的瀑布 18 个。1999 年黄果树瀑布被大世界吉尼斯总部评为世界上最大的瀑布群，列入世界吉尼斯记录。

（2）龙宫

龙宫位于安顺市西南 27 千米处的响水龙潭。龙宫总体面积达 60 平方千米，分为中心、漩塘、油菜湖、仙人箐等四大景区。龙宫是一处地下暗河溶洞，被游客誉称为"中国唯美水溶洞"。龙宫是国家重点风景名胜区及 5A 级旅游景区。龙宫一带是全世界水旱溶洞最多、最集中的地方。龙宫中心景区方圆 10 平方千米的范围内，星罗棋布着大大小小的水、旱溶洞 90 余个。

（3）织金洞

织金洞风景区分为织金古城、织金洞、结河峡谷、洪家渡等 4 部分。织金洞则是该景区的精华。织金洞又名打鸡洞，属于高旱位溶洞，是一个多层次、多阶段、多类型的岩溶洞穴，为目前世界上已经开发为旅游溶洞的佼佼者之一，素来被人誉为"第一洞天"、"溶洞之王"。织金洞分为迎宾厅、讲经堂、雪香宫、万寿宫、广寒宫、灵霄殿、望山湖、水晶宫等 11 个景区、47 个厅堂，可谓"集古今奇观于一洞，汇天地美景于一堂"。洞内多样的溶岩景观，世间极为罕见，堪称为洞穴沉积物的珍品。

（4）兴义马岭河-万峰林风景名胜区

该景区位于黔西南州兴义市境内，地处滇、黔、桂 3 个省区的结合部。景区总面积450 平方千米，以万峰、千岛、百瀑、奇谷、彩画及神奇地缝为景观特色。

马岭河峡谷被誉为"地球上最美丽的疤痕"。峡谷长 74.8 千米，谷宽 50～150 米，谷深 120～280 米，谷底低于地面 200 米。由于"千泉归壑溪水溯蚀"的作用，峡谷两壁孕育出规模宏大、气势壮观、错落有致的钙化岩，构成了特有的岩溶瀑布。景区中有大小瀑布百余条，其中天星画廊 1.7 千米内有瀑布 20 余条，如万马咆哮瀑、珍珠瀑、间歇五叠瀑等。此外，景区内还有众多鲜为人知的水帘洞。峡谷深幽，栈道攀崖而行，曲曲折折，引人入胜。

万峰林号称"中国最美的五大峰林"之一，绵延 15 千米，形成了一道罕见的峰林画廊。徐霞客曾赞叹："天下山峰何其多，唯有此处峰成林。"

3. 东、南部苗侗布依族风情岩溶风光旅游区

该区以凯里市为中心。凯里市位于贵州东部，是黔东南苗族侗族自治州州府所在地。凯里市原为炉山县，明清时期曾有"小京州"的美誉，以得天独厚的自然景观、古朴浓郁的民俗风情和历史悠久的民族文化，成为著名的民俗风情旅游地。这里居住着苗族、汉族、侗族、仫佬族、畲族、布依族、水族、彝族、壮族、瑶族、满族、回族、蒙古族、景颇族、佤族、黎族、东乡族、纳西族、仡佬族、京族、朝鲜族、土家族、白族、傣族、藏族、拉祜族等多个少数民族。全年各民族节日有 136 个之多，被称为"百节之乡"。

（1）潕阳河风景名胜区

潕阳河风景名胜区位于凯里市附近的镇远、施秉、黄平 3 县境内，包括潕阳河三峡、云台山、铁溪、历史文化名城镇远等景点，融自然山水、名胜古迹、民族风情为一体，面积 400 平方千米，是国家级风景名胜区。

上潕阳地区为典型的喀斯特地貌，两岸喀斯特岩层裸露，切割强烈。沿途的"天生桥"、"穿洞"相连成串，溶洞钟乳，比比皆是，其景色可用清、幽、峻、秀、灵 5 个字概括。下潕阳风景区为潕阳河风景名胜区的精华。其中有诸葛峡、龙王峡、西峡、东峡 4 个峡谷，人称"潕阳峡谷群"。泛舟下潕阳，沿途奇峰异石，形象毕肖，令人称奇叫绝。

（2）西江千户苗寨

西江千户苗寨（图 9-5）位于黔东南雷山县东北部，由十几个依山而建的村寨连成，

是目前中国最大的苗族聚居村寨，被中外人类学家和民俗学者认为是保存苗族"原始生态"文化最完整的地方。

西江苗族是黔东南苗族的重要组成部分，现主要居住的是苗族的"西"氏族。作为全世界最大的苗寨，西江千户苗寨拥有深厚的苗族文化积淀，这里的苗族建筑、服饰、银饰、语言、饮食、传统习俗不但典型，而且保存较好。

图 9-5 西江千户苗寨

千户苗寨的建筑以木质吊脚楼为主，分平地吊脚楼和斜坡吊脚楼两种。底层用于存放生产工具和圈养牲畜，二层用作家居，三层作仓库。2005 年，西江千户苗寨吊脚楼被列入首批国家级非物质文化遗产名录。西江苗族以鼓社作为自己的联络工具。"鼓藏节"是西江人敬祭祖宗的盛大节日，是苗族人民文化和精神的最高体现。

（3）报京侗寨

报京侗寨位于镇远县城东南部 39 千米，是报京乡的中心寨，由于自古交通闭塞，保留了较为古老的生活方式，有独特的侗语、独特的服饰和独特的侗族习惯。报京号称北侗第一寨，报京"三月三"情人节是贵州省第一批非物质文化遗产，且以往每年都得

以成功举办。

（4）荔波樟江风景名胜区

该景区位于黔南布依族苗族自治州荔波县（玉屏镇）西南部，总面积达 273.1 平方千米。景区内主要景点分为小七孔风景区、大七孔风景区、水春河峡谷风景区和樟江风光带等，其中小七孔风景区最为优美。

小七孔景区全长 7 千米，因一座清代的小七孔古桥而得名。沿响水河逆流而上，在这不长的河段中，竟天然生成了大大小小、错落有致的 70 余级瀑布、跌水。此外，景区内还有一片极其独特的水上森林。大七孔桥，原名万善桥，修建于道光二十七年（1848年）。大七孔景区以原始森林、峡谷、伏流、地下湖为主要特色。水春河峡谷位于樟江上游，两岸险峰对峙、浓荫蔽日、峭石突兀、江流如练，是贵州著名的漂流景点之一。

4. 北部革命纪念地自然风光旅游区

（1）赤水风景名胜区

赤水风景名胜区是国务院唯一以行政区命名的国家级风景名胜区。赤水市位于贵州省西北部，赤水河中下游，与四川省南部接壤，历为川黔边贸纽带、经济文化重镇，是黔北通往巴蜀的重要门户，素有"川黔锁钥"、"黔北边城"之称。赤水山川秀丽，风景优美，全市森林覆盖率为 76.2%，居贵州省第一位，素有"千瀑之市"、"丹霞之冠"、"竹子之乡"、"桫椤王国"的美誉。赤水因美丽而神秘的赤水河贯穿全境而得名，1935 年中国工农红军长征时"四渡赤水"，赤水因此而名扬天下。

赤水风景区规划面积 328 平方千米。景观以瀑布、竹海、桫椤、丹霞地貌、原始森林为其主要特色，是兼有长征历史文化、文物古迹、市集生态、科普、文化为一体的旅游胜地。景区森林覆盖率达 90% 以上，有地球上同纬度地区保存最完好的常绿阔叶林带。赤水丹霞被列为世界自然遗产。

十丈洞瀑布位于赤水市南部风溪河上游，瀑布高 72 米，宽 30 米，从悬崖绝壁上倾泻而下，似万马奔腾，气势磅礴，数里之内声如雷鸣，数百米内水雾迷蒙。偶尔还能看到奇妙的"佛光环"，水动环移，令人称奇。

（2）梵净山

梵净山位于铜仁地区西北部，是纵贯黔渝湘鄂的武陵山脉的主峰。其最高峰海拔2 570 米，次高峰海拔 2 494 米。梵净山既是生态风景区，又是地质博物馆，还是著名的弥勒道场。

梵净山于 1986 年被纳入联合国科教文组织世界人与生物圈保护网，是我国亚热带生态系统保护较为完整的地区之一。国家一级重点保护动物——黔金丝猴被誉为"梵净山的精灵"、"地球的独生子"，目前有 700 多只，梵净山是其唯一的栖息地。

梵净山距今已有 10 亿～14 亿年的历史，是黄河以南最古老的台地。蘑菇石是梵净山的名片，它上大下小，形似蘑菇，高约 10 米，看似一推就倒，实际已经巍然屹立了

14 亿年。红云金顶在海拔 2 100 米的山峰上破土而出，像一把利剑直指苍穹，峰头一分为二，两个山头各供奉着释迦、弥勒两大佛，两殿中间有一座天桥相连，令人叹为观止。山间常有云海、佛光，神秘莫测。

梵净山是著名的佛教圣地。早在汉代，梵净山就是武陵地区各少数民族朝拜的神山、灵山。宋代，佛教开始传入此山，至明初，梵净佛教业已兴盛，正式得名为"梵净山"，俗称"大佛山"。明万历年间（1573～1620 年），梵净山两次重修，明神宗皇帝敕建皇庵。清康乾时期，梵净山已有"五大皇庵"、"四十八大脚庵"，崛起成为西南佛教圣地，著名的弥勒道场。

5. 西部杜鹃花湿地生态旅游区

（1）百里杜鹃风景名胜区

该景区位于贵州省西北部，毕节地区中部，总面积大约有 125.8 平方千米。风景名胜区内的杜鹃花树，具有密集、高大、耐寒、花期长的特点，被誉为"高原上的天然大花园"。该区共有杜鹃花 23 种，世界 5 个亚属中有 4 个亚属在此聚集。境内天然杜鹃花林带绵延百里，每年阳春三月，各种杜鹃争相怒放，五彩缤纷，美轮美奂，素有"地球彩带"、"世界花园"、"养生福地"、"避暑天堂"的美誉。

（2）草海自然保护区

草海位于威宁彝族苗族回族自治县境内，面积 1.2 万公顷，是国家级自然保护区，主要保护对象为黑颈鹤及高原湿地生态系统。威宁草海是贵州高原上最大的淡水湖泊，是一个典型的高原湿地生态系统。该地区属亚热带季风气候区，湖区水质良好，水草茂密、鱼虾众多，生物资源比较丰富。此外，区内还发现了大量古生物化石和人类文化遗迹。该保护区的建立对黑颈鹤及高原湿地生态系统的保护和研究具有重要价值。

（二）特色民俗风物旅游资源

1. 民间艺术

贵州各个民族能歌善舞，都有各自的民族歌舞和说唱艺术。民族音乐主要有布依族的山歌、情歌和双声部大歌，苗族的史歌、情歌、芦笙曲调，水族的大歌和小歌等。民族舞蹈主要有布依族的刷巴舞、花苞舞，苗族的芦笙舞、板凳舞、铜鼓舞，水族的铜鼓舞和斗角舞等。黔剧是流行于贵州省的主要地方剧种，是由曲艺"文琴"发展而成的，主要以扬琴为伴奏乐器，具有浓郁的地方特色。贵州花灯有花灯歌舞与花灯戏两种，乡土气息浓郁，是一种有歌有舞有戏、有说有唱的综合性戏剧艺术表演形式。

小资料

"天籁之音"侗族大歌

侗族是中国少数民族中的一员，据传是古代越人的后裔，至今已有 2 500 多年的历史。其主要聚居在我国贵州、湖南、广西等省区，现有人口 260 多万，主要从事农业和林业生产，而贵州省的黎平县是全国侗族聚居最多的县，有侗族人口 35 万。侗族居住的地方不仅风光秀美、民风淳朴，而且侗族也是一个极富创造性的民族，有民谚说："侗人文化三样宝：鼓楼、大歌和花桥。"其中的大歌是看不见、摸不着，只能用耳朵和心灵去捕捉与欣赏的民间音乐。

侗族大歌在侗语中俗称"嘎老"，"嘎"就是歌，"老"具有宏大和古老之意。它是一种"众低独高"的音乐，必须由 3 个人以上来进行演唱。多声部、无指挥、无伴奏是其主要特点。大歌的结构一般由"果（组）"、"枚（首）"、"僧（段）"、"角（句）"来构成。大歌的演唱场合是比较讲究的，除平时训练外，大歌在重大节日、集体交往或接待远方尊贵的客人时才能在侗族村寨的标志性建筑鼓楼里演唱，所以侗族大歌又被称为"鼓楼大歌"。侗族大歌分为四大类：声音大歌（侗语称"嘎所"）、柔声大歌（侗语称"嘎嘛"）、伦理大歌（侗语称"嘎想"）、叙事大歌（侗语称"嘎吉"），其中的声音大歌是最精华的部分。声音的标题常以昆虫鸟兽或季节时令的名称命名，如《蝉歌》、《知了歌》、《三月歌》等。

侗族人民视歌为宝，认为歌就是知识，就是文化，谁掌握的歌多，谁就是有知识的人。在侗族地区，歌师是被社会所公认的最有知识、最懂道理的人，因而很受侗族人的尊重。由于以前侗族没有自己的文字，许多优秀的文化传统、生活习俗、社交礼仪等都是靠着优美的歌声一代一代往下传。侗族大歌作为侗歌中最精华的组成部分，它的演唱内容、表现形式，无不与侗族人的习俗、性格、心理及生活环境息息相关，是对侗族历史的真实记录，是侗族文化的直接表现。

一直以来，世界音乐界认为中国没有多部和声艺术，复调音乐仅存于西方。20 个世纪 50 年代，侗族大歌被中国著名音乐家郑律成偶然发现。1986 年贵州侗歌合唱团赴法国演出时引起轰动，音乐界惊叹这是中国音乐史上的重大发现，从此扭转了国际上关于中国没有复调音乐的说法。

2. 特色节庆

贵州少数民族的节日有大约有 1 000 多个，节日活动丰富多彩。主要的民族节日有苗族的"苗年"，布依族的"四月八"、"六月六"赶歌节，彝族"火把节"，瑶族"盘古王节"等。

3. 风味饮食

"贵州菜"又名"黔味菜"，其独特的风味有别于川、湘、粤、鲁、苏等菜系，香辣是黔味菜的主要特点。黔味菜肴还突出酸，贵州有"三天不吃酸、走路打窜窜"的民谣。

小吃更是贵州一道特殊的风景。肠旺面是贵阳市民最爱吃的小吃，此外还有丝娃娃、恋爱豆腐果、青岩小豆腐、糕粑、毕节汤圆、铜仁绿豆粉等最受欢迎。

4. 风物特产

贵州省物产丰富，产于"箫笛之乡"——玉屏侗族自治县的玉屏箫笛，是侗乡传统的手工艺品和民族乐器，至今已有 300 多年的历史。箫笛在清朝被列为贡品，故又名贡箫。贵州蜡染是贵州著名的民间手工艺品，图案造型以行云、流水、花草、鱼、虫、禽、鸟、几何等图纹为主，极富浪漫主义色彩。此外，产于贵州仁怀县茅台镇的茅台酒，酒液晶莹透明，酱香突出，是我国酒中之冠，有"国酒"之称，也是世界三大名酒之一。

三、广西壮族自治区

广西壮族自治区简称"桂"，位于我国南部，东与广东省毗邻，北面与湖南省、贵州省相接，西与云南省交界，西南与越南接壤，南临北部湾，与海南省隔海相望，属沿海、沿边地区。其陆地总面积为 23.67 万平方千米（列全国第 9 位），总人口 4 645 万（2011 年），首府为南宁市。广西境内居住着壮族、汉族、瑶族、苗族、侗族、仫佬族、毛南族、回族、水族等 12 个世居民族，汉族和壮族为主要民族。

广西总的地势是由西北向东南倾斜、四周高中间低的盆地地形。西部是云贵高原的延伸部分，平均海拔均在 1 000 米以上。地形以山地为主，主要是低山、丘陵，平原零星分布，面积较小，"八山一水一分田"是广西总的地貌形态。广西岩溶地貌分布遍及84%的县份，面积约占总面积的 51%，是我国岩溶地貌分布最广泛，发育最典型的地区之一，其西部、北部的岩溶多属于峰丛洼地，东部、中部与西南部多属于峰林谷地，"桂林山水"便是极具代表性的精华之一，而广西东南部的岩溶则多属于残峰平原。岩溶区内还蕴藏着数目众多的奇特洞穴，这些洞穴不仅具有观赏、探险价值，而且由于其曾是古代人类的栖息地，因此也富有极高的考古价值。广西的河流大部分属于珠江水系，水资源仅次于西藏、四川与云南，位居全国第四位。广西南邻北部湾，海岸线全长约1 595 千米，海洋资源十分丰富，已知的鱼类就有 500 余种。北部湾亦是驰名国内外的珍珠产地，北海市的合浦县素有"南珠之乡"的称誉。

（一）重点旅游景区

1. 桂林山水旅游区

桂林市位于广西东北部，是中国著名的风景游览城市和历史文化名城。市区面积 565平方千米。桂林市是典型的亚热带岩溶地貌分布区，以独具特色的奇秀岩溶风光闻名于世，素有"桂林山水甲天下"的美誉。桂林又是一座历史文化古城。历代文人墨客游览桂林时，留下了许多脍炙人口的诗篇和文章，刻下了两千余件石刻和壁书，这些独特的人文景观，使桂林得到了"游山如读史，看山如观画"的赞美。桂林市气候温和，既少江南的溽暑，亦无北方的酷寒。桂林与杭州、苏州并称我国三大风景游览城市。

（1）漓江风景区

漓江发源于越城岭的主峰猫儿山，上游称大榕江，从灵渠在榕江镇与漓江的汇合口处至平乐县的恭城河口，称为漓江，全长160千米；下游从发源地至梧州，统称桂江，全长426千米，属于珠江水系。古人认为湘漓同源：源于海洋山的海洋河在兴安县被灵渠三七分水，两江相离，各加"三点水"，北去的叫湘江，南来的叫漓江。

由桂林至阳朔84千米的漓江，是桂林风光的精华，人称"百里漓江，百里画廊"（图9-6和图9-7）。百里画卷依照景色的不同大致可以分为3个景区。第一景区：桂林至黄牛峡。漓江两岸奇峰林立，农村、田园错落分布，景观多样，是观赏远山近水与人文民风的佳处，构成画卷的开头部分。第二景区：黄牛峡至水落村。两岸石山连绵不绝，奇峰巍峨耸立，是漓江风光的精华所在，构成画卷的主题部分。第三景区：水落村至阳朔。两岸土岭青葱，翠竹、茂林、田野、山庄、渔村随处可见。

图9-6 漓江九马画山

图9-7 漓江黄布倒影

（2）芦笛岩

芦笛岩是桂林最美的石灰岩溶洞之一，位于桂林市西北桃花江畔。芦笛岩原是一条古老的地下河道，约形成于60万年以前，下层河道仍在发育中。由于地壳运动山体抬升，地下水位下降，地下河变成了山洞。当地下水从富含碳酸钙的岩石缝隙流到洞中时，二氧化碳溢出，钙离子沉淀结晶，经过千万年的积累形成了千姿百态的钟乳石。

芦笛岩洞深240米，最宽处93米，最大高度18米，游览路程约500米。洞内石钟乳、石笋、石柱、石幔、石花等构成了各种精美的景物和天然雕塑画屏，洞内还保存有唐代以来的壁书77则，为芦笛岩增添了历史文化色彩。芦笛岩被誉为"大自然艺术之宫"。

（3）七星岩

七星岩位于桂林市区漓江东岸，小东江流贯其间，占地面积100余公顷，因山的7个山峰，犹如天上的北斗七星坠地而得名。

七星岩岩洞长约1 100米，宽处50米，最高处可达20米。岩洞曲折幽深，分上、中、下3层。下层为地下河，长年流淌。供人游览的中层如一条地下画廊，长800多米，有6个洞天、两个洞府，共100多景。长年恒温，冬暖夏凉。景区内还收集了大量的历代众多名人佳作。七星岩洞内石壁上满是隋唐以来历代游人的题刻，宋代"元祐党籍碑"是全国仅存最完整的一块，有较高的艺术价值。

（4）象鼻山

象鼻山又称象山，位于桂林市市区南部、漓江西岸。因山酷似一头大象站在江边伸鼻吸水而得名，是桂林城的象征、桂林的城徽。山上有象眼岩，洞口扁长，左右对称，似象眼。山下有水月洞，是由象鼻与象身形成的圆洞，洞映水面，恰如满月，故名水月洞。月明之夜看洞中倒影，如皎月浮江，构成"象山水月"的奇景。

（5）银子岩

银子岩位于荔浦县马岭镇荔桂公路东侧，被誉为"桂林山水的代表"。银子岩贯穿12座山峰，属层楼式溶洞，洞内恒温 26℃。现已开发游程约 2 000 米，包括下洞、大厅、上洞三大部分，汇集了不同地质年代发育生长的各种类型的钟乳石，特色景点数十个，以音乐石屏、广寒深宫、雪山飞瀑"三绝"和佛祖论经、独柱擎天、混元珍珠伞"三宝"等景点为代表。银子岩景观以雄、奇、幽、美独领风骚，被岩溶、地质学专家称为"世界岩溶艺术宝库"。

2. 北部湾浪漫滨海旅游区

该区包含北海市、钦州市和防城港市，滨海旅游资源是其最大的特色。北海市地处广西南端，北部湾东北岸，这里风光旖旎，气候宜人，海洋资源丰富，空气清新怡人，负氧离子含量高，堪称中国最大的城市氧吧，享有"中国最适宜居住城市"的美称。

（1）北海银滩

银滩在北海市南端，面临浩瀚的蓝色大海，以"滩长平、沙细白、水温净、浪柔软、无鲨鱼、无污染"的特点称奇于世。其沙细如粉，色如银，集阳光、空气、沙滩、海水等优点于一身，夏无酷热，冬无严寒，是避暑防寒的旅游度假胜地。广西以"北有桂林山水，南有北海银滩"而自豪。

（2）涠洲岛

涠洲岛位于北海市正南方的海面上，是中国最年轻的火山岛，也是广西最大的海岛。涠洲岛与火山喷发堆积和珊瑚沉积融为一体，使岛南部的高峻险奇与北部的开阔平缓形成了鲜明的对比，其沿海海水碧蓝见底，海底活珊瑚、名贵海产瑰丽神奇、种类繁多，堪称"人间天堂"。它与其东南方向约 9 海里处的斜阳岛合称为"大小蓬莱"。

3. 中越神秘边关旅游区

此区主要包括崇左大新德天跨国瀑布景区和凭祥友谊关景区，以瀑布景观和边境风光为主要特色。

（1）德天跨国瀑布

德天瀑布位于中越边境，广西大新县，为国家特级景点，横跨中国、越南两个国家，是亚洲第一、世界第四大的跨国瀑布。该瀑布与越南板约瀑布相连，宽 200 多米，纵深60 多米。瀑布气势磅礴，三级跌落，蔚为壮观。

（2）凭祥友谊关

友谊关位于中越边境线上，始建于汉代，古名为镇南关、睦南关等。友谊关是中国九大名关中唯一与外国接壤，至今还起通关作用的边关，是国家一类口岸。景区集古军事遗迹、自然风光与边关风情为一体，建筑雄伟，形势险峻，为历代军事要地。

4. 南宁少数民族风情旅游区

南宁市是广西壮族自治区的首府，北部湾经济区核心城市，位于广西中部偏南，是红豆的故乡，也是一座历史悠久的边陲古城。这里世代聚居着壮族、汉族、苗族、瑶族、侗族、仫佬族等少数民族，有着多姿多彩的少数民族文化风情。

（1）青秀山

青秀山是南宁市最著名的风景区，南临邕江，俗称青山。由青山岭、凤凰岭等 18 座大小岭组成，总面积 4.07 平方千米，主峰海拔 289 米。景区内山峦起伏，群峰叠翠，泉清石奇，素以山不高而秀，水不深而清著称，为古代南宁八景之一。据史载，宋明时期山上先后建有白云寺、万寿寺、独孤寺、青山寺、董泉亭、洞虚亭、龙象塔（图 9-8）等，后均毁于兵祸火灾。公园内保存了众多明清时期的古迹和名人文士的题吟，是游客观光旅游、寻古探幽的好去处。

图 9-8　龙象塔

（2）花山

花山崖壁画在距南宁 160 千米的宁明县城的沿江悬崖峭壁上，高的壁画离地面达 120 米，非常宏伟壮观。壁画的壮语叫作"芭莱"，汉语就是"花山"的意思，人们把左江流域的崖壁画统称为"花山壁画"。其中最大的画幅位于宁明县驮龙乡的明江岸边。该巨画绘在临江陡峭的悬崖上，画面高约 40 米，宽约 220 米。花山崖壁画古朴粗犷的笔法和风格，栩栩如生呼之欲出的人物神态，体现了古代壮族人民的审美情趣和高超的艺术水准。

据有关资料记载，花山崖壁画的绘画年代在东汉以前，距今已有 2 000 年以上的历史了。壮族先民绘制这个大型的崖壁画的用意目前仍是个谜。

（3）金秀

金秀瑶族自治县地处桂中东部大瑶山，成立于 1952 年，是我国成立的第一个瑶族自治县，也是我国瑶族支系最多、瑶族传统文化保存最为完整的瑶族自治县。这里居住着盘瑶、茶山瑶、花篮瑶、坳瑶和山子瑶 5 个瑶族支系，民风淳朴、服饰精美，素有"世界瑶都"的美誉。瑶族人民以自身的经历和感受，创作了大量歌舞，广泛传承了瑶族远古以来生息繁衍的自然环境、历史变迁，以及瑶族不同支系的生活习俗、伦理道德和宗教信仰。

5. 柳州名人文化旅游区

柳州市位于广西中部，是一座具有 2 100 多年历史的古城。柳江绕着柳州市区回流，北岸城中心三面环水，形成一个巨大的"U"字，古籍称其为"三江四合，抱城如壶"，故又有"壶城"之称。

（1）柳侯公园

柳侯公园位于柳州中心公园路，园区面积约 20 公顷。公园始建于 1906 年，内有柳侯祠、柳宗元衣冠墓、罗池等古迹。

柳侯祠原称罗池庙，是柳州人民为纪念唐代著名的政治家、思想家、文学家柳宗元而兴建的。柳宗元于唐元和十年（815 年）被贬为柳州刺史，病逝在任内。柳宗元在任期间，做了许多有益于人民的事。柳州人民为纪念他，建罗池庙祭祀他。北宋末年，宋徽宗追封他为"文惠侯"，因而纪念柳宗元的祠堂被称为"柳侯祠"。

柳侯祠内有一碑，名"荔子碑"，又称"三绝碑"，上面刻有《迎享送神诗》。这首诗是唐代文学家韩愈为祭祀柳宗元而作的祭歌，由北宋著名文学家、书法家苏轼书写，宋嘉定十年（1217 年）刻石立碑，珍藏在柳侯祠内。因为诗文的开头一词是"荔子"，故名"荔子碑"。又由于碑文把柳宗元的事、韩愈的诗文和苏轼的书法集为一体，而他们 3 人都位列唐宋八大家，所以被誉称为"三绝碑"。此碑是柳侯祠内现存最为珍贵的国家一级文物。

（2）龙潭风景区

龙潭风景区位于柳州市区南 3 000 米处，是一个融喀斯特自然山水景观、中国南方少数民族风情文化、亚热带岩溶植物景观为一体的大型风景游览区。

龙潭公园林木苍翠，群山环抱，自成屏障，卧虎山、美女峰、孔雀山等 24 峰形态各异，耸立于一湖（镜湖）二潭（龙潭、雷潭）周围。雷、龙二潭潭水常年恒温，每逢隆冬，水汽蒸腾、烟雾缭绕，故称"双潭烟雨"。雷、龙二山夹水相峙，世称"龙雷胜境"。龙潭古称"雷塘"。唐代著名文学家、柳州刺史柳宗元曾为民祷雨于此，著有《雷塘祷雨文》传世，现建有"祷雨文碑亭"、"祭台"及"雷塘庙"等纪念性建筑。此外尚有明代兵部右侍郎、柳州八贤之一"张翀钓鱼台"，明代名士罗之鼎书斋"侧山楼"等名胜古迹，以及龙山鲤鱼嘴岩厦贝丘古人类遗址。

公园内还建有壮乡、瑶山、苗岭、侗寨、傣村等民族风景村寨，均依各民族生活习俗建造。

（3）鱼峰公园

鱼峰公园位于柳州市鱼峰路，因柳宗元著的《柳州山水近治可游者记》中称"山小而高，其形如立鱼"，又名立鱼峰或石鱼山。山中有清凉国、玉洞、盘古洞、纯阳洞、阴风洞、蠡斯岩、三姐岩等 7 个岩洞，彼此相连贯通。洞中有元、明、清以来文人墨客赞美立鱼峰的石刻 60 多处。相传，鱼峰山是壮族歌仙刘三姐生活劳动和传歌升仙的地方，至今山上尚存"三姐岩"、"对歌坪"等遗址。

🔍 小资料

刘三姐的传说

传说古代宜州下枧河边的壮族山村，有一个聪明伶俐、年轻美丽的农家姑娘，因排行第三，人称三姐。她自幼失去父母，与二哥相依为命，靠打柴种田过日子。刘三姐从小爱唱山歌，心灵手巧、勤劳艺精，以至方圆百里的后生慕名而来，对歌求婚。可是三姐爱上了同村的歌手李小牛。财主莫海仁以三姐和小牛伤风败俗为罪名，而对他们进行谋害。李小牛被淹死于河中，刘三姐则顺水漂流到柳州，为一个老渔翁所救。刘三姐到柳州后，能歌善唱的名声又很快传开。莫海仁闻讯后，气急败坏，用重金请来了陶、李、罗3位秀才，装了满满的一船歌书，专程到柳州来找刘三姐赛歌，妄想唱倒刘三姐。没想到3位秀才大败而归。于是莫海仁便派打手乘夜深人静，将刘三姐捆绑起来，放入猪笼，淹死在江中。乡亲们知道后，把刘三姐葬在柳江边，并供祭了两条大鲤鱼。正当大家含悲唱悼念歌时，坟墓裂开，只见复活了的刘三姐闪跳出来，骑在一条鲤鱼背上，跃然而起，飞升上天，成了歌仙。而另一条鱼来不及起飞，便成了屹立在柳江边的鱼峰山。

（二）特色民俗风物旅游资源

1. 民间艺术

广西素有"歌海"之称，农历3月3日是壮族的传统歌节，最为隆重。地方文艺主要有桂剧、壮剧、彩调剧、粤剧、琶剧、广西渔鼓、铜鼓音乐等。桂剧以小旦、小生、小丑的"三小戏"见长。彩调形成于明末清初，广泛吸收民间小调，有独唱、对唱、帮腔等形式，注重旦角与丑角的表演。壮族中流行壮剧，用方言演唱，采用"一人唱众人和"的帮腔形式。吹木叶、弹七弦琴、瑶族长鼓舞、铜鼓舞、苗族赛芦笙、侗族琵琶歌、京族独弦琴"唱哈"等，都是独具特色的民族文艺形式。

小资料

壮族山歌

壮族山歌简称为"壮歌"，又称"壮族民歌"，一般指壮族人民用壮话演唱的民间歌谣。广西壮族古老的歌圩集会和绣球一直流传至今。壮族素以"善歌"著称，壮乡素有"歌海"盛誉。壮民善以山歌来表现生活，抒发自己的思想感情。壮族山歌历史悠久，壮民从盘古开天地一直唱到如今，几乎人人能歌善唱，已近"以歌代言"的地步。

壮族山歌由于南北部方言的不同而对山歌有不同的称呼：欢、西、加、比、论等5种。在壮族地区，每一个区或乡都有好几个调子，包括叙事用的平调、抒发欢快情绪的喜调等。据粗略统计，各地不同的调子加起来达1 000种以上。这些山歌调虽然是固定的，但它能表现不同的思想感情。山歌调的演唱方法有独唱、重唱、领唱、合唱等方式，无论是支声式、和声式或者复调式，都丰富多彩，别具一格。在广西境内的壮族多声部山歌，遍及广西6个地区30多个县，其中以百色、柳州、河池、南宁等几个地区流传最广泛。壮族多声部山歌具有高度的思想性和深刻的人民性，在艺术形式上比较成熟和完美，它是壮族人民在长期生活实践中所创造的精神文明的一种形态，被视为壮族民间音乐史上突起的高峰。

2. 特色服饰

在壮族聚居的农村，特别是在比较偏僻的壮族山区，服饰仍保存本民族的特色。男子多穿青布对襟上衣，有的还以布帕缠头。壮族妇女多穿无领斜襟绣花滚边的上衣，下身穿绣花滚边宽脚的裤子或青蜡染的褶裙，腰束绣花围腰，脚穿绣花鞋，有的头上还缠着各式方巾，喜欢戴银首饰。龙州、凭祥一带的壮族妇女，喜穿无领斜襟的黑色宽脚的裤子，头戴包成方块形状的黑帕。壮族妇女擅长织布和刺绣，所织壮布和壮锦，花样新颖，为其服饰增添了不少色彩。

3. 风味饮食

广西北接湖南，东连广东，西与云、贵、川近邻，因此在饮食口味上受川味、湘味、粤味的影响很深，加之少数民族的地域特色，逐渐形成"城乡有别，风味不同，清甜、微辣、鲜香、脆嫩"的地方饮食文化特色。广西菜点由南宁、桂林、柳州、梧州等城市菜和壮族、瑶族、京族、侗族等少数民族菜组成。少数民族的小吃、点心非常有特色。广西菜肴以山珍为主料，土特产为辅料，营养价值高，色、香、味、形俱佳。

思 考 题

1. 本区包括哪些行政区？具有哪些发展旅游业的有利条件？本区最宝贵的旅游资源是什么？
2. 为什么说桂林是以其独具特色的奇秀岩溶风光闻名于世的？
3. 贵州省的织金洞和黄果树瀑布有哪些相同点与不同的特色。
4. 昆明市成为我国著名旅游城市之一的原因是什么？其有哪些著名的旅游点？
5. 本旅游区有哪几个旅游胜地被联合国教科文组织列入《世界遗产名录》？请说出具体名称。

自 测 题

1. 岩溶地貌民族风情旅游区包括_____、_____、_____。
2. _____省是我国少数民族聚居区最多的省份，又被称为_____王国。
3. 云南因_____得名，有一种说法是_____。
4. _____对于中国共产党长征具有伟大的转折意义，贵州省会是_____。
5. _____是广西地貌总的地貌形态，广西的水资源位居全国_____。

6. 壁画在壮语中叫作"_____"，汉语是"_____"的意思。

7. 下列有"东方瑞士"之称的古城是（　　）。

　　A. 大理　　　　　　B. 丽江　　　　　C. 贵阳　　　　D. 桂林

8. 闻名于世的电影《五朵金花》的故乡是（　　）民族的聚居地。

　　A. 瑶族　　　　　　B. 布依族　　　　C. 白族　　　　D. 彝族

9. 下列不属于蝴蝶泉景区"三绝"的是（　　）。

　　A. 泉　　　　　　　B. 蝶　　　　　　C. 树　　　　　D. 花

10. 属于苗族的舞蹈是（　　）。

　　A. 刷巴舞、花苞舞　　　　　　　　B. 芦笙舞、铜鼓舞

　　C. 铜鼓舞、斗角舞　　　　　　　　D. 花包舞、斗角舞

11. 侗寨的标志性建筑是（　　）。

　　A. 风雨桥和鼓楼　　B. 钟楼　　　　　C. 船型屋　　　D. 花桥

12. 中国历史文化名城中唯一没有城墙的古城是（　　）。

　　A. 镇远　　　　　　B. 凭祥　　　　　C. 大理　　　　D. 丽江

13. 贵州以典型的（　　）地貌风光著称于世。

　　A. 丹霞　　　　　　B. 岩溶　　　　　C. 花岗岩　　　D. 火山熔岩

14. 三江并流景区中的三条江分别是（　　）。

　　A. 金沙江　　　　　B. 澜沧江　　　　C. 怒江　　　　D. 雅鲁藏布江

　　E. 北盘江

实　训　题

　　根据本区绚丽多彩的民族风情旅游资源特色，设计一条尽显滇黔桂区内民族风情的旅游线路。

第十章

江南水乡都市园林旅游区
（沪苏浙皖赣）

📖 学习目标

江南水乡都市园林旅游区主要包括江苏省、浙江省、安徽省、江西省、上海市四省一市。通过本章学习，学生应掌握江南水乡都市园林旅游区的旅游地理环境及旅游资源的基本特征，了解江南水乡都市园林旅游区相关旅游景点的概况，并能够推介相关旅游线路。

📖 引导问题

1. 美院学生小郭需要去一处具有园林特色风光的景区写生，以追求"曲径通幽"之境，但却不知去哪好。他的朋友小王是学旅游管理的，你认为小王可以给小郭什么样的建议呢？

2. 来上海开会的高总想利用闲余时间，找个去处给自己的亲朋好友买点特色旅游纪念品，请问，作为接待人员的小刘将为他提供怎样的建议呢？

3. 刘丽是广东深圳一家企业的白领，快节奏的生活状态让她感到很疲倦，由于其工作表现优秀被特准休假一个星期，她想在江南一带旅游以缓解自己的工作压力，作为旅游专业的学生，请给她支支招。

本区位于我国东部，包括江苏省、浙江省、安徽省、江西省、上海市，共四省一市。本区地理位置优越，气候条件良好，交通便利，物产丰富，园林荟萃，名山众多，文化、技术发达，经济实力雄厚。全区旅游资源丰富，基础条件优越，组合优势明显，在全国旅游业中占有重要地位。

第一节 旅游地理环境特征与旅游资源类型

一、旅游地理环境特征

1. 平原丘陵，相间分布

本区地处我国地形三大阶梯的最低一级，呈现出以平原、低山丘陵相间分布的地形结构，自北而南依次为黄淮平原、淮南山地、长江中下游平原及长江三角洲、江南丘陵及闽浙丘陵。

2. 亚热带湿润季风气候，冬温夏热

本区具有四季分明、雨量充沛的气候特征，年降水量为800～1 700毫米，年平均温度为14～18℃，冬温夏热，为典型的亚热带湿润季风气候。降水的季节分配比较均匀，每年3月中旬进入春季，5月进入梅雨季节，梅雨以后进入盛夏，河谷平原为高温中心。8月中下旬为秋雨期，10月秋高气爽。冬季无寒潮南侵时，比较温暖。该区的春秋两季为旅游旺季，尤其秋季是黄金季节。南昌、九江、南京被称为江南三大"火炉"。这里盛夏虽热，但境内的风景名山、湖岸、海滨区均是理想的避暑胜地。冬季并无严寒，也适宜开展旅游活动。

3. 河网密布，泉湖众多

本区东临海洋，降水丰沛，水系极为丰富，河网密布，泉湖众多，一派水乡泽国的秀丽风光。

长江、钱塘江、淮河、京杭大运河等流经此区，形成众多风景河段。中国五大淡水湖中，鄱阳湖、太湖、洪泽湖、巢湖都位于本区，其中鄱阳湖是我国第一大淡水湖。本区还有著名的风景湖，如杭州西湖、扬州瘦西湖、南京玄武湖等，其沿岸湖光山色，风景优美。中国五大名泉亦有4处分布在本区，分别是镇江中泠泉、无锡惠山泉、苏州虎丘观音泉、杭州虎跑泉，此外还有南京的汤山温泉等，都是享有盛誉的旅游景区。本区著名的瀑布有黄山的人字瀑、九龙瀑，庐山的三叠泉和开先瀑布，井冈山的龙潭瀑布、彩虹瀑，雁荡山的大小龙湫瀑布等。

4. 文化昌盛，历史悠久

本区开发历史悠久，文化底蕴深厚。距今7 000年前，人类就开始在此劳动生息。后又成为吴越争霸之地，形成了独具特色的吴越文化。历史上，杭州和南京先后成为南宋和明朝初期的政治中心。自此，江南地区经济发达、文化繁荣、人才辈出，其书院文化、宗教文化，以及史学、文学、医学、艺术、建筑等在中国独树一帜，并产生过许多

有重大影响的文化流派。现今也是经济文化发达地区，可谓人杰地灵。

5. 交通便捷，经济发达

本区位于长江下游，有着优越的自然条件和地理位置，经济发展居全国前列。该区农业发达，物产丰富，且是我国重要的工业基地，机电、纺织、化工的生产占全国首位，轻工业处于全国先进水平，商业繁荣，是购物的好去处。

本区拥有以铁路、水运为主，公路和航空为辅的旅游交通网。铁路以京广、京沪、京九、沪杭、浙赣、焦枝、枝柳等线为骨干，联系汉丹、武九、鹰厦、阜淮、淮南等支线。航空运输以上海市为中心，联系区内及国内主要大中城市，还有通往美国、日本等国的国际航线。公路密度大，基本建成了通达各县市的全天候公路网。

二、旅游资源类型

1. 分外妖娆的湖光山色

本区在自然景观方面主要有花岗岩地貌、丹霞地貌、喀斯特地貌、火山地貌、海岸地貌等类型，其中花岗岩地貌和丹霞地貌最为突出，如花岗岩地貌有世界自然与文化双重遗产——黄山，世界自然遗产——三清山，佛教名山——九华山、普陀山，古南岳天柱山等；丹霞地貌有世界自然遗产龙虎山-龟峰、江郎山等。此外，还有造型地貌博物馆雁荡山，张公洞、善卷洞等，世界文化景观——庐山，道教名山——天台山等。本区水资源丰富，有壮观天下无——钱塘江，五大淡水湖中的大多数——鄱阳湖、太湖、洪泽湖、巢湖，风光秀丽的风景湖——西湖、瘦西湖等。

2. 魅力独特的都市情结

本区上海、南京、杭州等现代都市的建筑是其文化的重要指向，也是城市风格的载体，它反映着一地的时代风俗、文化氛围和情感价值观。例如，上海素有"世界建筑博览会"的美誉，风格迥异、中西融汇的建筑样式成就了上海建筑文化的独特风貌。

3. 素雅清淡的水乡风情

本区有众多江南水乡小镇，虽然规模不是很大，建筑形式相似，平凡朴实，但充满着生活气息。粉墙黛瓦、小桥、流水、人家，是本区展示给人们的又一番意境。现在，保留完整的民居建筑已开发成本区独特的旅游项目。例如，著名的六大江南古镇：周庄、甪直、同里、南浔、乌镇、西塘及皖南古民居等，都是典型的江南水乡小镇。古朴自然的民风民俗令人流连，令人回味。

4. 钟灵毓秀的园林景观

以江南园林为代表的中国古典园林融建筑、绘画、雕塑、文学、书法、金石等艺术为一体，达到了完美的境界，被公认为世界"风景式"园林的渊源，在世界上赢得了"园林之母"的美称。本区园林众多，大多集中于苏州、南京、无锡、扬州、杭州、绍兴、嘉兴等地，尤其是苏州园林（如拙政园、留园、沧浪亭、狮子林、网师园等），是我国园林艺术精华荟萃之地，亦是中外旅游者向往的游览胜地。

5. 底蕴深厚的宗教文化

宗教是一种文化。中国文化传统看重求同存异、兼容并蓄，提倡吸纳世界上的各种思想和文化，因而自然把宗教也视为一种文化。本区的宗教旅游胜地众多，如江西道教祖庭——龙虎山、大愿地藏王菩萨道场——九华山、观世音菩萨教化众生的道场——普陀山等。

6. 物产丰富的鱼米之乡

本区物产非常丰富，素有"鱼米之乡"的美称。土特产具有地方风格和民族特色，种类繁多，著名的土特产有西湖龙井茶、太湖碧螺春、黄山毛峰、庐山云雾等绿茶，安徽祁门红茶等。此外，还有洋河、双沟、古井贡等名酒。

本区的饮食文化在我国烹饪史上占有重要地位。在中国十大菜系中有 4 个菜系发源于本区，分别是淮扬菜、浙菜、徽菜、沪菜，其中淮扬菜位列"中国四大菜系"之一。同时，本区各色风味小吃花样品种之多，为全国之首。

本区的工艺品生产历史悠久。景德镇的瓷器、江苏宜兴紫砂陶等居全国之冠；中国"四大名绣"之一的苏州苏绣、"三大名锦"当中的南京云锦及温州的瓯绣、上海的顾绣等享誉全球；杭州的丝绸、扬州的漆器、芜湖的铁画、东阳的木雕及"文房四宝"——湖笔、徽墨、宣纸、歙砚，皆为上品，自古驰名中外。

第二节 重点旅游资源

一、上海市

上海市简称沪，是中央直辖市，地处我国东部，长江三角洲前缘，东濒东海，南临杭州湾，西接江苏、浙江两省，北接长江入海口。上海交通便利，地理位置优越，是一个良好的江海港口。上海市总面积 0.634 万平方千米（列全国第 32 位），总人口 2 347 万（2011 年），是我国人口最为稠密的地区之一。境内辖有崇明、长兴、横沙 3 个岛屿，崇明岛是中国第三大岛。

上海旅游资源丰富，是一座国家历史文化名城，众多的园林、博物馆、宗教寺院及有"世界建筑博览会"之称的城市建筑群，吸引了大量的中外游客。东方明珠、南浦大桥、杨浦大桥等新建筑，以及繁华的商业购物街区，又使她独具现代风采，素有"美食天堂"、"购物乐园"之称。

（一）重点旅游景区

1. 浦东商务会展旅游区

此区主要位于上海市东部，包括浦东新区（外环外）的区域范围，以商务金融为主要特色。

（1）陆家嘴商务区

陆家嘴位于浦东，与外滩隔江相望。东方明珠电视塔及金茂大厦、环球金融中心这些举世闻名的建筑和景观都在此区内，是目前上海的制高点，可以鸟瞰上海都市全景。

1）东方明珠广播电视塔（图 10-1）。坐落在黄浦江东岸，与外滩隔江相望，塔高468 米。高大的塔身由 3 根直径为 9 米的圆柱和 3 根直径为 7 米与地面呈 60°交角的斜撑支扶，直上云天。太空舱、上球体、下球体、中间 3 个球状空中旅馆和底座 3 个装饰小球共 11 个钢结构圆球，就像 11 颗明珠，镶嵌在塔体上，造成"大珠小珠落玉盘"的诗的意境。东方明珠塔是集观光、餐饮、购物、娱乐、游船、会展、历史陈列、广播电视发射等多功能于一体的综合性旅游文化景点。

2）金茂大厦。又称金茂大楼，楼高 420.5 米，目前是上海第三高建筑，地上有 88 层，若再加上尖塔的楼层共有 93 层，地下 3 层，是集现代化办公楼、五星级酒店、会展中心、娱乐、商场等设施于一体，融汇中国塔型风格与西方建筑技术的多功能型摩天大楼。

3）环球金融中心。是世界第四高楼、世界最高的平顶式大楼，楼高 492 米，地上 101 层，是一幢以办公为主，集商贸、宾馆、观光、会议等设施于一体的综合型大厦。

图 10-1　东方明珠

（2）世博园

世博会浦东场馆区，该区域有中国馆及世博演出场馆等，集中展示 2010 年上海世博会的精彩。世博园区所在地是上海工业遗产最集中的地方，这里的厂房承载着很多关于城市的历史记忆。对老建筑的保护利用成为世博会主题演绎中的重要内容。

2. 山水游憩与休闲度假旅游区

此区主要位于上海市西部，包括青浦区、松江区、闵行区的区域范围，集人文生态旅游、湖滨休闲度假、商务会展旅游、新兴旅游业态和生态居住于一体。

（1）朱家角镇

朱家角位于青浦区中南部，西濒淀山湖。朱家角镇历史悠久，旅游资源丰富，1991 年被列为上海四大历史文化名镇之一。朱家角素有"上海威尼斯"及"沪郊好莱坞"之誉。

（2）佘山旅游度假区

佘山旅游度假区是国家级旅游度假区，位于松江县境内。九峰十二山逶迤起伏十余里，自然风光秀美，人文景观荟萃，自古便是著名的旅游休闲胜地，享有"上海之根"的美誉。佘山高 90 米，为上海地区最高峰。

（3）淀山湖

淀山湖风景区位于青浦县和江苏昆山县境内，是上海地区最大的淡水湖。淀山湖呈葫芦形，面积 63 平方千米，水深约 2 米，并与黄浦江、吴淞江相通，水产丰富。湖中有淀山，湖名即源于此。淀山上有三姑祠、鳌峰塔等景物。湖水清澈如镜，烟波迷茫，富有江南水乡的风光。淀山湖畔有大观园游览区，按古典名著《红楼梦》所描绘的场景建造。

3. 城市中心文化商务旅游区

（1）外滩

外滩，百余年来，一直作为上海的象征出现在世人面前。外滩又名中山东一路，全长约 1.7 千米。东面临黄浦江，西面为哥特式、罗马式、巴洛克式、中西合璧式等 52 幢风格各异的大楼，被称为"万国建筑博览会"。外滩原是旧上海县城至苏州河南岸这一段黄浦江西岸的滩地。1845 年被辟为英租界，以后外国商行、银行等相继在此建立。至 20 世纪初，由于外国银行大量进驻上海，上海遂成为旧中国的金融中心。近些年，上海又新建了一些现代风格的高楼大厦。这些新老建筑相互融合，形成了独具魅力的海派都市风貌。外滩的建筑，出自多位建筑设计师之手，也并非建于同一时期，但它们的建筑色调却基本统一、整体轮廓线条的处理也十分协调。无论是极目远眺，或是徜徉其间，都能感受到一种雍容华贵的气势。著名建筑有东风饭店、外滩 12 号圆顶建筑、海关大楼、和平饭店、中国银行大楼、上海大厦等。夜幕中，巍峨的大厦在彩灯辉映下，更显得璀璨夺目。

（2）豫园

豫园，位于上海市老城厢的东北部，西南与上海老城隍庙毗邻，是著名的江南古典园林，面积 2 万多平方米。1982 年豫园被国务院列为全国重点文物保护单位。豫园原是明代的一座私人园林，始建于嘉靖、万历年间，由四川布政使潘允端所建，距今已有 400 余年历史。"豫"有"平安"、"安泰"之意，取名"上海豫园"，有"豫悦老亲"的意思。

大假山是豫园景色的精华之一，也是江南地区现存最古老、最精美、最大的黄石假山。大假山用数千吨浙江武康黄石建成，高 10 米，由明代著名叠山家张南阳精心设计堆砌，也是其唯一存世的作品。

与豫园毗邻的城隍庙，始建于宋，明天顺年间（1457～1464 年）重修。今日城隍庙是一处集商业、游览、园林和宗教为一体的文化景观，有湖心亭、九曲桥等景观，以及著名的老庙黄金、绿波廊酒楼、南翔小笼店等商铺。

（3）上海博物馆

上海博物馆位于市中心人民广场南端，3 800 平方米，地下 2 层，地上 5 层，地面高度 29 米。博物馆是一座方体基座与圆形出挑相结合的建筑，造型具有中国"天圆地方"的寓意。远眺博物馆，圆形屋顶加上拱门的上部弧线，整座建筑犹如一尊中国古代青铜器；若从高空俯瞰，则屋顶平面犹如一面巨大的汉代规矩镜的图案。

博物馆内部按陈列内容分 6 个区。1～4 层为青铜器、陶瓷、书法、绘画、雕塑、玉器、钱币、少数民族工艺等 12 个专馆和 2 个临时展厅，共藏 12 万件珍品，还有中外文专业书籍 20 万册，在国内有文物"半壁江山"之称，在国际上享有盛誉。

（4）中共"一大"会址纪念馆

中共"一大"会址纪念馆位于兴业路 76 号（原望志路 106 号），是出席中共"一大"的上海代表李汉俊之兄李书城的住所，为一座石库门式楼房。1921 年 7 月 23 日，中共"一大"在底层一间约 18 平方米的客堂中召开。出席这次大会的有毛泽东、董必武等 13 名代表。会议被一个法国巡捕房密探察觉，代表们立即撤离现场，到浙江嘉兴南湖的一条游船上继续举行。一大会议通过了党纲，选举了中央领导机构，成立了中国共产党。新中国成立后，会址按纪念馆原貌修复，室内布置维持了当年的原样。纪念馆内还辟有 3 个陈列室，展出我党创立时期的史迹和文物。1961 年 3 月，中共"一大"会址被列为全国重点文物保护单位。

（二）特色民俗风物旅游资源

1. 饮食习俗

上海菜又称沪菜，是中国十大菜系之一。其主要由"本帮菜"（本地传统风味）和"外帮菜"（上海化的各地风味）两大部分构成，具有浓油赤酱、汤卤醇厚、原汁原味、咸淡适口的特点，擅长红烧、生煸、糟、煨、蒸、炸等技法。

2. 风物特产

上海盛产水蜜桃。据说上海最早栽培水蜜桃的人是天文家徐光启的儿子徐龙兴。解放后，市郊各县的桃园都得到了恢复和发展，其中南汇县成为重点果区。品种除了有玉露水蜜桃、陈圃蟠桃外，还有早熟的"早生"、"雨化露"和中熟的"白凤"、"凤露"及晚熟的"白花"等。其特点是皮薄、汁多、香浓、味甜。英国、美国、日本都先后引种过上海水蜜桃。

顾绣是上海工艺名品，始创于明代官僚顾名世之子顾会海的小妾缪氏，距今已有 400 多年的历史。顾绣传至第三代孙媳韩希孟时，其家族的创作风格日趋成熟，刺绣技法已是登峰造极，名噪江南。随着顾氏家族的衰落，顾绣家传的技艺流入民间，同时，也对苏绣、湘绣、蜀绣等产生了巨大影响。

🔍 小资料

上海的特色旅游

1. 邮轮旅游

2011 年 6 月，上海港史上首次出现 5 条海上游航线同时运营的盛况，3 艘大型豪华邮轮、2 艘国际客轮同时运营"海上出境游"线路。这些航线吸引了大批上海及周边市民乘坐，同时也有大量海外旅客由邮轮入境旅游。

2. 工业旅游

随着迪士尼为核心的国际旅游度假区建设进度加快，沿着 S2 高速，一条纵贯浦东南北的旅游带正在成形。S2 高速沿线北起高桥、金桥，经过张江、南汇工业园区，一直到临港产业区，聚集了浦东众多的工业旅游资源。由北至南主要有外高桥造船基地、张江中医药博物馆、动漫基地、孙桥、凌空和六团、浦东书院镇、滴水湖等景点，其资源相当丰富。

3. 科技旅游

上海每年都有科技活动周，在此期间，众多科普旅游景点设宣传展台，并有现场展陈展示。上海旅行社、春秋旅行社及新天地旅行社也设有展台，宣传科普旅游线路。线路涉及崇明、金山、松江等区内科普旅游景区点。

二、江苏省

江苏简称"苏"，位于中国东海岸的中部，长江下游两岸。江苏素称"水乡泽国"之称，湖泊众多，江河交织，海岸线长达 1 000 千米。全省总面积 10.26 万平方千米（列全国第 24 位），总人口 7 899 万（2011 年，全国第 5 位），属人口稠密地区。省会南京市，是中国七大古都之一。

江苏历史悠久，风景优美，是我国重点旅游发展省份之一，有南京、苏州、扬州、镇江、常熟、徐州、淮安等中国历史文化名城；有太湖风景名胜区，南京钟山风景名胜区，蜀岗、瘦西湖和云台山等国家重点风景名胜区。举世闻名的苏州古典园林被列为世界文化遗产。

（一）重点旅游景区

1. 宁镇扬泰旅游区

此区包括省会城市南京、"城市山林"镇江、休闲城市扬州、"中华凤城"泰州，以历史文化、江南园林、自然山水为主要特色。

（1）南京市

南京市，位于中国华东地区，长江下游的中部，是江苏省省会。南京是一个古老而文明的城市，2 400 多年前开始建城，先后有三国时期的东吴，东晋，南朝宋、齐、梁、陈、南唐，明初在这里建都。南京旅游资源极为丰富，人文景观和自然景观交相辉映。

1）中山陵。中山陵是我国伟大的民主革命先行者孙中山先生的陵墓，坐落在南京市东郊钟山东峰小茅山的南麓，西邻明孝陵，东毗灵谷寺。

中山陵 1926 年动工，1929 年建成，面积共 8 万余平方米，坐北朝南，傍山而筑，由南往北沿中轴逐渐升高，依次为广场、石坊、墓道、陵门、碑亭、祭堂、墓室。从空中往下看，中山陵像一座平卧在绿绒毯上的"自由钟"。山下中山先生铜像是钟的尖顶，半月形广场是钟顶圆弧，而陵墓顶端墓室的穹隆顶，就像一颗溜圆的钟摆锤。陵墓入口处有高大的花岗石牌坊，上有中山先生手书的"博爱"两个金字。从牌坊开始上达祭堂，共有石阶392级，代表着当时中国的3亿9200万同胞；8个平台，象征着三民主义五权宪法。

2）明孝陵。明孝陵在南京市东郊紫金山南麓，明开国皇帝朱元璋和皇后马氏合葬于此。孝陵规模庞大，陵园内亭阁相接，享殿中烟雾缭绕。陵区松涛林海，养长生鹿千头，鹿鸣其间，气势非凡。陵墓神道从四方城开始，四方城是一座碑亭，内置明成祖朱棣为其父朱元璋建的"大明孝陵神圣功德碑"。明孝陵是我国现存最大的帝王陵墓之一，2003年7月被列入《世界遗产名录》。

3）玄武湖。位于南京市东北城墙外，湖岸呈菱形，周长约15千米，占地面积437公顷，水面约368公顷。湖内5个岛把湖面分成四大片，各岛之间有桥或堤相通，湖水深度不超过2米。玄武湖在六朝以前称桑泊，晋朝时称北湖，是训练水军的场所。历史上除了训练水军之外，它一直是帝王大臣们的游乐地，1909年辟为公园。

4）南京总统府。南京总统府所在的熙园迄今已有600多年的历史。民国时期，熙园一度成为蒋介石的办公处，后改为总统府。今天，总统府有着诸多保存完好的中西建筑遗存，其厚重的历史文化氛围、珍贵的文物和史料，成为南京旅游必到之所。

5）侵华日军南京大屠杀遇难同胞纪念馆。该纪念馆建立在南京大屠杀江东门集体屠杀场地及"万人坑"遗址之上。该馆于1985年8月正式建成开放，后经两次扩建，占地面积约7.4万平方米，建筑面积达2.5万平方米，展陈面积达9800平方米。新馆于2007年12月13日南京大屠杀30万同胞遇难70周年之际建成开放，分展览集会区、遗址悼念区、和平公园区和馆藏交流区等4个功能性区域，是一座纪念性的遗址型历史博物馆，也是全国爱国主义教育基地和全国文物保护单位。

6）夫子庙。南京夫子庙是供奉和祭祀我国古代著名的大思想家、教育家孔子的庙宇，其全称是"大成至圣先师文宣王庙"，简称"文庙"。孔子自古被人们尊称"孔夫子"，故其庙宇俗称"夫子庙"。南京夫子庙始建于宋景祐元年（1034年），由东晋学宫扩建而成。这一组规模宏大的古建筑群历经沧桑，几番兴废，清同治八年（1869年）重建之后，于1937年遭侵华日军焚烧而严重损毁。1984年，市、区人民政府为保护古都文化遗产，经有关专家科学论证和规划，几度拨专款，历数年的精心维修和复建。如今的夫子庙已焕然一新，再展辉煌，被誉为"秦淮名胜"而成为古城南京的特色景观区，也是蜚声中外的旅游胜地。1991年南京夫子庙被国家评为"中国旅游胜地四十佳"之一。

以夫子庙建筑为中心，秦淮河为纽带，东起东水关淮青桥秦淮水亭，直到中华门城堡延伸至西水关的内秦淮河地带，是十里秦淮最繁华之地。夫子庙-秦淮河风光带包括瞻园、夫子庙、白鹭洲、中华门等，沿河有诱人的秦淮夜市、金陵灯会和风味名吃，颇具六朝古都的特色。

夫子庙以庙前的秦淮河为泮池，南岸的石砖墙为照壁，照壁全长110米，是全国照壁之最。六朝时代，夫子庙地区已相当繁华，古有"六朝金粉"之称。乌衣巷、朱雀街、桃叶渡等处，都是当时名门大族所居。明清之际，夫子庙作为国子监科举考场，考生云集，因此这里集中了许多服务行业，绿窗朱户，夹岸而居。秦淮风光，以灯船最为著名。

（2）镇江

镇江是国家历史文化名城，山水风光独特的滨江风景旅游城市，位于长江和大运河的交汇处，素有"城市山林"、"天下第一江山"之誉。镇江具有"真山真水"的独特风貌。镇江的旅游资源极为丰富，著名的"三山"——金山、焦山、北固山，沿江屹立，风景秀丽壮观，形成了一幅壮丽的山水长卷。

1）金山。位于镇江市西北，海拔 43.7 米，占地面积 41.6 公顷。金山自古为我国游览胜地之一。古代金山原是屹立于长江中流的一个岛屿，有"江心一朵美芙蓉"之誉，至清光绪末年（1903 年）左右与陆地连成一片。金山以绮丽著称，著名的慈寿塔立于金山西北山巅，高 30 米，塔为砖木结构，七级八面，内有旋梯，供游人登塔远眺。金山寺又名江天寺，自古就是一座中外闻名的禅宗古刹，始建于东晋年代，距今已有 1 500 多年，山门面朝正西，合"大江东去，群山西来"之意。金山寺宇金碧辉煌，一塔拔地而起，直指云天，无论近观远眺，总见寺而不见山，向有"金山寺裹山"的说法。北京颐和园的万寿山，承德避暑山庄的"天宇咸畅"，以及扬州瘦西湖的"小金山"等都借鉴了其"山被寺裹"、"塔拔山高"的建筑艺术。此外，白蛇与法海"水漫金山寺"、"梁红玉击鼓战金山"等传奇也增添了金山的魅力。

2）焦山。位于镇江市东北的长江之中，海拔 70.7 米。因满山苍翠，宛如碧玉浮于江中，又称"浮玉山"。焦山原名樵山，传说宋真宗为纪念曾隐居山中的东汉处士焦光而改名焦山，并沿用至今。焦山山水天然真实，向以古树名碑闻名遐迩，寺庙建筑皆掩映于老树葱茏之中，与金山相对，素有"焦山山裹寺"的说法。

3）北固山。北固山居金焦二山之间，濒临大江，分前、中、后 3 峰，主峰海拔 58.5 米。据说，梁武帝登上北固山时曾亲书"天下第一江山" 6 个字。北固山前峰即鼓楼岗，相传是三国孙权的宫殿和周瑜帅府所在。中峰旧有北固山房，山下有东吴大将太史慈墓与宋代杰出词人柳永墓。中峰西面山下有凤凰池，相传明开国皇帝朱元璋曾临凤凰池议论政事。后峰是主峰，又称北峰，是名胜古迹集中之地，山巅有甘露寺，传说三国时孙刘联盟在此缔结联盟，留下了刘备招亲等历史传说，成为游人寻访三国遗迹之地。北固山的寺庙和亭台楼阁，在建筑结构上与金、焦二山不同，采用了"以寺镇山"的手法，有凌空飞阁之势，形成"寺冠山"的特色。

（3）扬州市

扬州市，位于江苏省中部，长江中下游北岸。扬州是中国历史文化名城之一。这里地处江淮要冲，京杭大运河纵贯其间，水运交通便利，文化发达。历史上扬州是中国繁华之地，享有"天下三分明月夜，二分无赖是扬州"的盛誉。扬州市山灵水秀，风物佳丽，市内外风格多样的名园，构成了风光旖旎的园林城市。

1）瘦西湖。位于扬州西北郊，因湖面瘦长，故称瘦西湖。瘦西湖原来是一段自然河道，经逐步发展而成园林，面积 50 多公顷，全长 4.3 千米，游览面积 30 多公顷。瘦西湖的妙处和独到之处在于蜿蜒曲折，湖面时宽时窄，两岸林木扶疏，园林建筑古朴多姿。行船其间，景色不断变换，引人入胜。

2）个园。位于扬州市的东北部，建于清代，是一座面积约 30 亩的园林，因园内竹叶的形状似"个"字，故名。个园以竹石为主体，以分峰用石为特色。其最负盛名的有四季假山：春山笋石参差；修篁弄影；夏山中空外奇，泠潭清冽；秋山黄石丹枫，峻峭依云；冬山宣石洁白，似积雪未消。南墙设风洞，有朔风之声，而西墙漏窗却又远远招来春色。

3）"扬州八怪"纪念馆。是宣传和弘扬扬州八怪艺术成就的专业纪念馆。纪念馆占地 4 452 平方米。扬州八怪包括郑燮、罗聘、黄慎、李方膺、高翔、金农、李鳝、汪士慎 8 位画家，是清代活跃在扬州画坛上的一批具有创新精神的画家。

扬州八怪大胆创新之风，不断为后世画家所传承。他们中多数人对"扬州八怪"的作品给予了高度评价。徐悲鸿曾在郑燮的一幅《兰竹》画上题云："板桥先生为中国近三百年最卓绝的人物之一。其思想奇，文奇，书画尤奇。观其诗文及书画，不但想见高致，而其寓仁悲于奇妙，尤为古今天才之难得者。"

2. 苏锡常旅游区

此区包括"江南水乡"苏州、无锡和常州，以园林、古寺、水乡、古镇为主要特色。

（1）苏州市

苏州市，位于长江下游，太湖之滨，是一座古老的城市，始建于公元前 514 年，距今已有 2 500 多年的历史，目前仍坐落在春秋时代的原址上，基本保持着"水陆并行、河街相邻"的双棋盘格局和"小桥流水人家"的古朴风貌。苏州是我国重要的历史文化名城和风景旅游城市之一，因山水秀丽，古典园林妩媚多姿，享有"江南园林甲天下，苏州园林甲江南"的美称，又有"上有天堂，下有苏杭"的美誉。1985 年，苏州园林被评为中国十大风景名胜之一；1997 年 12 月苏州园林被列入《世界遗产名录》。苏州城内有大小园林将近 200 处，为全国之冠。

1）拙政园。位于苏州市城内东北街 178 号，占地面积为 52 000 平方米，为苏州最大的名园，它不仅是苏州四大古典名园之一，而且是全国四大古典名园之一，实为苏州园林之冠。该园始建于明正德年间（1506～1521 年），园名"拙政"系取晋代潘岳《闲居赋》中"灌园鬻蔬……是亦拙者之为政也"之意。拙政园总体布局以水池为中心，各式亭轩楼阁临水而筑，形成了朴素开朗、平淡天真的自然风格。

2）留园。位于苏州市城西阊门外留园路，始建于明嘉靖年间（1522～1566 年），为太仆寺卿徐泰时的私家花园，时称东园。留园在苏州园林中的艺术成就颇为突出，曾被评为"吴中第一名园"。全园大致可分中、东、西、北 4 个景区，景区间由 700 多米长的曲廊连接，长廊两壁上嵌有历代名家书法石刻 300 多方，人称"留园法帖"。园内有涵碧山房、林泉耆硕之馆、冠云峰、五峰仙馆、又一村等景点。著名的留园三峰有冠云峰、瑞云峰、岫云峰。冠云峰雄峙居中，瑞云峰、岫云峰屏立左右，三峰相传为宋代"花石纲"遗物，当年在采运过程中，曾落入太湖，捞取后移来园中。其中冠云峰高 6.5 米，重约 5 吨，清秀挺拔，兼具"皱、透、漏、瘦"的特点，有"江南园林峰石之冠"的美誉。

3）狮子林。位于苏州市城东北园林路，是苏州四大古典名园之一。狮子林初建于元至正二年（1342 年），是元代园林的代表，因园中有很多石峰都似狮子形，故名"狮子林"。狮子林以假山著称，全园结构紧凑，东南多山，西北多水，长廊四面贯通，上下曲折，若隐若现，在苏州园林中别具一格。正所谓，"苏州园林甲江南，狮子林假山迷宫甲园林"。狮子林全园廊壁上嵌有"听雨楼帖"等书条石 67 块，展示了宋代苏、黄、米、蔡等名家书法艺术。

4）沧浪亭。位于苏州市城南人民路三元坊。沧浪亭为宋代园林建筑艺术的代表，以清幽古朴见长。园内布局以山为主，沧浪之水不是藏于园林之中，而是借助于园外葑溪之水，未进园门已是绿水回环。沧浪亭是苏州四大古典名园之一，也是苏州历史最悠久的一座古典园林，具有宋代造园风格，是写意山水园林的范例。

5）寒山寺。位于苏州城西 5 千米外的枫桥镇，始建于六朝梁时，原名"妙利普明塔院"。相传，唐代天台宗高僧寒山、拾得曾在这里修行，后来拾得东渡日本，寒山成为该寺的住持，故改名为"寒山寺"。"月落乌啼霜满天，江枫渔火对愁眠。姑苏城外寒山寺，夜半钟声到客船。"唐代张继的这首《枫桥夜泊》，给寒山寺增添了无限风韵，使其闻名中外。每年除夕之夜，寒山寺要举行敲钟活动。据说人一年中会遇到 108 个灾难，在寒山寺听 108 声新年钟声，每听到一个钟声便可以消除一个灾难。

6）虎丘。位于苏州城西北郊。相传，春秋时吴王夫差葬其父于此，葬后 3 日，有白虎踞于其上，故名虎丘山。此山高仅 36 米，但古树参天，周围有不少名胜。山小景多，是虎丘的一大特色，特别是千年虎丘斜塔（图 10-2）矗立山上，使虎丘自古以来就是著名游览胜地，苏东坡曾说："到苏州不游虎丘者，乃憾事也。"此外，虎丘还有断梁殿、憨憨泉、试剑石、真娘墓、千人石、二亭、五十三参、去岩塔等著名景致。

7）同里。位于太湖之畔古运河之东，距苏州 18 千米。古镇周环同里、九里、叶泽、南星、庞山 5 个湖，被 15 条小河分为 7 个小圩，河上架有 49 座石桥，其中自宋至清所建的有 29 座，真正体现了"小桥流水人家"的意境。其建筑依水而立，有"东方小威尼斯"之称。清丽古朴的同里有

图 10-2 虎丘斜塔

三多：明清建筑多、水乡小桥多、仁人志士多。2003 年，同里荣获中国首批"历史文化名镇"的称号。

8）周庄。中国第一水乡——周庄，位于苏州城东南 38 千米的昆山西南处，建镇已有 900 多年的历史。北宋年间，周迪功郎（官名）在此辟田设庄，于宋元祐元年（1086 年）舍田宅 200 余亩捐于当地全福寺，因有周庄之称。周庄镇因河成街，古朴幽静，是江南

典型的"小桥流水人家"。周庄集中国水乡之美，是江南水乡古镇的典范。周庄还被评为国家"历史文化名镇"、首批国家 5A 级景区、国家卫生镇和国家小城镇建设示范镇。2000 年周庄荣获联合国人居中心授予的"迪拜国际改善居住环境最佳范例奖"。

（2）无锡市

无锡市，位于江苏省南部。无锡是一座有着 3 000 多年历史的江南名城，中国古代 8 个原始文化区之一。据汉书等记载，周秦之际，无锡境内西山多锡矿，居民竞相采挖。汉初时锡矿开尽了，故名"无锡"。无锡的旅游资源十分丰富，自然景观和人文景观众多，素有"吴中胜地"之称，是我国著名的十大旅游城市之一，也是首批中国优秀旅游城市之一。

1）太湖风景区。"太湖美，美就美在太湖水"。太湖位于江苏无锡、苏州、吴县、宜兴境内，是我国第三大淡水湖，环绕一周近 400 千米，湖中有大小岛屿 48 个，连同沿湖半岛山峰，共有 72 峰。太湖以其优美的湖光山色和人文景观而闻名，被称为我国胜迹最多的湖。1982 年，太湖风景区被国务院列为国家重点风景名胜区。鼋头渚是观赏太湖风光的最佳地方。郭沫若吟道："太湖佳绝处，毕竟在鼋头"。鼋头渚是无锡西南部太湖之滨的一个半岛，因状如鼋头而得名。沿湖峭壁上镌刻有"包孕吴越"4 个大字，乃晚清无锡知县廖纶所书。至今这里仍保存着许多古代吴越史迹及吴越历史人物的传说。

2）寄畅园。位于惠山横街，毗邻锡山和惠山寺，面积 15 亩，是著名的明朝园林建筑。园景布局以山池为中心，假山依惠山东麓山脉作余脉状，又构曲涧，引"二泉"水流注其中，潺潺有声。园内大树参天，竹影婆婆，古朴清幽，巧妙的借景、高超的叠石、精美的山水、洗练的建筑，在江南园林中别具一格，属山麓别墅园林。

3）灵山景区。灵山大佛（图 10-3）坐落于无锡马山，大佛所在位置系由唐玄奘命名的小灵山，故名灵山大佛。大佛高 88 米，连须弥底座总高 104 米，采用锡青铜材料制造，大佛慈颜微笑，广视众生，右手"施无畏印"代表除却痛苦，左手"与愿印"代表给予快乐，均为祝福之相。整个佛像形态庄严圆满，安详凝重而细致，表现了佛陀慈悲的法相。

3. 连盐旅游区

此区包括连云港、盐城，山海风光、江海风光、沿海滩涂和国家级自然保护区是其主要旅游资源。

云台山位于连云港市东北 30 多千米处，四面环海，峰奇石怪。

图 10-3 灵山大佛

云台山从西到东分前、中、后云台山，其中前云台山范围最大，地势最高。景区内有大小秀丽的山头 134 座，主峰海拔 624.4 米，为江苏省最高的山峰。

花果山景区为云台山最著名的景区，以古典名著《西游记》所描述的"孙大圣老家"而著称于世，自古就有"东海第一胜境"和"海内四大灵山之一"的美誉。云台山是国家重点风景名胜区、全国文明风景旅游区示范点。

（二）特色民俗风物旅游资源

1. 饮食文化

江苏菜系又称淮扬菜系，主要由淮扬（淮安、扬州）、金陵（南京）、苏锡（苏州、无锡）、徐海（徐州、连云港）等四大地方风味组成，是中国四大菜系之一。其烹调制作方法以炖、焖、蒸、烧、炒见长，重视汤调，味重清鲜，善用糖，醇和宜人。

2. 风物特产

江苏的传统民间工艺品形式多样，许多技艺堪称一绝。南京云锦、苏州宋锦均为中国名锦，苏州刺绣、宜兴紫砂陶瓷、扬州玉雕等手工艺品都展现了江苏灿烂的传统文化。其他著名的工艺品和特产还有无锡惠山泥人、南通风筝、扬州漆器、常州梳篦、南京雨花石、东海水晶、桃花坞木刻年画、宜兴紫砂陶器等。

（1）苏州刺绣

苏州刺绣发源于苏州，有 2 000 多年的历史，主要产于苏州、南通。苏绣工艺是以绣针引彩线，按事先设计的花纹和色彩，在丝绸、棉布等面料上刺缀运针，通过绣迹构成花样、图案、文字以取得艺术效果，具有平、齐、细、密、匀、顺、和、光八大特点和浓郁的地方色彩。题材多为姑苏城特有的雅致园林风光，或金绣或银绣，艺术精湛自然。苏绣的主要品种有实用类（枕套、被面、服装）和观赏类（各种屏饰）。苏绣中最能体现其艺术特征的为双面绣，以"猫"的题材见长，所绣"小猫"眼睛发亮有神，毛丝蓬松浓密，形象十分生动。

（2）南京云锦

南京云锦为"中国三大名锦"之一，因其绚丽多姿，美如天上云霞而得名，至今已有 1 580 年的历史。云锦工艺独特，用老式的提花木机织造，必须由提花工和织造工两人配合完成，一天只能生产 5～6 厘米，这种工艺至今仍无法用机器替代。云锦的主要特点是逐花异色，从不同角度观察，绣品上花卉的色彩不同。云锦主要用于皇家服饰，用料考究，不惜工本，精益求精。云锦喜用金线、银线、铜线、长丝、绢丝和各种鸟兽羽毛等材料织造，如在皇家云锦绣品上的绿色是用孔雀羽毛织就，每个云锦的纹样都有其特定的含义。一幅 78 厘米宽的锦缎，织面上就有 14 000 根丝线，所有花朵图案的组成就要在这 14 000 根线上穿梭，从确立丝线的经纬线到最后织造，其过程复杂而艰苦。

🔍 小资料

昆曲艺术

2001 年 5 月，昆曲艺术入选联合国教科文组织公布的第一批《人类口述和非物质遗产代表作》名单。

昆曲（昆山腔）产生于江苏昆山一带，它与起源于浙江的海盐腔、余姚腔和起源于江西的弋阳腔，被称为明代四大声腔，同属南戏系统。

昆曲是我国传统戏曲中最古老的剧种之一，也是我国传统文化艺术，特别是戏曲艺术中的珍品，被称为百花园中的一朵"兰花"。很多明朝中叶至清代中叶戏曲中影响颇大的声腔剧种，都是在昆剧的基础上发展起来的，故昆曲有"中国戏曲之母"的雅称。

昆剧行腔优美，以缠绵婉转、柔曼悠远见长。在演唱技巧上注重声音的控制，节奏速度的顿挫疾徐和咬字吐音的讲究，场面伴奏乐曲齐全。

昆剧的乐器配置大体由管乐器、弦乐器、打击乐器3个部分组成，主乐器是笛，还有笙、箫、三弦、琵琶等。由于以声若游丝的笛为主要伴奏乐器，加上赠板的广泛使用，字分头、腹、尾的吐字方式，以及它本身受吴中民歌的影响而具有的"流丽悠远"的特色，使昆剧音乐以"婉丽妩媚、一唱三叹"几百年来冠绝梨园。伴奏有很多吹奏曲牌，适应不同场合，后来也被许多剧种所搬用。

昆剧表演最大的特点是抒情性强、动作细腻，歌唱与舞蹈的身段结合得巧妙而和谐。昆剧是一种歌、舞、介、白各种表演手段相互配合的综合艺术，长期的演剧历史中形成了载歌载舞的表演特色，尤其体现在各门角色的表演身段上。其舞蹈身段大体可以分成两种：一种是说话时的辅助姿态和由手势发展起来的着重写意的舞蹈；一种是配合唱词的抒情舞蹈，既是精湛的舞蹈动作，又是表达人物性格心灵和曲辞意义的有效手段。

昆曲之所以能入选人类口述与非物质文化遗产，在于它是我国古典表演艺术的经典。但在今天，昆曲严格的程式化表演、缓慢的板腔体节奏、过于文雅的唱词、陈旧的故事情节，丧失了时尚性和大部分娱乐功能，离当代人的审美需求相距甚远，因而难以争得观众，呈现衰败之势。作为中华文化的瑰宝，作为世界遗产，昆曲艺术亟须得到全社会的关注和保护。

三、浙江省

浙江地处东南沿海、长江三角洲南翼，东濒东海，南接福建，西与江西、安徽毗连，北与上海、江苏为邻。境内最大的河流钱塘江，因江流曲折，称之江，又称浙江，省以江名，简称"浙"，省会为杭州。全省面积10.18万平方千米（列全国第25位），总人口5 463万（2011年），属面积小、人口稠密的地区之一。

浙江旅游资源丰富，素有"鱼米之乡"、"丝绸之府"、"旅游之地"、"文物之邦"之称，是全国重点旅游地区。境内山岳、江湖、海岛、溶洞、名刹、温泉、古迹，景观各异。例如，"上有天堂，下有苏杭"的"东南第一州"——杭州，被誉为世界奇观的"钱江涌潮"。全省现有西湖、两江一湖（富春江、新安江、千岛湖）、雁荡山、楠溪江、普陀山、嵊泗列岛、天台山、莫干山、雪窦山等19个国家重点风景名胜区，居全国首位。

（一）重点旅游景区

1. 杭州国际休闲旅游区

该区以杭州西湖观光游览为核心旅游资源，拥有"中国山水文化经典"——西湖、"人类文明的曙光"——良渚遗址、"世界休闲博览园"——杭州钱塘江国际休闲度假基地、"运河文化旅游带" 4 个核心项目品牌，以观光旅游、文化体验、会展交流、休闲度假为特色。

杭州市位于长江三角洲南翼、钱塘江下游、京杭大运河南端，是长江流域中华文明的发源地、中国历史上七大古都之一和我国著名的历史文化名城。有着 2 200 年悠久历史的杭州，是 "鱼米之乡"、"丝绸之府"、"文物之邦"，宋以后享有 "人间天堂" 的美誉。"忆江南，最忆是杭州！" 杭州以其美丽而诗意的山水著称于世。2006 年，杭州荣获 "中国最佳优秀旅游城市" 称号。

（1）西湖

西湖（图 10-4）得名于宋代，位于杭州市西面，紧邻市区。"天下西湖三十六，其中最美数杭州"，杭州也因西湖而闻名天下。

图 10-4　杭州西湖

西湖风景概括起来主要以一湖、二峰、三泉、四寺、五山、六园、七洞、八墓、九溪、十景为胜。南宋定名的西湖十景是苏堤春晓、双峰插云、柳浪闻莺、花港观鱼、曲院风荷、平湖秋月、南屏晚钟、三潭印月、雷峰夕照、断桥残雪。苏堤和白堤将湖面分成里湖、外湖、岳湖、西里湖和小南湖 5 个部分，环湖山峦叠翠，花木繁茂。游人最为集中的白堤东起断桥（传说中许仙与白娘子相会处），西止平湖秋月。苏堤纵贯西湖南北。孤山坐落在里、外西湖之间。平湖秋月是一处三面临湖的水榭式园林。小瀛洲即三潭印月，为江南园林中的精粹。花港观鱼——在西湖西南隅一个半岛上，是观鱼赏花的胜地。宋代苏轼赞道："水光潋滟晴方好，山色空濛雨亦奇；欲把西湖比西子，淡妆浓抹总相宜。"

🔍 小资料

西湖十景

西湖十景最早形成于南宋时期，基本围绕西湖分布，有的就位于湖上：

苏堤春晓、曲院风荷、平湖秋月、断桥残雪、柳浪闻莺、
花港观鱼、雷峰夕照、双峰插云、南屏晚钟、三潭印月。

新西湖十景

1985 年，经过杭州市民及各地群众积极参与评选，并由专家评选委员会反复斟酌后确定的新西湖十景：

云栖竹径、满陇桂雨、虎跑梦泉、龙井问茶、九溪烟树、
吴山天风、阮墩环碧、黄龙吐翠、玉皇飞云、宝石流霞。

三评西湖十景

2007 年 10 月 20 日，在西博会（中国杭州西湖博览会）开幕式晚会上，宣布了三评西湖十景的结果：

灵隐禅踪、六和听涛、岳墓栖霞、湖滨晴雨、钱祠表忠、
万松书缘、杨堤景行、三台云水、梅坞春早、北街梦寻。

（2）灵隐寺

灵隐寺，位于杭州西湖灵隐山麓。灵隐寺又名"云林禅寺"，始建于东晋 326 年，距今已有 1 600 多年的历史，是我国佛教禅宗十刹之一。当时印度僧人慧理来到杭州，看到这里山峰奇秀，认为是"仙灵所隐"，就在这里建寺，取名灵隐。

灵隐寺的天王殿，上悬"云林禅寺"匾额，是清代康熙的手笔。大殿正中佛龛里坐着袒胸露腹的弥勒佛像。弥勒佛后壁佛龛里，站着神态庄严、手执降魔杵的韦驮菩萨，系由整块香樟木雕成，乃南宋遗物。灵隐寺的大雄宝殿是单层、重檐、三叠的建筑，高达 33.6 米。另有清末重塑的木雕释迦坐像，高约 24.8 米，金光四射，闪耀夺目，富有宋代写实雕塑之风，此外还有十二圆觉、二十诸天等佛。灵隐寺的建筑和雕塑艺术，对研究我国佛教史、建筑艺术史和雕塑艺术史都有较高价值，是珍贵的文物。

（3）虎跑泉

虎跑泉，位于杭州市西南大慈山白鹤峰下定慧禅寺（俗称虎跑寺）侧院内，距市区约 5 千米。虎跑泉的来历，有一个饶有兴味的神话传说。相传，唐元和十四年（819 年）高僧寰中（亦名性空）来此，喜欢这里的风景灵秀，便住了下来。后来，因为附近没有水源，他准备迁往别处。一夜忽然梦见神人告诉他说："南岳有一童子泉，当遣二虎将其搬到这里来。"第二天，他果然看见二虎跑（刨）地作地穴，清澈的泉水随即涌出，故名为虎跑泉。其实，虎跑泉是从大慈山后断层陡壁砂岩、石英砂中渗出，据测定流量为 43.2～86.4 立方米/日。泉水晶莹甘洌，居西湖诸泉之首，和龙井泉一起被并誉为"天下第三泉"，是中国五大名泉之一。

"龙井茶叶虎跑水"，被誉为西湖双绝。古往今来，凡是来杭州游历的人们，无不以能身临其境品尝一下以虎跑甘泉之水冲泡的西湖龙井茶为快事。

（4）良渚遗址

良渚遗址位于余杭县和德清县境内，为新石器时代晚期文化遗址群，年代为公元前 3 300～前 2 000 年。良渚遗址发现于 1936 年，此后断续发掘至今。遗址群中发现有分布密集的村落、墓地、祭坛等各种遗存，出土物中以大量精美的玉礼器最具特色。良渚

遗址是实证中国五千年文明史最具规模和水平的地区之一，其重大价值的不断揭示，改变了以往人们对中华文明起源的时间、方式、途径等重大学术问题的认识，并将继续丰富人们对中国文明史的认识。

（5）钱塘江

钱塘江，古称浙江、渐江、罗刹江和之江，是浙江省最大的河流。钱塘江全长 605 千米，流域面积 48 887 平方千米，流经杭州市闸口以下注入杭州湾。钱塘江河口呈巨大的喇叭形，杭州湾口南北两岸相距约 100 千米，至钱塘江口缩小到 20 千米，再上至海宁盐官，仅为 2.5 千米。河床纵剖面有庞大的沙坎隆起。此河段受江面束窄、河床隆起的影响，潮波激烈汹涌，形成天下奇观"钱塘江潮"。钱塘江潮受月球和太阳引力的影响，涌潮强弱有规律地变化，每月初一和十五的潮汐特别大，而农历 8 月 18 日前后出现的涌潮最猛烈。因此每年的农历 8 月 18 日前后，在海宁可以看到最为壮观的钱塘江潮。

（6）千岛湖风景名胜区

千岛湖风景名胜区，位于淳安县境内，是 1959 年为建造新安江水电站而筑坝蓄水形成的人工湖，也是"杭州-千岛湖-黄山"黄金旅游线上璀璨的明珠。因湖内拥有姿态各异的大小岛屿 1 078 个，故名千岛湖。

2. 浙东海山佛教文化旅游区

此区以宁波、舟山为旅游区核心城市。宁波简称"甬"，位于我国东海之滨，长江三角洲南翼。宁波是具有 7 000 年历史的"河姆渡文化"的发祥地，唐宋以来，一直是我国重要的对外贸易口岸。唐代，宁波成为"海上丝绸之路"的起点之一，与扬州、广州并称为"中国三大对外贸易港口"。宋时又与广州、泉州同时列为对外贸易三大港口重镇。宁波是一座美丽的港口城市，也是一座历史文化名城，更是有着丰富资源的著名旅游城市。

（1）普陀山

普陀山位于钱塘江口、舟山群岛东南部海域，是国家重点风景名胜区，有"海天佛国"之誉。景区包括普陀山、洛迦山、朱家尖，总面积为 41.95 平方千米。其中普陀山本岛 12.5 平方千米，最高峰佛顶山海拔 286.3 米。佛经记载的"观自在菩萨至普陀洛迦山"一说，使普陀成为观世音的圣地。唐咸通四年（863 年），日本僧人慧萼从五台山奉引观世音像回国，因为风浪所阻，在潮音洞上岸，建"不肯去观音院"，成为普陀佛教开山的起始。至宋宁宗嘉定七年（1214 年）正式定普陀山为观音菩萨道场，与五台山、峨眉山、九华山同称佛教四大名山。后历代皇帝拨款累建，香火日旺。全盛时期，曾有 3 大寺、88 庵院、128 茅棚，僧尼达 4 000 余人。除此之外，岛上还有千步沙、百步沙等著名的沙滩旅游区。

（2）溪口雪窦山风景名胜区

溪口雪窦山风景名胜区由溪口镇、雪窦山、亭下湖 3 个景区组成，以剡水古刹、蒋氏故里和幽谷飞瀑闻名遐迩，在汉代就有"海上蓬莱"之称。

溪口镇山清水秀，史迹众多。这里是现代历史人物蒋介石、蒋经国的故乡，人文景观丰富，剡溪水色清澄，与溪南绿竹，岭上苍松倒影相映，充满诗情画意。其主要景点有丰镐房、小洋房、玉泰盐铺、文昌阁、武岭门等。

雪窦山位于溪口镇西北 8 千米处，海拔 600 多米。山上乳峰呈窦，水如乳从窦出，故名。雪窦山素有"四明第一山"之誉，弥勒佛道场——雪窦古刹在南宋时被称为"天下禅宗十刹之一"。雪窦山的主要景点有徐凫岩、三隐潭、妙高台、千丈岩瀑布、御书亭、中旅社旧址等。

（3）桃花岛

金庸先生所著《射雕英雄传》和姊妹篇《神雕侠侣》中描绘的美妙神奇的东海小岛桃花岛，位于我国最大的群岛——舟山群岛东南部，是舟山群岛 1 390 个岛屿中的第七大岛，面积 41.74 平方千米。桃花岛与"海天佛国"——普陀山、"沙雕故乡"——朱家尖、"十里渔港"——沈家门组成了普陀旅游"金三角"。相传，前秦隐士安期生在岛上白云山修道炼丹，"尝以醉，墨洒于山石上，遂成桃花纹"，岛名由此而来。岛上的风景旅游资源丰富多样，1993 年被批准为省级风景名胜区。

3. 浙东南奇山秀水旅游区

此区以温州、台州为旅游区核心城市，以地质地貌、自然生态、城市风光为特色旅游资源。温州市，位于中国黄金海岸线中段，依傍瓯江，濒临东海，是浙江省南部的政治、经济、文化和交通中心。全市陆域面积 11 784 平方千米，海域面积约 11 000 平方千米。

（1）雁荡山

雁荡山位于乐清市中北部，与楠溪江风景区毗邻。雁荡山以山水奇秀闻名，素有"海上名山"、"寰中绝胜"之誉，史称"东南第一山"。因其山顶有湖，芦苇茂密，结草为荡，南归秋雁多宿于此，故名雁荡。

雁荡山约形成于 1.2 亿年前，由火山喷发而成，被列为世界地质公园。雁荡山按地理位置不同可分为北雁荡山、中雁荡山、南雁荡山、西雁荡山（泽雅）、东雁荡山（洞头半屏山）。通常所说的雁荡山风景区主要是指乐清市境内的北雁荡山。由于该山处在古火山频繁活动的地带，山体呈现出独具特色的峰、柱、墩、洞、壁等奇岩怪石，称得上是一个"造型地貌博物馆"。它北接括苍山，东濒大海，景区有 7 区、131 景、102 峰、61 岩、46 洞等景观，其中以东南部"二灵一龙"——灵峰、灵岩、大龙湫最为有名，并称"雁荡三绝"。

（2）楠溪江

楠溪江位于永嘉县境内，东连雁荡山风景区，南距温州市区 20 多千米，是瓯江下游最大的支流，流域面积 2 429 平方千米。楠溪江风景名胜区总面积 625 平方千米，共分为楠溪江及沿江农村文化区（又称岩头景区）、大若岩、石桅岩、水岩、北坑、陡门和四海山七大景区，共计 800 多个景点。悠悠三百里楠溪江融天然风光与人文景观于一体，以水秀、岩奇、瀑多、村古、滩林美而闻名于世，是一处以山水田园风光见长的景区。

（3）天台山

天台山系国家级风景名胜区，位于台州市境内。李白"龙楼凤阙不肯住，飞腾直欲天台去"的诗句，道出了天台山的诱人之美。天台山集诸山之美，其最大的特点是古、幽、青、奇。明代大旅行家徐霞客足迹遍天下，三上天台山，并将《游天台山日记》赫然标于《徐霞客游记》篇首。天台山既是佛教天台宗的发祥地和日本、韩国佛教天台宗的祖庭，又以中国道教南宗的本山和济公活佛的故乡而著称于世。

4. 浙北古镇运河古生态旅游区

此区以杭州、嘉兴、湖州为中心城市，以莫干山国家重点风景名胜区、京杭运河浙江段沿岸古镇等为依托，以江南山水风情体验为特色。

（1）乌镇

乌镇是国家 5A 级景区，曾名乌墩和青墩，具有六千余年的悠久历史。乌镇是典型的江南水乡古镇，素有"鱼米之乡，丝绸之府"之称。1991 年该镇被评为浙江省历史文化名城，1999 年开始古镇保护和旅游开发工程。

（2）南浔镇

南浔位于浙江省北部，湖州市南浔区东部，东北部与江苏省苏州市吴江区毗邻，是江南六大古镇之一，属太湖流域和杭嘉湖平原，居长江三角洲经济区腹地。南浔镇是中国历史文化名镇、中国十大魅力名镇、国家卫生镇、全国文明镇、浙江省百强镇、全国工业千强镇之一。南浔镇名胜古迹众多，与自然风光和谐统一，充满着浓郁的历史文化底蕴和灵气。

（3）莫干山

莫干山位于德清县境内，因春秋末年，吴王派莫邪、干将在此铸成举世无双的雌雄双剑而得名。莫干山以竹、泉、云三胜景及凉、绿、清、静著称，有"清凉世界"的美誉，与北戴河、庐山、鸡公山并称为我国四大避暑胜地。

莫干山总面积 43 平方千米，主峰塔山海拔 719 米。莫干山山峦起伏，植被覆盖率高达 92%，风景秀丽多姿。它虽不及泰岱之雄伟、华山之险峻，却以绿荫如海的修竹、清澈不竭的山泉、星罗棋布的别墅、四季各异的迷人风光称秀于江南，有着"江南第一山"的美誉。

5. 绍兴古越文化旅游区

此区以绍兴为旅游区核心城市。绍兴，地处富庶的浙江宁绍平原西部。"悠悠鉴湖水，浓浓古越情"，绍兴历史悠久、名人辈出、景色秀丽、物产丰富，被称为水乡、桥乡、酒乡、书法之乡和名士之乡，是我国历史文化名城之一。一代文学巨擘鲁迅的许多作品中都反映了绍兴文化浓郁的地方色彩。

（1）三味书屋

三味书屋（图10-5）为清末绍兴城内颇负盛名的一所私塾。塾师寿镜吾是一位"极方正，质朴，博学的人"。鲁迅12~17岁在此读书。现室内文物保存完好，正中为塾师桌椅，两侧为客席，窗前壁下则为学生座位，鲁迅座位在左上角，书桌是鲁迅当年用过的原物，桌上有鲁迅亲手刻下的一个"早"字。一次因上学迟到，被塾师责罚，于是鲁迅在书桌上刻了一个"早"字，以激励自己按时上学。

小资料

三味书屋

三味书屋原为三余书屋。何为三余？此名取意于三国时董遇的话。据《三国志·魏志·王肃传》注引所载，董遇常劝学生充分利用"三余"时间读书。所谓"三余"，即"冬者，岁之余；夜者，日之余；阴雨者，时之余"。取名三余大概是希望学生爱惜时间。后来私塾主人兼塾师寿镜吾的祖父寿峰岚将其改名为"三味书屋"。

"三味"，有3种说法。其一是前人对读书感受的一种比喻，"读经味如稻粱，读史味如肴馔，读诸子百家味如醯醢"，3种体验合称为"三味"；其二是"三味"出自宋代李淑《邯郸书目》："诗书味之太羹，史为折俎，子为醯醢，是为三味。"这是把诗书子史等书籍比作佳肴美味，比喻为很好的精神食粮；其三，寿镜吾先生的祖训是布衣暖，菜根香，读书苦，这后来也成为三味书屋的馆训。

图10-5　三味书屋

还有一种理解："三味"即"三昧"。鲁迅读书的"三味书屋"两旁屋柱上有一副抱对，上书，"至乐无声唯孝悌，太羹有味是诗书"，可见"三味书屋"中的"三味"应该用的就是这个意思。其三是借用佛教语言，"三味"即"三昧"，是梵文 samadhi 的音译。原指诵读佛经、领悟经义的三重境界：一为"定"，二为"正受"，三为"等持"。意思是说，诵经之前要止息杂念，做到神思安定专注；领悟经义态度必须端正，具有百般恭敬的虔诚；学习过程中要专心致志，保持始终如一的精神。随着佛教思想与汉民族文化的融合，"三味"逐渐引申为对事物本质精神意义的概括，有"个中三味"、"得其三味"等说法，用来比喻领悟学问的精确与深刻。

（2）会稽山

会稽山，位于绍兴县东南部。会稽山是大禹娶妻、封禅的地方，同时也是大禹的陵寝所在地。大禹陵位于平水江西南的会稽山麓，坐东朝西，背依会稽山，陵前有建于明嘉靖年间（1522~1566年）的碑亭，内竖"大禹陵"3字巨碑。碑亭右侧有咸若亭和碑廊，左侧为禹祠，今陈列大禹治水事迹，廊下壁间嵌有"禹穴辨"、"禹穴"等碑刻。禹王庙位于大禹陵西北，始建于南朝梁大同（535~546年）年间，后屡毁屡建。现存正殿为民国时期重建，坐北朝南，依山而筑，午门以上逐级升高，峻拔巍峨。午门屋脊上塑有插剑逆龙，象征大禹降龙治水的神功。正殿位于最高处，殿中塑有大禹立像。陵和庙历史悠久，气势磅礴，构成了规模宏大的古建筑群。

（3）兰亭

兰亭，在绍兴西南 14 千米的兰渚山麓国家森林公园中，是东晋著名书法家王羲之的寄居处。这一带有"崇山峻岭，茂林修竹，又有清流激湍，映带左右"，是山阴路上的风景佳丽之处。相传春秋时越王勾践曾在此植兰，汉时设驿亭，故名兰亭。现址为明嘉靖二十七年（1548年）郡守沈启重建，几经反复，于 1980 年全面修复如初。兰亭布局以曲水流觞（图 10-6）为中心，四周环绕着鹅池、鹅池亭、流觞亭、小兰亭、墨华亭、右军祠等。鹅池四周绿意盎然，

图 10-6　兰亭曲水流觞

池内常见白鹅成群，悠游自在。鹅池亭为一座三角亭，内有一方石碑，上刻"鹅池"二字，"鹅"字铁划银钩，传为王羲之亲书，"池"字则是其子王献之补写。一碑二字，父子合璧，乡人传为美谈。流觞亭是王羲之与友人吟咏作诗，完成《兰亭集序》的地方。东晋穆帝永和九年（353 年）三月三日，王羲之和当时名士孙统、孙绰、谢安等 41 人，为过"修禊日"宴集于此，列坐于曲水两侧，将酒觞置于清流之上，漂流至谁的前面，谁就即兴赋诗，否则罚酒三觞。这次聚会有 26 人作诗 37 首。王羲之为之作了一篇 324 字的序文，这就是有"天下第一行书"之称的《兰亭集序》。兰亭也因此成为历代书法家的朝圣之地和江南著名园林。

6. 金华衢州商贸文化旅游区

此区以金华、义乌、衢州为旅游区核心城市，以商贸购物、影视梦想、温泉康体、古婺文化、自然山水为主要特色。

（1）横店影视城

影视城位于浙江省东阳市横店境内，为国家 5A 级旅游区，现已建成广州街、香港街、明清宫苑、秦王宫（图 10-7）、清明上河图、梦幻谷、屏岩洞府、大智禅寺、明清民居博览城等 13 个跨越几千年历史时空，汇聚南北地域特色的影视拍摄基地和两座超大型的现代化摄影棚。目前，该影视城是亚洲规模最大的影视拍摄基地，被美国《好莱坞》杂志称为"中国好莱坞"。

图 10-7　横店影视城秦王宫

（2）义乌小商品批发城

义乌小商品批发城面积 26 万平方米，可容纳数千商家、近 3 万就业人员，是华南地区规模巨大、极具影响力的小商品集散市场。其主要经营日化用品、美容美发用品、日用小百货、塑料制品、花卉、渔具、饰品、工艺品、钟表、小电器、电子产品、小五金、鞋、帽、布料、服装、滋补保健品等十几万种各类小商品。

（3）江郎山风景名胜区

江郎山是国家重点风景名胜区、国家 4A 级景区，也是世界自然遗产地，位于浙江省江山市西南部，仙霞山脉北麓，浙、闽、赣三省交界处。整个景区由江郎山、仙霞岭、峡里湖、二十八都古镇、浮盖山堆石洞群等分景区（点）组成。该风景区集自然风光、雄关古道、湖光山色、人文古迹、风土人情于一身。

（二）特色民俗风物旅游资源

1. 风味饮食

浙江菜，简称浙菜，具有悠久的历史，是中国八大菜系之一，由杭州、宁波、绍兴、温州为代表的 4 个地方流派组成，以杭州菜最负盛名。其主要特点是选料时鲜、制作精细、色彩鲜艳、味道清鲜。

2. 畲族风情

本区境内有全国唯一的畲族自治县——景宁畲族自治县。畲族约有 20 万人，主要分布在西南地区。畲族自称"山哈"，意为住在山里的客户。畲族有本民族的语言，善歌，以歌代言，以歌为乐。畲族服饰、工艺品、饮食、居住、婚嫁风俗、宗教图腾等均有鲜明的民族特色。

畲族妇女最主要的装束就是"凤凰装"。红头绳扎的长辫高盘于头顶，象征着凤头；衣裳、围裙（又称合手巾）上用大红、桃红、杏黄及金银丝线镶绣出五彩缤纷的花边图案，象征着凤凰的颈项、腰身和羽毛；扎在腰后飘荡不定的金色腰带头，象征着凤尾；佩于全身的叮当作响的银饰，象征着凤鸣。已婚妇女一般头戴"凤冠"。它是在精制的细竹管外包上红布帕，悬一条 30 多厘米长、3 厘米宽的红绫做成的。冠上有一块圆银牌，下垂 3 个小银牌于前额，称为"龙髻"，表示是"三公主"戴的凤冠。

3. 风物特产

本区土特产品有久负盛名的西湖龙井茶、杭州藕粉和杭白菊、绍兴花酒等。工艺特产有浙江青瓷、温州瓯绣、宁波和海门绣衣、萧山花边等著名绣品及杭州丝织锦缎，湖州双绉、绫绢等丝织品。张小泉剪刀、竹编、黄杨木雕、东阳木雕、嵊州竹编、嵊州泥塑、青田石雕等工艺品也很有名。

（1）西湖龙井茶

龙井既是茶的名称，又是种名、地名、寺名、井名，可谓"五名合一"。西湖龙井茶素以"色翠、香郁、味甘、形美"四绝著称，驰名中外，是名茶中的珍品。凡真正品尝过西湖龙井茶的人都能体会到色、香、味、形四绝的独特品质。西湖龙井茶在清代被指定为皇室贡品，新中国成立之后被列为国家礼品茶。历代文人墨客对西湖龙井茶都大加赞誉，现已发现的专著有40余篇。苏东坡"从来佳茗似佳人"，唐珏"如此湖山归得去，诗人不做做茶农"的诗句，反映出历代文人对龙井茶的喜爱。

小资料

中国十大名茶

中国十大名茶由1959年全国"十大名茶"评比会评选而出，包括西湖龙井、洞庭碧螺春（苏州洞庭东西山）、黄山毛峰、庐山云雾茶、六安瓜片、君山银针、信阳毛尖、武夷岩茶、安溪铁观音、祁门红茶。此外曾出现在非官方评选的"十大名茶"中的系列名茶包括安徽泾县涌溪火青、太平猴魁、湖南蒙洱茶、云南普洱、北路银针、南路银针、冻顶乌龙茶、苏州茉莉花茶、四川峨眉山竹叶青茶、蒙顶甘露、屯溪绿茶、雨花茶、滇红、金奖惠明茶。

（2）张小泉剪刀

产于浙江省杭州市的张小泉剪刀，距今已有300多年的历史。产品嵌钢均匀，以磨工精细、刃口锋利、刻花精巧、式样美观、品种繁多、经久耐用而闻名中外。创始人为安徽黟县张思家，其制剪技艺精湛，偕子张小泉于1663年在杭州城隍山脚下大井巷开办"张大隆剪刀店"，后张小泉继承父业，继续对生产技术与花色品种进行改进、提高，改店名为"张小泉剪刀店"。清乾隆年间曾列为贡品，称为"宫剪"。

四、安徽省

安徽省简称"皖"，位于中国中东部，与江苏、山东、河南、湖北、江西、浙江6个省接壤。安徽建省于清朝康熙六年（1667年），省名取当时安庆、徽州两府首字合成，因境内有皖山、春秋时期有古皖国而简称皖。全省总面积13.96万平方千米（列全国第22位），总人口5 968万（2011年）。安徽省地貌类型多样，山地、丘陵、岗地、平原兼备，河流纵横其间，有长江和淮河自西向东横贯全境，巢湖及众多湖泊分布于省境中部。安徽省旅游资源十分丰富，名山胜水遍布境内，有著名的黄山、九华山、天柱山、齐云山等，自然景观与人文景观交相辉映。安徽人才辈出，曾孕育出老子、曹操、华佗、朱元璋、吴敬梓等一大批杰出的历史文化名人，留下了李白、杜牧、欧阳修、苏东坡、徐霞客等人当年生活和游览的遗址，近现代也涌现出众多的文学家、哲学家、企业家及科学家。

（一）重点旅游景区

1. 皖南徽州文化旅游区

此区主要包括黄山市、池州市、宣城市。以"绚烂文化、和谐山水"为特色资源，以"风雅皖南，梦里徽州"为总体形象，以世界遗产旅游、徽文化体验、佛教文化体验、文化主题城市体验、主题公园体验、都市休闲、户外运动和养生度假为主打产品，形成了旅游与文化的整合发展机制和示范效应，以构建世界级旅游目的地。

（1）黄山

黄山位于风景秀丽的皖南山区。黄山，古称黟山，因峰岩青黑，遥望苍黛而名。据传，轩辕黄帝曾在黄山炼丹羽化升天，唐玄宗信奉道教，故于天宝六年将其改为"黄山"。明朝旅行家、地理学家徐霞客两次登临黄山，赞叹说："薄海内外，无如徽之黄山。登黄山，天下无山，观止矣！"后人引申为"五岳归来不看山，黄山归来不看岳"。1990年黄山被联合国教科文组织列入《世界遗产名录》。

奇松、怪石、云海、温泉素称黄山"四绝"，令海内外游人叹为观止。黄山有名可数的 72 峰，或崔巍雄浑，或峻峭秀丽，布局错落有致，天然巧成。天都峰、莲花峰、光明顶是黄山的三大主峰，海拔皆在 1 800 米以上，并以三大主峰为中心向四周铺展，跌落为深堑幽谷，隆起成峰峦峭壁，呈现出典型的峰林地貌。

黄山奇松，针叶短粗、冠平如削、色绿深沉、枝干道劲。其有十大名松：迎客松、送客松、蒲团松、竖琴松、连理松、接引松、麒麟松、黑虎松、探海松、龙爪松。

黄山怪石，以奇取胜，以多著称。已被命名的怪石有 120 多处。其形态可谓千奇百怪，令人叫绝。似人似物，似鸟似兽，情态各异，形象逼真。"猴子观海"、"金鸡叫天门"、"松鼠跳天都"、"飞来石"、"梦笔生花"、"仙人指路"、"老僧采药"、"苏武牧羊"、"仙人晒靴"等都是著名的石景。

黄山云海，以峰为体，以云为衣，其瑰丽壮观的"云海"以美、胜、奇、幻享誉古今，一年四季皆可观，尤以冬季景最佳。依云海分布方位，全山有东海、南海、西海、北海和天海，而登莲花峰、天都峰、光明顶则可尽收诸海于眼底，领略"海到尽头天是岸，山登绝顶我为峰"的境地。

黄山温泉（古称汤泉），源出海拔 850 米的紫云峰下，水质以含重碳酸为主，可饮可浴。传说轩辕黄帝在此沐浴七七四十九日后返老还童，羽化飞升，故黄山温泉又被誉为"灵泉"。黄山有 36 源、24 溪、20 深潭、17 幽泉、3 飞瀑、2 湖、1 池。温泉每天的出水量约 400 吨左右，常年不息，水温常年在 42℃左右，属高山温泉。

（2）屯溪老街

屯溪老街（图 10-8），位于黄山屯溪区中心，全长 1 273 米，是一条具有南宋和明清建筑风格的步行商业街，被誉为"活动着的清明上河图"。路面全用浅赭色的大块条石铺砌而成，街两旁店铺密集紧凑，店面、作坊、住宅三位一体，保留了古代商家"前店后坊"或"前铺后户"的经营格局和特色。建筑仅高两三层，多为木穿榫式结构，石础、砖砌、马头墙、小青瓦、徽派木雕、金字招牌、朱阁重檐，显得古朴典雅、华丽高洁。老街的店铺字号，文化色彩甚浓，古风犹存，体现了徽商"儒商"的特点。

图 10-8　屯溪老街

（3）西递

西递坐落于黟县黄山南麓。该村东西长 700 米，南北宽 300 米，有居民三百余户、人口一千多。因村边有水西流，又因古有递送邮件的驿站，故而得名"西递"，素有"桃花源里人家"之称。

据史料记载，西递始祖为唐昭宗李晔之子，因遭变乱，逃匿民间，改为胡姓，繁衍生息，形成聚居村落。该地自古文风昌盛，到明清年间，一部分读书人弃儒从贾。他们经商成功，大兴土木，建房、修祠、铺路、架桥，将故里建设得非常舒适、气派、堂皇。历经数百年社会的动荡，风雨的侵袭，虽半数以上的古民居、祠堂、书院、牌坊已毁，但仍保留下近 200 幢明清古民居，从整体上保留了明清村落的基本面貌和特征。

（4）宏村

宏村位于黟县黄山西南麓。该村始建于北宋，距今已近千年历史，原为汪姓聚居之地。古宏村人开"仿生学"之先河，规划并建造了堪称"中华一绝"的牛形村落和人工水系，统看全村，就像一只昂首奋蹄的大水牛，令人称奇。全村现保存完好的明清古民居有 140 余幢。民间故宫"承志堂"富丽堂皇，可谓皖南古民居之最。从村外自然环境到村内的水系、街道、建筑，甚至室内布置都完整地保存着古村落的原始状态，没有丝毫现代文明的迹象。造型独特并拥有绝妙田园风光的宏村被誉为"中国画里乡村"。

（5）九华山

九华山原称九子山。位于皖南青阳县境内。传说古时闵公的 9 个儿子与前来争夺地盘的海神搏斗，不敌而化为 9 座石山，故名。李白有"昔在九江上，遥望九华峰。天河挂绿水，秀出九芙蓉"句，从此更名九华山。景区面积 100 余平方千米，有 99 峰。九华山为佛教地藏菩萨道场（图 10-9），是我国四大佛教名山之一，有"莲花佛国"之称。九华山的特点是山奇峰秀，佛寺众多。九华山历代高僧辈出，从唐至今自然形成了 15 樽肉身，现有 5 樽可供观瞻，其中明代无瑕和尚肉身被崇祯皇帝敕封为"应身菩萨"。

1999年1月发现的仁义师太肉身是世界上唯一的比丘尼肉身。在气候常年湿润的自然条件下，肉身不腐已成为生命科学之谜，引起了社会的广泛关注，更为九华山增添了一分庄严神秘的色彩。

图10-9　九华山地藏禅寺

（6）齐云山

齐云山又称白岳，位于徽州盆地，黄山脚下，屯溪西33千米，因其"一石插天，与云并齐"，故名齐云山。景区面积50多平方千米。齐云山海拔高度仅585米，却有36奇峰、72怪岩、24飞涧，与境内河、湖、泉、潭、瀑构成了一幅山水情画。齐云山为我国四大道教名山之一。

2. 皖江城市带旅游区

此区包括马鞍山市、芜湖市、铜陵市、安庆市，以长江黄金水道为纽带，以"动感山水，时尚都市"为资源特色。

（1）采石矶

采石矶古称牛渚矶，位于马鞍山市西南翠螺山麓，历来为江南名胜。采石矶突兀江中，绝壁临空，与岳阳城陵矶、南京燕子矶，合称"长江三矶"，历来又以其山水之险、风物之秀独领风骚，被誉为"天下第一矶"。采石矶是唐代大诗人李白的终老之乡、绝笔之地。"采石山水甲江南"，唐代大诗人李白独钟情于此，一生曾多次登临吟诵，写下了《牛渚矶》、《望天门山》等脍炙人口的不朽篇章，留下了"醉酒捉月，骑鲸升天"的动人传说，最终长眠于附近的青山。太白楼建于唐代元和年间（806～820年），登楼远眺，千里江山，尽收眼底，素有"风月江天贮一楼"之称。采石矶扼据大江要冲，水流湍急，地势险要，自古为兵家必争之地。采石矶还是我国早期的佛教圣地之一。

（2）天柱山

天柱山又名皖山、皖公山，位于安徽潜山县西部，因主峰如"擎天一柱"而得名。此地春秋时为皖国封地，山名皖山，水名皖水，安徽省简称"皖"即源于此，因此天柱山是安徽的源头山。天柱峰海拔1485米。汉武帝曾封天柱山为"南岳"。隋开皇九年（589年），炀帝扩疆，改称湖南衡山为南岳，但天柱山仍被尊为"古南岳"，有"江淮第一山"

之誉。历代帝王或亲自礼祭或遣吏致祭南岳天柱山。

（3）芜湖方特欢乐世界

芜湖方特欢乐世界坐落于芜湖长江大桥开发区，是中国第四代主题公园，总面积约125万平方米，其中陆地面积约53万平方米，水面面积约72万平方米。芜湖方特欢乐世界由阳光广场、方特欢乐大道、渔人码头、太空世界、神秘河谷、维苏威火山、失落帝国、精灵山谷、西部传奇、恐龙半岛、海螺湾、嘟噜嘟比农庄、儿童王国、水世界、火流星共15个主题项目区组成。其中，阳光广场、方特欢乐大道、渔人码头是全开放式区域，游客可以免费自由参观。方特欢乐世界中的主题项目、游乐项目、休闲及景观项目共计300多个。

3. 合肥经济圈旅游区

合肥经济圈旅游区包括合肥市、淮南市、滁州市、六安市、桐城县，以"山湖泉城，都市人文"为资源特色。合肥是安徽省省会，因泗、施二水交汇而得名，位于安徽正中部，长江淮河之间、巢湖之滨，具有承东启西、贯通南北的重要区位优势，已有两千多年历史，曾为扬州、合州、南豫州、庐州、德胜军、淮南西路治所，是兵家必争之地，有"江南唇齿，淮右襟喉"、"江南之首，中原之喉"之称。

（1）包公祠

背靠合肥老城区的环城南路，在城南的包河畔，有一狭长小岛，三面临水，其间隐显着一座白墙青瓦、素朴典雅的古典建筑，这就是包公祠。由于包拯是人们传颂的清官典型，包公祠也因此闻名遐迩，与逍遥津、明教寺合称为合肥三大名胜古迹。包公祠的全称为"包孝肃公祠"，是祭祀包拯的专祠。

（2）巢湖风景名胜区

巢湖风景区位于安徽省中部，濒临长江。巢湖，中国第五大淡水湖，国家重点风景名胜区，方圆800多平方千米，烟波浩渺，白帆点点。湖中央有姑山、姥山两个岛屿，湖四周有半汤、香泉、汤池三大温泉和太湖山、鸡笼山、冶父山、天井山4个国家级森林公园，还有仙人、紫薇、王乔、华阳、泊山五大溶洞，银屏山风景区，寺庙景点及名人故里等景点，是皖中旅游胜地。

（3）琅琊山

琅琊山位于滁县城西约5千米处的群山之中，古称摩陀岭，后因东晋琅琊王避难于此，改称"琅琊山"，为我国24座文化名山之一。景区面积115平方千米，最高峰海拔317米。琅琊山主要山峰有摩陀岭、凤凰山、大丰山、小丰山、琅琊山等。山上有我国东南名刹——琅琊寺，该寺建于唐代大历年间，唐代宗赐名"宝应寺"。琅琊山半山腰的醉翁亭是我国四大名亭之一，初建于北宋仁宗庆历年间，是当时琅琊寺住持智仙和尚专门为欧阳修而修。当时，欧阳修因在朝得罪权臣，被贬至滁州任太守，后常在此饮酒赋文，智仙特为其建造了这座亭子。欧阳修自称"醉翁"，便给亭取名为醉翁亭，并为之作了传世名篇《醉翁亭记》。

（4）大别山

大别山位于安徽省、湖北省、河南省3省交界处，呈东南—西北走向，长270千米，是长江、淮河的分水岭。大别山主峰白马尖，海拔1 777米，位于安徽省六安市霍山县境内。新建成的以白马尖为核心景点的大别山主峰景区是国家4A级景区和国家地质公园，也是整个大别山山区的核心旅游景区。大别山东视南京，西隔武汉，基本上位于南京和武汉的正中间，正是其独特的地理位置使得大别山对民国首都南京和中心城市武汉具有重要的军事价值。大别山区也是我国著名的革命老区之一。

（5）天堂寨

天堂寨位于湖北省罗田县与安徽省金寨县交界的大别山地区，有"华东最后一片原始森林"、"植物的王国"、"花的海洋"的美称。景区总面积120平方千米，境内有千米以上的高峰25座，系江淮分水岭。

（6）凤阳县城

凤阳县是安徽省滁州市下辖的一个县，地处淮河中游南岸，是大明王朝开国皇帝朱元璋的故里，古有"帝王之乡"、"明皇故里"之名，今有中国农村改革"大包干"发源地之誉，是"改革之乡"。

（二）特色民俗风物旅游资源

1. 风味饮食

徽菜起源于歙县，徽菜由皖南、沿江和沿淮3种地方风味所构成，是中国八大菜系之一。

徽菜的风格与其他菜系不同，以烹饪山珍野味而著称。其选料严谨，务求新鲜活嫩，决不滥竽充数。其特点是重油、重色（酱油），擅长烧、炖、蒸，浓淡适宜。

安徽省的风味小吃主要体现在庐州风味，富有浓厚的地方特色，有句顺口溜这样说道："大麻饼、玉带糕、寸金、百切、加烘糕，小刀面、馄饨饺、旱饺、油香、小笼包，龙灯节子包油条。"前两句说的是庐州糕点，后两句指的就是庐州小吃。这些小吃均甜咸适中，讲究鲜香。

2. 风物特产

安徽省物产丰富，传统工艺品有文房四宝：宣纸、徽墨、宣笔、歙砚，以及芜湖铁画、徽州木雕等。

名茶"祁红"是祁门红茶的简称，产于安徽省祁门、东至、贵池、石台、黟县等地，以及江西的浮梁一带，与印度的大吉岭、斯里兰卡乌伐一起被誉为世界三大高香名茶。高档祁红外形条索紧细苗秀，色泽乌润，冲泡后茶汤红浓，香气清新，芬芳馥郁持久，有明显的甜香，有时带有玫瑰花香。祁红的这种特有的香味，被国外不少消费者称为"祁门香"。祁红在国际市场上被称为"高档红茶"，特别是在英国伦敦市场上，祁红被列为茶中"英豪"，受到了皇家贵族的宠爱，赞美祁红是"群芳最"。

安徽黄梅戏

黄梅戏原称黄梅调，又称采茶调，发源于湖北省黄梅县。黄梅县的紫云山和龙平山从前都是产茶的地方，每年谷雨后，成群结队的青年男女，边采茶边编唱民歌，使黄梅县成了有名的歌乡，而这些民歌总称黄梅调。

黄梅调在流行过程中，和民间歌舞慢慢结合起来，形成了一种载歌载舞的艺术形式，主要在元宵灯节时活动，所以又称花灯。黄梅戏以抒情见长，韵味丰富，唱腔优美动听，如行云流水，载歌载舞，表演朴实细腻。黄梅戏唱腔委婉清新，分花腔和平词两大类。花腔以演小戏为主，富有浓厚的生活气息和民歌风味，多用"衬词"如"呼舍"、"喂却"之类。花腔的主要剧目有《夫妻观灯》、《蓝桥会》、《打猪草》等。平词是正本戏中最主要的唱腔，常用于大段叙述、抒情，听起来委婉悠扬，主要剧目有《梁祝》、《天仙配》等。黄梅戏以高胡为主要伴奏乐器，加以其他民族乐器和锣鼓配合，适合于表现多种题材的剧目。

现代黄梅戏在音乐方面增强了"平词"类唱腔的表现力，常用于大段抒情、叙事，是正本戏的主要唱腔，并突破了某些"花腔"专戏专用的限制，吸收民歌和其他音乐成分，创造了与传统唱腔相协调的新腔。其所创作的《天仙配》创 20 世纪五六十年代戏曲影片观众的最高纪录，一时风靡全国，扬名海外。这是黄梅戏第一次与电影艺术结合，使黄梅戏添上了翅膀，在更广阔的天地飞跃，使之成为国内外引人注目的大地方剧种。

五、江西省

江西省，简称"赣"，地处中国东南偏中部长江中下游南岸，东接浙江、福建，南连广东，西靠湖南，北邻湖北、安徽。古称江西省为"吴头楚尾，粤户闽庭"，乃"形胜之区"。全省总面积 16.69 万平方千米（列全国第 18 位），总人口 4 488 万（2011 年）。

江西地形结构可分为 3 个部分：东、南、西三面环山，重峦叠嶂；中部丘陵、盆地相间；北部平原坦荡，江湖交织，形似一个南高北低、北面开口、整体向鄱阳湖倾斜的巨大盆地。境内有赣江、抚河、信江、修河和饶河五大河流。赣江为江西省第一大河，主干流全长 751 千米，自南向北纵贯全省。鄱阳湖为中国最大的淡水湖，同时也是世界上最大的越冬候鸟栖息地。

江西地处北回归线附近，气候温暖、雨量充沛、生态环境良好。江西矿产资源丰富，铜、钨、铀、钽、稀土和金、银被誉为江西省的"七朵金花"。

江西旅游资源数量多、分布广、类型全、品位高，现有对外开放的风景名胜区（点）400 余处，主要以自然山水、历史古迹、红色文化为主。红色、绿色、古色交相辉映，异彩纷呈。生态旅游资源丰富，历史人文旅游资源厚重。

（一）重点旅游景区

1. 环鄱阳湖山水文化精华旅游区

该旅游区位于江西省北部和东部，以国际级重要湿地——鄱阳湖为中心，环湖分列着世界遗产庐山、三清山、龙虎山、龟峰、千年瓷都景德镇、省会南昌、历史文化名城九江、中国最美的乡村婺源等高等级、高品位的旅游资源，以山水风光、佛道文化、瓷都文化、湿地科普、候鸟观赏为主要特色，是江西省最为精华的旅游资源集中区。

（1）九江市

九江市，位于江西省北部，长江中下游南岸，与湘、鄂、皖3省毗邻，是江西省的北大门和唯一的沿江开放城市，总面积1.88万平方千米。九江是承东启西、引南接北的金十字枢纽，长江和京九铁路两条大动脉在此交汇。九江风光秀美、山水灵秀，境内集名山、名江、名湖、名城于一体，分布着400多个景点景观，形成了一个以庐山为"龙头"，包括"六区"（牯岭、山南、沙河、永修、浔阳、共青）、"两点"（石钟山、龙宫洞）、"一线"（鄱阳湖水上旅游线）的大型旅游区。

1）鄱阳湖。位于长江中下游之南，江西省北部，是我国最大的淡水湖，它汇集赣江、抚河、信江、修水、饶河五大水系，鄱阳湖在江西国土资源中具有举足轻重的地位。由于它具有"高水是湖，低水是河"的独特自然地理景观，每年汛期，五河洪水入湖，湖水漫滩，湖面广阔；冬春季节，湖水似槽，滩地显露，水面缩水，由此形成了独特的亚热带湿地生态系统。典型的湖区湿地历来是鹤类、鹳类、天鹅等珍禽的主要越冬栖息地，也是鹭类、燕类等夏季候鸟的栖息地。鄱阳湖是世界上最大的越冬候鸟栖息地，被誉为"白鹤乐园"、"珍禽王国"。鄱阳湖还是全球回归沙漠带生态环境中一个独特的大湖泊，被誉为"回归沙漠带中的明珠"。

2）庐山。位于江西省北部，鄱阳湖滨西北，是一座地垒式断块山。相传在周朝时有匡氏7兄弟上山修道，结庐为舍，由此而得名。庐山自古享有"匡庐奇秀甲天下"的盛誉。庐山处于亚热带季风区，雨量充沛、气候温和宜人，盛夏季节是高悬于长江中下游"热海中"的"凉岛"，为著名的避暑胜地。

庐山景区长约25千米，宽约20千米，最高峰汉阳峰海拔1 473.4米。第四纪冰川将庐山塑造成瑰丽奇秀的峰峦，巍巍庐山，远看犹如一山飞峙大江边，近看千峰携手紧相连，横看铁壁钢墙立湖岸，侧看擎天一柱耸云间。正如宋代大文豪苏东坡诗云："横看成岭侧成峰，远近高低各不同，不识庐山真面目，只缘身在此山中。"

庐山是中国古代教育基地和宗教中心。白鹿洞书院创建于940年，是中国古代四大书院之一。宋代理学大师朱熹在此提出的教育思想成为中国古代教育的准则，在世界教育史上也有重要影响。庐山也是一座宗教名山。391年，慧远以庐山东林寺为中心，创建了净土法门，使庐山成为中国南方的佛教中心。公元5世纪，南朝道士陆修静在庐山开创道教南天师派。唐代佛教临济宗和沩仰宗盛行于庐山，影响极大。到宋代，庐山有寺庙多达 360 多座。明清以后，伊斯兰教、基督教、天主教也在庐山建堂传教。经过 1 600 年的发展，庐山已形成了一山兼聚五教的罕见现象。

庐山有至今保存完好的国际别墅群落。现有英、美、德、法等 18 个国家建筑风格的别墅 600 余栋。美庐别墅、原歇尔曼别墅、原威廉斯别墅是庐山别墅的典型代表。

1996 年 12 月，联合国教科文组织世界遗产委员会批准庐山为"世界文化景观"，列入《世界遗产名录》。2004 年庐山被评为世界地质公园。2005 年 6 月庐山荣获"联合国优秀生态旅游景区"的称号。

3）石钟山。位于鄱阳湖出口，长江南岸，地属湖口县双钟镇。石钟山三面环水，形如半岛。石钟山相对高度只有 50 余米，但悬崖峭壁，插湖锁江，气势不凡。这里的石块具有天然形成的皱、透、瘦、漏、丑等特点，千姿百态。而且石叩之有声，观之出奇。北魏地理学家郦道元在《水经注》中解释石钟山因微风鼓浪，水石相激，声若洪钟，因而得名。北宋文学家苏东坡父子当年曾亲自夜乘小舟探访石钟山，并写下了千古名篇《石钟山记》，使石钟山益加名扬四海。其实，石钟山既有钟声，又有钟形，是一座声形兼备的袖珍名山。

4）云居山-柘林湖风景名胜区。云居山位于永修县，由莲花城、百花谷、青石湖、泉祠坞等景区组成，是一座以宗教游览、休闲观光为主要功能的省级重点风景名胜区。山上的真如禅寺是佛教禅宗曹洞宗的发祥地，为全国佛教"三大样板丛林"之一，是国家重点开放寺庙。

柘林湖由亚洲第一大水电土坝拦河工程所在地——柘林镇而得名。景区总面积 425 平方千米，其中水域面积 308 平方千米，平均水深 45 米，能见度 11 米，负离子含量为 15 万个/立方厘米，属国家一级水质、一级空气。湖区拥有形态各异、大小不一的岛屿 997 座，比较著名的有桃花岛、金猴岛、孔雀岛等。

（2）南昌市

南昌，江西省省会，地处长江南岸赣江下游，总面积 7 402.36 平方千米。南昌是一座滨江城市、绿色城市、生态城市，赣江穿城而过，水网密布、湖泊众多，可谓"城在湖中，湖在城中"。南昌历史悠久，公元前 201 年，设立豫章郡，汉高祖刘邦派大将灌婴在此修建了一座土城，寓"昌大南疆"之意，定名"南昌"。

1）"八一"起义纪念馆。地处南昌中山路和胜利路交叉处的洗马池，原为江西大旅社，建成于 1924 年。为筹划南昌起义，当时贺龙以所率国民革命军第二十军司令的名义，包租了整个旅社。旅社是一座"回"字形中西合璧的大楼，外观呈银灰色，坐南朝北，主体建筑共 4 层，中部为天井，共 96 间房。1957 年，在旧址建立南昌"八一"起义纪念馆。一楼按原貌恢复了当年曾举行过领导会议的喜庆礼堂。二楼、三楼辟为 4 个陈列室和 1 个题词纪念室，以及 1 个大型沙盘模型室，通过大量照片、图表、实物和文献资料及声光电模型，展现了南昌起义的酝酿、准备、爆发和发展的全过程。

图 10-10　滕王阁

2）滕王阁（图 10-10）。位于南昌市沿江路赣江边，与黄鹤楼、岳阳楼并称"江南三大名楼"，始建于唐永徽四年（653 年），为唐高祖李渊之子李元婴任洪州都督时所创建。因李元婴在贞观年间曾被封为滕王，故名"滕王阁"。初唐诗人王勃所作《滕王阁序》使之名传千古。

历代滕王阁迭废迭兴达 28 次之多，今阁于 1989 年 10 月第 29 次重建落成。其主体建筑为仿宋式建筑，依据古建筑大师梁思成及其弟子莫宗江 1942 年绘制的《重建滕王阁计划草图》，并参照宋代李明仲的《营造法式》设计建造。主体建筑净高 57.5 米，建筑面积 13 000 平方米。其下部为象征古城墙的 12 米高台座，分为两级。台座以上的主阁取"明三暗七"格式，即从外面看是 3 层带回廊建筑，而内部却有 7 层。一级高台的南北两翼，有碧瓦长廊。长廊南端为"压江"亭，北端为"挹翠"亭。主体建筑丹柱碧瓦、画栋飞檐、斗拱层叠、门窗剔透，其立面似一个倚天耸立的"山"字，而平面则如一只展翅欲飞的大鲲鹏。阁内陈设古朴典雅，展示了中华民族悠久灿烂的文化。

（3）景德镇市

景德镇位于江西省东北部，是国家首批历史文化名城、国家甲类对外开放城市。"新平冶陶，始于汉世"，景德镇迄今已有 1 700 多年的制瓷历史。北宋真宗景德年间（1004～1007 年），该地奉旨造器，瓷器上底款书"景德年制"，由于所制的御器精美绝伦，被天下人称为景德镇瓷器，景德镇由此得名。由于浮梁的红茶及瓷器业的发达，加之水陆交通的方便，景德镇在明清时期便与湖北的汉口镇、河南的朱仙镇、广东的佛山镇并称为"中国四大名镇"，并有"江南雄镇"之称。景德镇的陶瓷业"自陈以来名天下"，而景德镇奠定其瓷都地位则是在宋朝。到明代时，景德镇更是"集天下名窑之大成，汇各地良工之精华"，发展成为全国制瓷业中心。其所产瓷器"行于九域，施及外洋"，海上"陶瓷之路"成为东西方文化交流的重要途径，与陆上"丝绸之路"交映生辉。清朝的康熙、雍正、乾隆三朝，是景德镇瓷器生产的鼎盛时期。经过长期的发展，景德镇瓷器逐渐形成了"白如玉、薄如纸、声如磬、明如镜"的独特风格。

1）高岭山。是景德镇陶瓷原材料的产地，"高岭"已成为世界陶瓷原材料的代名词。在元代，高岭土加瓷石这种二元配方的制瓷工艺的产生，为此后景德镇制瓷业的快速发展奠定了坚实的基础。如今，高岭山虽然已不再出产高岭土，但仍然在陶瓷史中占有重要地位。高岭至今遗存了大量与陶瓷有关的古迹，其中有明万历、清雍正所置的石刻，记述了当年开采高岭土的繁荣盛况。明、清矿坑遗址和尾砂堆的遗存明显可见。

2）龙珠阁。位于景德镇珠山之巅（珠山旧址之上），始建于唐。1987 年龙珠阁重建后，是一幢仿明重檐宫廷建筑，共 6 层，高 34.5 米，建筑面积 1 650 平方米。其周围地底下埋藏着无数宝贵的文物遗存。龙珠阁自明代开始就是御器厂、御窑厂的代表性建筑，是明清官窑遗址。现已成为景德镇的城徽。

3）古窑瓷厂。即景德镇古窑民俗博览区，位于景德镇市瓷都大道古窑路 1 号，是国家 4A 级景区、国家级文化产业示范基地、国家级非物质文化遗产生产性保护示范基地，也是景德镇陶瓷文化旅游的首选景区。

历代古窑瓷厂展示区内有古代制瓷作坊、世界上最古老的制瓷生产作业线、清代镇窑、明代葫芦窑、元代馒头窑、宋代龙窑、风火仙师庙、瓷行等景点，向人们展示了古代瓷业建筑、明清时期景德镇手工制瓷的工艺过程及传统名瓷精品。陶瓷民俗展示区以 12 栋明、清时期古建筑为中心的民俗景区为主，内有陶瓷民俗陈列天后宫、瓷碑长廊、水上舞台、瓷乐演奏等景观。

🔍 **小资料**

手工制瓷技艺

国家非常重视非物质文化遗产的保护。2006 年 5 月 20 日，景德镇手工艺制瓷技艺经国务院批准列入第一批国家级非物质文化遗产名录。

景德镇手工制瓷工艺专业化程度强，行业分工极其细致，最核心的包括拉坯、利坯、施釉、画坯和烧窑等 5 项工序。

1）拉坯：又称"做坯"，是成型的最初阶段，也是器物的雏形制作。它是将制备好的泥料放在坯车上，用轮制成型方法制成具有一定形状和尺寸的坯件。

2）利坯：即"修坯"。它是将经过印坯工艺后的粗厚不平、规格不齐的粗坯经过两次旋削，使之厚度适当、表里一致。

3）施釉：俗称"剎合坯"。它是在器坯内外上一层玻璃质釉、使之光润。其方法有蘸、浇、吹、荡、涂等。

4）画青花：俗称"画坯"。它是用青花料在坯胎上绘画，打青花箍或写青花字，最后上釉烧成。

5）烧窑：是成瓷的最后一道关键工序。它是将装有成坯的匣钵按窑位置放在窑床上，用松柴或槎柴烧至 1 270～1 300℃，采取先氧化焰，后还原焰的方法，分溜火、紧火、净火 3 个阶段，用一天一夜（24 小时）的时间，把匣钵内的坯胎烧成瓷胎。

4）瑶里风景区。瑶里镇位于江西省景德镇市浮梁县，地处皖、赣两省、4 县交界处，两湖（鄱阳湖、千岛湖）、六山连线交点位置，旅游资源十分丰富，素有"瓷之源、茶之乡、林之海"的美称。瑶里，古名"窑里"，远在唐代中叶，这里就有生产陶瓷的手工业作坊，因瓷窑出名而得名。直到 21 世纪初，瓷窑外迁，"窑里"才改名为瑶里。

（4）上饶市

上饶市，位于江西省东北部，素有"八省通衢"、"豫章第一门户"的称谓，总面积 2.28 万平方千米。市治所在地信州区是全国 13 个空气、水质量最优的城市之一。

1）三清山。位于上饶市玉山县境内，又名少华山，因玉京、玉华、玉虚 3 座山峰宛如道教中的三清（即玉清、上清、太清）列坐群山之巅，因此得名。主峰玉京峰海拔 1 819.9 米，景区总面积 229 平方千米，已开发的奇峰有 48 座，怪石有 52 处，景物景观

500 余处。三清山集奇特的花岗岩自然景观和深厚的道教文化于一身，素有"江南第一仙峰，天下无双福地"的美誉。自然景观以"奇峰怪石、古树名花、流泉飞瀑、云海雾涛"著称。奇峰怪石中有三大景观被誉为"三清三绝"，分别是"巨蟒出山"（图10-11）、"司春女神"（图10-12）和"观音赏曲"。其他重要景点还有"老子看经"、"仙人锯板"、"万笏朝天"、"老道拜月"等。三清山还是一座道教名山。早在1 600 多年前，晋代方士葛洪就曾在此修道炼丹。现山上遗留下的三清宫、龙虎殿、九天应元府、飞仙台、步云桥等古建筑多与道教有关。历代名人苏轼、朱熹、王安石、陆游、徐霞客等均观赏过三清山景色，并留下了许多赞美的诗篇与摩崖石刻。

图 10-11 巨蟒出山

图 10-12 司春女神

2）龟峰。位于弋阳县城西南，面积 107 平方千米，由龟峰自然景观、南岩佛教景观和叠山人文景观 3 个景区组成。其自然景观以"无山不龟，无石不龟"的奇特丹霞地貌而享誉天下。明朝旅行家徐霞客曾游历龟峰，在 3 天内找出了龟形山垛、龟峰山石共999 处，留下了"盖龟峰峦嶂之奇，雁荡所无"的赞叹。南岩佛教景观由南岩寺和弋阳卧佛构成。南岩寺位于天然洞穴里。洞穴宽 70 米，高 30 米，进深 30 米，是国内最大的自然洞穴石窟寺。洞内现存石龛 40 座，依岩环列成半圆形。在南岩寺后的龙门湖畔，横亘着一座像巨人侧卧的山体，称为弋阳卧佛。弋阳卧佛身长 416 米，肩宽 68 米，一个足趾就有一人多高。叠山人文景观以叠山书院和方志敏纪念馆最为突出。叠山书院，原名"叠山寺"，是为纪念南宋爱国志士、诗人谢枋得而建的。方志敏，无产阶级革命家、军事家，红十军和闽浙皖赣革命根据地创建人，方志敏纪念馆，建于 1977 年，面积 1.1 万平方米。

3）婺源。位于上饶东北，赣、浙、皖三省交界处。婺源建县于唐开元二十八年（740年），距今已有 1 200 多年的历史。县名婺源，是因"地当婺水之源"而得名。县境多山地，素有"八分半山一分田，半分水路和庄园"之称，是一个典型的江南山区县。婺源历史上属安徽管辖，是古徽州"一府六县"之一。1949 年划归江西省。

婺源境内林木葱郁，峰峦叠嶂，峡谷深秀，溪流潺潺，奇峰、怪石、驿道、古树、茶亭、廊桥及多个生态保护小区构成了婺源美丽的自然景观。灵岩国家森林公园内有

30 多个溶洞。这一带自唐宋以来就是游览名胜，各个溶洞内留有古代名人的墨刻两千多处，公园内的鸳鸯湖栖有上千对鸳鸯。

婺源不仅自然风光秀美，还有着深厚的文化底蕴，自古有"书乡"的美称。从宋代以来，婺源出了文学家朱弁、理学家朱熹、篆刻家何震、铁路工程专家詹天佑等文化名人。婺源是我国古建筑保存得最完整的地方之一，青林古木之间处处掩映着飞檐翘角的民居，其中汪口俞氏宗祠气势雄伟、工艺精巧，被专家誉为"艺术宝库"；李坑村（图 10-13）有"小桥流水人家"、"古建筑博物馆"之称；理坑村以明代官邸建筑群为代表；紫阳古街上保留着朱熹祖居；建于隋代的詹氏一世祖墓每年都吸引着上百万的台湾詹氏后裔前来观光、祭祖。

图 10-13 李坑村

（5）鹰潭市

鹰潭地处江西东北部，信江中下游。鹰潭面向珠江、长江、闽南 3 个"三角洲"。浙赣、皖赣、鹰厦 3 条铁路在此交汇，是内地连接东南沿海的重要通道之一，被誉为"火车拉来的城市"。

龙虎山位于鹰潭市区西南 20 千米处，原名云锦山。东汉中叶，道教创始人张道陵（亦称第一代天师）在此炼丹，"丹成而龙虎现，山因得名"，龙虎山因而也成为中国道教发祥地。自张道陵以后，道教天师在这里承袭了 63 代，历时 1 900 年，是我国一姓嗣教时间最长的道教，素有北孔（孔夫子）南张（张天师）之称。龙虎山历史上曾建有 91 座道宫、81 座道观、50 座道院、24 殿、36 院。如今这些宫、观、院多已不存，但规模宏大的上清宫部分建筑和历代天师起居之所"嗣汉天师府"至今尚存。

龙虎山以丹霞地貌为主要特色，是世界自然遗产。明净秀美的泸溪河从山中流过，如一条玉带由南向北把上清宫、龙虎山、仙水岩等旅游景点串连在一线上，从上清古镇乘竹筏顺泸溪河而下的 20 里山水景色宛若仙境，令人流连忘返。

源远流长的道教文化、独具特色的碧水丹山和千古未解的崖墓之谜构成了龙虎山风景名胜区自然景观和人文景观的"三绝"。

🔍 小资料

龙虎山十大美景

龙虎山是典型的丹霞地貌。山体经过自然界亿万年的风化剥蚀及流水的冲刷，形成了千姿百态、惟妙惟肖的奇山怪石。在仙水岩这一段区域，集中了龙虎山丹霞地貌的典型景观。其中最为奇妙的有 10 处，当地群众称为"十大美景"。它不仅因鬼斧神工的自然造化而赏心悦目，还有一个个美丽动人的传说故事叫人遐想联翩。

这 10 处景观，即云锦飞挂彩门开，道堂扬波带福来；石鼓无声天外响，仙桃甜美入心怀；玉梳梳心不梳发，丹勺水旱两消灾；千里有缘仙菇现，三生有幸石莲开；情侣峰下情永固，仙女岩前上瑶台。

2. 赣西南庐陵文化革命胜地旅游区

该旅游区以吉安市为中心，以庐陵文化、红色革命摇篮与山水美景为主要特色。

（1）井冈山

井冈山位于湘赣边界的罗霄山脉中段，山势高大，主峰名为五指峰，海拔 1 597.6 米。井冈山地区包括宁冈、永新、莲花、遂川和湖南的酃县、茶陵等县，周围五百余里。1927 年秋，毛泽东、朱德等中国共产党人率领中国工农红军，在这里创建了第一个农村革命根据地，为中国革命开辟了一条以农村包围城市，最后夺取城市的正确道路。因而井冈山以"革命摇篮"而享誉海内外。山中现存有 30 多处革命遗址，其中属国家级保护的遗址有 10 处。

"井冈山，两件宝，历史红，山林好。"井冈山的气候，属中亚热带季风型气候，温和湿润、雨量充沛，自然资源十分丰富，森林覆盖率高达 64%，有"绿色宝库"的美誉。全境有原始森林 4 处，面积近 7 000 公顷，是亚热带植物的原生地之一，植物种类有3 800 多种，其中珍稀植物 2 000 多种，木本植物 800 多种。另有珍稀动物 20 多种。由于动物资源丰富，1981 年国家在井冈山设立了面积达 16.6 平方千米的自然保护区。1982年，井冈山被列为国家重点风景名胜区。

井冈山山高林密、沟壑纵横、重峦叠峰、地势险峻。其中部为崇山峻岭，两侧为低山丘陵，从山下往上望，巍巍井冈就如一座巨大的城堡，五大哨口是进入"城堡"必经的"城关"。把守此地，有"一夫当关，万夫莫开"之势。第四版人民币百元大钞，正面是四大伟人，背面秀丽挺拔的山峦即是井冈山五指峰。

（2）渼陂古村

渼陂古村坐落在吉安市青原区文陂乡，为南宋初年从陕西夏阳迁徙至此，距今有近900 年的历史。渼陂古村以明清建筑为基础，融书院文化、祠堂文化、宗教文化、红色文化和明清雕刻艺术为一体，被誉为"庐陵文化第一村"。目前，渼陂古村已被评为中国历史文化名村，在渼陂村内，古建筑数量众多、类型齐全、规模宏大，有许多文物古迹和革命遗址。现有 367 栋保存完好的明清建筑。此外，渼陂还曾是赣西南苏维埃政府和江西省苏维埃政府所在地，保留了许多红色遗址和战争年代的文物。

（3）欧阳修纪念馆

欧阳修纪念馆位于永丰县城的恩江北岸，主体建筑有宰相府、明道阁、致用阁等，在这座标准的砖木结构的仿古建筑内开辟了欧阳修生平事迹陈列室，全面扼要地介绍了欧阳修的生平、政绩及文学、史学等方面的贡献。馆内还有醉翁亭、六一亭、至喜亭、泷冈阡表碑亭等建筑。

3. 赣南江南宋城客家风情旅游区

该区以赣州市为中心。赣州市位于江西省南部，总面积3.94万平方千米，是江西省最大的设区市。赣州已有2 200多年的历史。赣州是客家人的主要集散地和聚居地之一，全市人口中95%以上为客家人。赣州是中国最重要的有色金属基地之一，黑钨和重稀土储量居全国之冠，有"世界钨都"和"稀有金属不稀有"之称。赣州又是中国南方重要的林区之一，全市森林覆盖率达74%。赣州气候宜人、雨量充沛，是我国脐橙、柑橘、柚子的生产基地。赣州旅游资源极其丰富，初步形成了红色故都、江南宋城、客家摇篮、东江源头四大旅游品牌。

（1）通天岩

通天岩位于赣州城西北郊6.8千米处，面积为6平方千米，因为"石峰环列如屏，巅有一窍通天"而得名通天岩，是全国重点文物保护单位。这里岩深谷邃、树木参天、丹崖绝壁、风景秀丽，是一处发育十分典型的丹霞地貌景区。

自唐代以来，风光旖旎的通天岩就被开创为石窟寺。至北宋时期，通天岩石窟的开创达到了高潮。尽管与我国众多的石窟比较，通天岩石窟造像的分布范围，石龛的体量、数量及造像尺度、规模都不算大，但相对而言，它却是我国南方最大的一处石窟。同时，它又是我国地理位置最南端的一处石窟群，因此，被誉为"江南第一石窟"。现保存着唐宋以来摩崖造像358尊，北宋至民国的题刻128品，是一座珍贵的石窟艺术宝库。

（2）龙南客家围屋

客家围屋与北京的四合院、陕北的窑洞、闽西的土围楼合称为中国"四大古民居"。龙南客家围屋是颇具特色的客家民居，客家围屋的外墙既是围屋的承重外墙，又是整座围屋的防御围墙。龙南围屋多为方形，与闽西圆形的土楼和粤东内方外圆的围龙屋呈现出不同的风格。龙南县的围屋有370多座，形状各异，其中"方围屋"建筑数量之多、规模之大、风格之全、保存之完好，均属全国之最，已成为社会各界人士考察观光、寻根问祖的热点。

小资料

赣南客家围屋

江西赣南是客家人的主要聚居地之一。所谓围屋即围起来的房屋，是客家人典型的民居建筑形式，也是客家文化的重要物化载体，充分体现了客家人的高超建筑艺术。围屋的两大特点是防卫性和血缘性。围屋是一种集家、堡、祠于一体的设防性民居。围内不仅设计有水井和专门积屯粮草的房间，甚至连"土地庙"也搬进围内，即使敌人长久围困，也可照常祈神保平安。住在围里的人，不论多少，一般都是一个共同男性祖先的后裔，围内的人互以叔伯兄弟、姊嫂婶侄相称。客家围屋以江西龙南的最具代表性、最集中、形制形式也最全，除大量方形的围屋外，还有半圆形的、近圆形的和不规则形的。据不完全统计，江西龙南县现存围屋尚有 370 多座。其中最大的一座是关西新围。

关西新围建于清代嘉庆至道光年间，总占地面积 7 700 多平方米，围屋呈长方形，墙高 10 多米，壁厚 1 米，四角有高大的"炮角楼"。墙上错落有致地布有许多枪眼和炮窗，森严肃穆。东西两座大门，东门为身份显贵者坐轿出入之道，西门为骑马进出之道。主体建筑 5 组排列，前后 3 进，14 个天井，正中为祠堂，对称分置 18 厅。客家人传颂的"九井十八厅"在此可得到充分的印证。祠堂大门两旁置有两尊雕刻精美的雄雌石狮。前方立有照壁，照壁后是花园，设有戏台，戏台正前是开合相间、赏景憩息的二层小阁楼。围内通道贯穿各列建筑，百余间房屋布局科学、结构严谨。它不仅具有安全防卫、防风抗震、调节阴阳、冬暖夏凉等功能，而且有丰富的客家文化内涵。

（3）瑞金

瑞金被称为"红色故都"、"共和国摇篮"。20 世纪 30 年代初，毛泽东、朱德、周恩来等老一辈革命家转战赣南，建立了以瑞金为中心的中央革命根据地，创立了中华苏维埃共和国临时中央政府，举世闻名的工农红军两万五千里长征从赣州的瑞金、于都迈出了第一步。瑞金叶坪村的革命遗址主要包括毛泽东和朱德旧居、中央工农民主政府旧址、红军检阅台、红军战士纪念塔、公略亭、博生堡等。瑞金沙洲坝的革命遗址主要包括中央政府大礼堂、中央政治局旧址、中华全国总工会旧址、中国工农红军总政治部旧址、红井、列宁小学旧址等。

（4）三百山

三百山位于安远县东南部边境，是安远县东南边境诸山峰的合称。三百山国家森林公园属中山高丘地貌，集山势、林海、瀑布、温泉四大自然风景奇观为一体。三百山是东江的发源地，是香港同胞饮用水的源头，也是全国唯一对香港同胞具有饮水思源特殊意义的旅游胜地。

4. 赣西山水观光宗教朝觐旅游区

该区以新余、宜春、萍乡为中心，以文化休闲、山水观光、宗教朝觐和养生度假为主要特色。

（1）仙女湖

仙女湖，又名江口水库，始建于 1958 年，位于新余市西郊 16 千米处，是江西著名的湖泊型旅游胜地、国家级风景名胜区。仙女湖得名于东晋文学家干宝《搜神记》中记述的"毛衣女"下凡新余的故事。仙女湖自西向东划分为钤阳湖、钟山峡、舞龙湖 3 个景区，共有岛屿 133 座。全景区以"情"为主题，分别开发有傣族度假村、蒙古包、蛇岛、龙王岛戏猴、白鹭山庄等景点。风景区内及其周围还有唐代状元卢肇的读书台，明朝宰相严嵩为家乡兴建的大型石拱桥"万年桥"，淹没于湖底的原分宜县城遗址，相传葛洪、娄阳修道的大型溶洞"洪阳洞"及吕公庙等。

（2）明月山

明月山位于宜春市城西南，规划面积389平方千米，景区核心面积80平方千米，属武功山东北端的山麓部分，是以奇峰险壑、温泉飞瀑、珍稀动植物和禅宗文化为主要特色，集生态游览、休闲度假、科普教育和宗教旅游为一体的山岳型风景名胜区。明月山的仰山景区，是禅宗支系沩仰宗的发源地。宜春温汤是罕见的富硒温泉，被誉为"中国的埃克斯"。

（3）武功山

武功山位于罗霄山脉北段，位于江西西部，地跨吉安市安福县、萍乡市的芦溪县、宜春市的袁州区三地，是以自然风光为主要特色的山岳型风景区，历史上曾与庐山和衡山并称为"江南三大名山"。其金顶古祭坛群、10万亩高山草甸（图 10-14）及红岩峰瀑布群被称为"武功山三绝"。

5. 赣东南临川文化旅游区

该区以抚州市为中心，以临川文化、书乡风情、山地休闲为主要特色。自古临川出才子，北宋政治家、文学家、唐宋八大家之一——王安石，

图 10-14　金顶祭坛和高山草甸

唐宋八大家之一、南丰先生——曾巩，北宋词人、"婉约派"代表——晏殊、晏几道，南宋心学大师陆九渊，明代剧作家、被誉为"东方莎士比亚"的汤显祖等均为临川人。

大觉山位于抚州市资溪县境内。大觉山野生动植物资源丰富、分布广，被专家誉为"天然氧吧，全国罕见的动植物基因库"。境内山清水秀，山峦苍郁峻拔，溪流清澈萦回，自然风貌原始，空气清纯、新鲜，气候舒爽宜人，以全国罕见、江西第一的绿色植被，引起了国内外等专家的关注，被誉为"生态王国，华夏翡翠"。

（二）特色民俗风物旅游资源

1. 风味饮食

江西菜又称赣菜。赣菜的烹调重视配料调味，突出主料的本味，尤其善于烹制山珍野味。

特色风味小吃有"油炸"、"辣烫"、"煨煲"，正所谓"油煎火烧水炖汤煮"。

著名的小吃有油炸小品、麻花、米粉、面条及各式风味烤卤等，制法各异，颇有特色。最能体现江西风味小吃文化特色的是南昌绳金塔的"特色小吃街"。

2. 风物特产

江西主要工艺品与土特产有景德镇瓷器、宜春脱胎漆器、瑞昌剪纸、万安水晶、南昌铜工艺制品、余江木雕、修水木梳、井冈山竹编和烟笋、九江桂花茶饼和酥糖、赣南脐橙、南丰蜜橘、樟树四特酒、庐山云雾茶、婺源绿茶、得雨活茶、遂川狗牯脑茶、修水宁红茶等。

思 考 题

1. 本区旅游资源的主要特色是什么？
2. 本区相比其他旅游区的优点在哪里？不足又在哪里？请简要阐述。
3. 浙江省的著名景点有哪些？是怎样分布的？
4. 说说上海市在整个旅游区的地位、作用及优势。
5. 江苏省的著名景点有哪些？是怎样分布的？
6. 安徽省的著名景点有哪些？是怎样分布的？
7. 江西省的著名景点有哪些？是怎样分布的？
8. 请简要概括本区特色民俗风物旅游资源，总结出它们的特点。

自 测 题

1. 江南水乡都市园林旅游区包括_____、_____、_____、_____和_____，共四省一市。
2. 苏州四大园林是_____、_____、_____、_____。
3. 五大淡水湖中的_____、_____、_____和_____都处于该旅游区。
4. 江苏素称_____，其省会_____和北京、西安、洛阳、安阳、开封、_____并称为中国七大古都。
5. 浙江素有_____之称，其国家重点风景名胜区数量居全国首位，共有_____。
6. 崇明岛是中国的（　　）大岛。
   A. 第一　　　　　　B. 第二　　　　　　C. 第三　　　　　　D. 第四
7. 下列关于东方明珠广播电视塔的说法正确的有（　　）。
   A. 塔高 468 米　　　　　　　　　　B. 塔身有 3 根直为 9 米的圆柱
   C. 东方明珠塔共有 11 个圆球　　　D. 坐落在黄浦江西岸
8. 上海菜是中国（　　）菜系之一。
   A. 四大菜系　　　B. 八大菜系　　　C. 十大菜系　　　D. 十二大菜系

9. 明孝陵是（　　）皇帝和（　　）皇后的合葬墓。

　　A. 朱元璋　　　　B. 朱棣　　　　C. 马氏　　　　D. 徐妙锦

10. 镇江三山是指（　　）。

　　A. 金山　　　　B. 大孤山　　　　C. 北固山　　　　D. 焦山

11. 有"中国第一水乡"美称的古镇是（　　）。

　　A. 同里　　　　B. 乌镇　　　　C. 宏村　　　　D. 周庄

12. 浙江省现有"两江一湖"，分别指的是（　　）。

　　A. 富春江　　　　B. 新安江　　　　C. 汉江　　　　D. 千岛湖

13. 钱塘江（　　）前后出现的涌潮最猛烈，在（　　）可以看到最壮观的钱塘江潮。

　　A. 八月十五　海宁　　　　　　　B. 八月十八　萧山

　　C. 八月十五　萧山　　　　　　　D. 八月十八　海宁

14. 下列属于佛教四大名山的有（　　）。

　　A. 浙江普陀山　　B. 四川峨眉山　　C. 安徽九华山　　D. 湖北武当山

15. 黄山四绝是指（　　）。

　　A. 奇松　　　　B. 怪石　　　　C. 云海　　　　D. 温泉

　　E. 瀑布

16. 下列关于九华山说法错误的是（　　）。

　　A. 四大佛教名山之一　　　　　　B. 是普贤菩萨的道场

　　C. 有"海天佛国"之称　　　　　　D. 九华山原称九子山

17. 江西四山一湖中（　　）已经入选世界遗产。

　　A. 龙虎山　　　　B. 龟峰　　　　C. 三清山　　　　D. 庐山

　　E. 井冈山

18. 简要介绍一下浙江菜和江苏菜，并对这两种菜系做出对比，说出它们的共同点和不同点。

19. 江南水乡都市园林旅游区的特色在哪里？学完本章给你印象最深的是什么？

实 训 题

1. 江南六大古镇都位于江浙一带，请设计一条江南古镇的旅游线路。

2. 江苏、浙江、上海是中国最富足的地方，江西是中国最红的地方，徽文化是中国三大地域文化之一，思考一下，如何去组合这些旅游资源可以使得本旅游区更加具有吸引力。

3. 以小组讨论的形式，从旅游资源、历史文化、民俗风情、经济贸易等角度分析一下江南水乡都市园林旅游区的未来发展。

第十一章

椰风海韵侨乡城市旅游区
（闽粤琼）

📖 学习目标

　　椰风海韵侨乡城市旅游区主要包括福建省、广东省和海南省。通过本章学习，学生应掌握本区旅游资源与旅游环境的总体特征，能够描述主要旅游景点的特征，并且能够根据旅游资源的不同特点推荐特色旅游线路。

📖 引导问题

　　1. 小刘刚刚结婚，正好准备用 7 天时间和新婚妻子蜜月旅行，目的地是海南。假如你是旅行社工作人员，请给他推荐一个合适的旅游线路。

　　2. 白领小张是个影迷，看了电影《让子弹飞》之后对世界文化遗产——开平碉楼非常感兴趣，正好放了年假，他想利用年前的一段时间去那里自助游，顺便品尝下广东的特色美食。假如你是旅游专业人士，能够给小张一些行程建议吗？

　　3. 韩国的一群茶友前往福建安溪进行茶文化交流，在交流期间，他们提出想利用两天的时间进一步了解中国博大精深的茶文化。如果你是接待方，会做出怎样的行程安排？

　　4. 暑假期间福建的一家旅行社打算开发一条针对全国中、小学生的夏令营旅游线路，目的地定在厦门市。如果你是此次项目的承担者，会怎样规划线路？

　　椰风海韵侨乡城市旅游区主要包括福建省、广东省和海南省。该旅游区位于我国东南沿海，东濒东海，南临南海，与菲律宾、马来西亚、印度尼西亚、文莱等国隔海相望，与我国的浙江、江西、湖南和广西接壤相邻，是我国华侨最多的地区，素有"华侨之乡"之称。拥有众多的优良港湾是这个旅游区最大的特色。

第一节　旅游地理环境特征与旅游资源类型

一、旅游地理环境特征

1. 地貌类型多样，以低山丘陵为主，山、海、岛兼备

本区地貌类型多样，山地丘陵占总面积的 3/4 以上。本区从地质构成上来看，基本可划分为东西两带。东部一带，燕山期花岗岩广泛出露，在高温多雨的气候影响下形成了诸多以山水风光为代表的风景区，如罗浮山、清源山、太姥山、厦门的万石岩、鼓浪屿的日光岩等。西部一带，南岭和武夷山一带多红色砂砾岩分布，形成了危岩耸峙、碧水环绕的秀丽景色，其中以广东省韶关市仁化县的丹霞山最为典型。

辽阔的海洋及其岛屿，是本区的另一特色。本区濒临东海和南海，海岸线曲折，多海峡、港湾，岛屿散布其间，台湾海峡、琼州海峡、海南岛、厦门岛及南沙群岛、中沙群岛、西沙群岛、雷州半岛等，不仅在我国地位重要，而且在世界上具有影响。漫长的海岸线多为岩岸，不仅多岬湾良港、海滨沙滩，而且海岸风光秀丽。除了在海南集中分布的珊瑚礁海岸外，从雷州半岛和海南岛，到福建沿海，还分布着一些不同类型的红树林海岸，其独有的生态系统和红树林风光，更是人与自然和谐共处的天然乐园。

2. 热带、亚热带季风气候

本区纬度位置低，地势南倾，东濒东海，南临南海，西南距印度洋不远，受东南亚季风环流控制，形成了典型的热带-亚热带季风气候，全年湿热，但南北有异。南海诸岛南部为赤道带，琼州北部属南亚热带，武夷山、南岭山麓以南至雷州半岛及台湾北部属南亚热带，本区北部的南岭、武夷山地区则属中亚热带气候类型。本区大部分地区长夏无冬，春秋相连，夏季长达 6～10 个月。南海诸岛大部分终年皆夏，旅游季节很长，旅游淡季和旺季差别较小，春秋二季最为宜人，夏季温度偏高，冬季可作为避寒疗养和旅游的中心。本区濒临热带海洋，是降水量丰沛的地区。

3. 水系发达，温泉众多

本区水系发达，主要河流属于珠江、闽江和韩江三大水系。珠江是我国第四大河流，包括西江、北江和东江三大支流，流域内雨量充沛，径流量丰富。闽江是福建省最大的河流，长约 577 千米。其他河流，如九龙江、韩江、晋江等长度不大，但水量丰富，水流湍急，在山区易形成急流瀑布。

本区位于环太平洋火山地震带沿线，故地热资源丰富。广东省境内温泉出露达200 多处，几乎县县都有温泉。福建省也有近 200 处，海南省为 100 多处。其中以广东从化、福建福州、海南七星岭温泉最为著名。福州温泉出露点多，在市内形成了一个南

北长 5 千米、东西宽 1 千米的温泉集中区，为全国大城市所罕见，堪称"温泉城"。

4. 发达的现代城市经济与传统文化交相辉映

本区凭着面向海洋和对外联系方便的优势，早在宋元时期，福建的泉州、广东的广州便是著名的东方大港，我国南方海上丝绸之路的起点。随着近代资本主义的兴起，本区最早接受了西方资本主义的工业文明。自 20 世纪 80 年代初期我国改革开放以来，以珠江三角洲、闽南三角洲等为代表的东南沿海地区，一跃成为我国经济最发达的地区，也大大缩短了同西方发达资本主义国家的经济发展水平的距离。深圳、广州、厦门、福州、海口早就进入了大城市的行列，城市里林立的高楼大厦、高架桥、环城高速公路，如涌如潮的车流，以及地铁、购物超市、大型主题公园，都是城市现代文明的象征。该区的现代城市风貌与西方发达国家相比已无多大差别，所不同的是这里仍然保留着较为浓厚的传统物质文化。例如，广州的美食文化和粤剧、粤绣，佛山的工艺陶瓷，肇庆的端砚，潮州的潮剧，武夷山的乌龙茶，漳州的水仙和布袋木偶戏，福州的脱胎漆器和闽剧，海南的椰雕、椰酒，福建永定的客家土楼，广东梅州的客家围垅屋和客家山歌，开平的碉楼，都是极具地域特色的传统文化内容。

5. 南北兼容、中外合璧的地域文化

广东、福建一带，古为"百越"之地，先民主要以渔猎山伐为业。秦汉时期的中央王朝着意经营岭南，在开疆拓土的同时，大量北方移民南下与土著杂处。尤其是唐宋以来，历代几次大规模中原汉人的南迁移民活动，将先进的中原文化及闽粤土著文化交融磨合，形成了以闽语方言为主要特征的闽海文化，以粤语方言为主要特征的南海文化，以及仍保持中原古唐音的客家文化。这些都深刻地打着中原文化的烙印。例如，客家人的标志性传统民居土楼和围垅屋，仍保持着中原聚族而居的传统；岭南园林则兼容了北方园林和江南园林的风格。

广州和泉州自古就是著名的沿海商业城市和对外贸易港口，阿拉伯商人早在宋元时期便把伊斯兰教及阿拉伯文化带入这里。鸦片战争后随着广州等地被迫开辟为对外通商口岸，尤其这一带数百万贫困人民去海外谋生，使广东的梅州、潮汕地区及珠江三角洲地区，福建的厦门、晋江、泉州、南安、漳州以及海南的海口、文昌、琼海等地，成为了著名的侨乡。华侨们一直同祖国保持着密切联系，也把国外的先进文化引了进来。著名爱国华侨陈嘉庚所捐资修建的厦门大学及其集美学村建筑群，即为中西结合的典型建筑代表。所有这些，无不显示出本区文化南北兼容、中外合璧的特点。

6. 紧邻港、澳、台，具有得天独厚的区位优势

本区 3 省均处于我国东南沿海，邻近港、澳、台，一方面联系内陆广大地区，另一方联系港、澳、台地区，是我国的南大门。因此不仅仅吸引了国内大量游客，还招徕了大量以港、澳、台同胞和东南亚华侨为主的游客。每年大批华侨回国观光、寻根祭祖、

探亲访友、度假旅游、洽谈贸易等，成为本区稳定的大量入境旅游客源之一，而且他们的平均停留时间长、购物支出大，是本区旅游收入的重要来源。

二、旅游资源类型

1. 地貌旅游资源丰富，以丹霞地貌最为突出

本旅游区地貌旅游资源丰富，既有"丹山碧水"的丹霞地貌，又有以奇岩怪石为特色的花岗岩地貌。岩溶地貌和海岸地貌也有很高的旅游价值。

在本区所有的地貌类型中，以丹霞地貌最为突出。其主要分布在粤北的南岭西部、闽西北等地区。广东仁化丹霞山是丹霞地貌的命名地，福建武夷山亦是以丹霞地貌为主，其他还有广东乐昌金鸡岭、南雄苍石寨、福建连城、泰宁等，都有典型丹霞地貌分布。其中武夷山、丹霞山、泰宁水上丹霞等被列入了《世界遗产名录》。

除丹霞地貌外，本区花岗岩地貌也不乏名胜。例如，福建福鼎的太姥山、厦门的日光岩和万石岩等。福建东山县风动石更是一著名胜景。

此外，本区的粤北、粤西、闽西都有以溶洞为主的岩溶地貌分布，较著名的有广东肇庆的星湖、福建永安鳞隐石林、将乐的玉华洞等。

2. 动植物景观古老独特

在湿热气候条件下，本区植被繁茂，森林覆盖率很高，四季常青，为热带、亚热带季雨林和常绿阔叶林。由于本区自古生代起，就一直处于比较稳定的热带气候环境中，所以保存了大量较古老的种属，如苏铁、银杏、紫杉、水松、金钱松、罗汉松、鹅掌楸等古遗植物。国家在海南、闽西、粤北等保存着大片原始森林或次生原始森林及一些独特的生物多样性生态系统的地区建立了一系列自然保护区或国家森林公园。例如，福建的武夷山、梅花山，广东的鼎湖山、车八岭、丹霞山、南岭，海南的东港寨红树林、大洲岛、三亚珊瑚礁等，其中鼎湖山、车八岭、武夷山被联合国教科文组织纳入了国际人与生物圈的保护网。高温多雨的气候还孕育了广东的四大名果——荔枝、香蕉、菠萝、柑橘，以及海南的橡胶、咖啡、椰子等热带经济作物。

本区的野生动物资源也很丰富，在崇山密林中生活着长臂猿、云豹、水鹿、坡鹿、孔雀雉、黄腹角雉等大量珍稀动物，以及各种海洋生物，如热带鱼类和各种珊瑚、海葵等。武夷山的两栖和爬行动物有约100种，其中有崇安髭蟾（也称作"角怪"）、蝾螈、大头平胸龟等世界罕见的特有物种，被誉为研究"亚洲两栖和爬行动物的钥匙"。

3. 美丽的海滨风光

本区海岸线漫长而曲折，海滨资源丰富。例如，海南海口、三亚，福建厦门，广东珠海、深圳、湛江等，都是著名的海滨旅游胜地。许多海岸沙细滩平，是理想的海滨浴场。从福建的福鼎到海南岛，都有大片红树林的分布，成为本区特殊的海岸景观。南海

诸岛的珊瑚礁海岸也构成了独特的热带海岛风光。有的海岸海蚀地貌发育，如海蚀柱、海蚀崖、海蚀平台、海蚀洞、海蚀天桥等很典型，如三亚的"天涯海角"、福建的海坛岛等。

4. 中西合璧的人文景观资源

本区的人文景观突出表现了中原文化与外国文化相结合的特点。例如，福建泉州开元寺建于唐代，却含有埃及、印度和希腊的造型艺术。又如，岭南园林吸收了江南园林的艺术，又借助国外的构园手法，形成了独特的岭南四大名园。再如，广东开平碉楼，既是集防卫、居住功能于一体的中国乡土塔楼式建筑，又融合了古希腊、古罗马及伊斯兰等多种建筑风格，是中西合璧的典范。

5. 独有的海上丝绸之路遗迹

"海上丝绸之路"起于泉州，又称"瓷器之路"，经过东南亚、印度、波斯湾，最后到达非洲的埃及、肯尼亚。泉州城内保留着大量"海上丝绸之路"的文物和遗迹。

6. 近代历史、革命遗址数量众多

本区在太平天国运动中发挥了重要作用，同时也是第一、第二次国内革命战争的发源地，保留了众多革命遗迹、遗址，有花县洪秀全故居、农民运动讲习所、虎门要塞遗址、黄花岗七十二烈士墓、各类孙中山纪念物、黄埔军校旧址等。福建上杭古田村的古田会议遗址及会议陈列馆等也属此列。

7. 现代都市旅游资源集中

本区是中国经济最发达的地区之一，广州、深圳、珠海、海口、三亚、福州、厦门等都是著名的时尚现代化都市，旅游者不仅能饱览城市风光，还能充分满足购物欲望。此外，上述大城市中还设计修建了许多不同的主题公园，如深圳的"世界之窗"、"欢乐谷"，广东的"长隆欢乐世界"等都是休闲旅游的好去处。

第二节 重点旅游资源

一、福建省

福建简称"闽"，地处中国东南沿海，北接浙江、西临江西，西南与广东相接，东隔台湾海峡与台湾省相望，连东海、南海而通太平洋。全省土地面积 12.4 万平方千米（列全国第 23 位），总人口 3 720 万（2011 年）。就海上交通而言，福建是中国距离东南亚、西亚、东非和大洋洲较近的省份之一，历来是中国与世界交往的重要门户。

福建境内温暖湿润，年平均温度在 17～21℃。其地形以山地丘陵为主，山地丘陵占 80% 以上，有"八山一水一分田"之说。福建森林资源丰富，是我国南方的重点林区之一，森林覆盖率达 63.1%，居全国第一，有"绿色宝库"之称。福建海域广阔，面积达 13.6 万多平方千米，超过陆地面积。该省海岸线长达 3 752 千米，居全国第一，其海岸线曲折程度，名列全国之冠。

福建历史悠久。唐开元二十一年（723 年），唐玄宗为了加强边防武装力量，在闽设立军事长官经略使，并从福州、建州各取一字，名为"福建经略使"，与福州都督府并存。"福建"之名始此。北宋时，福建行政区划为福、建、泉、漳、汀、南剑六州，邵武、兴化二军，故福建别称"八闽"，明置福建省。

福建省的十大旅游品牌分别是迷人的武夷仙境、浪漫的鼓浪琴岛、神圣的妈祖朝觐、动人的惠女风情、奇特的水上丹霞、神奇的福建土楼、光辉的古田会址、壮美的滨海火山、神秘的白水洋奇观和古老的昙石山文化。

（一）重点旅游景区

1. 以福州为中心的闽中旅游区

该区包括福州和莆田两个市。旅游资源以现代都市风貌、海滨休闲度假和妈祖文化为特征。

（1）福州

福州是福建省会。"因州北有福山"，故名。又因 900 多年前就遍植榕树，"绿荫满城，暑不张盖"，故又有"榕城"的美称。福州位于福建省东部闽江下游，是全省政治、经济、文化中心。福州依山傍海、气候宜人、绿树长青，是一座拥有 2 200 多年历史的名城。唐开元十三年（725 年）设福州都督府，始称福州。风景秀丽的乌山、于山、屏山圈入城内，"三山"也是福州的别名。

1）鼓山。别称石鼓山，主峰海拔 969 米，因山巅巨石形状如鼓，风雨冲击，声似鼓鸣，故名。始建于五代的涌泉寺建筑规模宏伟、布局精巧，苍松翠柏掩映，重峦叠障环抱，有"进山不见寺，入寺不见山"之妙，是中国古代建筑艺术的精华，素有"闽刹之冠"的称誉。

2）于山。位于福州市中心的五一广场附近。相传汉代有何氏九兄弟在此炼丹修仙，故又名九仙山。又传称战国时古民族"于越氏"的一支居此而得名。于山海拔 58.6 米，形似巨鳌，最高点为鳌顶峰。山上怪石嶙峋、林木参天、景色秀丽，历来为游览胜地。山上还有自宋代以来的摩崖石刻 100 多处。

3）林则徐祠。位于福州澳门路，创建于清光绪三十一年（1905 年），占地面积约 3 000 平方米，具有江南园林风格。祠中有林则徐生平事迹展览馆，收藏着包括林则徐书法手迹在内的不少文物，极其珍贵。

4）三坊七巷。位于福州市中心，占地约 40 公顷，由 3 个坊、7 条巷和 1 条中轴街组成，3个坊分别是衣锦坊、文儒坊、光禄坊，7条巷分别为杨桥巷、郎官巷、塔巷、黄巷、安民巷、宫巷、吉庇巷，以及南后街，因此自古就被称为"三坊七巷"。三坊七巷起于晋，完善于唐五代，至明清鼎盛，古老的坊巷格局至今基本保留完整，是中国都市仅存的一块"里坊制度活化石"。

坊巷内保存有159处、200余座古建筑，其中全国重点文物保护单位有9处，省、市级文保单位和历史建筑数量众多，是一座名副其实的"明清建筑博物馆"。三坊七巷地灵人杰。这里一直是"闽都名人的聚居地"，林则徐、沈葆桢、严复、陈宝琛、林觉民、林旭、冰心、林纾等大量对当时社会乃至中国近现代进程有着重要影响的人物皆曾在此居住过。

5）海坛。又名平坛，位于福清东部海面上，面积360平方千米，为我国第五大岛。岛上海蚀地貌非常典型，旅游资源以海岸风光和海滨沙滩称胜。岛上有面积2平方千米、水深16米的三十六脚湖。湖中有大小龟山、尤屿、钓鱼台等名胜，环湖有林立的花岗岩山，海滨则有奇岩怪峰。岛西海坛峡中有"半洋石帆"奇石；岛东为牛山渔场，水产丰富。

（2）莆田

莆田古称"蒲口"，因盛产荔枝，别称"荔城"。莆田素有"文献名邦"、"海滨邹鲁"的称誉。古往今来，莆田一直以重教兴学、文化发达著称。莆田市历史悠久、景色秀丽，具有众多的人文景观和自然景观。古老的木兰溪两岸，处处洋溢着生机盎然的江南风光。

湄洲岛位于莆田湄洲湾北部，是一个面积约为16平方千米的小岛，东与台湾省隔海相望，因处海陆之际，形如眉宇，故称湄洲。岛上的妈祖庙，创建于公元987年，祀海上女神林默，历代朝廷敕封她"天妃"、"天后"、"天上圣母"等尊号。她死后，即被乡人尊奉为海神并且建庙祭祀。千百年来，妈祖庙香火不断，是闽中香火最为鼎盛的庙宇之一。妈祖庙的寺院规模随历代的整修、扩建而日显雄伟，成为海内外同胞共同的膜拜圣地。环岛优质沙滩长达20多千米，岛域盛产石斑鱼。庙后岩石上，有"升天古迹"、"观澜"等石刻。庙前岩岸海床有大片辉绿岩，受风涛冲蚀，形成天然凹槽，潮汐吞吐之声，由远而近，初似管弦细响，继如钟鼓齐鸣，再若龙吟虎啸，终则像巨雷震天，骤雨泻地。这就是著名的"湄屿潮音"。

2. 以武夷山为中心的闽北旅游区

该区包括南平、宁德、三明市等，以丹霞地貌、花岗岩地貌、岩茶文化、畲族文化、古越族文化为主要特色。

（1）武夷山风景名胜区

武夷山风景区方圆60平方千米，人们称它为"奇秀甲东南"。武夷山历来有"三三六六九九"的说法：三三即九，指九曲溪，被誉为"溪曲三三水"；六六即三十六，指36座峰，被誉为"山环六六峰"；九九即九十九，指99个岩洞。武夷山风景的精华在

9 千米的九曲溪，溪水碧清，折复绕山，形成"曲曲山回转，峰峰水抱流"的九曲之胜。武夷山中最著名的玉女峰、大王峰等和高插于悬崖峭壁上的神秘悬棺都列在九曲溪边。景区内还有遇林亭宋代瓷窑遗址、武夷宫等游览景点，极具人文价值。这里不仅风景秀丽，还有着悠久的人文传统，历史上有过夏商、西汉和南宋等多次鼎盛时期，如以架壑船棺为象征的古越族文化时期，以城村古汉城为标志的西汉文化时期、以朱熹为代表的宋朝理学文化，以及以大红袍为代表的武夷岩茶文化。这些都为这座名山增添了深厚的历史文化内涵。1999 年，武夷山被联合国教科文组织列入《世界遗产名录》。

（2）武夷山国家级自然保护区

武夷山国家级自然保护区位于武夷山风景区以西 40 千米处，总面积为 567 平方千米，是联合国确认的 A 级自然保护区。保护区内地貌多样，有高山、谷地、裂缝带，风景十分秀丽。区内的主要景点有自然博物馆、黄岗山、挂墩、先锋岭，其中黄岗山是武夷山的最高峰，海拔 2 158 米，被称为"华东大陆屋脊"。武夷山动植物的垂直分布十分明显。挂墩是世界上鸟类资源最为丰富的地区之一；先锋岭则是一个巨大的天然植物园，生长着银杏、鹅掌楸、半枫荷等珍贵树种。

小资料

武夷岩茶

武夷山是全国著名的茶区，其武夷岩茶，清袁枚便有"尝尽天下之茶，以武夷山顶所生，冲开白色者为第一"之说。

"武夷岩茶"是中国十大名茶之一，但"武夷岩茶"不是一种茶，而是产于闽北崇安县武夷山岩上乌龙茶类的总称。其主要品种有武夷水仙、武夷肉桂、大红袍等，多随茶树产地、形状或色香味特征取名。其中"大红袍"最为名贵。传说明代有一上京赴考的举人路过武夷山时突然得病，腹痛难忍，巧遇一和尚取所藏名茶泡与他喝，病痛即止。他考中状元之后，前来向和尚致谢，问及茶叶出处，得知后脱下大红袍绕茶丛 3 圈，将其披在茶树上，茶树由此得名"大红袍"。

（3）太姥山

太姥山被誉为"海山仙都"，位于福鼎境内的东海边，距离城区大约 58 千米，它的最高峰摩霄峰海拔为 1 008 米。太姥山的景观特征可用石奇、洞异、峰险、雾多来概括。山上 380 多处天然石景，大都惟妙惟肖，还有不少奇特的岩洞，小的洞只容几人小憩，大的洞则可容纳百余人，甚至可建亭、台、楼、阁。太姥山终年云雾缭绕，尤其春夏之交或雨后初晴时，茫茫云海弥漫在山峰之间，使群峰时隐时现。太姥山历代都兴建了不少规模较大的寺院，至今国兴寺的遗址上尚存石柱 360 根，寺前还有楞枷宝塔和石碑。此外，山中还有历代名人摩崖石刻"天下第一山"、"山海大观"、"道仙佛地"等几十处。

（4）鸳鸯溪

鸳鸯溪位于屏南县东北部，全长 18 千米。每年秋季有上千只鸳鸯在此地过冬，屏南也因此被称为"鸳鸯之乡"。鸳鸯溪共分白水洋、叉溪、水竹洋、考溪和鸳鸯湖 5 个游览区。白水洋游览区在鸳鸯溪上游，溪流两岸有诸多瀑布和岩洞，还有奇绝"十里长街"景点，它是由 3 块平坦的巨石铺于水底而成，最大的一块面积达 4 万平方米。人行其上，水只淹到脚背。白水洋下游有一条 50 多米长的天然滑道，平整光洁，人在上面滑不会被刮伤。它融溪、瀑、峰、岩、洞等山水景观为一体。奇特的沟谷断崖地貌，形成了数以百计的瀑布，是我国瀑布最多的风景区之一。

（5）玉华洞

玉华洞位于将乐县城东南 5 千米的天阶山下，因洞内岩石光洁如玉、华光四射而得名，是福建省最长最大的石灰岩溶洞。明代地理学家徐霞客曾赞道"此洞炫巧争奇，遍布幽奥"、"透露处层层有削玉裁云之态"。

全洞总长约 6 千米，有两条通道，由藏禾洞、雷公洞、果子洞、黄泥洞、溪源洞、白云洞 6 个支洞和石泉、井泉、灵泉共 3 条宽 1～3 米，深不及膝的小阴河组成。洞内小径盘曲，有"琼楼玉宇"、"渴龙饮水"、"朝天曙色"、"蓬莱叠翠"、"雄鹰独立"、"风飘泪烛"等 180 多景，均为石灰岩溶蚀而成，其中尤以"仙人田"、"炼丹炉"、"荔枝柱"、"苍龙出海"、"童子拜观音"等形象最为逼真。

（6）金湖

金湖位于泰宁西南部，为金溪上游拦河筑坝的一处人工湖泊。景区以水为主体，以丹霞地貌为特征，是国内少有的丹霞地貌与浩瀚湖水相结合的风景名胜区。金湖湖面呈圆弧形，宛如一轮新月，景区内有赤壁丹崖、水上一线天、猫儿山、十里平湖、醴泉岩、虎头岩、尚书墓和甘露寺等名胜古迹 180 多处。甘露寺建于金湖之畔悬崖峭壁的天然洞穴中。洞内滴泉之绝，清澄甘洌，且有防病之效，胜似甘露，因而得名。寺内建筑奇特，依坎坷岩石顺势架造，外形如同一个繁写的"叶"字，基底仅用一根粗大的木柱撑插，有上殿、唇阁、观音阁、南安阁 4 座殿宇，古称"一柱插地，重楼叠阁"。

3. 以厦门为中心的闽南旅游区

该区包括厦门、漳州、泉州 3 个市，以时尚休闲城市、海滨风光、"海上丝绸之路"文化为主要特色。

（1）厦门

厦门位于福建省东南部，相传古时有白鹭栖息，故又有"鹭岛"之称。厦门是中国最早设立的 5 个经济特区之一。厦门属海港风景城市，山海风光，秀美灵动，有鼓浪屿、南普陀、万石山、集美等名景。

1）鼓浪屿-万石山。鼓浪屿-万石山景区位于市区南部，总面积 245.75 平方千米，包括鼓浪屿、万石山山体与海滨及厦门湾的大部分海域与岛礁。鼓浪屿（图 11-1）是全国的 35 个王牌景点之一，它是一个与厦门岛隔海相望的小岛，面积只有 1.87 平方千米。鼓浪屿原名圆沙洲，因海西南有海蚀洞受浪潮冲击，声如擂鼓，明朝改为今名。岛上海岸线蜿蜒曲折、坡缓沙细，天然海滨浴场环布四周，鬼斧神工的礁石奇趣天成。岛上树木繁茂，鸟语花香，各种风格的建筑物在鼓浪屿被完好地保留，这里因此有"万国建筑博览会"之称。位于鼓浪屿岛南部的菽庄花园利用天然地形巧妙布局，园在海上，海在园中，既有江南庭院的精巧雅致，又有海鸥飞翔的雄浑壮观，动静对比，相得益彰。岛上日光岩，又称"晃岩"，海拔 92.68 米，为鼓浪屿的最高峰，这是一块直径 40 多米的巨石，登临俯瞰，厦门景物尽收眼底。万石山游览区位于市区东部的狮山北麓，山清水秀，林木繁茂，有厦门原二十四景中的"天界晓钟"、"万笏朝天"、"中岩玉笋"、"太平石笑"、"紫云得路"、"高读琴洞"等景点。

图 11-1 鼓浪屿

2）南普陀寺。位于五老峰山下，是一座千年古刹，与厦门大学相邻。该寺始建于唐代，由于其以奉祀观音为主，又在我国佛教四大名山之一的浙江普陀山之南，故称南普陀。南普陀寺主要建筑宏伟富丽，寺内藏有佛经、宋钟、明清碑刻等。这里香火鼎盛，每年农历的 2 月 19 日、6 月 19 日、9 月 19 日观音诞辰的时候，寺内均会举行盛大活动，众多善男信女手持燃香叩头跪拜，祈求健康和财富。位于南普陀寺一侧的闽南佛学院，创办于 1925 年，在海内外久负盛名，是弘扬佛法、培养佛家弟子的摇篮。

3）集美学村。这里是爱国华侨陈嘉庚的故乡，集美学村便是由陈嘉庚先生倾资创建，由集美大学、中学、小学、幼儿园等组成，形成了完善配套的教育体系。集美学村既是钟灵毓秀之地，又是凝集众美的观光风景区，其中最具特色的首推龙舟池。龙舟池畔，龙脊凤檐，雕梁画栋，朱绕翠环；湖心两座水榭，凌波展翼；龙舟池中，每逢端午节，都会举办相当规模的民俗活动——赛龙舟。集美东南海滨有一个小岛，岛上有一个小庙，叫作鳌头宫，又名千里宫。鳌园里主要有集美解放纪念碑和陈嘉庚先生的陵墓。

（2）泉州

泉州别称鲤城、刺桐城，为国务院首批公布的历史文化名城。泉州的海上交通自古以来就很发达，早在唐代已经成为中国四大外贸港口之一。宋元时期进入全盛时期，成为海上丝绸之路的启锚地，与 100 多个国家和地区通商，有"世界第一港"之称。同时，世界各大宗教也随着经济和文化的交流而传入泉州，使它成为具有一座世界性宗教文化特征的城市。这座古城有着丰厚的文化积淀，保存了许多中华民族的优良传统，它又是著名的侨乡，每年回乡寻根谒祖的华侨络绎不绝。其主要风景名胜有开元寺、清源山、惠安崇武古城、洛阳桥、东山等。

1）开元寺。位于鲤城区西街，占地面积 7.8 万平方米，建于唐武则天垂拱二年（686 年），至今已有 1 300 多年的悠久历史，是全国重点佛教寺院和重点文物保护单位。开元寺的大雄宝殿有 86 根大石柱，叫作百柱殿（图 11-2，朱廉摄），相传建殿时有紫云飘绕盖地，故又称紫云大殿。开元寺最有名的是它的双塔，东为"镇国塔"，西为"仁寿塔"，它们高 40 多米，是我国最高的一对石塔。塔每层的门龛两旁有武士、天王、金刚、罗汉等浮雕像。双塔历经风雨侵袭，仍屹然挺立，它是泉州古城的独特标志和象征。

图 11-2　开元寺百柱殿

开元寺的甘露戒坛和北京戒台寺戒坛、杭州昭庆寺戒坛为全国仅存的三大戒坛。

2）清源山。位于泉州北郊，故俗称北山，又因峰峦之间常有云霞缭绕，亦称齐云山。这里的景色以奇石和清泉著称，林壑幽美，历代文人墨客到此登游留题甚多。据调查记录显示，山中石刻多达 300 余方，都具有很高的文物价值。清源山中还有近代高僧弘一法师的舍利塔。弘一法师早年历经繁华，中年剃度出家，后在泉州一带闭关治学，后半生清贫静逸，圆寂前留下"悲欣交集" 4 个字。他的舍利子被供奉在清源山中，更使该山增添了人文意蕴。

3）惠安崇武古城。崇武古城位于惠安崇武半岛上，这里是集滨海风光、历史文物、民俗风情、雕刻艺术于一体的特色旅游景区，历来被称作"天然影棚"、"南方北戴河"。

崇武的意思就是崇尚武备。在古代，这里是我国东南海疆的一座抗倭名城。所以崇武半岛在我国古代的海防史上占有重要地位。

在崇武古城中还可以看到惠安女。惠安县的汉族女子素以勤劳朴实和服饰穿戴奇特而著称于世。"封建头、民主肚、节约衫、浪费裤"，是对惠安女的形象概括。一年四季，她们头上总是戴着黄斗笠，包裹着花头巾，穿着短短的紧身花边衣裳、宽大的蓝长裤，微露着腹部，光赤着脚板。惠安女有婚后"长住娘家"的习俗，出嫁 3 天后即回娘家长住，只有过年过节及农忙时到夫家住一两天，直到怀孕了方可长住夫家。惠安妇女最为人赞叹钦佩的是她们吃苦耐劳的劳动本色。惠安的青壮男人，大多外出捕鱼、打石、承包工程。妇女则挑起了生产、家务的全部重担。

4）洛阳桥。位于泉州市东北郊洛阳江入海处，又称作万安桥。它与北京的卢沟桥、河北的赵州桥、广东的广济桥并称为中国古代四大名桥。洛阳桥是在北宋年间由泉州郡守蔡襄主持兴建的。洛阳桥是中国现存最早的跨海梁式大石桥，也是世界桥梁筏形基础的开端。

洛阳桥桥北有昭惠庙、真身庵遗址；桥南有蔡襄祠，著名的蔡襄《万安桥记》宋碑，立于祠内，被誉为书法、记文、雕刻"三绝"。

5）东山。由43个小岛组成，总面积有194平方千米。被誉为"海峡西岸旅游岛"的东山岛风光秀丽、气候宜人，主要的旅游点有风动石景区、马銮湾及乌礁湾海滨森林公园等。城中关帝庙附近海滨石崖上有一块重约200吨的临海巨石，状似玉兔蹲伏，底部接触仅数寸，风吹石动，摇摇欲坠，故名风动石。该石以"天下第一奇石"载入《世界地理之最》，当地有一句话说道"不观风动石，枉到东山岛"。

4．以龙岩为中心的闽西旅游区

该区包括龙岩市，以丹霞地貌、客家文化、革命老区为主要特色。

（1）永定土楼

永定土楼（图11-3）位于闽西山区，联合国教科文组织顾问斯蒂文斯·安德烈考察后称赞说："这是世界独一无二的山村建筑模式。"

图11-3　永定土楼

土楼分为圆楼和方楼两种，均是封闭式的，只有1个大门可以进出。永定全县有圆楼360座，方楼4 000余座。圆楼都由二三圈组成，由内到外，环环相套。外圈高10余米，4层，有一二百个房间，一层是厨房和餐厅，二层是仓库，三四层是卧室；二圈两层有几十个房间，一般是客房，当中一间是祖堂，是居住在楼内的几百个客家人举行

中国 旅游地理——旅游资源篇（第二版）

婚丧和庆典的场所。楼内还有水井、浴室、磨房等设施。土楼采用当地生土夯筑，不需钢筋水泥。墙的基础宽达 3 米，底层墙厚 1.5 米，向上依次缩小，顶层墙厚不小于 0.9 米。沿圆形外墙用木板分隔成许多房间，其内侧为走廊。

客家土楼建筑闪耀着客家人的智慧，它具有防震、防火、防御多种功能，通风和采光良好，而且冬暖夏凉。它的结构还体现了客家人世代相传的团结友爱传统。

（2）冠豸山

冠豸山位于连城县城东 1.5 千米处。这是一座平地拔起的突兀之山，因其峰似巨冠，故名。冠豸山山峻石奇，远望如欲放的莲花，又名莲花山。冠豸山以丹霞地貌奇绝著称，它与武夷山一起并称为"北夷南豸，丹霞双绝"。此外，历代在此留下了许多摩崖石刻和楼台亭阁及书院等人文景观。最为珍贵的有林则徐登临冠豸山时手书的横匾"江左风流"，现存于东山草堂内，还有乾隆年间的名士纪晓岚任福建提督学院时题写的"追步东山"真迹。

（二）特色民俗风物旅游资源

1. 节庆活动

源于厦门的"博饼"活动，300 多年来在闽南、台湾及东南亚地区盛行。农历 8 月 15 日中秋节，在厦门地区除了赏月、吃中秋月饼外，还有一种自郑成功驱逐荷夷、收复台湾时流传下来的"玩会饼博状元"的民俗活动，颇为有趣。中秋会饼每会 63 块，大小不同，共分为 6 种，分别代表古代科举的状元、榜眼、探花、进士、举人、秀才。每人轮流将 6 个骰子掷入碗中，根据投入碗里的骰子点数领饼，以最终夺得"状元"为幸运。300 多年来，这种充满乐趣的活动一直在厦门民间流传，厦门的饼店饼厂在中秋节前后都会大量生产这种会饼上市供应。

小资料

厦门博饼

博饼以"会"计算，一般一"会"以四五人为宜。"会"饼模仿科举制，设状元饼（最大的）1 个、对堂（榜眼）饼 2 个、三红（探花）饼 4 个、四进（进士）饼 8 个、二举（举人）饼 16 个、一秀（秀才）饼 32 个。这是象征古代四级科举考试。古代府级考试及第的童生称秀才；乡试（省级）考中者称举人；在京师礼部会度及第者称贡生；由皇帝亲自主持的殿度及第者称进士，其中又分三甲：一甲三名，即状元、榜眼、探花，俗称三鼎甲或三及第；二甲名额较多，三甲就更多了。古代皇帝点状元，既看才，又看貌，还要推敲，考究姓氏和名字，如永乐二十二年（1424 年）甲辰科殿试，状元为孙日恭，明成祖觉得日恭合在一起是"暴"字，不吉利，将他降为第三名，将第三名的邢宽易改为状元。这说明状元不一定是"才高八斗，貌若潘安"之辈，而第三名是有真才实学的，所以厦门会饼中的"三红"质量特别好，寓意在此。一套会饼共 63 块，是根据"三多九如"而来的，三和九是我国民间的吉利数。

2. 民间艺术

泉州提线木偶戏古称"悬丝傀儡"，民间俗称"嘉礼"，是流行于闽南语系地区的古老珍稀戏种，数百年形成了一套稳定而完整的演出规制和700余出传统剧目。在全国各类木偶戏中，泉州提线木偶戏又是唯一仍有自己剧种音乐"傀儡调"的戏种。泉州提线木偶形象，一般都系有16条以上，甚至多达30余条纤细悬丝，操弄复杂，与我国多数传统木偶戏相比，技巧表演难度最高，继承了唐宋雕刻和绘画风格，乃驰名中外的民间工艺珍品。

3. 风味饮食

闽南地区的风味小吃久负盛名，发展至今已有200余种。其中尤以咸食的烧肉粽、鱼丸汤、虾面、薄饼、芋包、韭菜盒、土笋冻、沙茶面、油葱粿、炒粿条、海蛎煎、鼎边糊、手抓面等最为著名，甜食的花生汤、圆仔汤、贡糖夹饼、炸枣等最为长盛不衰。

闽菜为中国八大菜系之一，以烹制山珍海味而著称，在色香味形俱佳的基础上，尤以"香"、"味"见长，具有清鲜、和醇、荤香、不腻的风格特色，以及"一汤十变"的特点。

🔍 **小资料**

名菜佛跳墙

佛跳墙是烹饪界公认的闽菜的"首席代表"，创制于清朝末年，至今已100多年的历史。它采用多种精料精心煨制而成，程序复杂，各料互为渗透，味中有味，质地软嫩脆润、浓郁荤香，营养丰富。清代福州聚春园菜馆郑春发曾以烹制此菜蜚声遐迩。

郑春发是清代福建按司周莲府中的衙厨。周莲能诗善饮，以名士自赏。有一次，福建"官钱局"请客，说是内眷自办的，周莲亦在被邀之列。席上主菜是一个大品钻（有盖的瓷罐），集山珍海味之大全，用20多种原料和配料煨制而成。诸客食后叹为平生未曾尝过的佳肴美味。经了解，得悉此菜乃该司幕友钱某的内眷所办。在封建社会，男女授受不亲，不能轻易接触妇女。于是周莲想出一条计谋，以套取烹饪奥秘，就借该局宴客，仍委钱家代办这道菜，其他菜肴由郑春发带进。让郑春发在厨房一起操作这道名菜，实际是从中取经。郑本是烹调技术超群之人，看到内眷操作全过程，就心领神会，尽得其法并从中得以提高，烹调成为青出于蓝而胜于蓝的这道名菜。

这品钻名菜初名为"福寿全"，因为选料精良，火候精致，加上郑春发烹调的色、香、味、形四大要素配合适当，所以菜肴上席时扑鼻芳香，大为宴客所赞赏。据说，因其有特殊而浓烈的芳香，乃至于素不吃荤的和尚闻到之后都会逾墙而来。佛跳墙便由此传名。又因福州名儒会饮品尝此菜时曾赋诗"坛启荤香飘四邻，佛闻弃禅跳墙来"。便把这道菜更名为"佛跳墙"。周莲同时常在闽浙总督许应骙面前赞誉郑春发为"闽厨第一手"，后还为郑春发捐纳了一个六品官衔。郑春发后来入股"三友斋"，更店名为"聚春园"。从此聚春园"聚多冠盖，春满壶觞"，成为闽菜的发源地和培养闽菜厨师的摇篮，并以"佛跳墙"这一菜名闻名天下。

二、广东省

广东省地处我国大陆的南部，相传古为百越之地，故简称"粤"。陆域东邻福建，北接江西、湖南，西连广西，南临南海，西南端隔琼州海峡与海南省相望。全省面积 17.8 万平方千米（列全国第 15 位），总人口 10 505 万（2011 年），是全国人口最多的省份。广东省沿海岛屿有 759 个，海岸线长 3 368 千米，居全国第二位。内陆江河主要有珠江、韩江、漠阳江等。珠江为中国第三大河流，全长 2 400 千米。珠江三角洲是著名的鱼米之乡。

广东省人口稠密，境内居民以汉族为主，少数民族主要有壮族、瑶族、畲族等。广东是全国华侨人数最多的省份，旅外华侨约 3 000 多万人，遍布世界各地。开放的人群与开放的心态，是现代广东的特色。

优越的地理、气候条件造就了广东美丽的自然景观，也成就了广东丰富多彩的人文景观。广东省有以丹霞山为代表的丹霞地貌，有以连南、阳山、英德群山及溶洞为代表的岩溶地貌，有北回归线上的绿洲——鼎湖山，还有众多优质的海滩、温泉，也因此有了优质的国家旅游度假地。历史文化名城广州、潮州，多名胜古迹；独特的客家文化自成体系，民风古雅，文化遗存丰富；顺德清晖园、番禺余荫山房、东莞可园、佛山十二石斋并称为岭南四大名园，代表了别具一格的岭南园林特色。而各类主题公园虽属人造景观，却一样有着各自的特色，还有代表着现代时尚的高品位生活也吸引着各地游客。

（一）重点旅游景区

根据地域文化特色和社会经济发展水平，广东省大致可分为粤南、粤北、粤东、粤西 4 个旅游区。

1. 粤南旅游区

本区位于广东省省境界中南部，以珠江三角洲为主体。这里是广东省乃至全国人口最稠密、城镇最密集、经济最发达、现代旅游业发展水平最高的地区，主要包括广州、深圳、珠海、中山、佛山、东莞、肇庆等地区。

（1）广州

广州是国家历史文化名城，广东省省会，我国南部的一座现代化大都市，也是华南地区的政治、经济、文化、教育、交通运输的中心（图 11-4）。早在周朝时期广州就有"百越之族"在此繁衍，并与楚国建立了密切的联系。广州常年鲜花繁盛，独得"花城"的雅号。广州旅游资源丰富，有着得天独厚的地理环境、源远流长的历史文化，名胜古迹众多，处处体现着南国的风情。

1）越秀公园。位于广州市解放北路，是广州最大的综合性公园。越秀公园以山水秀丽、文物古迹众多、风景优美而著称。园中的五羊石像（图 11-5）是广州市的标志，建于 1959 年。公园内其他主要名胜古迹有海员亭、光复纪念亭、南明绍五君臣冢、南明王兴将军暨妻妾合葬墓、镇海楼、明代城墙遗址、四方炮台、石牌坊、孙中山纪念碑和孙中山读书治事处纪念碑（越秀楼遗址）等。在历代"羊城八景"中享有盛名的"粤台秋月"、"粤秀连峰"、"粤秀松涛"等美景给公园增添了无比的魅力。

图 11-4　广州塔及珠江猎德大桥　　　　　　　图 11-5　五羊石像

小资料

广州城徽五羊的传说

越秀公园内的五羊石像是广州最著名的景点之一。石像建于 1959 年，整座石像用 130 块花岗石雕刻而成，连基座高 10 余米。这座石雕有一个美丽的传说。传说在两千多年前，广州这个地方，海天茫茫，遍地荒芜，人们辛劳终日难得温饱。一天，天空仙乐缭绕，有 5 位仙人身穿五彩衣，骑着口含 6 束谷穗的 5 只羊飞临广州，把谷穗留给广州人，并祝愿这里年年五谷丰登、永无饥荒，然后驾云腾空而去，羊化为石。从此，广州成了富饶的地方，这动人的传说世代相传，广州也因此得名"羊城"、"穗城"。

2）白云山。位于广州市东北部，距市区约 17 千米，是九连山脉的南延部分，素有"南越第一山"之称。据说，每到雨后初晴或暮春时节，山间白云缭绕，山名由此得来。白云山由 30 多座山峰簇集而成，全山面积 28 平方千米，最高峰摩星岭海拔 382 米，是广州市最高峰，又称"天南第一峰"。羊城人一向喜欢于此登高游览，尤其是九九重阳节时，更以登白云山为一大乐事。每逢此时，熙熙攘攘的人流便成了白云山的一道独特的风景线。

3）长隆野生动物世界（图 11-6）。位于广州番禺，以野生动物大规模种群放养和珍稀动物"新、奇、特"著称，是中国最大的白虎观赏、繁殖基地，拥有白虎 60 多只，占世界白虎总量的 1/3，被誉为中国最具有国际水准和效益最好的国家级野生动物世界。

园区分为乘车游览区和步行游览区两大区域。乘车游览可体验热带风情，感受原野气息，近距离地观察各种野生动物；徒步游览则能够穿行在树荫蔽天的林木之间，感受神秘的动物世界。

图 11-6　长隆野生动物世界

（2）深圳

深圳是中国南部的一座海滨城市，地处广东省南部，介于大亚湾和珠江口之间，南与香港的新界只有一河之隔，素被称为"香港的后花园"。深圳是我国最早的经济特区，一向有"南国明珠"的美称。深圳属亚热带海洋性气候，其气候特征适合常年开展旅游，风景宜人，降水丰富。深圳是中国主要的对外贸易和国际交往口岸，依山傍海，四季常青，景色秀丽，旅游娱乐资源和设施独具特色。

华侨城旅游度假区位于深圳湾畔，总占地面积 4.8 平方千米。度假区拥有世界之窗、欢乐谷、锦绣中华·民俗文化村等著名景观，四大主题公园占地面积约 135 万平方米。华侨城形成了以文化旅游景区为主体，其他旅游设施配套完善的旅游度假区。

1）世界之窗。占地 48 万平方米，景区有 130 多个世界著名景点、十大动感娱乐参与项目，以及多个大型广场艺术晚会、异国风情表演、主题文化节庆活动等。它将世界奇观、历史遗迹、古今名胜、自然风光、民居、雕塑、绘画，以及民俗风情、民间歌舞表演汇集一园，再现了一个美妙的世界。景区口号是"您给我一天，我给您一个世界"。

2）欢乐谷。总占地面积 35 万平方米，是一座融参与性、观赏性、娱乐性、趣味性于一体的中国现代主题乐园，集海、陆、空三栖游乐为一身，融日、夜两重娱乐为一体的大型旅游主题公园。它充分运用了现代休闲理念和高新娱乐科技手段，满足了游客参与、体验的新型旅游需求，体现了"动感、时尚、激情"的主题。

3）锦绣中华·民俗村。锦绣中华是我国第一个人造景观主题公园，占地 30 万平方千米，近百处景点大致按照中国区域版图在景区分布，是中国自然风光与人文历史精粹的缩影。景区口号是"一步迈进历史，一天游遍中华"。民俗村是国内第一个荟萃各民族民间艺术、民俗风情和民居建筑于一园的大型文化旅游景区，其占地 20 多万平方米。

景区口号是"二十五个村寨，五十六族风情"。村内 25 个各具特色的民族村寨、庭院和街市按原貌以同等比例建成，从不同角度多侧面地反映了中国丰富多彩的民族民俗文化。

（3）珠海

珠海位于珠江入海口，地接澳门，水连香港，是经济特区之一。它的自然环境秀美，山水清丽。珠海的城市规划和建设匠心独具，将"自然和谐"的品质发挥到了极限，突出表现了海滨花园情调和现代气息，被联合国评为"最佳人居环境城市"。

圆明新园坐落于珠海九洲大道石林山下，占地面积为 1.39 平方千米，以北京圆明园被焚烧前的建筑为载体，按 1∶1 比例精选圆明园 40 景中的 18 景修建而成。圆明新园集中再现了当年北京圆明园皇家园林的宏伟气势，大殿"正大光明"、"九洲清晏"、"蓬岛瑶台"、"方壶胜景"组成中轴线，为皇家宫殿式建筑群，中轴线西面是"远瀛观"、"大水法"、"海晏堂"等西洋楼景区，环湖有"曲院风荷"、"上下天光"、"平湖秋月"、"濂溪乐处"等 10 余处中国江南园林建筑景观。圆明新园内还有众多游客参与、观赏的活动，如"正大光明"的皇帝登基，"九洲清晏"的折子戏，"濂溪乐处"的江南丝竹，"方壶胜境"的皇帝选妃、大婚，"乾隆游江南"的福海湖大巡游活动等。

（4）佛山

佛山是国家级历史文化名城，早在明清时代就被列为全国"四大名镇"之一，历来商贾云集，物流畅顺。人们熟知的康有为、黄飞鸿、李小龙也都是佛山人氏或者祖籍在佛山。佛山的主要风景名胜有佛山祖庙、三水荷花世界等。佛山陶塑、剪纸、武术和舞狮等也很著名。

1）佛山祖庙。坐落在佛山市祖庙路的闹市中。它是供奉道教崇信的北方玄天大帝的神庙，始建于北宋元丰年间（1078～1085 年），原名北帝庙，明代改称灵应祠。因为宋元以后这里一直是佛山各宗祠公众议事的地方，成为联结各姓的纽带，被推崇为珠三角万庙之首，所以佛山人习称它为祖庙。

佛山祖庙内现存金碧辉煌的万福台、气宇轩昂的灵应牌楼、碧水涟涟的锦香池、苍老而富丽的灵应祠等。灵应祠前殿、正殿、后殿，一气贯通，巍峨而立，气象万千。建筑面积达 3 000 多平方米，多为明清建筑，斗拱梁架均为优质硬木接榫构成，层层架托，不用一铁一钉，设计巧妙，装饰工艺精巧华丽。建筑物融古代陶塑、木雕、铸造和建筑艺术精华于一体，被誉为"东方民间艺术之宫"。

2）三水荷花世界。位于佛山三水，是集观光、表演、娱乐、美食、度假、生产科研、荷文化展示于一体的荷花生态专类园，包括三水荷花世界文化广场、中心区、品种欣赏区（云水荷香）、王莲区和睡莲区、饮食娱乐区、生产科研育种区、籽莲区等九大功能区，以及丰富多彩的歌舞游乐节目。

（5）东莞

1）虎门。位于东莞南部。海战博物馆是一座专题性与遗址性相结合的博物馆，它以鸦片战争古战场——全国重点文物保护单位虎门炮台旧址为依托，由陈列大楼、宣誓广场、观海长堤等组成纪念群体，利用文物史料向人们展示了当年中国人民抗击英国侵略者的悲壮情景。同时，背山面海、环境优美的海战博物馆，也是虎门炮台爱国主义教育基地的重要组成部分和全国三大禁毒教育基地之一。虎门大桥是我国第一座大型悬索桥，被誉为"世界第一跨"。主桥长4.6千米，跨径888米。鸦片战争博物馆管理的虎门炮台旧址——沙角炮台、威远炮台、靖远炮台、镇远炮台、南山炮台、蛇头湾炮台、九宰炮台、广东水师提督署寨墙是重要的战争遗迹，为全国重点文物保护单位。

2）可园。位于东莞市西北部，是广东四大名园之一，占地面积2 200平方米，外缘呈三角形，其特点是面积小、设计精巧，并运用了"咫尺山林"的手法，能在有限的空间里再现大自然的景色，园内有1楼、6阁、5亭、6台、5池、3桥、19厅、15间房，左回右折，互相连通，通过130余道式样不同的大小门及游廊、走道连成一体，可谓是四通八达。院内建筑多以"可"字命名，如可楼、可轩、可堂、可洲……其建筑是清一色的水磨青砖结构。最高建筑可楼，高15.6米，沿楼侧石阶可登顶楼的邀石阁，四面明窗，飞檐展翅，凭窗可眺莞城景色。

（6）肇庆

1）肇庆七星岩。七星岩又名"星湖"，其风景自古就以峰险、石异、洞奇、庙古而著称。七岩是阆风岩、玉屏岩、石室岩、天柱岩、蟾蜍岩、仙掌岩和阿坡岩。峰岩陡立峻峭，妖娆多姿，它们似北斗七星散落湖中，因而得名。星湖烟波浩瀚，总面积达649万平方米，湖堤长达20多千米，串起数个翠绿的小岛，景色十分宜人。

2）鼎湖山。是我国第一个国家级自然保护区，素有"天然氧吧"和"北回归线上的绿宝石"之誉，因山顶有湖，传说黄帝曾赐鼎于此，故名。整个景区由鼎湖、鸡笼、伏虎等10多座山峰组成，主峰鸡笼山海拔1 000.8米，是珠江三角洲地区的最高峰。鼎湖山也是国务院批准的第一批国家重点风景名胜区，全山包括天溪、天湖、云溪三大景区，主要景点有曲径云封、天湖探险、伏虎听泉、圣水浴佛、古潭潜龙、白云怀古等，景色十分秀美。

鼎湖山又是佛教圣地，678年，禅宗六祖惠能的弟子智常禅师在鼎湖山西南之顶老鼎创建龙兴寺（后改为白云寺），此后，高僧云集，周围建起三十六招提，前来朝拜、游览的香客、游人越来越多。明崇祯年间，即1633年，山主梁少川在莲花峰建起莲花庵，第二年又迎来高僧栖壑和尚入山奉为主持，重建山门，改莲花庵为庆云寺，几百年来香火不断，被誉为岭南四大名刹之一。

2. 粤北旅游区

本区位于省境北部，南岭山脉南侧，统称粤北山区，主要包括韶关市。本区山岭叠嶂，但有山间谷地及河谷盆地，自古为南北交通要冲，是湘赣文化、客家文化、瑶家文化和广府文化的交融区域。丹霞山水、峡谷奇观、客家传统古聚落、瑶族风情是其最大特色。

韶关位于广东省北部。"接五岭之口，当百越之冲"，自古便是兵家必争之地，素有广东北大门之称，是粤湘赣3个省的结合部，历来都是军事重镇。

（1）丹霞山

丹霞山西距韶关 50 千米，为广东四大名山之一，是我国目前 21 座属丹霞地貌的国家级风景名胜区中面积最广、发育最典型、造型最丰富、景色最优美的风景区。丹霞山由红色沙砾岩构成，以赤壁丹崖为特色，地质学上以丹霞山为名，将同类地貌命名为"丹霞地貌"。丹霞山色如渥丹，灿若明霞，凭借阳元石之雄、阴元石之奇、巴寨之险、锦江之秀而著称于世，被誉称为"中国红石公园"。

（2）南华寺

南华寺坐落在曲江县曹溪之畔，始建于南朝梁武帝天监元年（502 年），是中国佛教著名古刹之一，是佛教禅宗六祖慧能弘扬"南宗禅法"的发祥地。南华寺现有建筑面积 12 000 平方米。因禅宗六祖慧能在此弘法，又称六祖道场。寺前有曹溪门、放生池、宝林门、天王宝殿，中部有钟楼、鼓楼、大雄宝殿、斋堂、藏经阁、灵照塔、祖殿、方丈室等。寺后有卓锡泉（俗称九龙泉）。寺的周围古树繁茂，环境幽静，寺后有几株高达 40 米的古水松，是世界上稀有的树木。

（3）九泷十八滩

九泷十八滩位于乐昌市坪石镇的一段武江河岸上，蜿蜒曲折，水流湍急，总落差达 65 米。沿河两岸有大瑶山隧道、十里画廊、龟山、蛙石、庙子角、韩泷祠等多处景点。九泷中河道最险处为垂泷，吸引着众多游客赏景摄影，领略其中惊险情趣。九泷十八滩漂流被广东省和国家旅游局命名为"广东省旅游四大拳头产品"之一和"中国旅游国线景点"。

3. 粤东旅游区

本区位于广东省东部，东江和韩江流域，东滨大海，北接南岭山区，山海岛风光浑然一体。客家文化为其主要地域文化，并有福佬文化和广府文化的交融，潮州等地还保留着部分古老的中原文化。其中心地域为汕头、潮州、梅州、惠州等。

（1）汕头

汕头位于广东省东南部，为我国南方对外贸易的重要口岸、粤东和闽西南的经济中心和对外门户，也是著名侨乡。

礐石风景区位于汕头海湾南面，由沿海台地和 43 座山峰组成。礐，音确（què）。《辞海》或《康熙字典》对此字有两个析义：一是风或水击石成声，为象声词；二是山多大石。以此解释，"礐"字不仅有巍峨巨石之形，而且有海浪击石之声。礐石因濒临大海，山多巨石而得名，具有海、山、石、洞和人文景观等综合特色，被列为省级风景名胜区。

（2）梅州

梅州是国家历史文化名城。梅州市历来被誉为"文化之乡、华侨之乡、足球之乡"和"山歌之乡、金柚之乡、单丛茶之乡"，这里是客家人的主要聚居地，也是著名的侨乡。梅州旅居海外的华侨、华人有 300 多万。

阴那山和灵光寺分别是广东省省级风景名胜区和广东省重点文物保护单位。阴那山距梅州市区 45 千米，其山巅五峰并聚，称五指峰。山麓的千年古刹灵光寺为广东四大名寺之一。该寺依山而建，面积有 6 000 多平方米。寺内有"三绝"，一绝是"生死柏"，寺前两株 1 100 多年树龄的柏树中，一株已枯死 300 多年，却没有腐烂，仍然挺立，与另一株枝繁叶茂的生柏并肩而立；二绝是"菠萝顶"，寺的大殿殿顶是用 1 000 多块长方木拼成的螺旋型藻井，有自动抽烟功能，在全国仅有两处；三绝是大殿后面绿树繁茂，而大殿屋顶上却从来没有落叶。

（3）潮州

潮州是国家历史文化名城，地处粤东，位于韩江下游。古城始建于宋，现东门城楼及部分城墙保存完好，城内明、清古民居及祠宇很多，反映了潮州建筑的传统风貌。以"潮"字号为代表的潮州话、潮剧、潮州音乐、潮州菜、潮州工夫茶、潮绣、潮州陶瓷、潮州木雕等构成了独特的潮州文化，享誉国内外。

广济桥又名湘子桥，位于潮州古城的东门外，初建于宋代，距今已有 800 余年历史，是与我国赵州桥、卢沟桥等并称的著名古桥。广济桥横跨韩江两岸，共有 24 个桥墩，经历几百年风雨，依旧牢固如初。在古代生产力落后的情况下，在大江中建造这样一座大桥，其难度之大可以想见，故潮州民间有"仙佛造桥"的传说。

（4）惠州

惠州临东江、近罗浮，自古为军事重镇、"岭南名郡"，是新兴的工业城市。

1）惠州西湖。"东坡到处有西湖"。杭州、惠州和颖水 3 个西湖历来被评为天下西湖中最佳者，其中一个非常重要的原因就是 3 个西湖都留下了苏东坡的足迹和诗文。惠州西湖是"苎萝之西子"，丽质天成。惠州西湖是横槎、天螺、水帘、榜山等山川水入江冲刷出来的洼地，西面和南面群山环抱，北依东江，由平湖、丰湖、南湖、菱湖、鳄湖 5 个湖组成，象岭云飞、花洲话雨、红棉春醉、荔莆风清等十六景是惠州西湖的精华所在。

2）罗浮山。位于博罗县境内，又称东樵山，为我国道教十大名山之一。这里雨量充沛，适宜多科植物生长。在峰峦谷地、洞溪山涧，生长着上千种的草本药物和各种水果，东晋著名道学家葛洪就在这里炼丹修道。飞瀑名泉是罗浮山的另一个特色。罗浮山水量充沛，瀑布近千处，数量之多为国内名山之冠，其中最著名的有白水滴、黄龙洞、白水门、流杯池等。罗浮山泉水终年不竭，入口清凉甘甜、冲虚古观内的"长生井"、宝积寺背后的"卓锡泉"、酥醪观旁的"酿泉"为罗浮山三大名泉。罗浮山是广东四大名山之一，在广东文化史上占有重要的一席之地。北宋大文豪苏东坡在此写下《杂书罗浮事》、《书卓锡泉》等诗文，明朝吏部尚书湛若水也曾于 90 高龄在罗浮山讲学，"讲学之盛，海内莫有过于罗浮者"。

4. 粤西旅游区

本区位于省境西南部，濒临南海，旅游资源以山水景观、滨海度假和瓜果农业观光为主要特色，主要旅游城市为湛江。湛江旧称广州湾，位于中国大陆最南端的雷州半岛，南隔琼州海峡与海南相望，三面环海。湛江气候宜人，自然景观独特，拥有湖光岩、中国最长的沙滩、中国最大的珊瑚礁群，还有中国大陆最南端的地理坐标。湛江人文历史积淀深厚，古城雷州拥有众多文物古迹，半岛上随处可见传习久远的古老民俗。

湖光岩位于湛江市区西南方向 18 千米处，其面积为 4.7 平方千米，湖水面积 2.3 平方千米，湖深 446 米，系距今 14 万~16 万年间平地火山爆发后冷却下沉形成的火山口，陷积成湖，其中火山泥沉积物 420 米，水深 20 多米。湖水常年碧绿，清澈如镜，故有"镜湖"之称。湖面低于海平面，旱不涸涝不溢。联合国地球研究专家称湖光岩是世界罕见、中国唯一的神奇的玛珥湖。

（二）特色民俗风物旅游资源

1. 风味饮食

广东菜，又称粤菜，为中国四大菜系之一，有广州菜、潮州菜和东江菜三大类。广州菜集南海、番禺、东莞、顺德、中山等地方风味的特色，兼京、苏、扬、杭等外省菜及西菜之所长，融为一体，自成一家。广州菜取料广泛，品种繁多，令人眼花缭乱。

广州菜注重质和味，口味比较清淡，力求清中求鲜、淡中求美，而且随季节时令的变化而变化，夏秋偏重清淡，冬春偏重浓郁。食味讲究清、鲜、嫩、爽、滑、香；调味遍及酸、甜、苦、辣、咸，当中有以甜为主。

潮州菜以烹调海鲜见长，刀工技术讲究，口味偏重香、浓、鲜、甜，喜用沙茶酱、梅羔酱、姜酒等调味品，甜菜较多，款式百种以上，都是粗料细作，香甜可口。潮州菜喜欢摆 12 款，上菜次序有喜欢头、尾甜菜，下半席上咸点心。秦以前潮州属闽地，其语系和风俗习惯接近闽南而与广州有别，因渊源不同，故菜肴特色也有别。

东江菜又称客家菜，这也是在广东较有分量的菜系，所谓客家，是古代从中原迁徙南来的汉人，客居岭南，因此称为客家人。

2. 民间艺术

粤绣始于唐代，为中国四大名绣之一。它以构图匀称、色彩浓烈、富于装饰性而著称。粤绣大体上分为两大行，一是丝绒刺绣，二是盘金刺绣。这两大行的粤绣各有不同特点，但同样具有鲜明地方特色。"金银线垫绣"是粤绣的特技，代表名作有《百鸟朝凤》。

3. 特色节庆

1）年宵花市。"行花街"是珠江三角洲人民群众相沿已久的民间习俗。花市于春节前三日举行，除夕晚是花市的高潮，人山人海，水泄不通，游人买到鲜花，寓示大吉大利、大展宏图。

2）秋色。秋色又名"秋宵"、"秋景"，是佛山独有的大型民间文化娱乐活动。过去秋色多在秋收时节的晚上举行，表现形式上分为灯色、车色、马色、地色、水色、飘色、景色七大类。明永乐年间发展起来，各种精美的工艺品，通过游行的形式进行展出，并

311

表演舞龙、舞狮、十番、锣鼓等助兴，让群众观赏评议。年复一年，技艺越来越高超，规模越来越大。

3）盘王节。盘王，又称盘瓠王或盘古王，是瑶族人的始祖。盘王犬头人身，勇猛而有灵性。相传远古的时候瑶人曾在海上遇险，幸得盘王祐护才获得新生，得救的这一天刚好是盘王的生日。因此，每年农历 10 月 16 日盘王生日这一天，瑶族人载歌载舞以谢盘王的恩德，娱悦盘王，并祈求盘王保佑子孙平安。以后逐渐发展成为一个固定的节日——盘王节。粤北瑶族过盘王节的主要活动有跳长鼓舞，唱《盘王歌》。

三、海南省

海南省是中国最南端的省份，是中国最小的陆地省、最大的海洋省，包括海南岛、西沙群岛、南沙群岛和中沙群岛，其中海南岛是我国第二大岛。海南省拥有陆地总面积 3.54 万平方千米（列全国第 29 位），海域面积约 200 万平方千米，总人口 877 万（2011 年）。陆地和海域南北长 1 800 千米、东西长 900 千米，海岸线长达 1 617.8 千米，沿岸 84 个港湾可开发成港口，已开发 18 个。海南岛四周多为优质沙滩，适宜开发成海滨旅游胜地。近海水深 200 米以内的大陆架渔场 6.65 万平方千米，水温适中，海洋生物丰富，有鱼类 1 000 多种，藻类 200 多种。海中五光十色、千姿百态的热带珊瑚礁鱼和各种珊瑚、海葵等海洋生物，是潜水旅游的观光美景。

根据 2009 年 12 月 31 日印发的《国务院关于推进海南国际旅游岛建设发展的若干意见》，我国将在 2020 年将海南初步建成世界一流海岛休闲度假旅游胜地，使之成为开放之岛、绿色之岛、文明之岛、和谐之岛。

（一）重点旅游景区

以海口和三亚为两个端点，海南的旅游行程基本分为 3 条线：一条是东海岸的海滨旅游风景线，包括海口-文昌旅游区和琼海-万宁旅游区；一条是中线的黎苗少数民族风景线；另一条是西海岸的原始丛林风景线，后两条线包括五指山旅游区。其中，三亚是海南之旅的精华所在。

1. 海口-文昌旅游区

该旅游区位于海南省北部，主要包括海口、文昌两个市，旅游资源以现代城市风貌、海洋风光、文物古迹为主要特色。

海口市是海南省省会，交通便利，环境优美，缤纷的霓虹灯与成行的椰子树是海口最具特色的景观。文昌市位于海南东北部，是著名的文化之乡、华侨之乡、椰树之乡。

（1）雷琼海口火山群世界地质公园

雷琼海口火山群世界地质公园位于海口市西南石山镇，属地堑-裂谷型基性火山活动地质遗迹，也是中国为数不多的全新世（距今 1 万年）火山喷发活动的休眠火山群之一。地质遗迹主体为 40 座火山构成的第四纪火山群。火山类型齐全、多样，几乎涵盖了玄武质火山喷发的各类火山，既有岩浆喷发而成的碎屑锥、熔岩锥、混合锥，又有岩浆与地下水相互作用形成的玛珥火山。火山地质景观极为丰富，熔岩流（结壳熔岩），如绳索状、扭曲状、珊瑚状，无不称奇，令人叹为观止。园区在火山锥、火山口及玄武岩台地上发育了以热带雨林为代表的生态群落，植物有 1 200 多种，果园与火山景观融为一体，为热带城市火山生态的杰出代表。园区内保存有千百年来人们利用玄武岩所建的古村落、石屋、石塔和各种生产、生活器具，记载了人与石相伴的火山文化脉络，被称为"中华火山文化之经典"。

（2）东寨港红树林

海南的红树林以琼山、文昌为最，其中琼山区的东寨港红树林保护区是游人去得最多的景区之一。

红树林是一种稀有的木本胎生植物。它生长于陆地与海洋交界带的滩涂浅滩，是陆地向海洋过渡的特殊生态系统。调查研究表明，红树林是至今世界上少数几个物种最多样化的生态系统之一，生物资源量非常丰富。红树林另一重要生态效益是它的防风消浪、促淤保滩、固岸护堤、净化海水和空气的功能。盘根错节的发达根系能有效地滞留陆地来沙，减少近岸海域的含沙量；茂密高大的枝体宛如一道道绿色长城，可以有效抵御风浪袭击。

（3）东郊椰林

东郊椰林位于文昌市境内的东郊镇，与著名的清澜港相邻，是海南著名的风景区之一。身处椰树的王国，不管把视线投到哪里，都能看到高矮不等、斜直各异、婆娑多姿的椰树。这里有 50 多万株椰树，有红椰、青椰、良种矮椰、高椰、水椰等。椰子水被当地人称为"天水"，清甜甘美。

2. 琼海-万宁旅游区

本区位于海南省东部，包括琼海、万宁两个市，自然条件优越，工农业比较发达。

（1）博鳌水城

博鳌水城为海南省三大国家旅游度假区之一，位于琼海市，港域辽阔，地势险要，水情复杂，是万泉、龙滚、九曲 3 条河流汇拢流入大海的必经之口。万泉河出海口中有东屿、鸳鸯两个岛屿，景色秀丽，被人们誉为奇妙的南国风光画卷。2001 年，亚洲论坛选定博鳌作为其永久的会址，并成功举办了第一届"博鳌亚洲论坛"，从 2002 年开始，亚洲论坛每年定期在中国海南博鳌召开年会。从此，博鳌这个名字蜚声海内外。

（2）兴隆温泉

兴隆温泉地处万宁东郊的兴隆华侨农场境内，那里风景秀丽，侨乡风情浓郁。该温泉共有十几个泉眼，水温长年保持在 60℃左右，水中含有丰富的矿物质，蒸腾的水汽带有淡淡的清香。沐浴其中，对皮肤病、关节炎和神经衰弱症等有治疗作用。在兴隆，和温泉齐名的还有咖啡，兴隆咖啡是归侨从国外引进的小粒种，冲出来的咖啡浓香扑鼻。目前，兴隆已成为吃、住、玩、浴多功能相配套的旅游度假城。

3. 五指山旅游区

本区位于海南省的中西部，主要包括通什、琼中、东方、儋州、陵水等县市，地形以山地为主，历来为黎族、苗族等少数民族聚居之地。神奇的民族风情和特色山地森林景观是其旅游特色。

五指山是海南的第一高山，海拔 1 867 米，也是海南岛的象征，民间有"不到五指山，不算到海南"之说。它位于海南岛中部，峰峦起伏成锯齿状，形似人的五指。山内是层层叠叠的热带原始森林，可看到长臂猿、梅花鹿等珍贵动物。海南最大河流万泉河发源于五指山。五指山四周自古是黎族聚居区，在黎寨作客，可体验黎族风情。

4. 三亚旅游区

三亚古称崖州，在海南岛最南端，濒临南海。三亚市是海南最著名的旅游城市，旅游资源得天独厚，集阳光、海水、沙滩、森林、热带田园风光和名胜古迹于一体，尤其是沙滩，堪称世界一流。

🔍 小资料

鹿 回 头

距三亚市城西市 10 华里处有一个斜插入汪洋中的小半岛。小岛东面与榆林港只一山之隔，西面傍三亚港，四周被珊瑚礁围绕，前濒海、后靠山，山环水抱，别有一番幽雅。这个小岛有个诗意的名字：鹿回头。

关于鹿回头的名称来源，在三亚有两种说法。一是说此山山脉由东北而来，逶迤折西而去，山形仿佛一头金鹿回头凝眸，故而得名。其实，此山是由于几千万年来海浪冲击的沙粒不断堆积，使它北连陆地而形成的半岛。地理学称之为陆连岛。二是一则美丽动人的故事。相传，在很久以前，有一位勇敢勤劳的黎族青年，在五指山狩猎，发现一只美丽的梅花鹿，青年猎手穷追不舍，追了 9 天 9 夜，翻过了 99 道山，从五指山一直追逐到三亚湾的珊瑚礁上。茫茫的大海挡住了鹿的去路，当青年猎手弯弓搭箭时，花鹿突然变成了一位美丽的黎族少女，含情脉脉地回眸凝视。原来这姑娘是天上的仙女，因钟情于人间的这位勤劳勇敢的年轻猎手，征得王母娘娘的准允后，便下凡人间向猎手倾诉爱慕之心。青年猎手也为这位姑娘的真情所感动，于是，俩人结为夫妇，在这里披荆斩棘，搭起寮栅，安家落户。从此俩人捕鱼狩猎，男耕女织，生儿育女，过着幸福美满的生活。后来，人们为纪念他们的爱情，便将这个地方取名鹿回头。

三亚也因此被称为"鹿城"。

（1）亚龙湾

亚龙湾位于三亚市东南 25 千米处，海湾面积 66 平方千米，沙滩绵延伸展约 8 千米。这里气候宜人，冬可避寒，夏可消暑，自然风光优美，青山连绵起伏，海水清澈如镜。亚龙湾沙滩平缓，沙质洁白细软，湾内波平浪静，绿山怀抱着清澈海水，是绝佳海滨浴场、潜水和休闲度假的胜地。海水清澈澄莹，能见度近 10 米，附近还有蝴蝶谷、贝壳馆、中心广场、网球俱乐部、高尔夫球场、滨海浴场、潜水、攀岩等娱乐项目。"三亚归来不看海，除却亚龙不是湾"，这是游人对亚龙湾由衷的赞誉。

（2）南山

南山面朝南海，坐落于三亚市的西南 20 千米处，是中国最南端的山。

南山历来被称为吉祥福泽之地。据佛教经典记载，救苦救难的观音菩萨为了救度芸芸众生，发了十二大愿，其中第二愿即是"常居南海愿"。唐代著名大和尚鉴真法师为弘扬佛法五次东渡日本未果，第五次漂流到南山，在此居住一年半之久并建造佛寺，传法布道，随后第六次东渡日本终获成功。日本第一位遣唐僧空海和尚也在此登陆中国，驻足传法。中国传扬千古的名句"福如东海，寿比南山"则更道出了南山与福寿文化的悠久渊源。

南山文化旅游区是建国以来中央政府批准兴建的最大的佛教文化主题旅游区。南山文化旅游区生态恢复与保护规划面积 50 平方千米，其中海域面积 10 平方千米，组织实施佛教文化苑、天竺圣迹、福寿天地、神话雕塑、大门景观区，以及酒店、度假村等项目。其中南山佛教文化苑已形成一寺（南山寺）、一苑（南山海上观音苑）、两园（慈航普渡园、吉祥如意园）、一谷（长寿谷）、一湾（小月湾）的旅游景观群。还有辑入世界吉尼斯大全的国宝"金玉观世音"和"天下第一砚"——日月同辉凤砚及体现中华古钟文化的梵钟苑等。伫立在南海之滨的"南山海上观音"，高 108 米，"一体化三尊"，造型挺拔，气势恢宏，高越天下。这项被誉为"世界级、世纪级"的佛教造像工程历时 6 年，于 2005 年 4 月 24 日（佛历 3 月 16 日）举行了盛大开光大典。

南山寺是一座仿盛唐风格、居山面海的大型寺院，左右有山丘环抱，面向南海万顷碧波，占地 0.27 平方千米。南山寺是已故中国佛教协会会长赵朴初亲临选址，经国家宗教局批准，于 1998 年建成。现有仿唐建筑仁王殿、天王殿、钟楼、转轮藏、东西爬山廊、东西配殿、金堂等建筑群，总建筑面积 5 500 平方米。整个建筑气势恢宏，为中国近五十年来新建的最大佛教道场，也是中国南部最大的寺院。

（3）大东海

大东海（图 11-7，朱廉摄）是三亚最早被开发，最具规模的热带滨海度假区。大东海三面环山，拥有月牙形的沙滩，南面是浩瀚无边的大海，冬季水温在 18～22℃。"水暖、沙白、滩平"早已使大东海蜚声海内外，成为冬泳避寒胜地，也是三亚开发最早、最成熟的海滨度假区。

（4）天涯海角

天涯海角位于三亚市天涯镇，前海后山，风景独特。沙滩上一对拔地而起的青灰色巨石分别刻有"天涯"和"海角"字样，"天涯海角"由此得名。游客至此，似乎有一种到了天地尽头的感觉。"天涯

图 11-7　大东海

海角"意为天之边缘，海之尽头。古时候交通闭塞，"鸟飞尚需半年程"的海南岛，人烟稀少，荒芜凄凉，是封建王朝流放"逆臣"之地。来到这里的人，来去无路，望海兴叹，故谓之"天涯海角"。宋朝名臣胡铨哀叹"区区万里天涯路，野草若烟正断魂"。唐代宰相李德裕用"一去一万里，千之千不还"的诗句倾吐了谪臣的际遇。这里记载着历史上贬官逆臣的悲剧人生，经历代文人墨客的题咏描绘，成为我国富有神奇色彩的著名游览胜地。

（二）特色民俗风物旅游资源

1. 风味饮食

1）海南椰子船。又称"珍珠椰子船"，是海南琼海、文昌一带的民间传统小吃。用鲜椰子装入糯米、味料煮熟而成，具有浓厚的椰乡气息。

2）文昌空心煎堆。海南特有的风味小吃，流行于著名侨乡文昌市一带，尤以锦山地区出名，故当地方言又称"锦山空心珍袋"。它是一种油炸米制品，无馅，大如排球。当地习俗多用于喜庆送礼志贺，一般不作为商品销售。经面点师改进，将其体积缩小，可供日常制作与销售。

3）黎家竹筒饭。海南黎族传统美食。是用新鲜竹筒装着大米及味料烤熟的饭食。黎族民间，多于山区野外制作或在家里用木炭烤制。现经烹调师在传统基础上改进提高，使之摆上宴席餐桌，声誉甚高，成为海南著名的风味美食。吃时，饮一口黎家"山兰酒"，咬一小口竹筒饭，慢品细嚼，趣味盎然。

2. 民间艺术

1）琼剧。亦称琼州戏、海南戏，是海南岛大众百姓和海外华侨十分喜爱的一个具有地方特色的剧种。琼剧历史悠久，和粤剧、潮剧、汉剧同称为岭南四大剧种，属南戏一支。它历史悠久，源于江西弋阳腔，明朝中期经闽南、潮汕传入海南岛，吸收当地民间小调而形成。琼剧至今已有360多年的历史，它把"闽南杂剧"逐渐地方化，交错使用海南乡音，吸收了民间小调、歌舞八音、道坛乐曲等许多元素。琼剧的传统剧目非常丰富，包括传统的文剧、武戏、文明戏等，行当有正旦、正生、贴生、贴旦、武生、武旦、丑角等，各行当都有各自的传统表演艺术和不同的脸谱、不同唱腔。

2）跳竹竿。这是黎族最富有浓郁乡土气息的民间舞蹈之一，又称"打竹舞"。每逢过年过节，黎族同胞便身着艳丽的民族服装，欢聚在广场上，跳起"打竹舞"来。跳竹竿时，8根长竹竿平行排放成4行，竹竿一开一合，随着音乐鼓点的节奏，不断地变换着图案。4～8名男女青年随着或快或慢的节奏，在交叉的竹竿中，灵巧、机智、自由地跳跃，当竹竿分开时，双腿或单脚巧妙地落地，不等竹竿合拢又急速跃起，并不时地变换舞步做出各种优美的舞蹈动作。参加舞蹈的青年男女，一边跳舞一边由小声到大声地喊着："哎～喂、哎～喂……"大大增添了热烈气氛。

3．黎族婚俗

黎族青年的婚恋别具特色。按照黎族习俗，村子里的姑娘长到 16 岁，就要搬出父母的住房，单独住在离父母不远的闺房内。闺房多为茅草房（图 11-8），内放一张大床。住进闺房的姑娘便开始了自由恋爱。年轻的小伙子可以随意到闺房内与姑娘聊天、玩耍，姑娘喜欢上的小伙子就留宿房中，不喜欢就让他离开。被姑娘喜欢上的小伙子经与闺房女的自由恋爱之后，由父母正式上门提亲。提亲时要带上一些姑娘爱穿的衣服和槟榔。槟榔是求婚最重要的礼物，带少了姑娘家会不满意。等到正式举行婚礼时，十分热闹，有伴娘与伴郎对山歌，有新婚夫妇在欢乐声中饮幸福酒，还有"逗娘"活动，全村人杀猪宰羊在一起庆贺。

图 11-8　黎族茅草房

4．民间节庆

1）军坡节。闹军坡是海南人特有的风情习俗。较大的军坡庙会有梁沙婆祖军坡、万宁龙滚芋头军坡。军坡节时，村中都要选一个较大的场地来"装军"演戏，贩售土特产。

2）文昌元宵送灯。这是一项传统项目，到了农历正月十五夜晚，人们掌着一盏盏花灯（花灯整个可见 72 个大小红"喜"字和 36 个"寿"字。在灯的正面还印有"招财进宝"、"连生贵子"等吉利的词或抒发思古幽情的人物风景画）。送灯由一个"灯主"领队，排成长龙，敲锣打鼓，燃放炮竹沿村游行。然后到离村不远的公庙去，把灯挂在庙的内外，灯一挂好，人们便蜂拥而上去抢采花灯。据说，抢到了花灯便能发财，人丁兴旺。

3）椰子节。每年 3 月底或 4 月初，在海南省海口、三亚、通什、文昌等地都要过椰子节。节日期间活动丰富多彩：海口有"椰子街"，并举办椰子灯会；在椰子之乡文昌县可以品尝鲜美椰子；在通什市，黎族和苗族将过他们盛大的狂欢节"三月三"。

思 考 题

1. 本区旅游资源的主要特色是什么？
2. 本区旅游资源最适合哪类人去旅游？说说你对该区旅游资源的看法。
3. 请指出本区各省旅游资源的共同点和不同点？
4. 福建省的著名景点有哪些？是怎样分布的？
5. 厦门旅游为什么这么火爆？鼓浪屿为什么在现在这么受人欢迎？请简要说明原因。
6. 广东省的著名景点有哪些？是怎样分布的？
7. 该旅游区中的广东省最适合的旅游季节是什么时候，为什么？
8. 海南的主要少数民族是什么？有什么特点？
9. 海南省的著名景点有哪些？是怎样分布的？
10. 南山的海上观音为什么是"一体化三尊"？
11. 结合本章内容谈谈海南岛的民俗风物旅游资源的特别之处。

自 测 题

1. 椰风海韵侨乡城市旅游区主要包括_____、_____和_____。
2. 该区素有_____之称，_____是这个旅游区最大的特色。
3. 该区地貌旅游资源丰富，以丹霞地貌最为突出，其中_____、_____和_____被列入了《世界遗产名录》。
4. 福建武夷山位于福建的_____，是世界_____遗产。
5. 广东是全国人口_____的省份，珠江是中国第_____河流。
6. 海南是中国地理位置_____的省份，是我国_____大岛，面积_____。
7. 下列属于中国四大名桥的有（   ）。
   A. 泸定桥   B. 洛阳桥   C. 广济桥   D. 赵州桥
   E. 卢沟桥
8. 华侨城旅游度假区有（   ）等著名景观。
   A. 锦绣中华   B. 欢乐谷   C. 世界之窗   D. 中国民俗文化村
9. 下列关于丹霞山的说法正确的有（   ）。
   A. 丹霞山是广东四大名山之一
   B. 是所有丹霞风景区中造型最具特色的风景区
   C. 丹霞山由红色沙砾岩构成，以赤壁丹崖为特色
   D. 被誉称为"中国红石公园"

10. 下列属于三亚旅游区的景点有（　　）。

　　A．五指山　　　　B．南山　　　　C．东郊椰林　　　D．亚龙湾

11. 海南椰子节在（　　）举行。

　　A．每年2月底或3月初　　　　　　B．每年3月底或4月初

　　C．每年4月底或5月初　　　　　　D．每年5月底或6月初

12. 在此区中，红树林海岸主要分布在（　　）。

　　A．海南省　　　　B．福建省　　　　C．广东省

13. 在此区中，能够深入了解中国乌龙茶的加工工艺和饮茶文化的地方是哪里？请说明理由。

14. 在此区中，体验少数民族的民俗风情最适合的地方是哪里，为什么？

15. 简要介绍粤菜特点及其代表菜。

实　训　题

1. 根据这个旅游区的特点，为老人团策划一条20天的疗养、养生的旅游线路。

2. 结合本章已给出的旅游资源和旅游线路介绍，再加上你对该区的其他了解，设计几个旅游区形象口号并加上文脉分析。

3. 学完本章后，对自己最感兴趣或者印象最深的旅游资源做深入分析，写一篇导游词或写下自己的看法，在班上进行讲解和交流。

第十二章

海岛都会中西文化旅游区
（港澳台）

学习目标

　　海岛都会中西文化旅游区主要包括香港和澳门两个特别行政区及台湾省。通过本章学习，学生应掌握港澳台旅游地理环境特征和旅游资源概况，理解港澳台区域旅游资源特征的优势，了解主要旅游景区和民俗风物旅游资源的主要特点，并能够推介相关旅游线路。

引导问题

　　1. 万女士是一名学者，她想要去香港和澳门看看中西文化的差异和特区十几年的变化。假如你是这名学者的专职导游，你会怎样安排她的行程？

　　2. 两岸"通航、通邮、通商"后，大陆去台湾旅游的人越来越多，周先生在台湾开完会议后有两天自由活动时间，他希望能够游览台湾的精华部分，如果你是一名地陪，你会推荐哪些景区？

　　3. 刘先生一家想去港澳台旅游，他已经 60 岁了，且患有高血压等心血管疾病，他太太希望能够多购物，儿子则期望能够了解当地文化，你有什么好的建议吗？

　　本区位于我国南部热带、亚热带地区，自然地理上与闽粤琼旅游区联系密切，但由于行政管理体制的特殊性而单独列为一个旅游区。本区的香港、澳门特别行政区和台湾省三地互不相接，但在自然地理上却具有相对一致性，即均处于东亚、东南亚和中国大陆之间，濒临海洋，背靠祖国大陆，位置优越。本区在政治体制上具有不同于大陆省份的特殊性，外向型经济发达，对外交通便利，可进入性良好，旅游业独具特色，蓬勃发展。

第一节 旅游地理环境特征与旅游资源类型

一、旅游地理环境特征

1. 岛屿众多，以山地丘陵为主，水网稠密

该旅游区位于东南沿海，濒临太平洋，岛屿和半岛众多，有台湾岛、香港岛、凼仔岛等大小岛屿近 340 个，其中台湾岛为我国第一大岛。九龙半岛和澳门半岛是主要半岛。该区海岸线长 3 606 千米，拥有众多优良港口和滨海度假旅游胜地。

该区地形以丘陵、山地为主。香港的低山丘陵占了全区面积的 3/4 左右，山丘高度大都在 300～400 米。台湾岛的高山和丘陵占了全岛面积的 2/3，台湾山脉由一系列近南北走向的山脉组成，最高峰玉山 3 952 米，是我国东部地区最高峰。

该区水网密度大、汛期长、含沙量少、流量大，水力资源丰富。台湾有独水溪，其上游有著名的旅游胜地日月潭。由于受岩浆活动和构造运动的影响，这里存在着多条断裂带，有利于温泉的形成，台湾境内就有温泉 100 多处。

2. 过渡性热带、亚热带海洋性季风气候

本地区属于我国纬度最低的华南地区，由于陆地受太阳直射的面积大，濒临太平洋，形成过渡性热带、南亚热带海洋性季风气候。长夏无冬，秋去春来，季节交替不明显，该区大部分地区平均气温在 20℃以上。本区濒热带海洋，水汽来源丰富，同时受地形的影响，具备各种降水的条件。夏季酷热不及江南，因此旅游季节长，沿海城市冬季温暖，是全国的避寒疗养中心，但降水多和台风频繁给旅游活动带来不便。

3. 曾经历西方列强的殖民统治

在历史上，早在 1624 年台湾就被荷兰殖民者入侵，在 19 世纪中叶以后，由于西方工业革命和资本原始积累的完成，资本主义国家加速了对外殖民扩张的历程。通过清政府签订的不平等条约，香港和台湾地区分别被割让给资本主义国家——英国和日本，澳门则被葡萄牙所殖民，并在各方面都受到了列强的殖民统治。因此至今在这 3 个地区仍有明显的殖民时代的历史遗留存在。

4. 发达的高技术密集型产业和服务业

港澳台地区是世界上新兴的工业化地区之一和自由贸易港，其高技术密集型工业和对外贸易经济发展极为迅速。台湾的工业以信息产业、精密机械、纺织、食品、制糖业为支柱产业，建筑地产业、观光旅游业等服务业也很发达。香港是重要的国际贸易中心和世界第三大金融中心，是远东制造业中心之一。出口加工业、对外贸易、金融保险、

旅游、房地产业是香港经济的支柱产业。澳门是世界三大赌城之一，旅游博彩、出口加工业、金融保险业和建筑业是澳门经济的四大支柱产业。

本区旅游交通相当便捷。香港是世界自由港，不仅海运发达且有频繁航班接连着世界各地。台湾交通也很便利，铁路、公路环绕全岛。

5. 鼎盛的流行音乐和影视

在音乐上，香港继承发展了流行曲风，而且也以脍炙人口的粤语歌曲独具特色，为两岸三地的人民所喜爱。台湾的流行音乐具备一流的音乐制作人与唱片公司，产生了大量耳熟能详的歌曲为民众所钟爱。在影视方面，香港电影自 20 世纪八九十年代进入了全盛时期，那时的港产电影多以动作、喜剧和剧情类型为主。与此同时，TVB（Television Broadcasts Limited，香港电视广播有限公司）出品的武侠、警匪和时装剧深受大陆民众喜爱。台湾电影虽不如香港电影辉煌，但是也有经典。台湾电视剧行业发达，岛内的几大电视台制作了不少言情、苦情和偶像电视剧，在大陆及东南亚国家都有广泛影响。

二、旅游资源类型

1. 亚热带海岛风光

香港、澳门、台湾都是临海岛屿，拥有众多港口、沙滩和海滨浴场，是休闲度假的好去处。又因地处南亚热带，到处是浓郁的南国风光，不乏阿里山、日月潭、太鲁阁、太平山这样的山水美景和清水断崖、浅水湾和长沙、黑沙湾这样的海滨胜景。

2. 生物景观丰富多样

本区为热带、亚热带海洋性季风气候，终年气候宜人，四季树木葱茏，百花芬芳。台湾森林覆盖率达到 50% 以上，树木种类近 4 000 种，盛产红桧、扁柏、台湾杉、肖楠等名木，花卉以兰花最为有名。动物景观中蝴蝶最为突出，台湾素有"蝴蝶王国"之称，有 400 多种蝴蝶。台湾的东部山地垂直地带性景观非常明显，生物景观丰富。台湾四面环海，地处寒流暖流交汇处，海产十分丰富，是我国著名的渔场，鱼类多达 500 多种，其中以鲷鱼、鲔鱼、鲨鱼、鲣鱼、鲲鱼最多。

3. 中西合璧的建筑景观

由于历史的原因，本区与西方文化融合甚多，形成了既有古色古香的中国庙宇和传统民居，又有庄严肃穆的教堂和异彩纷呈的西洋建筑，中西合璧的建筑景观，以港、澳两地较为典型。

4. 娱乐购物天堂

本区经济发达，商贸繁荣，拥有世界一流、设施完备的食宿、消费、娱乐场所，堪称娱乐购物的天堂。一般商品普遍免税，现代都市氛围浓厚，高度开发，人气旺盛。澳门又允许博彩业合法化，这就为开展会展商务、美食购物和博彩旅游提供了得天独厚的资源条件。

5. 美食乐园，特色民俗

该区汇集了来自世界各地的美食，各种口味的餐馆都有，开遍大街小巷，越热闹的地方就越多。香港还因此被称作"美食天堂"。港澳台三地特殊的民俗文化、礼仪和节庆也逐渐成为该区优秀的旅游资源。

第二节　重点旅游资源

一、香港特别行政区

香港位于南海之滨，珠江口东侧，北与深圳市毗连，由香港岛、九龙半岛、新界及附近 262 个离岛组成，面积 1 103.72 平方千米（列全国第 33 位），人口 707.2 万（2011年），是人口非常稠密的地区。香港居民中，中国籍居民占 98%，其中 70%为客家人后裔，印度、美国等国籍人约占 2%。香港通行普通话、广东话和英语。香港古称香江、香海，以古代产"莞香"著名。因莞香要从港口起运出境，故得名香港。香港自古为中国领土，秦汉时期便有中原汉人迁入，旧属广东省新安县（后改名为保安县）管辖。鸦片战争后，被英国殖民者侵占，于 1997 年 7 月 1 日我国恢复对香港行使主权，实行一国两制，港人治港。

🔍 **小资料**

香港边界的形成

香港全境的 3 个部分（香港岛、九龙、新界与离岛）分别来源于不同时期的 3 个不平等条约。1840 年第一次鸦片战争后，英国强迫清政府于 1842 年签订《南京条约》（原名称《江宁条约》），割让香港岛。1856 年英法联军发动第二次鸦片战争，迫使清政府于1860 年签订《北京条约》，割让九龙半岛南端即今界限街以南的地区。1894 年中日甲午战争之后，英国逼迫清政府于 1898 年签订《展拓香港界址专条》，强行租借界限街以北、深圳河以南的九龙半岛北部及附近 235 个大小岛屿（后统称"新界"），租期 99 年，至1997 年 6 月 30 日结束。1997 年 7 月 1 日，中国对香港恢复行使主权。

香港地形以山地、丘陵为主，大帽山雄踞中部，最高峰 958 米。另有马鞍山、狮子山等山地，仅九龙半岛有狭窄的沿海平原，海岸曲折，多良港与峡湾沙滩。全境地处亚热带海洋性季风气候区域，气候温暖湿润，地理环境优美，使香港成为一座美丽的海滨城市。

香港优越的地理位置和发达的现代交通条件，以及高度开放的对外贸易政策，使其成为世界四大国际金融中心之一和著名的自由贸易港，享有"东方明珠"的称号。香港虽然地域有限，却汇集了无数引人入胜的风景名胜，并以其东西文化交融的氛围和繁华的商市，被誉为"动感之都"、"美食之都"、"购物天堂"、"观光者乐园"、"世界商品橱窗"、"会议之都"等。香港不仅是亚洲经济"四小龙"，而且也是著名的旅游胜地。

（一）重点旅游景区

1. 香港岛

香港岛，俗称港岛，面积 78 平方千米，地势高峻，山峦陡峭。街市依山就势而建，摩天楼群集中于维多利亚湾沿岸的狭窄沿海地带。港岛由东区、湾仔区、中西区和南区组成。其中，中西区位于港岛西北角，为香港开埠立足之地、商业中心、银行和政府机构；湾仔区为新兴闹市，新式建筑林立，著名的中环广场即位于本区。

（1）维多利亚港

维多利亚港（图 12-1）地处香港岛与九龙半岛之间，位于维多利亚海峡近岸，由于山体断裂下沉与海水入侵而形成。港区海底多为岩石，泥沙少，航道无淤积。港区水域辽阔，水域总面积达 59 平方千米，宽度为 1.2～9.6 千米不等，可以同时靠泊 50 艘巨轮。港区水深大，平均水深为 12.2 米，万吨级的远洋巨轮可以全天候进出港口。港内有 3 个海湾和两个避风塘能躲风避浪。维多利亚港有 3 个主要出入水道，是进入香港的门户。维多利亚港目前有 72 个供远洋轮船停靠的泊位，其中有 43 个可供长达 183 米的巨轮停泊。整个港区开发的码头和货物装卸区总长度近 7 千米，进出港的轮船停泊时间只需十几个小时，效率之高为世界各大港口之冠。

图 12-1　维多利亚港

（2）太平山

太平山又称扯旗山、维多利亚峰，海拔 554 米，为港岛最高峰。登顶可俯瞰维多利亚的香港岛和九龙半岛两岸。山上建有山顶公园，草木青深，并有狮子亭、古炮台、姻缘石等景点，还有一些官绅名流官邸；山下有文武庙、动植物园、跑马场、海洋公园和胡文虎公园等。

（3）海洋公园

海洋公园位于香港岛南部深水湾，占地 87 万平方米，是香港赛马会耗资 1.5 亿元兴建而成的主题公园，这里拥有世界面积最大的水族馆之一。公园由南朗山公园和黄竹坑公园两部分组成。著名的场馆有海洋剧场、海涛馆、鲨鱼馆、蝴蝶屋、集古栈。由大陆来的熊猫佳佳、安安也住在该公园内。

（4）浅水湾

浅水湾是香港最具代表性的沙滩，有"东方夏威夷"的美称。湾成月牙形，依山面海，具有湾宽水浅、浪静、沙细而松软的特点。水温冬季 16℃，享有"天下第一湾"的美誉，是游泳嬉水休闲的理想胜地。景区四周都是建筑华丽的豪宅、浪漫的宝座、高级餐厅。沿岸海堤是幽静的小径，假日有极具特色的"跳蚤市场"，是一个闹中有静、闹静结合的风景胜地。

2. 九龙半岛

九龙半岛是新界以南至尖沙咀的地带，面积约 11.11 平方千米，鸡胸山、笔架山等 9 条山岭形似游龙，故名九龙。九龙城区横贯其境，并有油麻地、黄大仙等六大区域。其中油麻地集中了华人传统商业，至今犹留有旧时街市的一些风貌。尖沙咀却具有欧洲街市色彩。旺角区的"女人街"是著名的时装街。深水区的苏园、宋城是香港著名的游乐场。黄大仙区环境优美，黄大仙祠的香火极旺。

（1）宋城

宋城是位于九龙荔枝角的一处著名仿古主题公园，占地 100 000 平方米。它以北宋张择端的名作《清明上河图》为蓝本，集中展示了宋代汴京（今开封）的市井生活风貌。全城呈方形，入门为一座雄伟的大城门，城楼雕梁画栋，并展出古代兵器。城内小河两岸绿柳垂杨，店铺林立。茶寮、酒坊均有穿着宋代服装的服务人员，并有由表演艺人装扮的"村民"在亭台楼榭里表演书法和传统手艺。游人可使用"宋代钱币""购买"村民制作的工艺品。艺人在露天杂耍场表演武术、杂技等，一似当年汴京繁华的景象。

（2）黄大仙祠

黄大仙祠位于九龙黄大仙上村，全称赤松黄大仙祠或嗇色园黄大仙祠，是香港的一座著名庙宇，占地 18 000 平方米。祠内主要供奉东晋道人黄初平，民间称其为赤松黄大仙。另外祠内同时供奉孔子、观音等，体现出儒、释、道三教合一的特色。黄大仙祠始建于 1921 年，祠庙设计色彩丰富、建筑雄伟、金碧辉煌，极富中国传统寺庙建筑的特色。该建筑被列作香港二级历史建筑，同时是香港第一家获香港政府批准举办道教仪式婚礼及签发结婚证书的道教庙宇。每年前去参拜的游人超过 300 万人，是香港香火最旺的庙宇。

（3）星光大道

星光大道位于香港尖沙咀海滨长廊，毗邻香港艺术馆。此星光大道仿照美国好莱坞星光大道设计，耗资 4 千万港元建成，以香港电影业发展史及旨在表扬银幕巨星和幕后电影工作者成就为主题，从香港艺术馆旁伸延至新世界中心对开，全长 440 米。星光大道于 2004 年 4 月 28 日正式开放。星光大道地面装嵌了 73 位电影名人的牌匾，许多为香港影视界做出贡献的名人打手印。大道入口处亦设有金像奖铜像（图 12-2）及一个供表演活动的小舞台。在星光大道漫步，游客可以从容地欣赏香港著名的维多利亚港景色、香港岛沿岸特色建筑物，以及多媒体灯光音乐汇演"幻彩咏香江"。

图 12-2　金像奖铜像

3. 新界与离岛

1898 年英殖民主义者强迫清政府签订的《展拓香港界址专条》，强行租借深圳河以南至九龙界限街以北的地区及附近 230 多个岛屿，即所谓新界，面积 975.1 平方千米。新界大陆部分有自然村落、田园、古镇，也有繁华商市、高速公路和铁路。这里曾有客家人聚居，至今仍保留有吉庆围、南生围、三栋屋等客家传统聚落景观，其他方面的名胜古迹也较多。离岛风格各异，其中以大屿山（岛）面积最大，天坛巨佛即位于该岛。长洲岛为离岛中人口最稠密的岛屿。

（1）天坛大佛

天坛大佛位于大屿山木鱼峰顶，海拔 520 米，由中国航天科技部设计和制作，其设计参考北京天坛圜丘的地基形貌，下部有 3 层基座，故名"天坛大佛"。大佛端坐在 268 级石阶上，由 202 块铜片组成（佛身 160 块、莲花 36 块、云头 6 块），高 26.4 米，莲花座及基座总高约 34 米，重 250 公吨。天坛大佛是世界上最大的户外青铜座佛。更为神奇的是大佛底座内部装有电脑铜钟，每隔 800 秒便敲响铜钟一次，每天有规律地敲响 108 次，寓消除人生 108 种烦恼之意。大佛已成为香港的标志性名胜。

（2）长洲岛

长洲岛位于大屿山东南海面，面积 2.4 平方千米，人口 4 万，其密度为离岛之首。长洲为古老渔业基地，建筑仍保留旧式渔港格局。岛西长洲湾，大小船只云集，为天然避风良港；岛东东湾，为著名海滨浴场。每年农历 4 月 15 和 16 日在此举行长洲太平清醮会巡景。是日，万人空巷，盛况空前。

（3）迪士尼乐园

迪士尼乐园位于大屿山竹篙湾。这是全球第 5 个迪士尼乐园，是以加州迪士尼（包括睡公主城堡）为蓝本而建造的主题乐园，也是迪士尼公司全球的第 11 个主题乐园。

乐园内除了家喻户晓的迪士尼经典故事及游乐设施外，香港迪士尼乐园配合香港的文化特色，构思了一些专为香港而设的游乐设施、娱乐表演及巡游。主要游览区有美国小镇大街、幻想世界、探险世界、明日世界等。到访香港迪士尼乐园的游客都可以暂时远离现实世界，走进缤纷的童话故事王国，感受神秘奇幻的未来国度及惊险刺激的历险世界。

（二）特色民俗风物旅游资源

1. 多种宗教并存

在香港，佛教和道教都很盛行，有关佛道的信念渗透于香港居民的日常生活中。香港佛教的寺与道教的庙，多达 600 个以上。其中以经商者祈求发财的"黄大仙"庙，以及祭祀海神求保平安的"天后庙"最多，以夜市而闻名的庙街就是由此得名。此外，还有很多祭祀三国关羽的关帝庙。民间传说关羽是武将，可以行使警察的作用，能够驱除黑社会组织。

香港居民家庭中也有很多的神。在红色神棚上的神台供奉祖先的牌位，厨房里供奉灶公，大门口供奉土地爷。个人家庭中也有很多的神。

盖房子、装饰店铺时，很多人请风水先生占卜，如大门朝哪个方向好、何时为良辰吉日可以动土等，都要事先请教。

在香港还有其他渡海而来的宗教信仰。基督教的天主教与新教、伊斯兰教、印度教、锡克教、犹太教等都有颇多信众。中西合璧，信仰自由，在香港得到了充分的体现。

2. 特色节庆

香港的节庆也是典型的中西文化结合的产物，中外融汇，丰富多彩。香港不仅保留了中华民族的各种传统节日，春节、元宵节、清明节、端午节、中秋节、重阳节等，同时也过西方的圣诞节、复活节、万圣节等。此外，各种佛道信仰中的地方性节日也很多，如车公诞、天后诞、佛祖诞、谭公诞、关公诞、盂兰节、长洲太平清醮等。

3. 风味美食

香港是人们津津乐道的美食天堂，世界各地的美味佳肴在此汇集，在香港能品尝到几乎世界上所有的美食风味。西餐、中餐口味都很正宗。中餐以粤菜为主，兼收国内各大菜系的代表作。东南亚美食比较著名的有印度的沙爹、泰国的冬荫功汤及菠萝炒饭。

香港的著名餐厅主要集中于中环区、尖沙咀一带，价格不菲，而比较便宜的餐馆多数位于新市镇。香港的用餐环境、人文气氛、服务态度都比较好。入夜后，庙街有一些特色小菜，是典型的大众小吃。香港还有一些很具特色的熟食档，又名"大排档"。香港人还特别嗜好甜品，甜品的大多数材料都有滋补作用，如牛奶、木瓜、莲子杏仁等。此外，香港人喜欢上酒楼"饮茶"，其间少不了点心。

盆菜是香港原居民独特的餐饮文化。遇到重大节日或喜庆日子，新界的居民就会举行盆菜宴，分别烹调后置于大盆里，层层迭起，每桌一大盆，热气腾腾，很有气氛。现在，盆菜已经被列入一些菜馆的菜单，成为一道乡土特色菜。

二、澳门特别行政区

澳门位于南海之滨，珠江口西侧，近邻珠海，隔海与香港相对，包括澳门半岛、凼仔岛、路环岛。澳门古称濠镜、濠江、镜海、镜湖、香江，属广东省香山县（今中山市管辖）。16 世纪中叶后被葡萄牙逐步占领，中国政府已于 1999 年 12 月 20 日恢复对澳门行使主权，并设特别行政区。由于填海造陆，澳门的总面积不断扩大，至 2011 年为 29.9 平方千米。澳门人口 55 万（2011 年），是世界人口密度最大的区域之一。其中中国籍居民占 92.3%，葡萄牙籍占 0.9%，菲律宾籍占 2.7%。澳门的官方语言分别是中文及葡文。

澳门地形以低山丘陵为主，但移山填海的平地逐年有所增长。全境属亚热带季风型湿润气候，一年四季温暖湿润、环境宜人。澳门作为著名的自由贸易港，以出口加工业、旅游博彩业、建筑房地产业和金融业作为经济四大支柱。澳门十分重视现代交通业的发展，区内汽车密度达 240 辆/平方千米，并有波音喷船、飞行船、直升机等现代交通工具，对外交通有海轮也有飞机。

澳门凭借着优越的地理位置、自由港的地位、中西结合的文化和市井风情，以及邻近香港的客源市场优势，发展成为一座具有传奇色彩的旅游城市。其旅游资源具有 3 个明显特点。一是种类齐全的博彩业。澳门是世界著名的三大赌城之一，素有"东方蒙地卡罗"之称。澳门的博彩业以博彩形式多样、场地设备豪华、管理手段严密高效、服务配套齐全及发展历史悠久而闻名。二是中西交汇的文化史迹，华洋集居的市井风貌。由于历史的原因，几百年来的发展形成了澳门中西文化交汇、华洋共处的社会结构和城市结构。几十座中式庙宇和西式教堂，各自代表着不同的文化和历史。饮食方面中西菜式各领风骚，在澳门可以尝到沪菜、粤菜等中式菜和葡萄牙、印度尼西亚、日本、法国等国的饮食。三是独特的历史古迹与风景名胜。澳门 400 多年的中西文化交汇，留下了大三巴牌坊、妈祖阁、普济禅寺、莲峰庙、大炮台城堡、白鸽巢苑园、东望洋山、西望洋山、澳凼大桥，以及风信堂、圣母望德堂、花王堂、孙中山纪念堂、市政厅、旧基督教堂、军事博物馆等风景名胜和古迹。

（一）重点旅游景区

1. 澳门半岛

澳门半岛与珠海接壤，并以澳凼大桥与凼仔岛相连。该半岛为澳门特别行政区政府所在地，是全澳的政治、经济、文化中心，风景名胜也很集中。

澳门历史街区位于澳门半岛老城区，是由 22 座建筑物和相邻的 8 块前地所组成的一个旧城区，于 2005 年被列入《世界遗产名录》。22 座建筑物是妈阁庙、港务局大楼（俗称水师厂）、郑家大屋（著名思想家郑观应的故居）、圣老楞佐教堂、圣若瑟修院大楼及圣堂、岗顶剧院（伯多禄五世剧院）、何东图书馆、圣奥斯定教堂、民政总署大楼（原澳门市政厅）、三街会馆（关帝庙）、仁慈堂大楼、大堂（主教座堂）、卢家大屋（金玉堂）、玫瑰堂（板樟堂）、大三巴牌坊、哪吒庙、旧城墙遗址、大炮台、圣安多尼教堂（花王堂）、东方基金会会址、基督教坟场、东望洋炮台（包括圣母雪地殿教堂及灯塔），8 块前地是妈阁庙前地、阿婆井前地、岗顶前地、议事亭前地（俗称喷水池，图 12-3）、板樟堂前地、大堂前地、耶稣会纪念广场、白鸽巢前地（亦称花王堂前地、贾梅士公园前地）。以下简要介绍几个该街区的著名旅游场所。

（1）圣母望德堂

澳门 3 座最古老的教堂之一，建于 1568 年，位于疯堂斜巷。因教会曾在此设立麻风病院，并设"辣撒拉"（即葡文的麻风病）小教堂供麻风病人祈祷用，俗称麻风庙，又称风堂庙，在中国古籍中被称为发风寺、麻风寺。1818 年，在原堂附近又另建望德堂，供居住在附近的教友祈祷，以避免与麻风病人混杂。圣母望德堂是一个有着 400 多年历史的古迹，但现存的望德堂则是 100 多年前所奠定的规模。

图 12-3　议事亭前地

（2）大炮台

位于澳门半岛中央柿山（又名炮台山）之巅，原为圣保罗教堂的祀天祭台，又名圣保罗炮台、中央炮台或大三巴炮台，是澳门主要名胜古迹之一。大炮台是澳门众多炮台中规模最大、最古老的炮台，1617 年始建，1626 年建成。本属教会所有，为保护圣保罗教堂内的教士而兴建，用以防范海盗，后转为军事设施区。1662 年，荷兰人企图入侵，炮台山上的大炮保卫了澳门，把荷兰人击退。1998 年 4 月，在大炮台内建造了澳门博物馆。

（3）东望洋山教堂

东望洋山位于澳门半岛东部，与西望洋山遥相对峙，山上遍植松树，故又名松山。山上有古老的教堂、破旧的城堡、炮台及历史悠久的灯塔。灯塔自 1865 年建成至今仍在发光照耀。登上峰顶远眺，澳门风光一览无余。

（4）大三巴牌坊

位于澳门半岛炮台西侧，是建于明万历八年（1580 年）的圣保罗教堂前壁，当地人以其大，又酷似中国式的牌坊而称大三巴牌坊。圣保罗教堂于 1835 年被大火焚毁，仅存此前壁。教堂建筑中西合璧，风格独特。牌坊为优质花岗石四层叠柱式建筑，由 30 多条古希腊式圆石柱组成，壁上浮雕极为精致。经 300 多年风雨至今仍屹立于山岗，已成为澳门的象征式建筑。

（5）妈阁庙

原称妈祖阁，是澳门最古老的庙宇，已有 500 多年的历史，也是澳门的标志之一。妈阁庙坐落在澳门半岛的东南面，沿岸修建，背山面海，石狮镇门，飞檐凌空，是澳门的三大禅院之一。庙内供奉妈祖（天后）。其中由石窟凿成的弘仁殿，历史最悠久，后因香火日盛，先后增建石殿、大殿，3 座大殿均祀天后。每年春节和 3 月 23 日的娘妈诞，庙内香火最为鼎盛。

2. 路环岛

路环岛在澳门三大地域中位置最南,但有一条 2 225 米长的路凼公路与凼仔岛相连。岛上地形以山地为主。塔石塘山海拔 174 米,为全澳高峰。该岛开发较晚,风景名胜多具野趣,为澳门的新兴旅游胜地。

（1）妈祖像

妈祖像位于澳门最高点,路环岛的叠石塘山顶,是澳门的地标之一,其设计者为澳门的中国画院院长梁晚平,雕像高 19.99 米,象征澳门 1999 年 12 月 20 日重回祖国怀抱。这尊妈祖雕像由 120 块汉白玉石相嵌而成,其中妈祖脸部由一块完整的汉白玉石雕刻而成。妈祖雕像重达 500 多吨,全身晶莹洁白,容颜慈祥温和,远眺澳门海面,犹如时刻深情地关注着澳门。她矗立在澳门的最高点,因此,无论从海面或还是陆地,都清晰可见。

（2）黑沙海水浴场

黑沙海水浴场位于路环岛东南的黑沙湾,北距澳门半岛 5.6 千米。海湾开阔,沙滩面坡度平缓,沙粒细滑,以颜色黝黑闪烁发光而得名。岸边密林苍翠,水质清澈,碧海蓝天与青山掩映,自然环境清幽。在其附近已建有黑沙游乐中心,为澳门的著名海水浴场。

3. 凼仔岛

凼仔岛介于澳门半岛与路环岛之间,东西长约 4 千米,面积 6.2 平方千米。北有澳凼大桥与澳门半岛相连,南有公路长堤与路环岛相接,风景名胜以澳凼大桥最胜。

（1）澳凼大桥

澳凼大桥介于澳门半岛与凼仔岛之间,为跨海钢筋混凝土大桥。桥长约 2 569 米,加上引桥全长 3 449 米,有 121 个桥孔,桥面宽 9.2 米。桥身造型简朴秀丽,屹立于浩瀚大海中,气势雄伟。每当夜晚,桥上灯光点点,闪耀在茫茫海空中,酷似镶嵌于长桥上的一长串海上明珠,令人神往,是澳门一大胜景。

（2）澳门国际机场

澳门国际机场位于凼仔岛以东的海面,机场主体建于移山填海的人工岛上,但有跨海大桥与凼仔岛相连。机场于 1995 年 11 月建成,现已开辟了通向包括台湾在内的国内外的 20 多个城市的航线。

（二）特色民俗风物旅游资源

1. 特色节庆

澳门的节庆体现了中西交融、多元开放的特点,法定公众节日（不含休息日）假期一年共有 25 天,大体分为以下 5 种类型。一是中国的传统节日,包括农历新年、清明节、端午节、中秋节、重阳节、冬至节、除夕等;二是国家节日,包括国庆节、劳动节等；三是西方的传统节日，包括复活节、圣诞节等；四是宗教节日，包括耶稣受难节、浴佛节、追思节、圣母无原罪瞻礼等；五是澳门的节日，包括特区成立日亦即澳门回归日。此外，民间还有土地诞、谭公诞、北帝诞、妈祖诞、哪吒诞、关帝诞、盂兰节等，都会举行盛大的庆祝活动。

2. 澳门婚俗

澳门的婚俗也兼有中西文化的色彩。澳门人的结婚仪式大致有两种：一是按照中国传统的形式，新郎要到新娘家"迎亲"；二是按照西方的形式，夫妻要进教堂。澳门土生葡人，有的进教堂举行西式婚礼，有的则中西式兼用——婚礼当日，早晨先到教堂举行西式婚礼，接着新郎带着新娘乘花车到路环岛兜风，之后，把新娘送回娘家；午饭后，新娘将白色婚纱换下，换上中式礼服，新郎则穿上中式服装出门把新娘接回家，并在自家的厅堂里拜天地、拜祖先、拜父母；礼毕之后，新婚夫妻乘车去酒楼再举行一个中式的婚宴。

3. 风味饮食

葡萄牙统治澳门 400 多年，在澳门的餐食方面也烙下了深深的印记。澳门的葡国菜分正宗葡国菜和澳门葡国菜两种。这是因为当初葡萄牙殖民者来到澳门后，渴望吃到家乡菜，这在当时的条件下是做不到的，如果把做葡国菜的原料用船由葡萄牙运到澳门，限于落后的保鲜技术，有的东西可能在半途上就烂掉了。为解决这个问题，厨师便设法用替代品，如用椰子汁代替新鲜牛奶等，并结合葡萄牙、印度、马来西亚及中国广东菜肴的烹饪技术中的精华，创制出"澳门葡国菜"。这种世界上独一无二的澳门葡国菜就这样流传下来，并不断发展和创新。为保留葡国饮食文化特色，澳门的葡国菜馆大都采用葡式装饰，有的甚至照搬葡萄牙乡村酒店的格调，显得粗犷、古朴，以吸引食客。

三、台湾省

台湾省位于我国东南海面，西隔台湾海峡与福建相望。全省由台湾岛、澎湖列岛、钓鱼岛、赤尾屿等大小 80 多座海岛组成，面积约 3.6 万平方千米（列全国第 28 位），人口约 2 322.5 万（2011 年）。居民绝大部分为汉族，其祖籍多为福建和广东，通行闽南话、客家话和普通话，少数民族主要有高山族。主岛台湾岛，面积 3.58 万平方千米，为我国第一大岛。

岛上多山，山地占 2/3，由多组平行山脉组成的台湾山脉集中于中部和东部，海拔 3 000 米以上的高峰有 62 座，主峰玉山海拔 3 952 米，为祖国东部地区最高峰。台湾西部为各河流冲积而成的平原，统称台西平原，土壤肥沃，人口密集，工农业发达；东部山地与西部平原之间为丘陵盆地，以台北盆地和台中盆地最大，亦为主要农业区。全省地热资源丰富，多火山温泉，岛北的大屯火山群，有 10 多座圆形火山体，北投、阳明山、关子岭、四重溪为台湾最著名的四大温泉，均为休闲、疗养胜地；岛东岸花莲附近是断层崖，兼有山川之险，水天之胜。北回归线横贯台湾中部，全省属热带、亚热带湿润季风气候，以夏长无冬、温和湿润为其特色。森林植被覆盖率达 52%，植物种属仅树木就达 3 900 多种，珍奇野生动物也很丰富，仅新发现和定名的蝴蝶就有 400 多种，享有"天然植物园"和"蝴蝶王国"的盛名。河流众多，但大多程短流急，形成不少跌水和瀑布。山间多人工水库和天然湖泊，往往山水相映成趣。大部分地区适宜于热带、亚热带作物生长，盛产甘蔗、樟脑、茶叶、水果，是名副其实的"宝岛"。

台湾历史悠久，自古就是中国领土不可分割的一部分。台湾古称岛夷，汉晋时称夷州，宋元时称琉球，明代始称台湾，清初置台湾府，1885 年改建为"台湾省"，1895 年为日本侵占，1945 年抗日战争胜利后归还中国。现在，随着海峡两岸的"通航、通邮和通商"，以及一系列两岸旅游发展政策的落实，民间往来和旅游商贸活动日益频繁。

（一）重点旅游景区

1. 台湾北部旅游区

该区主要包括台北市和基隆市。台北市位于台湾省北部，是台湾的政治、经济、文化中心。

（1）台北故宫博物院

图 12-4　台北故宫博物院

台北故宫博物院（图 12-4）主院位于台北市郊阳明山脚下，另有位于嘉义县太保市，尚在筹建中的南部院区。其始建于 1962 年，占地面积 0.16 平方千米，是仿照北京故宫样式设计建造的宫殿式建筑，原名中山博物院，后改为"国立故宫博物院"。台北故宫博物院藏品包括南京国立中央博物院（现为南京博物院）、清代北京故宫、沈阳故宫和原热河行宫等处旧藏的精华，以及海内外各界人士捐赠的文物精品，共约 65 万件，分为书法、古画、碑帖、铜器、玉器、陶瓷、文房用具、雕漆、珐琅器、雕刻、杂项、刺绣及缂丝、图书、文献共 14 类。博物院经常维持有 5 000 件左右的书画、文物展出，并定期或不定期地举办各种特展。馆内的书画、织绣等易损展品每 3 个月更换 1 次。

（2）台北 101 大楼

101 大楼位于台北市的信义区，是台北市的新地标，目前是世界第三高楼，总高度为 509.2 米。大楼于 1998 年 1 月动工，购物中心于 2003 年开业运营，办公大楼在 2004 年 12 月正式启用。建筑造型融合东方古典文化及台湾本土特色，宛若劲竹节节高升，象征生生不息的中国传统的建筑意义。大楼运用高科技材质及创意照明，营造透明、清晰、穿透的视觉效果。101 大楼兼具证券、金融、商务、娱乐、生活、购物等多种用途，并提供运动健身、休闲 SPA（Solus Par Agula，拉丁文）等服务。

（3）士林夜市

士林夜市为台北市最具规模的夜市之一，以阳明戏院及慈城宫为中心，包含了文林路、大东路、大南路等地的热闹集市。这里原是靠近基隆河的渡口，是附近农产品、货物的交易场所，1909 年设立士林市场，发展至今，有超过 500 家店面和摊贩，成为台湾最著名、最平民化的夜市。以各种传统小吃闻名，并以其平民化的风格吸引国内外游客。此外，夜市还有家具、衣饰、相片冲印或宠物用品等店铺，都比一般商店价格便宜。

（4）阳明山公园

阳明山又名草山，因山上产茅草而得名，泛指大屯山、七星山、纱帽山、小观音山一带的山区，而非单指某座山峰。区内可划分为中央山区、西北侧与西南侧坡地区和东北、东侧、东南与南侧河谷区。中央山区为公园的核心区，也是大屯火山群峰丛集之地。西北侧与西南侧坡地多已开发为造型精美的果园，是溪流众多、小型瀑布林立、景色优美的风景区和温泉区。河谷区有的开发较早，成为农田与自然景色相错落的游憩区，有的尚保存近原始的自然面貌，如火山群、溪流瀑布、热带雨林等。以大屯火山群为主的火山地貌景观是阳明山公园的主要特色。阳明山温泉是台湾四大温泉之一。

（5）野柳公园

野柳公园位于台北县万里乡野柳村，是大屯山系延伸至海中的一个岬角，故有野柳岬、野柳鼻、野柳半岛之称，又因其形状像一只海龟，故又被称为野柳龟。这一带地层由砂岩堆积而成，因受海浪长期的侵蚀和风化，在海边形成陡直的海蚀崖及宽平的岩床。海滩上奇岩怪石密布，种类繁多，人物、巨兽、器物无一不是惟妙惟肖，最为人们称道和熟悉的是突起于斜缓石坡上高达 2 米的"女王头"，不论从什么角度看，女王面目轮廓均端庄优雅，令人赞叹造化神工之美妙。此外还有仙女鞋、梅花石、海龟石、卧牛石等景观。

2. 台湾中部旅游区

该区位于台湾西岸的中部地区，主要包括台中市和嘉义市。

（1）阿里山

阿里山位于嘉义市东北，是大武峦山、光山、祝山等 18 座山的总称，总面积约 300 平方千米，著名景观有森林云海、神木、日出、樱花、盘山铁路等，并有塔山断崖、千年古木等奇观。特别是山中有一株树龄达 3 000 多年的红桧，树高 53 米，树围 19 米多，被人们誉为"神木"。"玉山积雪"、嘉义吴凤庙、八塔山宝塔和巨佛寺，皆为阿里山胜景。

（2）玉山

玉山位于嘉义、高雄、南投 3 县交界处的北回归线上，海拔 3 952 米，是台湾最高峰，也是我国东部最高峰，因山峰积雪，远望如玉而得名。奇峰、云瀑、林涛、积雪为玉山"四绝"。其中，玉山积雪为台湾八景之一。

（3）日月潭

日月潭位于南投县鱼池乡的丛林中，湖面海拔 760 米，最深 30 多米，水域面积约 9 平方千米，为台湾最大湖泊。湖中小岛高 10 米，像浮在水面上的一颗珠子，故名珠子岛。以此岛为界，北半湖形状如同日轮，南半湖似上弦之月，日月潭因此得名。潭的四周翠山环抱，潭面水平如镜，日光月影相映潭中，幽雅宁静，别具一番情趣。湖周群山中还有文武庙、玄光寺等名胜古迹，并有高山族村寨，1985 年被评为全国十大风景名胜之一。

（4）朝天宫

朝天宫又称北港妈祖庙，位于云林县南部的北港。北港旧称笨港，是台湾最古老的港口之一。朝天宫是台湾近 400 座妈祖庙中香火最盛、信徒最多的一处，素有全台妈祖总庙之称。朝天宫建于 1730 年（清雍正八年），庙宇规模宏大，占地 2 000 平方米。正殿前是大拜庭，白石砌地。大殿为硬山式屋顶，重叠 3 层，脊尾高翘凌空。屋脊装饰极为华丽，有飞龙、凤凰、麒麟、宝塔及各种花草图案，具有台湾寺庙的传统风格。大殿内供奉"天上圣母"，又有"镇殿妈"、"湄洲妈"等开台妈祖神像 50 多尊。朝天宫的后殿很有特色，该殿主祀妈祖的父母兄姐，一家皆神，团聚一台，是台湾民间宗教信仰"人情味"的典型例子。除正、后殿外，还有毓麟宫、聚奎阁、凌虚殿、文昌庙、三界公祠等，形成了庞大而严整的建筑群，称冠全台。每年元宵节和农历 3 月 23 日妈祖诞日，全台以朝天宫为祭典中心，远道而来的香客可达数十万之多。朝天宫与福建莆田妈祖庙、天津天后宫并称中国三大妈祖庙。

3. 台湾南部旅游区

该区主要包括台南市和高雄市，包括台南、高雄、屏东及澎湖 4 个县的广大地区。

（1）赤嵌楼

赤嵌楼是一座具有 300 多年历史的古堡，因砌嵌城墙的砖为红色，朝曦夕照如吐红霞而得名。赤嵌楼原为荷兰侵略者窃据台湾时所建的海上城堡，郑成功率军攻下此楼后，以此为指挥部征讨荷兰侵略军，并收复台湾失土，从此而成为一个具有重大历史价值的古迹。这里至今保存有牡牝石狮、石雕像、望楼残迹等文物。

（2）鹅銮鼻

鹅銮鼻位于台湾最南端，为台湾八景之一。园内珊瑚礁石灰岩地形遍布，怪石嶙峋。中央山脉蜿蜒南来，到这里形成一条长约 5 千米、宽 2 千米的山脊，直插入波涛汹涌的巴士海峡。这里自然环境幽美，全年气候宜人，尤以建于 1883 年的鹅銮鼻灯塔最具盛名。灯塔为公园的标志，有"东亚之光"的美誉，是世界少有的武装灯塔。塔呈多角形，塔身全白，为圆柱形，高 18 米，周长 110 米，为远东最大海上灯塔，已列为史迹保存。

（3）恒春热带森林植物园

恒春热带森林植物园又名垦丁森林游乐区，创建于 20 世纪初，原名为垦丁公园，1967 年因设垦丁自然公园而改名。植物园由孤立的山峰和珊瑚礁海岸构成的独特地貌景观。园内种植的热带植物有 1 000 多种，是世界著名的热带实验林场。园内还建有植物馆、地质馆、望海亭、观海楼等 17 景。

（4）关子岭

关子岭位于台南县东 20 千米浊水溪左岸枕头山上，为台湾著名温泉区，并以"水火同源"而称胜。水从岩石缝里涌出，水温高达 80℃，水质属碱性，色乳白，长期洗洁可使皮肤细润滑嫩。伴随涌泉同喷烈焰，高达丈余，火焰无烟无臭，池水清澈甘美，为"水火相容"之大自然罕见杰作。

（5）澎湖列岛

澎湖列岛为台湾海峡中的一个群岛县份，由大小64个岛屿组成，面积约126.87平方千米。岛上居民多从事渔业，入夜鱼帆归港，海面灯火与天上星光交相辉映，"澎湖渔火"已被列入著名的台湾八景。澎湖名胜古迹很多，以保安宫古榕树和台湾第一古碑——天后宫碑最引人入胜。

古榕树位于白沙乡通梁村保安宫前，树龄已有350年，至今枝叶繁茂，树冠如盖，树荫面积达700平方米，有"榕树王"之称。天后宫古碑位于马公镇天后宫后"公善楼"东墙上，为明万历三十二年（1604年）所嵌，刻有"沈有容谕退红毛番"的斗争经过，为当地居民所称颂，保存至今。马公镇天后宫为台湾最古老的一座妈祖庙，古庙、古碑，相得益彰。

4. 台湾东部旅游区

该区包括台东和花莲两个县，自然风光旅游资源十分丰富，犹以惊险壮丽的断崖幽谷最为突出。

（1）鲁阁幽峡

鲁阁幽峡位于花莲县北20千米处的立雾峡内。尤以太鲁阁一带最为神奇。由大理石所形成的峡谷断崖高差在1000米以上，而且亭台楼阁巧缀其间，登阁远眺，可见千丈瀑布飞泻，绿树成荫，宛如山水画卷。

（2）清水断崖

清水断崖位于滨海的苏花公路清水一带，是从崇德到和仁之间的临海悬崖所连成的大石崖，长约12千米，地质以片麻岩和大理岩为主，成90°角直插入太平洋，高度均在800米以上，号称世界第二大断崖。"清水断崖"为台湾八景之一。

小资料

台湾高山族

最早生息在台湾的是人们通称的高山族，在历史上被称为"东人"和"夷州人"，后来改称为"山胞"。

高山族人按其居住的地区分布和语言的不同，分为许多支。除早已定居平原并与汉族融合在一起的平埔族外，高山族分为泰雅族、赛夏族、布农族、邹族（曹族）、排湾族、鲁凯族、阿美族、卑南族、雅美族、邵族共十大族群。高山族一共有40多万人，占台湾2 300万人口的1.7%，属于弱势族群，但却代表着台湾最典型的本土文化。这十大族群中前6个族群多居住在无法耕种的山区，阿美族和卑南族居于东部平原，雅美族则居于太平洋上的兰屿岛。因此，把这十大族群统称为高山族，其实不是很恰当的，但是沿用至今也就习惯称之为高山族了。

高山族人居住的一般是茅草顶的木板房，也有的屋顶是用树皮、石板或竹子盖起来的。住在台东兰屿岛上的雅美族人，至今还采用挖地穴的办法建造房屋，室内比地面低很多，挖出的土堆放在四周做成屋墙。他们以芋头、甘薯为主食。平时男子大都只在腰间挂一个"丁"字带，妇女也仅在胸前和腰间系一块布。随着台湾旅游业的发展，兰屿已成为台湾一个旅游区，一部分雅美族人已摆脱愚昧落后和衣不蔽体的习俗。

高山族人非常尊敬老年人，还很爱喝酒。由于他们经常进行打猎活动，所以特别喜欢自己的猎狗，就像汉族人民重视自己的耕牛一样。

高山族人特别喜欢跳舞。著名的杵乐，就是他们从生活实践中提炼出来的一种民间歌舞。

高山族一般每年有两个主要节日，一是播种节，一是丰收节。后者的规模特别大，类似于汉族的春节。各家届时都要酿酒、做糕等，祭祀祖神，饮宴作乐，一般延续 10天左右。

高山族的基层社会组织是"社"，若干社集合成一个部族。有的部族里，女性权力比男性高，保留着母系社会的遗风。在部族公共事务上，他们的长老、祭司，甚至头领，大都由妇女充任，执政掌权。在阿美族和雅美族里，婚后的丈夫几乎把最好的吃的、用的都给妻子享受。妇女们不仅在家中享受主人的待遇，社会地位也大都比男子高。

（二）特色民俗风物旅游资源

1. 宗教多元

宗教信仰的盛行，是台湾民俗的一大特色。台湾的寺庙多、信徒多，是一个宗教信仰多元化的地方，共分为佛教、道教、基督教、摩尼教、回教、印度教等，不仅崇尚传统信仰，还接受外来宗教思想，也就形成了许多宗教的发展。其中香火最旺的为妈祖。

2. 特色节庆

（1）神猪竞赛

农历正月初六，是清水祖师诞辰。每年的这天，人们都会聚集在三峡祖师庙举行隆重的祭祀活动。神猪竞赛是祭典活动的高潮。

（2）放天灯

放天灯是台北平溪一带重要的民俗活动。每年元宵节晚上在十分村施放。天灯又称孔明灯，相传是三国时代诸葛亮发明，至今已有近 1 800 年的历史。

（3）神轿过火

每年元宵节，在宜兰利泽简，都要举行"神轿过火"的民俗活动，盛况空前，热闹非凡。

（4）王船祭

台湾西港庆安宫的王船祭每 3 年举行一次，通常在农历 4 月中旬举行。烧王船是整个祭典仪式的最高潮。

（5）基隆放水灯

农历 7 月 14 日夜，在台湾基隆八斗子望海港都会举行中元祭放水灯的民俗活动，水灯飘得越远，预示家族越兴旺发达。

3. 风味饮食

台湾以福建闽南饮食文化为主，但又结合了中国大陆各地的饮食文化特点，同时还有独特的高山族饮食习俗，形成了丰富多彩的饮食文化。

（1）高山族饮食文化

台湾高山族早期多以小米、番薯为主食，食皆用手。后来，随着大陆移民的增多，逐渐吸收了汉民族的饮食方式，改用筷子，大米逐渐成为主食。不过，不少高山族部落仍保留着不少传统的特色，如兰屿的雅美族，有男女之别的限制。高山族人喜欢饮酒，其用小米所酿制的酒，也呈现出特有的饮酒文化。

（2）闽粤饮食文化

闽粤饮食文化是台湾最主要的饮食文化，是从大陆的福建与广东饮食文化发展而来的，成为了今天的"台湾菜"。闽粤饮食文化中，餐厅酒店多设佛龛，以求保佑发财。另外，与福建、广东一样，台湾具有浓厚的饮茶文化，喜欢冲饮壶茶，讲究茶具的精美和冲泡方法，特别流行"工夫茶"。在历史上，台湾还生产过供春、秋圃、潘壶等几种质坚耐热、外观雅致的紫砂名壶。如今，台湾茶文化也有了新的发展。

（3）宗教信仰的饮食文化

台湾宗教信仰流行，在祭典上或祖先的祭祀人，十分重视供品的食品内容。例如，生的祭品用来祭天，熟的是祭祖先。现今的台湾，也十分流行吃素。

（4）食补文化

台湾与大陆南方一样，饮食非常讲究食补。现在可以说是一种健康饮食文化。在台湾，养生防老、"阴阳互补"、"五行调和"等观念深厚。目前，台湾食物养生方式主要有素食、生食、有机饮食、断食疗法及传统的中医食疗。台湾民间常以"四神汤"（淮山、茨实、莲子与茯苓）作为滋补饮料，是著名的滋补小吃。民间食补习俗中最独特的是所谓的"半年补"，即在每年的农历六月初一，家家户户用米粉搓丸子，做成甜粢丸，吃后可除炎夏百病。另外，台湾还有"补冬"或"养冬"，即立冬日进补。

（5）风味小吃

台湾的风味小吃包罗万象，结合了台湾本地与大陆各地风味。知名者有基隆庙口的天妇罗，新竹的贡丸，台南的担子面，士林的大饼包小饼、珍珠丸等。

思 考 题

1. 简述香港旅游资源的概况。
2. 简答香港主要的旅游景区。
3. 香港有哪些特色小吃？
4. 简述澳门旅游资源的概况。
5. 澳门的主要旅游景区有哪些？
6. 简述台湾旅游资源的概况。
7. 简述台湾的特色节庆。
8. 简述港澳台特色自然地理概况
9. 简答港澳台旅游地理的差异性。

自 测 题

1. 对海岛都会中西文化旅游区包括_____、_____、_____。
2. 我国分别是在_____和_____对香港和澳门恢复行使主权的。
3. 香港优越的地理环境和发达的现代交通条件，以及高度开放的对外贸易政策，使其享有_____。
4. 澳门是世界_____大赌城之一，"东方的夏威夷"指的是香港的_____。
5. 台湾是我国第_____岛，玉山四绝是_____、_____、_____、_____。
6. 下列是港澳台旅游区的资源类型的有（　　）。
   A. 亚热带海岛风光　　　　　　　　B. 中西合璧文化
   C. 水乡古镇、古朴自然　　　　　　D. 娱乐购物天堂
7. 香港由（　　）等主岛组成。
   A. 香港岛　　　　B. 路环岛　　　　C. 九龙半岛　　　　D. 新界和离岛
8. 香港被誉为（　　）。
   A. 时尚之都　　　B. 美食之都　　　C. 购物天堂　　　　D. 世界商品橱窗
9. 澳门四大经济支柱分别是（　　）。
   A. 出口加工业　　B. 旅游博彩业　　C. 建筑房地产业　　D. 金融业
10. 中国三大妈祖庙是（　　）。
   A. 福建莆田妈祖庙　　　　　　　　B. 天津天后宫
   C. 台湾北港朝天宫　　　　　　　　D. 澳门妈阁庙

11．香港、澳门和台湾三地旅游资源的共性和差异性分别在哪些方面？

12．体验港澳台的海岛都会中西文化这一特色的最佳去处是哪里？请说明理由。

13．如果游客向你询问台湾的特色美食有哪些，你会怎么回答？

实　训　题

1．设计一条旅游线路使得旅游线路中涵盖港澳台旅游区的所有旅游资源类型。

2．在该旅游区找一个典型地区，思考以何种方式旅游可以感受到当地民俗文化。

附　录^①

一、中国的世界遗产

截至 2014 年 7 月，中国共有 47 项世界遗产。具体如下。

文化遗产 30 项：长城^②，北京故宫^③，陕西秦始皇陵及兵马俑，甘肃敦煌莫高窟，北京周口店北京猿人遗址，西藏布达拉宫^④，河北承德避暑山庄及周围寺庙，山东曲阜的孔庙、孔府及孔林，湖北武当山古建筑群，云南丽江古城，山西平遥古城，江苏苏州古典园林^⑤，北京颐和园，北京天坛，重庆大足石刻，四川青城山-都江堰，河南洛阳龙门石窟，明清皇家陵寝——明显陵（湖北钟祥市）、清东陵（河北遵化市）、清西陵（河北易县）、盛京三陵^⑥，皖南古村落——西递、宏村，山西大同云冈石窟，吉林高句丽王城、王陵及贵族墓葬，澳门历史城区，河南殷墟，广东开平碉楼与村落，福建土楼，河南登封"天地之中"历史建筑群，元上都遗址，红河哈尼梯田，大运河，丝绸之路。

文化景观遗产 3 项：江西庐山风景名胜区、山西五台山、杭州西湖。

自然遗产 10 项：湖南武陵源国家级名胜区，四川九寨沟国家级名胜区，四川黄龙国家级名胜区，云南三江并流，四川大熊猫栖息地，中国南方喀斯特（云南石林、贵州荔波和重庆武隆），江西三清山，中国丹霞［贵州赤水、福建泰宁、湖南崀山、广东丹霞山、江西龙虎山（包括龟峰）、浙江的江郎山］，中国澄江化石地，新疆天山。

文化与自然双重遗产 4 项，分别是山东泰山、福建武夷山、安徽黄山、四川峨眉山-乐山风景名胜区。

此外，还有人类口述与非物质文化遗产 30 项，分别是昆曲艺术，古琴艺术，新疆维吾尔木卡姆艺术，蒙古族长调民歌，书法、篆刻、剪纸、雕版印刷和端午节等 22 个项目^⑦，中医针灸，京剧，皮影，珠算。

---

① 本附录数据不含港澳台。

② 2002 年 11 月中国唯一的水上长城辽宁九门口长城通过联合国教科文组织的验收，作为长城的一部分正式挂牌成为世界文化遗产。

③ 2004 年 7 月，沈阳故宫作为明清皇宫文化遗产扩展项目列入《世界遗产名录》。

④ 2000 年 11 月拉萨大昭寺作为布达拉宫世界遗产的扩展项目被批准列入《世界遗产名录》；2001 年 12 月西藏拉萨罗布林卡作为布达拉宫历史建筑群的扩展项目被批准列入《世界遗产名录》。

⑤ 2000 年 11 月苏州艺圃、藕园、沧浪亭、狮子林和退思园 5 座园林作为苏州古典园林的扩展项目被批准列入《世界遗产名录》。

⑥ 2003 年 7 月北京市的十三陵和江苏省南京市的明孝陵作为明清皇家陵寝的一部分被收入《世界遗产名录》；2004 年 7 月，盛京三陵作为明清皇家陵寝扩展项目列入《世界遗产名录》。

⑦ 列入名录的 22 个中国项目：中国蚕桑丝织技艺、福建南音、南京云锦、安徽宣纸、贵州侗族大歌、广东粤剧、《格萨尔》史诗、浙江龙泉青瓷、青海热贡艺术、藏戏、新疆《玛纳斯》、蒙古族呼麦、甘肃花儿、西安鼓乐、朝鲜族农乐舞、书法、篆刻、剪纸、雕版印刷、传统木结构营造技艺、端午节、妈祖信俗。

二、国家 5A 级旅游区

截至 2012 年年底全国共有 145 家国家 5A 级旅游景区。

北京（7）：故宫博物院、天坛公园、颐和园、八达岭长城、明十三陵、恭王府景区、北京奥林匹克公园。

天津（2）：天津古文化街旅游区（津门故里）、天津盘山风景名胜区。

河北（5）：秦皇岛市山海关景区、保定市安新白洋淀景区、承德避暑山庄及周围寺庙景区，保定涞水县野三坡景区、石家庄平山县西柏坡景区。

山西（3）：大同市云冈石窟、忻州市五台山风景名胜区、晋城阳城县皇城相府生态文化旅游区。

内蒙古（2）：鄂尔多斯达拉特旗响沙湾旅游景区、鄂尔多斯伊金霍洛旗成吉思汗陵旅游景区。

辽宁（3）：沈阳市植物园，大连老虎滩海洋公园、海洋极地馆，大连金石滩景区。

吉林（3）：长春市伪满皇宫博物院、长白山景区、长春净月潭景区。

黑龙江（3）：哈尔滨市太阳岛公园、黑河五大连池景区、牡丹江宁安市镜泊湖景区。

上海（3）：上海东方明珠广播电视塔、上海野生动物园、上海科技馆。

江苏（14）：南京市钟山风景名胜区-中山陵园风景区、中央电视台无锡影视基地三国水浒景区、苏州园林（拙政园、留院、虎丘）、苏州市周庄古镇景区、无锡灵山大佛景区、无锡鼋头渚景区、苏州吴江同里古镇景区、南京（夫子庙-秦淮河）风光带、常州环球恐龙景区、扬州瘦西湖景区、南通市濠河风景区、泰州姜堰市溱湖旅游景区、苏州市金鸡湖国际商务旅游区、镇江三山风景名胜区（金山、北固山、焦山）。

浙江（10）：杭州市西湖风景名胜区、温州市雁荡山风景名胜区、舟山市普陀山风景名胜区、杭州淳安千岛湖风景名胜区、嘉兴桐乡乌镇古镇、宁波奉化（溪口-滕头）旅游景区、金华东阳横店影视景区、嘉兴南湖旅游区、杭州西溪湿地旅游区、绍兴市（鲁迅故里、沈园）景区。

安徽（6）：黄山市黄山风景区、池州市九华山风景区、安庆潜山县天柱山风景区、黄山市黟县皖南古村落——西递宏村、六安市金寨县天堂寨风景名胜区、宣城市绩溪县龙川景区。

福建（6）：厦门市鼓浪屿风景名胜区、南平市武夷山风景名胜区、三明泰宁风景旅游区、福建土楼（永定、南靖）旅游景区、宁德屏南（白水洋、鸳鸯溪）旅游景区、泉州市清源山风景名胜区。

江西（4）：九江市庐山风景旅游区、吉安市井冈山风景旅游区、上饶三清山旅游景区、鹰潭市贵溪龙虎山风景名胜区。

山东（6）：烟台市蓬莱阁旅游区、济宁市曲阜明故城（三孔）旅游区、泰安市泰山景区、青岛崂山景区、威海刘公岛景区、烟台龙口南山景区。

河南（8）：登封市嵩山少林景区、洛阳市龙门石窟景区、焦作市云台山风景名胜区、安阳殷墟景区、洛阳嵩县白云山风景区、开封清明上河园景区、平顶山鲁山县（尧山、中原大佛）景区、洛阳栾川县（老君山、鸡冠洞）旅游区。

湖南（5）：衡阳市南岳衡山旅游区、张家界武陵源旅游区、湘潭韶山旅游区、岳阳（岳阳楼、君山岛）景区、长沙（岳麓山、橘子洲）旅游区。

湖北（6）：武汉市黄鹤楼公园、宜昌市三峡大坝旅游区、宜昌三峡人家风景区、十堰丹江口市武当山风景区、恩施州巴东神龙溪纤夫文化旅游区、神农架生态旅游区。

广东（7）：广州市长隆旅游度假区、深圳华侨城旅游度假区、广州白云山景区、梅州梅县雁南飞茶田景区、深圳观澜湖休闲旅游区、清远连州地下河旅游景区、韶关仁化丹霞山景区。

广西（3）：桂林市漓江景区、桂林市乐满地度假世界、桂林（独秀峰、靖江王城）景区。

海南（3）：三亚市南山文化旅游区、三亚市南山大小洞天旅游区、保亭县呀诺达雨林文化旅游区。

重庆（5）：重庆大足石刻景区、重庆巫山小三峡-小小三峡、武隆喀斯特旅游区（天生三桥、仙女山、芙蓉洞）、酉阳桃花源景区、黑山谷景区。

四川（5）：成都市青城山-都江堰旅游景区、乐山市峨眉山景区、阿坝藏族羌族自治州九寨沟旅游景区、乐山大佛景区、阿坝藏族羌族自治州松潘县黄龙风景名胜区。

贵州（2）：安顺市黄果树大瀑布景区、安顺市龙宫景区。

云南（6）：昆明市石林风景区、丽江市玉龙雪山景区、丽江古城景区、大力崇圣寺三塔文化旅游区、中科院西双版纳热带植物园、中科院西双版纳香格里拉普达措国家公园。

陕西（5）：西安市秦始皇兵马俑博物馆、西安市华清池景区、延安市黄帝陵景区、西安（大雁塔-大唐芙蓉园）景区、渭南华阴华山景区。

甘肃（3）：嘉峪关市嘉峪关文物景区、平凉市崆峒山风景名胜区、天水麦积山景区。

宁夏（3）：石嘴山市沙湖旅游景区、中卫市沙坡头旅游景区、银川镇北堡西部影视城。

青海（2）：青海湖景区、西宁市湟中县塔尔寺景区。

新疆（5）：乌鲁木齐市天山天池风景名胜区、吐鲁番市葡萄沟风景区、阿勒泰地区喀纳斯景区、伊犁地区新源县那拉提旅游风景区、阿勒泰地区富蕴县可可托海景区。

2013年1月16号新增国家5A级旅游景区如下：江苏省苏州市吴中太湖旅游区、江西省上饶市婺源江湾景区、山东省枣庄市台儿庄古城景区、河南省洛阳市龙潭大峡谷景区、湖北省宜昌市长阳清江画廊景区、广东省佛山市西樵山景区、海南省分界洲岛旅游区和西藏自治区拉萨市布达拉宫景区。1家扩展景区：烟台市三仙山八仙过海旅游景区为5A级旅游景区烟台市蓬莱阁旅游区扩展的景区（从145家增加到153家）。

三、国家重点风景名胜区

截至2012年年底，国务院审定公布了8批共225处国家重点风景名胜区。

北京（2）：八达岭-十三陵风景名胜区、石花洞风景名胜区。

天津（1）：盘山风景名胜区。

河北（10）：承德避暑山庄外八庙风景名胜区、秦皇岛北戴河风景名胜区、野三坡风景名胜区、苍岩山风景名胜区、嶂石岩风景名胜区、西柏坡-天桂山风景名胜区、崆山白云洞风景名胜区、太行山大峡谷风景名胜区、响堂山风景名胜区、娲皇宫风景名胜区。

内蒙古（1）：扎兰屯风景名胜区。

山西（6）：五台山风景名胜区、恒山风景名胜区、黄河壶口瀑布风景名胜区、北武当山风景名胜区、五老峰风景名胜区、碛口风景名胜区。

辽宁（9）：鞍山千山风景名胜区、鸭绿江风景名胜区、金石滩风景名胜区、兴城海滨风景名胜区、大连海滨-旅顺口风景名胜区、凤凰山风景名胜区、本溪水洞风景名胜区、青山沟风景名胜区、医巫闾山风景名胜区。

吉林（4）："八大部"-净月潭风景名胜区、松花湖风景名胜区、仙景台风景名胜区、防川风景名胜区。

黑龙江（3）：镜泊湖风景名胜区、五大连池风景名胜区、太阳岛风景名胜区。

江苏（5）：太湖风景名胜区、南京钟山风景名胜区、云台山风景名胜区、蜀岗瘦西湖风景名胜区、三山风景名胜区。

浙江（19）：杭州西湖风景名胜区、雁荡山风景名胜区、富春江-新安江风景名胜区、普陀山风景名胜区、天台山风景名胜区、嵊泗列岛风景名胜区、楠溪江风景名胜区、莫干山风景名胜区、雪窦山风景名胜、双龙风景名胜区、仙都风景名胜区、江郎山风景名胜区、仙居风景名胜区、浣江-五泄风景名胜区、方岩风景名胜区、百丈漈-飞云湖风景名胜区、方山-长屿硐天风景名胜区、天姥山风景名胜区、大红岩风景名胜区。

安徽（10）：黄山风景名胜区、九华山风景名胜区、天柱山风景名胜区、琅琊山风景名胜区、齐云山风景名胜区、采石风景名胜区、巢湖风景名胜区、花山谜窟-渐江风景名胜区、太极洞风景名胜区、花亭湖风景名胜区。

福建（18）：武夷山风景名胜区、清源山风景名胜区、鼓浪屿-万石山风景名胜区、太姥山风景名胜区、桃源洞-鳞隐石林风景名胜区、金湖风景名胜区、鸳鸯溪风景名胜区、海坛风景名胜区、冠豸山风景名胜区、鼓山风景名胜区、玉华洞风景名胜区、十八重溪风景名胜区、青云山风景名胜区、佛子山风景名胜区、宝山风景名胜区、福安白云山风景名胜区、灵通山风景名胜区、湄洲岛风景名胜区。

江西（14）：庐山风景名胜区、井冈山风景名胜区、三清山风景名胜区、龙虎山风景名胜区、仙女湖风景名胜区、三百山风景名胜区、梅岭-滕王阁风景名胜区、龟峰风景名胜区、高岭-瑶里风景名胜区、武功山风景名胜区、云居山-柘林湖风景名胜区、灵山风景名胜区、神农源风景名胜区、大茅山风景名胜区。

山东（5）：泰山风景名胜区、青岛崂山风景名胜区、胶东半岛海滨风景名胜区、博山风景名胜区、青州风景名胜区。

河南（10）：鸡公山风景名胜区、洛阳龙门风景名胜区、王屋山-云台山风景名胜区、嵩山风景名胜区、石人山风景名胜区、林虑山风景名胜区、青天河风景名胜区、神农山风景名胜区、桐柏山-淮源风景名胜区、郑州黄河风景名胜区。

湖北（6）：武汉东湖风景名胜区、武当山风景名胜区、大洪山风景名胜区、隆中风景名胜区、九宫山风景名胜区、陆山风景名胜区。

湖南（19）：衡山风景名胜区、武陵源风景名胜区、岳阳楼洞庭湖风景名胜区、韶山风景名胜区、岳麓山风景名胜区、崀山风景名胜区、猛洞河风景名胜区、桃花源风景名胜区、紫鹊界梯田-梅山龙宫风景名胜区、德夯风景名胜区、苏仙岭-万华岩风景名胜区、南山风景名胜区、万佛山-侗寨风景名胜区、虎形山-花瑶风景名胜区、东江湖风景名胜区、凤凰风景名胜区、沩山风景名胜区、炎帝陵风景名胜区、白水洞风景名胜区。

广东（8）：肇庆星湖风景名胜区、西樵山风景名胜区、丹霞山风景名胜区、白云山风景名胜区、惠州西湖风景名胜区、罗浮山风景名胜区、湖光岩风景名胜区、梧桐山风景名胜区。

广西（3）：桂林漓江风景名胜区、桂平西山风景名胜区、花山风景名胜区。

海南（1）：三亚热带海滨风景名胜区。

重庆市（4）：芙蓉江风景名胜区、缙云山风景名胜区、天坑地缝风景名胜区、潭獐峡风景名胜区。

四川（17）：峨眉山风景名胜区、长江三峡风景名胜区、黄龙寺-九寨沟风景名胜区、青城山-都江堰风景名胜区、剑门蜀道风景名胜区、贡嘎山风景名胜区、金佛山风景名胜区、蜀南竹海风景名胜区、西岭雪山风景名胜区、四面山风景名胜区、四姑娘山风景名胜区、石海洞乡风景名胜区、邛海-螺髻山风景名胜区、白龙湖风景名胜区、光雾山-诺水河风景名胜区、天台山风景名胜区、龙门山风景名胜区。

贵州（18）：黄果树风景名胜区、织金洞风景名胜区、潕阳河风景名胜区、红枫湖风景名胜区、龙宫风景名胜区、荔波樟江风景名胜区、赤水风景名胜区、马岭河峡谷风景名胜区、都匀斗篷山-剑江风景名胜区、九洞天风景名胜区、九龙洞风景名胜区、黎平侗乡风景名胜区、紫云格凸河穿洞风景名胜区、平塘风景名胜区、榕江苗山侗水风景名胜区、石阡温泉群风景名胜区、沿河乌江山峡风景名胜区、瓮安县江界河风景名胜区。

云南（12）：路南石林风景名胜区、大理风景名胜区、西双版纳风景名胜区、三江并流风景名胜区、昆明滇池风景名胜区、丽江玉龙雪山风景名胜区、腾冲热地火山风景名胜区、九乡风景名胜区、瑞丽江-大盈江风景名胜区、建水风景名胜区、普者黑风景名胜区、阿庐风景名胜区。

陕西（5）：华山风景名胜区、临潼骊山风景名胜区、宝鸡天台山风景名胜区、黄帝陵风景名胜区、合阳洽川风景名胜区。

甘肃（3）：麦积山风景名胜区、崆峒山风景名胜区、鸣沙山风景名胜区。

宁夏（2）：西夏王陵风景名胜区、须弥山石窟风景名胜区。

新疆（5）：天山天池风景名胜区、库木塔格沙漠风景名胜区、博斯腾湖风景名胜区、赛里木湖风景名胜区、罗布人村寨风景名胜区。

西藏（4）：雅砻河风景名胜区、纳木错-念青唐古拉山风景名胜区、唐古拉山-怒江源风景名胜区、土林-古格风景名胜区。

青海（1）：青海湖风景名胜区。

四、中国优秀旅游城市

截至 2010 年年底，全国共有 339 个城市入选中国优秀旅游城市。

直辖市（4）：上海市、北京市、天津市、重庆市。

河北省（10）：秦皇岛市、承德市、石家庄市、涿州市、廊坊市、保定市、邯郸市、武安市、遵化市、唐山市。

山西省（5）：太原市、大同市、永济市、晋城市、长治市。

内蒙古自治区（11）：包头市、锡林浩特市、呼和浩特市、呼伦贝尔市、满洲里市、扎兰屯市、赤峰市、阿尔山市、霍林郭勒市、通辽市、鄂尔多斯市。

辽宁省（18）：大连市、沈阳市、丹东市、鞍山市、抚顺市、本溪市、锦州市、葫芦岛市、辽阳市、兴城市、铁岭市、盘锦市、朝阳市、营口市、阜新市、庄河市、开原市、凤城市。

吉林省（7）：长春市、吉林市、蛟河市、集安市、延吉市、桦甸市。

黑龙江省（11）：哈尔滨市、牡丹江市、伊春市、大庆市、阿城市、绥芬河市、齐齐哈尔市、铁力市、虎林市、黑河市、海林市。

江苏省（28）：南京市、无锡市、扬州市、苏州市、镇江市、徐州市、昆山市、江阴市、吴江市、宜兴市、常熟市、句容市、吴县市、常州市、南通市、连云港市、溧阳市、盐城市、淮安市、张家港市、太仓市、如皋市、金坛市、东台市、邳州市、泰州市、宿迁市、大丰市。

浙江省（27）：杭州市、宁波市、绍兴市、金华市、临安市、诸暨市、建德市、温州市、东阳市、桐乡市、湖州市、嘉兴市、临海市、温岭市、富阳市、海宁市、衢州市、舟山市、瑞安市、兰溪市、奉化市、台州市、江山市、余姚市、义乌市、乐清市、丽水市。

福建省（8）：厦门市、武夷市、福州市、泉州市、永安市、三明市、漳州市、长乐市。

安徽省（10）：黄山市、合肥市、亳州市、马鞍山市、安庆市、芜湖市、池州市、铜陵市、宣城市、淮南市。

江西省（9）：井冈山市、南昌市、九江市、赣州市、鹰潭市、景德镇、上饶市、宜春市、吉安市。

山东省（35）：青岛市、济南市、威海市、烟台市、泰安市、曲阜市、蓬莱市、文登市、荣成市、胶南市、淄博市、青州市、潍坊市、聊城市、日照市、乳山市、临沂市、济宁市、邹城市、寿光市、海阳市、龙口市、章丘市、莱芜市、德州市、新泰市、诸城市、即墨市、栖霞市、枣庄市、菏泽市、滨州市、东营市、莱州市、招远市。

河南省（27）：郑州市、开封市、濮阳市、济源市、登封市、洛阳市、三门峡市、安阳市、焦作市、鹤壁市、灵宝市、新郑市、许昌市、新乡市、商丘市、南阳市、禹州市、长葛市、舞钢市、平顶山市、信阳市、漯河市、驻马店市、周口市、沁阳市、巩义市、汝州市。

湖北省（12）：武汉市、宜昌市、荆州市、十堰市、钟祥市、襄樊市、荆门市、鄂州市、赤壁市、孝感市、恩施市、利川市。

湖南省（12）：长沙市、岳阳市、韶山市、常德市、张家界市、郴州市、资兴市、浏阳市、株洲市、湘潭市、益阳市、娄底市。

广东省（21）：深圳市、广州市、珠海市、肇庆市、中山市、佛山市、江门市、汕头市、惠州市、南海市、韶关市、清远市、阳江市、东莞市、潮州市、湛江市、河源市、开平市、梅州市、茂名市、阳春市。

广西壮族自治区（12）：桂林市、南宁市、北海市、柳州市、玉林市、梧州市、桂平市、钦州市、百色市、贺州市、凭祥市、宣州市。

海南省（5）：海口市、三亚市、琼山市、儋州市、琼海市。

四川省（21）：成都市、峨眉市、都江堰市、乐山市、崇州市、绵阳市、广安市、自贡市、阆中市、宜宾市、泸州市、攀枝花市、雅安市、江油市、南充市、西昌市、华蓥市、邛崃市、德阳市、广元市、遂宁市。

云南省（7）：昆明市、景洪市、大理市、瑞丽市、潞西市、丽江市、保山市。

贵州省（7）：贵阳市、都匀市、凯里市、遵义市、安顺市、赤水市、兴义市。

西藏自治区（1）：拉萨市。

陕西省（6）：西安市、咸阳市、宝鸡市、延安市、韩城市、汉中市。

甘肃省（9）：敦煌市、嘉峪关市、天水市、兰州市、张掖市、武威市、酒泉市、平凉市、合作市。

青海省（2）：格尔木市、西宁市。

宁夏回族自治区（1）：银川市。

新疆维吾尔自治区（12）：吐鲁番市、库尔勒市、乌鲁木齐市、喀什市、克拉玛依市、哈密市、阿克苏市、伊宁市、阿勒泰市、昌吉市、博乐市、阜康市。

新疆生产建设兵团（1）：石河子市。

五、国家历史文化名城

截至2012年年底，我国共评定了120座国家级历史文化名城。

第一批24座（1982年批准）：北京，山西大同，河北承德，江苏南京、苏州、扬州，浙江杭州、绍兴，福建泉州，陕西延安、西安，江西景德镇，山东曲阜，河南洛阳、开封，湖北江陵，湖南长沙，广东广州，广西桂林，四川成都，贵州遵义，云南昆明、大理，西藏拉萨。

第二批38座（1986年批准）：上海，天津，辽宁沈阳，湖北武汉，江西南昌，四川重庆（公布时重庆属于四川省辖市）、阆中、宜宾、自贡，河北保定，山西平遥，内蒙古呼和浩特，江苏镇江、常熟、徐州、淮安，浙江宁波，安徽歙县、寿县、亳州，福建福州、漳州，山东济南，河南安阳、南阳、商丘，湖北襄樊，广东潮州，贵州镇远，云南丽江，西藏日喀则，陕西韩城、榆林，甘肃武威、张掖、敦煌，宁夏银川，新疆喀什。

第三批 37 座（1994 年批准）：河北正定、邯郸，山西新绛、代县、祁县，黑龙江哈尔滨，吉林吉林、集安，浙江衢州、临海，福建长汀，江西赣州，山东青岛、聊城、邹城、临淄，河南郑州、浚县，湖北随州、钟祥，湖南岳阳，广东肇庆、佛山、梅州、海康，广西柳州，海南琼山，四川乐山、都江堰、泸州，云南建水、巍山，西藏江孜，陕西咸阳、汉中，甘肃天水，青海同仁。

2001 年后新增 21 座：河北秦皇岛市山海关区、湖南凤凰、河南濮阳、安徽安庆、泰安、海口（与琼山合并）、金华、绩溪、吐鲁番、特克斯、无锡、南通、北海、宜兴、嘉兴、中山、太原、蓬莱、会理、库车、伊宁。

2013 年 2 月新增：江苏泰州。

六、中国的世界地质公园

截至 2012 年年底，中国有 27 处世界地质公园。具体如下。

安徽黄山、江西庐山、河南云台山、河南嵩山、云南石林、广东丹霞、湖南张家界、黑龙江五大连池、浙江雁荡山、福建泰宁、内蒙古克什克腾、四川兴文、山东泰山、河南王屋山-黛眉山、雷琼（广东、海南）、房山（北京、河北）、黑龙江镜泊湖、河南伏牛山、江西龙虎山、四川自贡、陕西秦岭终南山、内蒙古阿拉善、广西乐业凤山、福建宁德、安徽天柱山、香港世界地质公园、江西三清山。

七、中国的国际重要湿地

中国于 1992 年加入《关于特别是作为水禽栖息地的国际重要湿地公约》。截至 2012 年，中国列入国际重要湿地名录的湿地达 41 处，分别如下。

黑龙江省扎龙自然保护区、洪河自然保护区、三江自然保护区、兴凯湖自然保护区、七星河国家级自然保护区、南瓮河国家级自然保护区、珍宝岛国家级自然保护区，吉林省向海自然保护区，辽宁大连斑海豹保护区、双台河口湿地，内蒙古达赉湖自然保护区、鄂尔多斯自然保护区，江西省鄱阳湖自然保护区，湖南省东洞庭湖自然保护区、南洞庭湖自然保护区、西洞庭湖自然保护区，江苏大丰麋鹿自然保护区、盐城沿海滩涂湿地，上海崇明东滩自然保护区、长江口中华鲟湿地自然保护区，广东湛江红树林保护区、惠东港口海龟保护区、海丰湿地，广西山口红树林保护区、北仑河口国家级自然保护区，海南省东寨港自然保护区，香港特别行政区米埔自然保护区，云南大山包湿地、碧塔海湿地、纳帕海湿地、拉市海湿地，青海省鸟岛自然保护区、扎陵湖湿地、鄂陵湖湿地，西藏玛旁雍错湿地，青海西藏麦地卡湿地，福建漳江口红树林国家级自然保护区，湖北洪湖湿地，四川若尔盖湿地国家级自然保护区，浙江杭州西溪国家湿地公园，甘肃尕海-则岔国家级自然保护区。

八、中国被列入联合国"人与生物圈保护网"的自然保护区

截至 2012 年年底，我国的国家级自然保护区已达 363 个，其中，被列入联合国"人与生物圈保护网"的有 31 处，具体如下。

吉林长白山，广东鼎湖山，湖北神农架，福建武夷山，甘肃白水江，云南西双版纳和高黎贡山，四川卧龙、黄龙、九寨沟、亚丁，河南宝天曼，内蒙古赛罕乌拉、锡林郭勒草原和达赉湖自然保护区，黑龙江五大连池和丰林，广西山口红树林，江苏盐城，浙江南麂列岛和天目山，新疆博格达，贵州梵净山和茂兰，陕西佛坪，西藏珠穆朗玛峰保护区，黑龙江兴凯湖，广东车八岭，广西猫儿山，江西井冈山，陕西牛脊梁。

参 考 文 献

蔡宗德，李文芬．2003．中国历史文化．北京：旅游教育出版社．

曹诗图．2006．旅游文化与审美．武汉：武汉大学出版社．

陈福义，范保宁．2003．中国旅游资源学．北京：中国旅游出版社．

崔凤军．2001．风景旅游区的保护与管理．北京：中国旅游出版社．

杜飞豹，杜宁．2003．中国旅游指南．北京：中国旅游出版社．

方宝璋．2003．闽台民间习俗．福州：福建人民出版社．

甘枝茂，马耀峰．2000．旅游资源与开发．天津：南开大学出版社．

高曾伟，卢晓．2004．旅游资源学．2版．上海：上海交通大学出版社．

国家旅游局．2006．中国旅游年鉴2006．北京：中国旅游出版社．

国家旅游局劳动教育司．1999．导游基础知识．北京：旅游教育出版社．

黄远水，朱桂凤．2005．中国旅游地理．北京：高等教育出版社．

李鼎新，艾艳丰．2004．旅游资源学．北京：科学出版社．

李娟文，刘名俭．2011．中国旅游地理．4版．大连：东北财经大学出版社．

李明，巴克良．1989．小学教师之友：地理卷．北京：人民教育出版社．

梁茂林，等．2006．中国导游十万个为什么·贵州（一）．北京：中国旅游出版社．

刘登翰．2002．中华文化与闽台社会．福州：福建人民出版社．

刘振礼，王兵．2002．新编中国旅游地理．天津：南开大学出版社．

陆大道．2005．中国国家地理百科全书．长春：北方妇女儿童出版社．

吕连琴．2006．中国旅游地理．郑州：郑州大学出版社．

罗兹柏，杨国盛．2005．中国旅游地理．天津：南开大学出版社．

骆高远，等．2006．旅游资源学．杭州：浙江大学出版社．

马勇，李玺．2006．旅游规划与开发．2版．北京：高等教育出版社．

庞规荃．2003．中国旅游地理．北京：旅游教育出版社．

佟蔚．2006．中国旅游地理．武汉：武汉大学出版社．

万剑敏．2008．中国旅游地理．南昌：江西高校出版社．

王大悟，魏小安．1998．新编旅游经济学．上海：上海人民出版社．

韦燕生．2006．中国旅游文化．北京：旅游教育出版社．

吴国清．2006．中国旅游地理．上海：上海人民出版社．

吴晓亮．2000．中国七大古都．昆明：云南大学出版社．

吴宜进．2003．中国旅游地理学．北京：高等教育出版社．

肖星，严江平．2002．旅游资源与开发．北京：中国旅游出版社．

严志梁，李隆庚．1990．小学教师之友：历史卷．北京：人民教育出版社．

杨桂华．1999．旅游资源学．昆明：云南大学出版社．

杨宇．2005．中国旅游地理．大连：大连理工大学出版社．

尤陶江．2005．中国旅游地理．北京：高等教育出版社．

张羿．2004．中国地理速读．北京：中国书籍出版社．

周力．2004．中国导游十万个为什么·辽宁．北京：中国旅游出版社．

邹海晶．2000．旅游地理（修订版）．北京：高等教育出版社．

http://www.stats.gov.cn/tjsj/ndsj/2012/indexch.htm.